臨床実践を導く認知行動療法の10の理論

「ベックの認知療法」から「ACT」・「マインドフルネス」まで

編
ニコラオス・カザンツィス
マーク・A・ライナック
アーサー・フリーマン

訳
小堀　修
沢宮容子
勝倉りえこ
佐藤美奈子

星 和 書 店

Seiwa Shoten Publishers

2-5 Kamitakaido 1-Chome
Suginamiku Tokyo 168-0074, Japan

Cognitive and Behavioral Theories in Clinical Practice

edited by
Nikolaos Kazantzis
Mark A. Reinecke
Arthur Freeman

Translated from English
by
Osamu Kobori
Yoko Sawamiya
Rieko Katsukura
Minako Sato

English Edition Copyright © 2010 by The Guilford Press
A Division of Guilford Publications, Inc. New York
Japanese Edition Copyright © 2012 by Seiwa Shoten Publishers, Tokyo

謝辞

本書に貢献してきた友人や同僚たちに，本書を捧げます。彼らの科学的な進歩を理解することで，私たちは，臨床家としての理解を深め，実践をよりよいものにしていけるでしょう。また，私の両親，EvangelosとMargaret，そして私の姉妹，Katerinaにも，愛を込めて本書を捧げます。

——N.K.

人は絶えず変化し，成長を続けます。私は，メンタルヘルスを専門とする方々に，本書を捧げます。彼らは，心のこもった実践を通じて，人びとが変化し，より希望をもてるよう援助し，また人生の苦難に対しても，知恵をもって，しなやかに立ち向かっていけるよう支えています。また，MarshaとGracieにも，愛を込めて，本書を捧げます。

——M.A.R.

父は私が幼い頃に亡くなりました。私はあてどなくさまよい，混乱のなかにとり残されました。幸運だったのは，長年にわたり，私の錨として，羅針盤として支えてくれた兄がいたことです。当時，兄は10代で，私と同様に当惑していましたが，尊敬できる，手本となる人物となってくれました。今日の私があるのは，兄が変わらずそこにいてくれたからです。私は本書を，Dr. Stanley P. Freeman（Professor of Dentistry at Columbia University School of Dentistry）と，Sharonに捧げます。Dr. Freemanは50年前にSharonと結婚し，Sharonは私にとって素晴らしい，優しい姉となってくれました。

——A.F.

序文

　革新的な書であるCognitive Theory of Depression（初版は30年前）において，Aaron T. Beckは次のように記しています。実証研究で最初に発見したことは，当初，抑うつにおける，ある精神力動的な要因の存在を支持しているように思えた。しかしその後の実験から，予期されていなかった数多くの発見があり，それらの発見は，当初の仮説と矛盾するように見えた，というのです。その新たな情報からBeckは，抑うつの精神分析理論，ついには精神分析の構造全体に至るまで，批判的に検討するようになりました。Beckはさらに，実験室における発見と臨床理論の著しい矛盾によって，自身の信念体系に対する「痛みを伴う再評価」が始まり，そのときから考え方を改め，抑うつの理論を作り始めたのだと続けています。
　理論的，科学的な基盤が強固であるため，Beckの認知理論は，心理療法のなかでも最も支持された治療法の1つになり，歴史上，他のどの方法よりも経験的な効果研究を生み出しました。理論と実践のどちらも強調した結果，認知療法と認知行動療法は，エビデンスに基づく治療を求める気風を作り出しました。今では，エビデンスに基づく治療は心理療法において注目を集め，多くの治療提供者に「説明義務」を求める時代を確立することになったのです。初期の心理療法の多くは，たとえあったとしても，わずかな理論しかもっていませんでした。行動主義者は例外で，信頼できる理論的基盤を常に強調していました。驚くべきことに，専門誌は確固たる科学的基盤をもつセラピーを求めているにもかかわらず，「非主流派の心理療法」は急速に成長を続けています。さまざまな理由から，これらのセラピーはメンタルヘルスの多くの専門家の心をひきつけています。残念ながら，根拠に乏しい，検証されていない，さもなければ疑問の余地があるアセスメントと治療介入は，当分野の誠実性を脅かします。そればかり

か，しっかりとした理論に裏打ちされ，十分に追認され，根拠に基づいた治療が利用できるにもかかわらず，多くの臨床家は，科学的に地に足の着いた治療から判断を引き出すのではなく，むしろ，自分の経験と臨床的判断に頼りがちです。この問題は，メンタルヘルスのさまざまな領域において，治療の失敗から，科学的に未検証の方法を用いることが倫理的かという疑問に至るまで，多くのジレンマを生み出します。

最近，「行動療法の第3波」の導入により，状況はさらに複雑になりました。これらのアプローチを支持する経験的なエビデンスもありますが，経験に裏づけられた治療の基準を満たしていないということで，監視下に置かれているものもあります。加えて，第3波の治療の多くは，認知療法の基本的な類型から独立したものとみなしうるかも明らかではありません。革新的な貢献を提供しようとする治療もありますが，伝統的なモデルに依拠したまま，新たな包装紙でラッピングしているだけのものもあります。

第3の波のアプローチを支持する研究の多くで用いられた方法論は，同年代に実施された認知行動療法の研究で用いられた方法論と比べると，厳密さにおいて著しく劣ることが，最近の包括的なメタ分析から指摘されています。メタ分析はさらに，これらの第3の波のアプローチにおける平均効果量は，いくつかの研究で中程度であり，第3の波のセラピーのいずれも，経験的に有効と承認される治療に求められる条件を満たしていないことを指摘します。このような所見から，何らかの理論的基盤にセラピーが確固として裏づけられているかという疑問が浮かびあがります。明らかに本書は，私たちの専門性における重要な岐路に立っているのです。

本書の編集者は，多様なモダリティに関する見解を提供するため，著名な著者陣を集めました。所与のアプローチが理論的定式化に基づき，著者が主張する有効性を支持しているか，読者が適切に見定めることができるよう，どの章も充分な資料を提供しています。

すぐれた心理療法アプローチは，いずれもその背景に理論的な基盤をもっています。なぜなら実践家は，クライエントが治療にもち込むありとあ

らゆる問題に取り組むにあたって，導いてくれる地図を必要とするからです。用いられる介入は，その介入を生み出した基本理論と結びつくことで，その技術を用いる臨床的な妥当性が生まれます。しかし，Emmelkamp, Ehring, Powersが本書のすばらしい第1章で概説しているように，理論に対する強調は，歴史的に，強まったり弱まったりしてきました。「エビデンスに基づいた治療」に夢中になるあまり，「哲学と理論」をさほど重視しない結果となってしまったのです。伝統的な認知行動療法の重要な提唱者を詳しく調べれば，理論と応用には揺るぎない関係が続いていることがわかるでしょう。ほとんどの理論的基盤は，人間の行動を観察することから構築され，仮説が生成され，のちに経験的に検証されることで吟味されます。

　Beckは著書のなかで，もしその仮説が経験上のデータに支持されなかったなら，データに合うようその仮説を再考するか，再定式化する必要があると強調します。要するに，「論より証拠」ということです。提案された理論を相当数の研究が支持したとき，一般に，理論の元となる仮説が裏づけられることになります。しかし，こうした方法論が回避され，予測されたアウトカムに及ばないような結果の場合，理論家は，その結果に対して誠実でなくてはなりません。理論家はまた，そのアプローチは，まったくのオリジナルではなく，それ以前の理論の要点を焼き直したものかを明らかにすることも重要です。これは，当分野の誠実性と個人の尊厳にとって不可欠です。

　本書の編集者は，さまざまな理論について，その基本的な視点を提供するよう努めました。読者は，理論を比較し，どの理論が既存の研究の焼き直しであり，どの理論は基盤が弱く，どの理論は確固たる基盤に基づいた真に革新的なアプローチであるのか，読者自身の結論を引き出してください。このような見定めはとても刺激的なプロセスです。

　理論に強くフォーカスすることは，単にエビデンスに基づくアプローチから提起される問題を避けるために，また臨床家が基本理論と結びつく地図に頼ることができるようにするために，必要不可欠なことです。できれ

ば，しっかりとした基盤に基づき，頼りになる理論のある治療モダリティが好まれるようになってほしいものです。しかも，臨床観察と実践によって継続的に支持される理論であれば，理想的でしょう。

Frank M. Dattilio, PhD, ABPP
Department of Psychiatry, Harvard Medical School

前書き

理論とは何でしょうか？
どのように実践と結びつくのでしょうか？

　理論は，効果的なケースフォーミュレーション，臨床実践，および研究を支える基盤となります。理論のない心理療法のアートとサイエンスは，脚が1本足りないイスのようなもの——ぐらぐらして，頼りがいのないものです。
　私たちが初めて理論に接するのは訓練のときです。大学での臨床心理学と精神医学のプログラムは，概して，心理療法のモデルを幅広く学ぶことを目的としています。私たちは，心理療法の歴史を学びます。そして，理論的枠組みについて学びます。それは，科学的探究を導いてきたものであり，究極的には臨床家としての私たちの実践を導くものです。さらに，各アプローチの哲学的仮説，および理論的仮説について学びます。
　私たちはまた，エビデンスに基づいた実践についても学びます。実際には，心理療法の実践がエビデンスに基づくようにするため，少なくとも2つの総括的な訓練アプローチ，ないし，モデルがあります。「Boulder model」に基づいたプログラムでは，実践家は，臨床活動に従事するかたわら，継持的に研究することが求められます（すなわち，研究の生み手となる）。一方，「Vail model」では，訓練によって，実践家は，経験主義的に実証された実践に着手する準備を整える（すなわち研究を「消費」する），という概念に基づいています。研究それ自体は理論に基づいていますから，訓練は理論的に，私たちが受ける訓練のモデルに依拠していることになります。このことから，次の質問が浮かびあがってきます。臨床家は，卒業したそのとき，実際に何を実践するのでしょうか？

臨床家に関する大規模な調査は，これまでにもいくつか行われてきました。これらは概して，その他の実践に関連した調査と並んで，臨床家が自身の実践においてどの理論的モデルを用いているかを明らかにしようとするものでした。これらの調査の結果，実際には，広範囲にわたる理論モデルが用いられており，理論の「純粋な形式」を実践している（すべてのクライエントに対して1つの理論モデルを用いて実践している）と報告する臨床家は，ごくわずかでした。これらのサンプルは代表的ではありませんし，自己報告に基づいた調査方法だったことから，データに固有の限界があるかもしれません。しかし，訓練，職場環境，治療対象となる患者に違いがあるにもかかわらず，多くの国々で同様の所見が得られてきました。これらのデータの結果を受け入れるならば，臨床家が1つの理論的な方向づけ，もしくはモデルに沿って行動することはめったにない，という主観的印象を裏づけるものとなります。

　本書は，心理療法を実践する人たちの手で企画，執筆されました。実践での適用を通して，現行の認知行動モデルを幅広く解説していきます。各章では，事例研究を用いた臨床応用を示すことに焦点をおいて，各モデルの歴史の簡単な概説，哲学的，理論的想定，および経験的エビデンスを含めて，モデルの簡潔な概観を紹介します。本書の寄稿者は全員，これらのガイドラインに忠実に沿うことで，各モデルに関する最先端の知識を際立たせています。

　本書はまず，説得力のある序文（Frank M. Dattilioによる）からスタートし，以下の構成となります。

精神障害の哲学，心理学，原因，および治療
　　　（第1章；Paul M.G. Emmelkamp, Thomas Ehring, Mark B. Powers）
Beckの認知療法（第2章；Jan Scott, Arthur Freeman）
問題解決療法（第3章；Arthur M. Nezu, Christine Maguth Nezu, Thomas J. D'Zurilla）
論理情動行動療法（第4章；Raymond A. DiGiuseppe）

アクセプタンス&コミットメント・セラピー
　　　（第5章；Thomas J. Waltz, Steven C. Hayes）
行動活性化療法
　　　（第6章；Christopher R. Martell, Sona Dimidjian, Peter M. Lewinsohn）
弁証法的行動療法（第7章；Thomas R. Lynch, Prudence Cuper）
認知分析療法（第8章；Anthony Ryle）
ポジティブ心理学とポジティブセラピー
　　　（第9章；Nansook Park, Christopher Peterson, Steven M. Brunwasser）
マインドフルネス認知療法
　　　（第10章；Sona Dimidjian, Blair V. Kleiber, Zindel V. Segal）
感情焦点化／対人的認知療法
　　　（第11章；Jeremy D. Safran, Catherine Eubanks-Carter, J. Christopher Muran）

　このような経験豊富で，聡明で，尊敬に値する著者たちが，本書に貢献してくれたことにわれわれは感謝しています。このようなすばらしい人びとの参加は，実践における理論の重要性について多くを物語っています。
　臨床家にとって，これらの章すべてが，認知行動理論を応用するために貴重な資源となります。どのような発展，あるいは進歩についてもそうであるように，何が，どのように，そしてなぜうまく機能するのかについては，議論があります――そしてこれらの議論は，心理療法を実践する文脈で役に立ちます。討論を促し，新しいアイデアと視点を生み出します。そして究極的に，心理療法の展開に寄与することになるのです。

Nikolaos Kazantzis
Mark A. Reinecke
Arthur Freeman

目　次

序文　v
前書き　ix

第 1 章　精神障害の哲学，心理学，原因，および治療　　1

歴史的分析　1
　　学習理論　1
　　　　古典的条件づけ　2／オペラント条件づけ　3
　　認知モデル　4
　　第 3 世代の CBT　6
認知行動介入における理論の現状　7
　　折衷的アプローチ　8
　　経験的に支持されたセラピー　9
　　理論に対する強調の復活　9
　　結語　10
エビデンスに基づくアプローチの長所と短所　10
　　長所　11
　　短所　12
　　結語　14
個別化された，理論に基づいたアプローチの長所と短所　14
理論に焦点をおいた治療とエビデンスに基づく治療の統合　16
想定される理論的プロセスを裏づけるエビデンスはどれほどあるか？　17
　　社会恐怖　18
　　パニック障害　19

　　　　抑うつ　19
　　　　物質乱用／依存　20
　　　　結語　21
　　CBT理論に関する一般的見解　21
　　　　感情問題の発症と持続に関する理論　22
　　　　基本的な哲学的仮説　22
　　　　　　科学の理論　23／人間性に関する基本的仮説　23
　　　　心理学的治療の最中の変化についての理論　24
　　批判的な議論　25

第2章　Beckの認知療法　29

　　導入と歴史的背景　29
　　哲学的，理論的基盤　34
　　経験的エビデンス　42
　　　　認知モデルの支持　42
　　　　　　理論研究　42／治療研究　45／調整要因と媒介要因　48
　　臨床実践　52
　　　　患者データ　53
　　　　症例の概念化　54
　　　　セッションのスクリプト　58
　　　　まとめ　87
　　まとめと結論　87

第3章　問題解決療法　91

　　導入と歴史的背景　91
　　哲学的，理論的基盤　94

社会的問題解決モデル　95
　　　　主要概念の定義　95／問題解決の主な次元　97
　　　　ストレスの関係／問題解決モデルとウェルビーイング　100
　　経験的エビデンス　106
　　　ストレスの関係／問題解決モデルに対する経験的支持　106
　　　　媒介変数としての問題解決　107／調整変数としての問題解決　108
　　　PSTに対する経験的支持　109
　　　　グループPST　111／個人と重要な他者に対するPST　111／大きな治療パッケージの一環としてのPST　112／介助者のためのPST　113／アドヒアランスとコンプライアンスを促進する手段としてのPST　113／2次的な予防方略としてのPST　114／PSTと電話カウンセリング　114／支持されなかったPST　115

　臨床実践　116
　　問題志向性の訓練　117
　　論理的問題解決における訓練　120
　　　問題の定義　120／代替策を産出する　120／意思決定　120／解決策の検証　121／スーパーバイズされた実践　121
　　事例　121
　　　症例説明　122／最初の問題解決アセスメント　122／ポジティブな問題志向性を身につける　123／問題の定義　125／代替手段の産出　126／意思決定と解決計画の実行　127／アウトカムのモニターと検証　128

まとめと結論　128
　　ポジティブに機能するためのPST　129
　　青年期の若者とその両親　129
　　心血管疾患を抱える人たち　129
　　予防的健康行動学　130
　　職場におけるストレスの軽減と予防　130
　　PSTアウトカムの媒介変数と調整変数　130
　　PSTを実施するための新しい方法　131
　　結語　131

第4章　論理情動行動療法　133

導入と歴史的背景　133
哲学的，理論的基盤　141
　　精神病理学についてのREBT理論　141
　　適応的な感情と非適応的な感情　142
　　惑乱の認知的メカニズム　145
　　過剰な要求　147
　　最悪だと思うこと　150
　　欲求不満不耐性　151
　　人間の価値に対する包括的非難　152
　　一次的惑乱と二次的惑乱　153
　　治療モデル　155
　　　実践的解決策と感情的解決策　155／哲学的／エレガントな解決策とエレガントでない解決策　156／変化のプロセスに対する6つの洞察　156
経験的エビデンス　158
臨床実践　162
　　REBTの13のステップ　162
　　症例　169
まとめと結論　175

第5章　アクセプタンス&コミットメント・セラピー　179

導入と歴史的背景　179
　　CBTにおける理論の役割に関する概観　180
　　セラピー実践における理論と哲学の重要性　181
　　歴史的ルーツ　183
哲学的，理論的基盤　183
　　より大きなCBTの伝統の基盤　183

ACTの基盤　185

ACTの発展に関与した直接的影響　189

ACTの開発者に与えた影響　191

開発初期　191／行動分析における学問的系譜の詳細　192／これまでの主要な業績　193／精神病理理論　194

治療の概念化　196

アクセプタンス　198／脱フュージョン　199／視点としての自己　200／「今，この瞬間」との接触　201／価値の同定と明確化　202／コミットされた行為　204

ACT治療の概念化への継続的チャレンジ　207

実証的エビデンス　208

アウトカム（効果）研究　208

プロセス研究　213

理論の限界　215

臨床実践　218

事例　218

まとめと結論　233

第6章　行動活性化療法　235

導入と歴史的背景　235

哲学的，理論的基盤　241

モデルの哲学的基盤　241

精神病理学の理論　242

哲学と理論を症例の概念化に翻訳して治療の指針とする　243

近年の理論的発達　245

BAの理論に対する今日の課題　245

経験的エビデンス　246

理論モデルの研究状況　246

　　　　治療の全体的な効果を支持するエビデンス　247

　　　　さまざまな障害に対するBAの全体的な効果を支持するエビデンス　249

　　　　特定のプロセスと介入の使用を支持するエビデンス　250

　　　　現在の支持と適用に対する限界　251

　臨床実践　252

　　　　実践の原則としての理論の拡張　252

　　　　アプローチの顕著な特徴　253

　　　　事例での概念化と技法の解説　253

　　　　セッション1〜4　257／セッション5〜6　258／セッション6〜10　259／セッション10〜17　259／セッション17〜20　261

　まとめと結論　261

　　　　理論，現状，課題　261

　　　　将来の方向性　263

第7章　弁証法的行動療法　265

　導入と歴史的背景　265

　哲学的，理論的背景　268

　　　　BPDの生物社会的理論　268

　　　　行動科学　269

　　　　文脈的要因　271／引き金となる要因　272／強化要因　274／感情の激しさと感情の残効のマネージメント　275

　　　　弁証法哲学　276

　　　　禅の実践　278

　経験的エビデンス　279

　　　　他の障害の治療におけるDBTの効能に対する支持　281

　　　　特定のプロセスと介入を支持するエビデンス　282

　臨床実践　283

まとめと結論　297

第8章　認知分析療法　299

導入と歴史的背景　299

　　人物的な系譜と学術的な系譜　301

　　モデルの発展段階　303

　　　家庭医（1952～1964）303／大学の公共医療サービスの部長（1964～1976）304／サセックス大学非常勤研究員（1976～1982）307／セントトーマス病院（1982～1992）307／退職（1990～現在）308

　　現在までの成果　309

哲学的，理論的基盤　310

　　心理療法の理論　310

　　個々の患者の概念化　312

最近の理論的発展とモデルの課題　312

　　構成主義者と認知主義者の考え　312／進化心理学　313／愛着理論　314／対話モデル　314／精神分析　314／思い至る能力に基づくセラピー（Mentalization-Based Therapy）315

経験的エビデンス　315

　　理論的モデルの現状　315

　　セラピーの全般的効果　316

　　　混合性不安，抑うつ，身体化の混合　316／境界性パーソナリティ障害　317／犯罪者の処遇　317／糖尿病における不十分なセルフケアへの対処　318／ぜんそくにおける不十分なセルフケア　318／物質乱用問題　319

　　その他の治療モードとの組み合わせにおけるCAT　319

　　スタッフの訓練とスーパービジョンへのCATの適用　319

　　特定の介入のためのサポート　320

　　現在の経験的支持の限界　321

臨床実践　321

　　実践とCAT理論の際立った特徴との関係　321

症例研究　326

　　　　子ども時代　326／セラピー：初期のセッションと再定式化　328／再定式化後のセラピー　331／終結　334／フォローアップ　335

　　まとめと結論　336

第9章　ポジティブ心理学とポジティブセラピー　341

　　導入と歴史的背景　341

　　　概観　341

　　　歴史　342

　　哲学的，理論的基盤　342

　　　関連テーマ　344

　　　疑問と批判　345

　　　精神病理学の理論とセラピー　346

　　　心理学的健康に対するポジティブ心理学の見解　348

　　　ポジティブ心理学の査定　350

　　経験的エビデンス　352

　　　幸せとポジティブな感情　352

　　　ポジティブ思考　354

　　　ポジティブな特性　355

　　　ポジティブな人間関係　357

　　　ポジティブな集団と制度　358

　　　　吟味　358／特定のテクニック　359／ポジティブ心理学の知識を取り入れたセラピーを目指して　362

　　臨床実践　363

　　　実践例　363

　　　事例：エンゲイジメント（没頭志向性）向上のための自分ならではの強みの活用　369

　　まとめと結論　371

第10章　マインドフルネス認知療法　375

導入と歴史的背景　375

哲学的，理論的基盤　380

うつ病の再発モデルとそのエビデンス　380

治療指針のためのモデルから概念化への転換：マインドのモード　383

理論に対する批判　385

経験的エビデンス　387

理論モデルに関する経験的支持　387

治療モデルに対する経験的支持　387

臨床実践　389

実践のための原理　389

本アプローチの際立った特徴　393

インストラクターの役割　397

事例　398

個人面談　398／第1週　399／第2週　400／第3～5週　401／第6～8週　405

まとめと結論　407

第11章　感情焦点化／対人的認知療法　409

導入と歴史的背景　409

哲学的，理論的基盤　412

治療への示唆　415

理論に対する現在の批判　417

経験的エビデンス　420

心理療法における感情　420

対人的スキーマ　421

同盟の不和を修復する　423
　　　現在の支持の限界　427
　臨床実践　428
　　事例　433
　まとめと結論　442

第12章　結び　445

　適切な実践のための基本的な必要条件　445
　介入はセラピーを定義しない　447
　理論に基づいて実践を行う際の忠実さと柔軟性　447
　謝辞　450

文献　451
訳者あとがき　507

第 1 章

精神障害の哲学，心理学，原因，および治療

Paul M.G. Emmelkamp
Thomas Ehring
Mark B. Powers

理論がどれほど興味深く，まことしやかで，魅力的であろうとも，実際に人に対して用いられるのは，理論ではなく技術である。
——PERRY LONDON, The Modes and Morals of Psychotherapy（1963, p.33）

　理論の役割は，現在に至るまで長年にわたり，盛衰を繰り返してきました。本章では，行動／認知療法の歴史的過程において，理論が担った役割について簡単に概観します。加えて，理論の役割に対するさまざまな見解と，それらが臨床実践においてもつ示唆についても話し合っていきます。

歴史的分析

学習理論

　行動療法と行動主義は，強く関連があるように見えますが，これらの2つの動向の関係は，きわめて曖昧です。行動主義は，実験心理学における重要なムーブメントであり，その起源は20世紀の初めにさかのぼります。アメリカの心理学者John B. Watsonは，もっと大きな社会的ムーブメン

トの推進者，あるいはカリスマ的指導者だったと思われますが，通常，行動主義の「父」とみなされます[53]。一方，行動療法はというと，その始まりはずっと遅く，1950年代です。行動療法は，問題行動に対する操作的精神力動的理解（operative psychodynamic view）に呼応して始まりました。もう1つ，重要な刺激となったのが，当時流行していた——信頼性がないことで有名な——精神科診断や心理療法の効果に対する不満でした。

1952年，イギリスの心理学者Hans Eysenckは，その経験主義的見解によって大混乱を引き起こしました。伝統的な心理療法の効果は，無治療を何ら上回りはしないと主張したのです。効果的な代替手段として，Eysenckは現代的な学習理論に基づいた行動療法に言及しました。当時，南アフリカの精神科医であるJoseph Wolpeに続いて，この方法を実験していた英国の心理学者や精神科医は，ごく少数でした。同様の発展は，米国においても，多かれ少なかれ，同時に起こりました。Wolpeと英国のグループがもっぱら古典的条件づけの原則に基づいて研究していたのに対し，米国では，非機能的な行動に対する治療で，オペラント条件づけの原則の適用が強調されていました。

古典的条件づけ

行動療法のルーツは，2つの主要な理論の発展に見ることができます。第一に，Ivan Pavlovによって確立された古典的条件づけパラダイムに触発され，多くの心理学者が学習プロセスという観点から精神病理学的障害を概念化しました。古典的条件づけパラダイムの使用をめぐる最も有名な例は，WatsonとRayner[94]による，生後8カ月の「アルバート坊や」に対して行われた，特定の恐怖症の発現に関する研究です。この研究は，恐怖症発症の行動学的概念化を形成することにとって，非常に重要なものとなりました。1920年代のもう1つの重要な研究は，Jonesの「ピーター坊や」についての報告でした。この2つの事例がもたらした大きな貢献は，臨床的な恐怖が習得される際の，学習の強力な役割を浮き彫りにしたことでした。

行動理論では，特定の恐怖が条件づけのプロセスを通して獲得され，そのプロセスでは条件刺激（CS）と無条件刺激（UCS）が2つで1組となっているとされます。しかし，恐怖の獲得の条件づけモデルの場合，当初の形式（文献25など）は筋道が通っているとはいいがたく，脆弱性-ストレスモデルにおいて，より幅広く概念化しなおすことが必要です。最初の恐怖反応と結びついたトラウマ体験の想起は，特定の恐怖症の多くで報告されてきました。しかし，恐怖症を抱えていない人でも，同じ状況でトラウマ体験があったことを報告しています。現在までの研究からは，条件づけの他に，モデリングとネガティブな情報の伝達も，特定の恐怖症の病因において重要であることがうかがえます[70]。さらに，CSとUCSの組み合わせ以外にも，多くの要因が連合の強度に影響を与える可能性があります。たとえば，特定のCSに関連した，起こりうる可能性のある危険についての信念や期待，UC-UCSの随伴性について文化的に伝達された情報などがあります[18]。

　EysenckやWolpeといった臨床家は，不安と恐怖を消去するための治療手続きを発達させるうえで，古典的条件づけのプロセスも利用可能であると考えました。たとえば，系統的脱感作は，拮抗条件づけから客観的に引き出された原則を基盤としました。同様に，フラッディング法などの曝露に基づいた治療は，古典的条件づけに基づいた実験研究に由来します[25]。その仮説とは，もし不安障害が古典的条件づけのプロセスを通して学習されるとしたら，恐怖と不安は，学習されたCS-UCS連合を効果的に中断し，学習された感情の反応を消去する手続きを用いることによって治療されるというものでした。適用は，感情障害に限られてきたわけではありません。古典的条件づけに基づいた行動療法は，依存症の治療にも用いられてきました（嫌悪療法，手がかり曝露法，など）。

オペラント条件づけ

　心理療法の概念化と治療手続きの発展の双方において，古典的条件づけ以外に，オペラント条件づけパラダイムも有力でした。精神病理のすべて

が，必ずしも古典的条件づけの観点から容易に理解できるわけではありません し，他の障害の病因も，行動の結果に言及したほうがより容易に説明できたからです。オペラント条件づけアプローチでは，問題行動と環境随伴性との，機能的関係が強調されます。

オペラント条件づけアプローチの臨床的に重要な副産物は，「行動分析」または「機能分析」として知られる，行動アセスメントの技術です。問題行動のこうした機能分析は，個別的なアプローチであり，このアプローチを用いることで，臨床家は，心理学的に機能不全となっている，不適応な行動を維持する強化子を同定することができます。「機能分析」という用語は，環境と行動間の「因果関係」を経験的に実証することを意味して，Skinner[86]によって用いられました。現在この用語は，幅広く用いられています[41]。米国では今でも，問題行動の機能分析はオペラント条件づけの文脈で主に用いられています。ヨーロッパでは，機能分析という用語がオペラント条件づけだけでなく古典的条件づけや媒介する認知も含めて，患者の問題を分析するための，より一般的な方略として広く用いられています。

認知モデル

認知行動療法（CBT）は，多くの異なる認知行動アプローチを含む，心理療法の一般分類です。それらのアプローチには，論理情動行動療法（REBT；Ellis），認知療法（CT；Beck），論理行動療法（Maultsby），自己教示訓練とストレス免疫訓練（Meichenbaum），スキーマ療法（Young），メタ認知療法（MCT；Wells），そして——ある程度まで——弁証法的行動療法（DBT；Linehan）が含まれます。包括的で，主として認知に方向づけられた，最初の心理療法を発達させたのは，Albert Ellis[24]であると考えてよいでしょう。Ellisの研究は，EpictetusやMarcus Aureliusなどのストア派哲学に基づいていますが，Ellisの考えの発展には，よくも悪くも，他の貢献もありました。社会科学的な見地からは，Ellisのセラピーに対する考えの発展には，一方では精神力学的トレーニ

ングがネガティブな影響を与えました。精神力動的心理療法が，精神病理学的な障害と治療過程について，科学的に確固とした概念化を提供できなかったことが，論理情動療法の発展を導きました。その一方で，Ellisはより行動的に方向づけられた心理学者の著作から，ポジティブな影響を受けています。そのような著作には，精神分析を学習理論用語で解釈しようとする，DollardとMiller[21]の画期的な試みや，パーソナル・コンストラクト心理学に関するKelly[54]の研究があります。

　もう1人の重要な学者として，CTを発達させたAaron T. Beck[3]がいます。精神病理学における認知プロセスの役割，および治療で認知プロセスをどう扱っていくかについてのEllisとBeckの概念化には，相違点よりも共通点が多く見られます。しかし，何を決定的に重要な認知とするかについては，両者に違いがあります。たとえば，認知療法が自動思考とスキーマという概念を中心として体系づけてきたのに対し，REBTは，合理的信念と非合理な信念を中心にまとめています。ここ数十年にわたり，障害に特化した認知モデルと治療法が，とりわけ不安障害[15]，気分障害[5]，およびパーソナリティ障害[4]を対象に発展してきました。

　CTが認知の変容を目的とするならば，基本的な認知心理学[19]が提供する豊富なデータとCTを結びつけることは理にかなっています。残念ながら，認知プロセスを説明するためにBeckとEllisが用いた言葉は，認知心理学で起こっている事象とは漠然とした関連しかありません。Hayesら[46]が言及しているように，「認知的論駁」，「経験的検証」，および「共同的経験主義」といった用語は，常識的で実際的な治療であり，基礎的な認知科学に由来するというよりも，臨床的に生み出されたものです。「認知療法と基礎認知科学の結びつきは依然として弱いままであり，CBTで発達した一般的な技法を見ると，基礎科学の実験室から直接あらわれたものなどないことがわかります」（文献46のp.4）。しかし近年，基礎認知科学と障害に特定した認知療法の間に，より密接な結びつきがあらわれてきています（文献16参照）。

第3世代のCBT

　最近では，CBTの歴史には3世代あるとされています。伝統的行動療法，認知的技法の追加（CTまたはCBT），文脈的アプローチという3世代です[43,44,46]。文脈的アプローチは，行動の形式よりもむしろ機能に焦点をおきます。本書の著者らが説明するように，アクセプタンス&コミットメント・セラピー（ACT；Waltz & Hayes, 本書の第5章）と，マインドフルネス認知療法（MBCT；Dimidjian, Kleiber & Segal, 本書の第10章）は，ある部分，うつ病に対するBeckの認知モデルに対する不満から生じました。Hayes[44]は，第3世代のアプローチを次のように定義しています。

　　経験的で，原理に焦点化したアプローチに基づき，認知行動療法の第3の波はとりわけ，心理学的現象の，単なる形式だけでなくその文脈と機能に敏感に反応する。より直接的で教訓的なものに加えて，文脈と体験の変化を目指す方略を強調する傾向がある。これらの治療法は，狭く限定された問題を取り除くアプローチよりも，広く柔軟で効果的なレパートリーを構築しようとする傾向がある。また，治療法が検証しようとする問題が，クライエントはもちろんのこと，臨床家にとってどのように関連するかを強調する傾向も見られる。（文献44, p.658）

　「第3の波」にどの治療法を含めるかをめぐっては，いくらか見解の相違があります。たとえばHayesら[46]はACT，DBT[60]，MBCT[85]，およびMCT[95]を挙げています。先に挙げた文脈的治療を考慮すると，心理療法の認知行動分析システム（CBASP）[67]，統合的行動カップル療法（IBCT）[13]，および機能分析的心理療法（FAP）[55]をはじめ他にも多くのものが加わるかもしれません。これらの第3世代のアプローチの統一的なテーマは，ネガティブな情動を受け入れる一方で，行動のコントロールにフ

ォーカスすることです。著者のなかには，これらの方法はより基礎科学に基づいているとする人もいます。たとえばACTは，（ACTが）他の行動認知療法とは基本的に異なっていると主張します。ACTは言語に関わる行動と環境の機能的関係についての現在の行動分析的理解に基づいています。このような理解は，関係フレーム理論（RFT）や規則に支配された行動の機能分析[45]に深く浸透しています。このアプローチは，心理的苦痛と行動的変化の社会的文脈に関する機能分析と，基礎的行動分析アプローチに由来する基本的な行動原則と分子行動力学の両方から，経験的に支持されています。概してこれらのアプローチは臨床試験で比較的大きな効果を示しています[71,76]。また，想定された媒介要因を通してうまく機能することを示す，予備的なエビデンスも存在します[37,65]。たとえば，Formanら[37]は，「観察」と「記述」における変化が認知療法のアウトカムを媒介するのに対し，「経験的回避」「気づきを伴う行動」および「アクセプタンス」は，ACTのアウトカムを媒介することに気づきました。しかし，それらが本当に「新しい波」なのか，それとも既存のCBTを単に部分的に焼き直したものにすぎないのか[50]をめぐっては，かなり議論の余地があります。また，それらが第1，第2の波のCBTと比較して，より効果的であるかどうかについては，まだ明らかではありません[71,76]。

認知行動介入における理論の現状

　歴史を概観するなかで，CBTのさまざまな波，つまりステージは，その基盤となる理論に応じて体系づけられてきました。これは，CBTのムーブメントが常に，理論の役割と理論を支持する基礎研究を強調してきた，という事実を映し出しています。しかし，長年にわたってその強調はより折衷的なアプローチか，理論的背景の正確さはともかくエビデンスに基づく治療の使用のいずれか，あるいはその双方へと変化し続けてきたのです。この点について，本章で簡単に説明していくことにします。

折衷的アプローチ

　専門家の多くは，1つの理論にかかりっきりになるほど厳格ではありません。むしろ，折衷的といったほうがいいでしょう。いざというときに役に立つ技法ならば何でも活用するのです。このようなアプローチのルーツは，Arnold Lazarusにさかのぼることができます。Lazarusは，技法的折衷を求めた人物だからです[57]。しかし，行動療法の前駆者であるEysenckとWolpeはこのアプローチを歓迎しませんでした。たとえば，Eysenck[34]は，次のように明言しています。このようなアプローチをとると結局，「理論のごちゃまぜ，乱雑な治療，セラピーの寄せ集め，適切な論拠をもたない活動のどんちゃんさわぎであり，評価しようにもテストできないもの」を導くだけだ，というのです（文献34のp.145）。折衷主義を求めるLazarusの呼びかけは，技法折衷主義の賛否両論に関して科学的に論議されるというより，むしろ個人的な軋轢を生むことになりました。それは，Lazarus自身の言葉で次のように述べられています。「Eysenckは，Behaviour Research and Therapyの主任編集者として，私を編集委員会から追い出した。またWolpeはそれまでずっと南アフリカにおいて私の師であったし，1967年から1970年まで私はテンプル大学医学部で彼に師事してきたが，私を解雇しようとした」（文献58のp.151）。

　もっと最近になっても，この折衷主義アプローチは依然として批判され，CBTの「カクテル派」と呼ばれています[19]。このような専門家たちは，想定された変化の理論に当然支払われるべき注意を払うことなく，さまざまな行動的，認知的治療をごちゃまぜにしてカクテルを作っているというのです。

　このようなカクテルは，効果的でありマニュアル化されてさえいるが，まだ認知行動療法（CBT）の科学にとって十分有益であるというわけではない。それぞれマニュアル化された治療を伴い，明確に仮説を立てられた変化の理論（たとえば，特定の技法を用いて，どの認

知を再構成化したいかを正確にする）がなければ，CBTを，科学的な治療体系として参照することは，ほぼ不可能である。（文献19のp.284）

経験的に支持されたセラピー

　ここ数年，心理療法の説明責任を求める主張が，効果的な介入の基盤にある，理論の役割に対する現在の評価に，大きく影響しています。当分野において大きく強調されているのは，特定のDSM-IV障害に対する，特定の治療の有効性と効果を実証することです。多くの実践家，そして研究者も同様に，現在は，理論的革新についてあれこれ考えるよりも，治療手続きを，多くはセッションごとの治療プロトコルの形式で，マニュアル化している最中なのです。

　アメリカ心理学会（American Psychological Association）のDivision 12 Task Forceによって提唱されたシステムでは，1つの無作為化対照試験（RCT）で，ある治療方法が無治療よりも効果的であることが明らかにされた場合，その治療方法には，「おそらく効果あり」（「銅メダル」）という称号が与えられます。さらに，この所見が独立した研究チームによって実施された別のRCTでも追試されたならば，その治療法は「効果あり」（銀メダル）とされます。そして，非特異性のプロセスを統制する条件，または他の良質の治療よりも優れていることが明らかになった治療法は，さらにもっと高く評価され（金メダル），その作用メカニズムは効果があり特別であるとされます[10, 11]。

理論に対する強調の復活

　経験的に支持された治療アプローチは，現在ではCBT研究者の大多数によって用いられていますが，その一方で治療プロトコルの代わりに経験的にテストされた理論に基づいた，個々のケースフォーミュレーションをより強調する少数派も増えつつあります。その例が，Persons[72]によるケースフォーミュレーションアプローチやACT[46]です。

結語

　見たところ，行動療法と認知療法における理論と実践のかつての緊密な関係はここ数十年間で著しく変化しました。現在優勢なパラダイムはエビデンスに基づいた治療です。この規範的なアプローチは，個々の事例よりも，群の平均を強調します。行動療法の初期の時代には，より個別的なアプローチが強調されていました。つまり，理論にしっかりと基づき，個々に仕立てられたフォーミュレーションです。もちろん，これまでずっと，規範的アプローチと個別的アプローチのいずれにも支持者がいました。しかし，時を経るにつれ，相対的にフォーカスは著しく変化してきたのです。以降でこれら2つの立場の長所と短所について詳しく検証していきます。

エビデンスに基づくアプローチの長所と短所

　アメリカ心理学会のDivision 12 Task Forceの経験的に支持されたアプローチについては，より広い動向のなかで，つまりエビデンスに基づいた医学のなかでとらえるべきです。認定された，エビデンスに基づく治療がなぜ優れているかというと，それらが患者のケアを高める最近の経験的知識を臨床家に知らせる，という理由になります。多忙な臨床実践に携わっているセラピストにとって，最近の文献に遅れずについていくことは困難に感じられるでしょうから，「エキスパートによるレビュー」によって提供される，研究エビデンスの要約が必要だと思われたのです。英国におけるNICE（National Institute for Clinical Excellence）のガイドラインや，米国におけるアメリカ心理学会の「経験的に支持された治療」といったものです。他の多くの国々でも現在，同様の「専門委員会」が，精神障害に対するエビデンスに基づく治療のためのガイドラインを提供しています。

　さまざまな治療アプローチの発展において理論が重要であった可能性については認められています。しかし，ある特定の人たちに対してある特定

の治療を「認定する」主な基準は，RTCにおいてその有効性が証明されることです。結果として，しっかりとした理論的基盤を一切もたなくても，「よく効く」治療ならどのようなものでも，このような委員会で認定される可能性があります。これらのガイドラインの実践を促すために，治療マニュアルが開発され，ターゲットとなる人たちに対して妥当化されます。

長所

　エビデンスに基づいたアプローチには数々の長所があります。第一に，特定の精神障害をもつ患者にとって，どの治療法がとりわけ効果的であるか臨床的判断を下すための，明確で客観的な基準が存在します。この基準のおかげで臨床家は，やっかいで，しばしば問題となる，個別の意思決定をする必要がなくなります。個別化された臨床的アプローチを擁護する人はたくさんいますが，実際に，このアプローチの有効性を検証した研究はほとんどありません。少し前に実施された研究によれば，臨床的な決断はあまり信頼性がないことが明らかになりました。強迫性障害をもつ人に対する治療に関する研究で，問題の分析，機能分析，および治療計画の立案のためにインタビューを行いました。そのインタビューに基づき，別の臨床家たちが，問題の分析，機能分析，および治療計画を提案しました。残念ながら，評定者間の信頼性は高くありませんでした。問題の領域に関しては，0～10のスケールで高い一致があるようでした。また，問題行動に先行する要因と，処方された治療に関しては，中程度の一致が見られ，機能分析において想定された因果関係に関しては，その一致率は低いようでした[26]。

　経験的に支持された治療（EST）のもう1つの長所は，マニュアル化された治療は普及しやすいということです。定義上，各治療はマニュアル化される必要があります。マニュアル化されることで，治療パッケージを，訓練のために，他の学術機関やコミュニティに輸出しやすくなります。第三に，統括機関や学術団体などが，明確に定義されマニュアル化さ

れたプログラムに基づいた治療ガイドラインを作成することができます。たとえば，CBTにおけるトレーニングは，現在，精神医学レジデンスプログラムで必須となっています[6]。最後に，明確なESTの基準によって，新しい治療の確立が容易になります。

短所

　これまでに挙げられてきた批判の多くは，理論的または経験的なものというよりも，感情的に駆り立てられたものです。たとえば，マニュアルを「料理本的精神の促進」とみなしたり，セラピストを「マニュアルに従う職人ではなく，即席のアーティスト」ととらえたりした人もいました（文献11のp.701）。しかし，エビデンスに基づくアプローチに関連した，より深刻な問題も数多くあります。たとえば，エビデンスに基づく治療を行うターゲットに，個々の患者がうまく馴染まない場合にはどうしたらいいか，といった問題です。エビデンスに基づく心理療法にとって最大の問題の1つは，併存疾患の問題です。たとえば，不安障害を抱える患者のうちかなりの数が，不安障害だけでなく抑うつ障害も併発しています。同様に，物質使用障害を抱える患者の場合，二重診断は珍しいことではなく，むしろ標準といっていいでしょう[31]。併存疾患はⅠ軸障害に限りません。Ⅰ軸とⅡ軸の間でも頻繁に生じます[29]。この視点からすると，エビデンスに基づいたマニュアル化された治療の処方は現実的ではありません。実践家が複数の障害をターゲットにして，複数のマニュアルに同時に従うことは，ほとんど不可能です。治療のターゲットを優先させるときには，明らかに，より理論的に決断を下す必要があります。

　エビデンスに基づいたアプローチは，障害に特化した考え方に基づいています。つまり，共通の症状に基づいて質的に異なるグループが定義される，という仮定です。このアプローチでは，ある特定の診断をもつ患者は特定の治療に対して均一の反応をすると仮定されます。しかし，グループ内において，重要な相違が存在する可能性もあります。たとえば，境界性パーソナリティ障害の診断をもつ患者を例に考えてみてください。DSM-

IV-TRによると，9つの診断基準のうち5つを満たすと，境界性パーソナリティ障害の診断を受けます。しかしこれは，境界性パーソナリティ障害をもつ患者の主症状にはさまざまな形があることを意味します。たとえば，境界性パーソナリティ障害をもつ患者の場合，衝動的で，自殺未遂行為が主な特徴ですが，このような患者にはDBTが比較的効果があるとしたらどうでしょうか？ 一方，対人関係，歪んだ自己イメージ，および空虚感を主な特徴とする患者たちに対しては，転移焦点化精神療法か，あるいはメンタライゼーションセラピーのほうが，より効果的であるとしたらどうでしょうか？

もう1つの問題は，治療マニュアルに関するネガティブな見解でした[9]。治療がマニュアル化されたのは，本来，RCTの内的妥当性を高めることが目的でした[64, 93]。マニュアル化された治療が研究で妥当だと認められれば，地域の実践家らは日常的な治療にそのマニュアルを採用するだろう，と当時は想定されていました[92]。しかし実際には，治療マニュアルを使用しようとする臨床家は，ごく少数にすぎません[74]。定期的に治療マニュアルを使用していると報告するのは心理療法家の7％だけであり，治療マニュアルとは何かを明確に理解していると報告する人は，20％にすぎなかったのです[1]。

最後に，CBTの理論的基盤に関連した批判は，証明された治療方法の理論的基盤について，何らテストされていないということです。介入とアウトカムとの間に明確な因果関係を確立するためには，介入技法が確固とした理論的基盤に基づいて操作化されている必要があります。RosenとDavison[80]が説得力をもって議論したように，「心理学の科学を代表する正式な組織はいずれも，『経験的に支持された変化の原則』（ESP）の同定に向けて取り組むべきであり，経験的に支持された治療（EST）をリストアップするべきはない。独占所有的な方法をリストアップするなどということは言語道断」（文献80のp.303）です。指針とする理論をもたない介入が効果的であることが明らかになった場合，何が有効成分であったのか，事後的に憶測し解釈してしまうことになります[91]。

結語

　経験的な理論基盤をないがしろにし，経験的に効果的な治療を強調することは，保険会社の視点からすれば筋が通っていますが，結局それは，安物買いの銭失いになる可能性があります。残念ながら，理論に基づくセラピーからエビデンスに基づくセラピーへ変化するとき，「細事にこだわり大事を逸する」リスクを冒すのです。実際，現在のCBTは，すべての患者にとって有効であるとはとうていいえません。患者の30～40％は，現在のCBTではうまく治療できず[27]，今でもなお，この比率には改善の余地が残っています。この数字は，この25年間変化していません[35]。つまり，ここ数十年間にわたり，有意な進歩がなかったのです。治療を改善させたいなら，治療がうまくいく理由と，しばしばうまくいかないことがある理由を，よりよく理解する必要があります。概して心理療法は，理論的発展と「実験室」における理論の検証との相乗効果によって進化します。なかでもCBTの進化は，特にそうです。もちろん，論より証拠というように，臨床実践においてエビデンスを確立することが重要です。「理論がどれほど興味深く，もっともらしく，また魅力的であろうとも，人々に対して実際に用いられるのは，技術であり，理論ではないのです」（文献63のp.33）。

個別化された，理論に基づいたアプローチの長所と短所

　エビデンスベイストの動向に代わる，もう１つの動向は，精神病理学と変化に関する妥当化された理論に，治療を基づかせようというものです。このようなアプローチとエビデンスに基づいたアプローチとの主な相違は，このようなアプローチではエビデンスに基づいた標準化されたマニュアルを適用することだけでなく，特定のモデルの背景から引き出されたという点です。さまざまな方略を柔軟に応用することに，治療の判断が基づいているのです。

　個別化された治療アプローチは数多く存在しますが，共通する基盤は，

セラピストが各事例に対し，経験的に仮説をテストすることです。Emmelkamp[25]の個別化された治療アプローチでは，ミクロ分析とマクロ分析を区別します。「ミクロ分析」，すなわち「機能分析」は，特定の問題領域内での行動を分析します。セラピストにとって重要な問いは，次のとおりです。その行動は，どのような状況で生じるか？　どのような反応（感情的反応，生理的反応，認知的反応，観察可能な行動）が生じるか？　その行動は，どのような結果を導くか？　マクロ分析を行う際，セラピストは問題と問題とに何か因果関係の可能性がないかと探りながら，さまざまな問題を図にしていきます。これらの分析に基づき，セラピストは，治療計画と介入をガイドするための個別のケースフォーミュレーションを作成します（実際的な応用については，文献30，31を参照）。Persons[72]のアプローチでは，セラピストは，個別的なフォーミュレーションと治療計画のためのテンプレートとして，エビデンスに基づく一般的なフォーミュレーションと治療計画を利用します。ACTも，個別化された理論に導かれた治療計画を含むアプローチの1つです[47]。

　より個別化されたアプローチには，明確な利点があります。エビデンスに基づいたマニュアルが何も存在しないような，珍しい問題を抱える患者や，障害が1つに限られない，より困難な事例の場合，個別的なケースフォーミュレーションにより，治療のターゲットが可能になります。このような方略は，マニュアル化された治療を適用するよりもはるかに柔軟であることから，セラピストが患者の多様な特徴に対して用いることができるようになります。さらに，このような個別化されたアプローチは，セラピーを行っているセラピストにとっても，おそらく満足が高くなるでしょう。このようなアプローチを支持する人は，このアプローチが臨床実践により迅速でより有望な改革をもたらすはずである，と考えています。

　一方で，このような個別的アプローチに関連した短所も存在します。第一に，セラピーの効果は，セラピストの創造性と同程度になるだろうということです。個別化された治療アプローチは，マニュアルに基づく，標準化された，エビデンスに基づく治療と比べると，学習するのも教えるの

も，さらには実践することも，はるかに困難です。第二に，セラピーの柔軟性は確かに利点ですし，より困難な事例においては特に役に立ちます。弱点は「まさにその柔軟性が理由の１つとなり，ズルズルと坂を滑り落ち，何のエビデンスもないものになってしまう」そのあっけなさにあります（文献72のp.168）。加えて，理論的な発想が，効果的な介入へと容易に変換されると考えるのは甘いでしょう。たとえば，ネガティブな評価や非機能的な認知は，結局，伝統的な認知再構成だけでなく，行動実験やイメージの修正も含めた，さまざまな方法で修正されます[59]。では，どのタイプのネガティブな評価にはどの技法が最も効果的かということは，経験的にテストされるべき問いです。結局のところ，マニュアル化されたエビデンスに基づく治療による効果よりも，機能分析に基づいた治療の効果が優れるということを裏づける，確固とした根拠は今のところありません。これまでに実施された研究の成果は，個別化された治療は標準化された治療プロトコル[28,84]よりも優れているわけではないことを示しています。余談ですが，その昔，（認知）行動療法の根本理念とみなされていたものを詳しく調べようとする努力は，ほとんど行われてきませんでした。要するに，当分野は，それにふさわしいマニュアル化された治療を獲得したということでしょう！

理論に焦点をおいた治療とエビデンスに基づく治療の統合

エビデンスに基づくアプローチと，理論に基づいたアプローチという二分法が，恣意的なものだということに着目することが重要です。実際，この問題について極端な見解がもたれることは稀です。マニュアル化された治療の有効性と理論の役割について議論する人は，そのほとんどが両方の見解を統合する必要があるという結論に達します。しかし，それぞれの要素に割り当てられる比重には違いがあります。たとえば，Persons[72]は理論に基づいた，個別のケースフォーミュレーションを明らかに強調します。一方で，Salkovskis[81]は，彼の「経験に基づく臨床介入のモデル」に

おいて，理論とそれに関連する実験研究，治療アウトカム研究，臨床実践に，等しく重要な役割を割り当てます。まず理論的モデルを発達させて，それを厳密にテストし，その後そのモデルをマニュアル化された治療プロトコルという形に変換し，最終的にそのプロトコルをアウトカム研究でテストするという方略が，最も治療の発展に寄与すると，異なる理論志向の研究者たちが提唱してきました[16, 46]。

　現在の数々の発展は，将来，実り多いものになるかもしれません。これらのなかには，治療パッケージ全体ではなく，変化についてより経験的に支持された原則に，よりフォーカスするよう提言するものも含まれます[80]。加えて，感情障害の発症と持続に関わる多くのプロセスは，障害特異的というよりも，診断横断的であるという認識が高まりつつあります[42]。したがって，将来の治療は，独立した診断カテゴリーにではなく，関連のあるプロセスをターゲットにすることに，よりフォーカスされるようになるかもしれません。これらのアプローチについては，結果的により有効な介入となるか今後テストされるべきですが，現在の文献における，理論に基づくアプローチとエビデンスに基づくアプローチ間の二分法を克服するのに，診断横断的なアプローチが役立つかもしれません。

想定される理論的プロセスを裏づけるエビデンスはどれほどあるか？

　CBTの文献では，現在に至るまで，治療の媒介要因に対する関心が驚くほど欠けていました。このタイプの治療研究は，理論モデルに由来する変数が，実際に症状の減少に心理学的治療の効果を媒介しているかをテストすることができるでしょう。特定のタイプの治療の基礎をなす理論モデルは，次の3つを満たす場合に支持されます。(1)その障害からの回復にとって決定的に重要と推定されるプロセス変数に，治療の成功が関係する場合，(2)この関係が，その理論に基づく治療のタイプに特異的である場合，そして(3)重要なプロセスにおける変化が，ターゲットとなる主訴（抑うつ，不安，など）における変化に先行する場合の3つです。以下では，こ

の領域における研究例を不安障害（社会恐怖症とパニック障害），うつ病，および物質使用障害について挙げます。

社会恐怖

32のRCT（$N=1,479$）についての最近のメタ分析で，社交不安障害における認知行動療法の有効性が調査されました[75]。治療は，さまざまなアウトカムにおいて，またフォローアップでも，待機リスト（$d=0.86$）やプラセボ条件（$d=0.38$）よりも優れていましたが，曝露療法と認知療法，もしくはその併用の間には違いがありませんでした。興味深いことに，すべてのタイプの治療が結果的に行動的変数と認知的変数に，同等の効果量で有意な改善をもたらしていました。したがって，異なる理論的背景をもつ治療において，異なる変化のメカニズムがあるという仮定は，支持されませんでした。

いくつかの追加的研究により，社会恐怖の症状に対する治療効果が認知バイアスの減少，とりわけ，社会恐怖で典型的に見られる，脅威のもたらす社会的コストあるいは深刻さの過大評価と，脅威が起こる可能性／見込みについての過大評価によって媒介されるかを調べました[36]。最初の研究結果は，見積もられた社会的コストにおける変化が，やはり認知療法と曝露治療の両方において，社会恐怖の改善を媒介したことを示しており，異なる治療プロトコルに対応する変化のメカニズムの特異性は一切，明らかにされませんでした[49]。その後の研究で，Smitsら[90]は，CBTを受けている社会恐怖の成人53人において，社会的コストと見込みバイアスを詳しく調べ，両方のバイアス（コストと見込み）が社会恐怖の改善を媒介するという根拠を発見しました。しかし，時系列的な分析を行うと，その見込みバイアスが恐怖の緩和をもたらし，今度は恐怖の緩和によって，コストバイアスをより低下させることが明らかになりました。まとめると，社交不安障害における治療効果の認知的媒介については，予備的な根拠は存在するものの，今までのところ，認知志向の治療に対する特異性を裏づける根拠は一切，存在しないということです。

パニック障害

　パニック障害における治療の媒介要因の研究からは，（社会恐怖よりも）いくぶん，一貫した結果が集まっています。認知的視点からは，不安感受性（すなわち，不安によって引き起こされる通常の身体感覚〈心拍数，発汗，など〉に対する恐怖[79]）は，パニック障害の発症と持続の重要なメカニズムであるとみなされ，多数の研究において裏づけられてきました[2]。重要なのは，いくつかの研究から得られた結果からは，不安感受性がパニック障害の治療における改善を媒介することが示唆されている点です[12, 51, 89]。たとえばSmitsらは，パニック障害の患者130人を，CBTか待機リストのいずれかに無作為に割り付けました。不安感受性は，社会機能（disability）の改善を完全に媒介し，広場恐怖症，全般性不安，およびパニックの頻度においても変化を部分的に媒介しました。6カ月後のフォローアップでも，同様の結果があらわれました[12]。さらに，追加的な研究の結果からは，不安感受性の緩和がCBT治療に特異的であることが示唆されます。Hofmannら[51]は，パニックを抱える患者91人を，CBT単独，イミプラミン単独，CBTとイミプラミン併用，およびCBTとプラセボ併用，に無作為に割り付け，そのパニックに関連した認知の変化を調査しました。CBTを受けた患者においてのみ，パニックに関連した認知がパニックの改善を媒介しないことが明らかにされました。重要なことに，不安感受性の低減がパニック症状の低減に先行しており，時間的な前後関係を示しています[88]。パニック障害の治療における変化の媒介要因として，不安感受性に関する文献は，概説した3つの基準を満たす数少ない例の1つです。

抑うつ

　行動療法，認知療法，およびこの両者の組み合わせは，いずれも大うつ病の効果的な治療法であることが明らかにされてきました。最近のレビューおよびメタ分析は，これらの治療アプローチの効果に一貫した相違は一

切，認められないことを示しています[27,23]。RCTにおけるさまざまな治療法を直接比較したものも，同じ結論になります[20,40]。しかし，死別に対する治療においては，行動的曝露は，認知療法よりも効果的でした[8]。

　理論的に，認知療法と行動療法は，認知と行動の諸変数に異なる効果を及ぼすと考えられます。これらの治療法が関連するターゲットに特異的な効果をもつことを明らかにするため，数々の研究がデザインされましたが，どちらかというと，結果はネガティブです。概して，関連のある行動的，認知的変数は，行動療法と同じくらい，認知療法によっても変化します[27]。したがって，行動プログラムと認知プログラムの効果は「非特異的」であるように見え，行動因子と認知因子の両方を変えることから，こと改善をもたらす治療プロセスに関しては，結論を下せなくなります。さらに事態を複雑にすることに，認知療法と薬物療法との比較から，ほとんどの研究結果は認知療法と同じくらい，薬物療法によっても認知が変化することが明らかにされました[38]。したがって，認知的な歪みは，治療のアウトカムの媒介要因よりも，抑うつの症状として作用するように思われます。

物質乱用／依存

　以上の例では，治療効果の媒介要因として，認知要因の役割に主にフォーカスしてきましたが，次の例は，行動変数，つまり物質使用障害における対処スキルを取りあげます。ハイリスクな状況に対処するためのスキル訓練は，物質使用障害のCBTに不可欠な成分だと仮定されています[31]。一般的には，対処スキル訓練の結果は対処スキルの変化に媒介されると信じられていますが，ほとんど調査されていません。Morgensternと Longabaugh[69]のレビューによると，対処の媒介的な役割を裏づける根拠は，1つの研究にしか見つかっていません。その後のアルコール依存患者に関する最近の研究では[62]，対処スキルの使用頻度を上げるために，ある特定の対処スキル訓練が不可欠であるかを調べています。患者は対処スキル訓練か相互作用集団療法のいずれかを受け，対処スキルを複数の時点で

測定しました。いずれの治療法も，フォローアップの全期間を通じて飲酒が低下し，非常にすばらしいアウトカムを生みました。実際には，対処スキルの向上がアウトカムの重要な予測因子となりました。しかし，期待とは対照的に，対処スキル訓練は，相互作用集団療法よりも対処を向上させはしなかったのです。同様に，マリファナ治療プロジェクトにおいても，対処スキル志向セラピーは，動機づけ向上セラピーよりも，対処スキルの使用を向上させる結果にはなりませんでした (Litt et al., 2005)。

このように，対処スキル訓練は，多くの研究で有効であることが明らかにされてきましたが，治療パッケージにおいて，どの構成要素が結果を達成したのかは明らかではありません。治療パッケージにおけるさまざまな構成要素のうち（セルフモニタリング，ハイリスク状況の特定，渇望に対する対処ストラテジー，問題解決訓練など），どの要素が治療のアウトカムを成功させ再発を防止するために必要な成分であり，どれが余分かを判断するためには，さらなる研究が必要です。

結語

これまでの研究は，CBT の効果が，推定されるメカニズムによるものと考えられるのか，明確に示してきませんでした。われわれの見解では，治療のアウトカムの媒介要因を調べることに，ほとんど努力がなされてこなかったことに驚きます。CBT の推定される理論的メカニズムに対して，さらなる研究が必要なことは明らかです。

CBT 理論に関する一般的見解

これまでのところ，一般的な「理論」という言葉を用いて，それ以上細かい区別はしてきませんでした。しかし，より注意深く見てみると，この言葉が指す，さまざまなレベル，もしくは領域間の区別が必要です。以下では，CBT の研究と実践に関連する，3つの異なる種類の理論について，簡単に説明することにしましょう。

感情問題の発症と持続に関する理論

　CBTの研究と実践において，最も一般的に用いられるタイプの理論モデルは，感情問題の病因を説明するものです。ごく折衷的なアプローチは別ですが，ほぼすべての治療が，感情障害の発現に関わる要因と，維持を導く要因とを区別する，明確に定式化された理論に基づいています。この種の心理学的理論を評価するために，一般に多数の基準が用いられます（詳細な説明は文献97参照）。第一に，これらの理論は，論理的に一貫し，詳細を捨象し，簡潔であるとともに，正確であるべきです。つまり，理論の重要な構成概念が操作化でき，反証可能ということです。第二に，理論は研究と実践におけるヒューリスティックな価値はもちろんのこと，その経験的な実証の量と質の観点から評価されます。

　広いレベルで，それぞれの理論アプローチは，基本的な考えと概念によって区別することができます。各章が1つの基本的な理論アプローチに対応している本書の構造と同じく，歴史を概観しても，これは例証されています。初期の行動療法では，すべての感情問題に対し同じ理論的原則が適用されたのに対し，この数十年間は，障害に特化したモデルを発達させ，経験的にテストする傾向があります。実際，経験的にテストされているのは，基盤にあるより広い理論ではなく，障害にフォーカスした理論が主です。しかし，ここ数年，感情障害に対する診断横断的なアプローチが再び強調されています[42,48]。

基本的な哲学的仮説

　CBTの研究と実践に関して，心理学的理論は基礎的な哲学的考えとも区別されます。Hayesら[47]が論じたように，心理療法の基盤にある哲学的仮説は，経験的に支持されることもなければ，経験的にテスト可能でもありません。そうではなく，より具体的でテスト可能な理論的構造の基盤となる原理を，仮説が構成しています。臨床の研究と実践の最も重要な哲学的問題は，2つの異なる領域に当てはまります。つまり(1)科学の理論と(2)

人間性についての基本的な想定です。

科学の理論

　CBTにおける科学理論の役割について文献を調査すると，当分野がその認識論的仮説について，驚くほど寡黙であることがわかります。結果的に，大部分の入門書はCBTの哲学的理解を明確に提示することなく，すぐに方法論から始まります。科学と心理学についての哲学に関する数少ない文献のなかでは，経験主義，合理主義，理想主義，および構成主義が，原型の立場としてしばしば区別されます（文献97参照）。たとえば，初期の行動主義は，経験主義に根差し，繰り返し観察されることからルールを引き出すことを目指しました。基礎的な認知心理学に影響を受けた研究者らは一般により合理主義者の立場をとりました。たとえば，批判的合理主義から引き出された立場がそうです[73]。しかし，研究の実践は，これらの哲学的志向の背景からかなり逸脱している傾向があります[56]。おそらく，最も明解な例は，どれほど心理学的な研究も，批判的合理主義における「反証」の重要性を大きく強調するにもかかわらず，理論的考えを「支持する」根拠を集めることにフォーカスしているという事実でしょう。社会構成主義者[39]や構造主義アプローチ[98]といった，科学哲学における立場は臨床心理学にとって有益な結果をもたらすように思われますが，これまでの理論家と科学者からほとんど取りあげられてきませんでした。多数の著者が，CBTの科学と実践はその認知論的基盤にもっと注意を払うことで恩恵があるだろうと提唱します（文献32, 66, 100参照）。

人間性に関する基本的仮説

　CBTのいくつかの理論的伝統は，特定の哲学的伝統に明らかに結びついています。たとえば，CT[3]とREBT[24]は，ギリシャ，ストア派の哲学者にさかのぼります。その結果，評価や理にかなった思考にフォーカスしたことで，当時優勢だったパラダイムである精神分析と行動主義から，CTが明確に区別されることになりました。最近の例はACTです。これは，

機能的文脈主義にはっきりと基盤を置くものです[46]。ACTの理論家たちは，自分たちの哲学的基盤を明確に説明することに加えて，概して，これらの問題により関心を求めます。「あまり深く考えないようにしながら，哲学を想定するだけで，哲学を不問にすることができる。しかし，自分たちがどのような想定をもっているかについて，素直に，意識的に認めてしまったほうが，ずっとよいようである」〈文献47のp.16〉。しかし，このような視点は，現在では当分野では例外的です。感情障害の発症と持続に関する大部分の理論モデルは，その哲学的背景については口を閉ざします。CBTの科学と実践にとって，その哲学的な基盤をより詳しく調べることが，実際に利益になるのか，議論の余地があります。何よりも重要な問題点として，倫理的問題はもちろんのこと，決定論かそれとも個人の自由かの疑問，および，個人の目標と治療上の目標の選択をめぐる，標準的な疑問が含まれるかもしれません。

心理学的治療の最中の変化についての理論

　第三の理論は，一方では病因モデルから，もう一方では哲学的基盤から区別されるもので，心理学的治療の最中に生じると思われる変化の起こり方に関係します。治療中にどのメカニズムをターゲットとすべきかについては，精神病理学の心理理論が教えてくれるように，変化の起こり方についても，一見したところ，これらの心理理論から直接推論できるように思われるかもしれません。しかし，少なくとも2つの理由から，これでは十分ではないようです。第一に，ほとんどの症例で，ある特定のメカニズムをターゲットとするための方法がさまざまに存在します。たとえば，不安障害における非機能的な評価を変えるために，純粋に認知的な方略がベストの方法ではないことがあります。現実曝露と行動実験が，少なくとも同等には効果があるかもしれません。第二に，変化の理論はある特定の感情障害にとって特異的なものではなく，変化が生じるために，一般的に必要な要因を考慮すべきだという説得力のある根拠が存在します（動機づけのプロセス，または，治療同盟など〈文献83参照〉）。したがって，行動と認知

の変化に関する理論の発達と経験的テストに対する強調が強まるのも，タイムリーなことなのです。

批判的な議論

本書では，理論と哲学をより強調することが，CBTの科学と実践を強化するのに役立つという見解を奨励しています。本章では，CBTの現在の実践はもちろんのこと，歴史的な発展における理論の役割についても紹介し，さらに理論と実践との関係を取り巻く，多くの基本的な問題を浮き彫りにしてきました。歴史を概観すると，理論の強調は長年にわたり盛衰を繰り返し，結果的に現在では，エビデンスに基づく治療に強くフォーカスするようになりました。理論にフォーカスすることへ戻ることで，純粋にエビデンスに基づくアプローチが直面している現在の問題のいくつかが克服されるという本書の編集者の意見には，われわれも概して賛成ですが，それでも心に留めておきたい批判があります。

第一に，本書の各章の構成によって，経験的に裏づけられたしっかりとした理論と，治療への応用があり，その後に治療の開発に進んでいくかのように思えてしまいます。しかし，われわれの経験からは，このような例はほとんどありません。むしろ，理論と実践の発達は，ほぼ同時に生じることが多いようです。これについては，臨床実践の革新的な潜在力を誤って無視してしまわぬよう，しっかりと理解する必要があるでしょう。臨床的革新の成功が，理論と基礎科学から生じるのか，それとも臨床的な観察と実践から直接生じるのかについては，いまだ審判は下されていません。Clark[16]やSalkovskis[81]によって述べられ，また，科学者-実践家モデルにも一般的に反映されているように，おそらく両方の組み合わせが最も実り多い結果となるでしょう。

より極端な意見では，過去30年におけるCBTの発展を振り返ると，理論の革新的な特徴は，神話であるとさえいえるかもしれません。系統的脱感作は，ネコにおける逆制止に関する実験室研究に基づいていますが[99]，

CBTの介入において続いた多くの革新は，理論から導き出された実験室研究の結果であるというよりも，むしろ臨床実践から生じてきました。加えて，ここ数年～数十年間の多くの理論的発展は，臨床実践に何の革新ももたらしませんでした。たとえば，実験精神病理学にフォーカスした，世界中の研究グループによる，並々ならぬ努力を考えてみてください。現在に至るまで，学習理論アプローチと精神病理の情報処理に関して，理論の手直しと検証のために，何百という実験室研究が行われてきました。これによって，感情問題についての理論的な理解が向上したことは確かです[17, 68]。しかし，われわれの知る限り，障害を抱える患者の診断，治療計画，および治療の革新に対して，真の臨床的影響を何も与えていません。このような研究は薬理学者によく使われるスローガンによって正当化されるかもしれません。「このような研究は，さんざんむだ骨を折って捜した末に……ミネソタの娘を見つけるようなものだ（finding the farmer's daughter)」。残念ながら，私たちはまだ，CBTの分野におけるミネソタの娘に出くわしていないのです。

　1つの例外は，社会恐怖における注意訓練かもしれません。この訓練は，不安障害における選択的注意に対する実験研究の直接の結果とみなすことができます（ただし，注意訓練が社会恐怖に対するCBTの他の介入よりも効果的であると裏づけるエビデンスはないことにも着目してください[75]）。その他の例としては，パニック障害に対するCTと，ACTがあります。CTは，身体感覚の誤った解釈に対する基礎的な研究に関連し[15]，ACTは，関係フレーム理論に基づいた基礎研究に関連します[46]。こうした例はあるものの，概して臨床実践に対する基礎的な実験精神病理学の寄与は，よくても中程度といったところでしょう。

　実験精神病理学の進歩に失望し，学会や論文で提示された研究について自分が直面している日々の臨床活動にはほとんど関係ないと感じている臨床家にしばしば出会います。この点を踏まえれば，臨床家が「治療がうまくいけば理論は気にしない」というのも理解できます。これは，EMDRといった手法が，臨床家の間で人気がある理由の1つかもしれません。

EMDRというのは，RosenとDavisonによると，「科学の主流の外にある仮定に基づいている」(文献80のp.303)とされています。EMDRは，持続エクスポージャーといった，トラウマにフォーカスしたセラピーと同程度に効果がありますが[7]，その理論的基盤についてはいまだ確証されていません。研究をより実践に関連のあるものにしよう，臨床家たちにとって口当たりのいいものにしようと，実験精神病理学の研究者たちが挑戦していることは明らかです。

　もう1つの例は，不安障害における安全行動に関する重要な研究です[77,78,82,87,96]。「安全行動」は，スピーチをする前にアルコールを飲むといったように，知覚された脅威を防ぐための行動として定義されます。エクスポージャーに基づいた治療が開始された当初から(文献99, 25など)，臨床家はどのような種類の回避行動も取り除くよう患者に求めると報告しています。しかし，「安全行動」に関する研究は，1990年代に始まったばかりです。この実りある期間，安全行動に従事することで不安が維持されること，それらを徐々に消去していくことで長期的なアウトカムが改善されることが説明されてきました。臨床家はこれを自分たちが最初からずっとやってきたことを，現代風に説明したものだとみなしました。基礎的な実験研究と革新的な臨床実践との間にあるギャップを認め，両分野を結ぶための研究を刺激することが重要なようです。基礎科学と治療の発展との相互作用が重要であると明確に認める研究プログラムが，心強いものとなるでしょう[16,46]。

　最後に，かなりおろそかになっていますが重要な領域は，治療プロセスと変化のメカニズムの研究でしょう。治療プロセスの研究は，理論的説明に対し貴重な情報を提供することができます。現在では，ぴったりと合う経験的に支持された理論を求めて，経験的に裏づけられた多数の介入法があると主張できるでしょう。これは，最もよく支持され，エビデンスに基づく治療の1つである，不安障害に対するエクスポージャーセラピーにさえ当てはまります。このセラピーが効くことはわかっていますが，どうして効くのか正確にはわからないのです。基本的科学，治療の発展，治療プ

ロセスの研究,および日常的な臨床実践の間のギャップを橋渡しすることは,将来のCBTの研究にとって依然として重要な挑戦です。

第2章

Beckの認知療法

Jan Scott
Arthur Freeman

導入と歴史的背景

　認知療法（cognitive therapy：CT）は，最も広く研究され，実践されてきた，世界規模の短期心理療法でしょう．その導入以前に支配的だった2つの心理療法モデルは，精神分析療法／力動的精神療法と行動療法でした．CT，およびCTに密接に関連した派生的な治療モデルの発展に，決定的な役割を担った人物は何人かいますが，理論と治療研究の両方にとって重要な人物といえば，Aaron T. Beck, MDです．CTを支持する人たちは，自らの研究と学問的起源をBeckとその仕事にさかのぼることができるため，Beckは「創始者」とし広く認められているのです．
　さまざまな認知モデルもしくは認知行動モデル，およびこれらのセラピーの，臨床応用については他章で詳述します．この章では，Beckの研究にフォーカスします．Enright[26]が言及しているように，CTには多くのバージョンが存在しますが，いずれもよく似た，基盤となるモデルを共有しています．それは，心理的問題は，出来事もしくは体験についての認知的に歪曲した見解の結果であるか，あるいは思考と行動の誤ったパターンによって維持される可能性がある，というモデルで，もともとBeck[5,6]，

Beckら[12]によって提唱されました。本章では，CTの歴史を探索し，このアプローチを支持するエビデンスも含め，その理論とセラピーについて詳しく述べます。その後，臨床実践と将来の発展に関する問題点についてのコメントと，説明されたモデルの実例となる事例で締めくくります。

　心理療法という職は100年を超える歴史をもちます。今日実践されているさまざまな心理療法は，膨大な数に拡大しましたが，そのほとんどのアプローチは，「洞察志向」あるいは「行動志向」に分類されます[62]。初期には，フロイト派の精神分析家，およびその複数の分派といった，より深い洞察，気づき，もしくは自己理解を強調する洞察志向アプローチが優勢でした。1950年代には，行動志向のセラピーへパラダイム転換が起こりました。心理学のなかで感情障害の行動モデルへ向けた発展が起こったことに併せて，精神分析家が自らのアプローチを裏づけるための経験的な基盤を構築できなかったことがその理由でした。認知理論と認知療法の歴史は，このような精神分析と行動主義の文脈において最もよく理解されます[62]。認知療法でも，行動と反応を仲介する精神内過程に焦点をおきますが，これは精神分析理論に対応してのものでした。しかし，治療介入のターゲットを明確に定義，選択し，変化の測定を定期的に行い，さらに構造化されたセッションを用いることには，CTに対する行動療法の影響があらわれています[81]。

　20世紀初期に，精神力動的な心理療法士は，きわめて精巧なメンタルトポグラフィーを創造しました。それは，意識，前意識，および無意識の領域からなり，後に，イド，自我，超自我といった，重要な構造的概念が組み込まれました。これらのモデルは，関係と経験を形成する思考，感情，および行動は，無意識の動因と葛藤の結果として生じるというものでした[81]。対照的に，行動主義者は，このようなモデルは経験的な裏づけを欠いているとみなし，動物と人間の行動の科学的観察から引き出されたセラピーを発達させました[17]。学習理論が発達し，そのなかでSkinnerやEysenck，Wolpeといった行動主義者は，精神障害は誤った学習の産物だと主張しました。その結果，最初の短期の心理療法のモデルとして，行動

療法（behavior therapy：BT）が導入されることになったのです[65]。Skinnerの支持者たちは，重篤な精神障害を抱える人たちに，以前の不適切な条件づけを克服するため，随伴性強化を用いました。Wolpeは「神経症」の恐怖を低減させる技術として，系統的脱感作にフォーカスしました。しかしBTは，不安や広場恐怖症といった障害の治療においては早々に成功したものの，うつの治療では同等の結果は得られませんでした――うつ病は，明白で大きな認知的要素をもつためです。究極的な目的は人間の行動と体験を説明することであるにもかかわらず，動物実験から発展したモデルをもっぱら用いることに対し，一部で不満が存在しました。これが，純粋な学習理論から認知科学へ向かう動きを駆り立てました。しかし行動主義者らは「環境決定論」もしくは「条件づけ」モデルの支持を続けました。精神分析家は，行動の動因は無意識の信念とプロセスであると提唱する動因モデルの支持を続けました。このため，20世紀の中頃まで，2つの支配的な治療モデルは，感情と行動を決定すると想定される認知を，クライエントにとってアクセスしにくいもの（ゆえに精神的な事象が出現するまでには長期にわたる治療関係が必要である），あるいは治療プロセス（ストレスに対する顕在的な行動反応を修正するもの）にとっては重要でないとみなしていました。

　Beckは，医師としてエール大学を卒業しました。大学院での神経学の訓練には，精神医学の実習先も含まれました。後に，精神分析の認定も申請し承認されています。皮肉にも，うつ病の認知理論の発達にはずみを与えたのは，Beckが実験心理学を研究している研究者たちに精神分析理論の科学的基盤を確信させようとしたことです。フィラデルフィアでBeckは精神分析が人間の体験と問題の全域を見渡す方法を提供すると信じていました。Freudと同様，Beckは，環境と個人，および個人の感情と動因との結びつき，これらの要因間の乱れが結果的に感情的問題をもたらすことについて解明することから始めました。しかし，うつ病の患者についてのBeckの実験研究は，動因理論を裏づけるというよりも，その土台を揺るがすものとなりました。その結果は，内的決断が，無意識の動因もしく

は生物学的動因にもとづいているのではなく，個人が自分の体験をどのように構築するかに基づいていることを示唆したのです[17]。Beckは，認知的あるいは情報処理的なモデルのほうが，臨床実践のなかで観察したデータと現象を，はるかに強力く説明できることに気がついたのです。

1960年代にBeck[4,5]の書いたうつ病に関する論文の影響力は大きく，精神病理学の認知モデルについて詳しく述べていました。Beckの認知モデルの中核要素は，以下の通りです。

- ノーマライズするモデルである：うつ病における認知処理は，不幸の連続体上にあるとみなされる。
- ストレス−脆弱性のモデルである：個人の自然発生的解釈，自発的解釈（自動思考），もしくは出来事や体験に対する，より熟考された解釈は，背後にある認知構造（非機能的な信念とスキーマ）が活性化した結果である。
- 外的な出来事，もしくは内的な刺激の処理は偏ってしまうため，個人の体験の構築を系統的に歪曲し，さまざまな認知的エラーを導く（過度の一般化，選択的抽出など）。
- 各精神障害には，際立った認知的特徴が存在する。これは，認知内容の特異性仮説として言及され，それぞれ異なる背景となるテーマ（うつ病における喪失，不安における危険など）をもっている。

興味深いことに，Beckとは無関係に，ニューヨークのAlbert Ellisも同様の仮説を報告しています。Ellis[25]は，認知理論のさらなる示唆を明らかにしていました。つまり，個人の信念システムは，出来事もしくは体験に付与される意味を決定するうえで重要であり，このシステムは患者もセラピストもアクセス可能であるというものでした（詳細については，本書の第4章参照）。このような信念に，間接的にではなく，セラピストの解釈を通して，直接的な質問によってたどりつくことができるとしています。Ellisは，自分の考えを共有するためにBeckと連絡をとりました。こうし

て，長年にわたる活発な文通が始まり，2006年にエリスが亡くなるまで続きました。同じ頃Beckも，自分自身の考えとKellyの「パーソナルコンストラクト理論」[42]との類似点に気づきました。これが，認知心理学という分野全般の，具体的には認知療法という分野の，急速な発展を導いたのです。

　当初，環境的決定論を支持する急進的な行動主義者らは，CTについてネガティブな見解を表明しました。とりわけWolpe[82]は，患者が意識的に変化しようとするというBeckの仮説に対して批判的でした。「認知的」要素は，行動理論に何ら追加することがないというのが，Wolpeの主張だったのです。しかしWolpeは，イメージを「行動ツール」として，自身の研究のなかで大々的に使用し，認知主義者もイメージを明らかに「認知ツール」であるといい続けました。しかし，認知科学の台頭により，臨床家たちはますますBeckのアプローチを探索するようになりました。受容されていく過程では，CTも技法を組み入れたり，BTに特徴的な構造化されたセッションを取り入れたことが役立ちました。CTは，定期的に変化を測定する尺度を取り入れ，行動主義者が経験主義を強調すること認め，支持するようになりました。1970年代〜1980年代において，一般的な精神障害に対する心理療法が認知的介入へと漸進的に向かっていく動きを駆り立てたのは，臨床家のニーズと，患者の内的対話を扱うモデルが不十分であったことでした。薬理学に実績をもつ多くの精神科医は，CTを用いることに共感的でした。CTが，経験的にテストしやすく，アクセス可能で理解可能な理論に基づいていたためでした（文献56など）。これはまた，いくつかの風潮を生み出し，CTの支持者は，精神病やその他の臨床的もしくは重篤な精神障害に対して，CTを薬物療法の補助として用いる介入を，実験的に試みることができるようになり，パーソナリティ障害や，物質乱用の問題に対しても発展してきました。しかし，CTが受け入れられるのは，その科学的基盤の機能ばかりではなく，治療同盟や，クライエントのエンパワーメントも含めた，優れた臨床実践の信条にも関連しています。

哲学的，理論的基盤

　Beckのモデルは，「連続仮説」を提案します。臨床的なうつ病などの症候群は，悲しみといった正常な感情反応の誇張された形式である，とします。また，出来事や体験に対する感情的，行動的反応は，個人の認知的評価によって決定されるとみなします（たとえば，社会的回避は「自分のことを他の人たちは退屈に思うだろう」といった，ネガティブな思考を体験した場合に生じることがあります）。情報処理パラダイムは，認知構造と認知メカニズムという，2つの重要な要素をもっています。基盤にある構造は，「スキーマ」と呼ばれ，中核信念のネットワークを含むものとして定義されます。しかし，よりアクセスしやすいが不随意な認知レベルも存在し，Beckはこれを「自動思考」と名づけました。これらは，出来事や体験に対する感情反応と同時に，あるいはその直前に生じます。このような思考は，セラピーにおいて特に重要です。なぜなら，特定の状況に対する個人の反応を「出来事－思考－感情－行動」というつらなりでとらえるからです。さまざまな状況にわたって自動思考を分析することで，基底にあるテーマを特定することができ，スキーマの内容の手掛かりを与えることができます。自動思考は，スキーマを導く指針として，あるいは信号機として機能します。

　「認知メカニズム」という用語は，不完全な情報処理を意味します。そのような情報処理は，個人が，自分自身，自分の世界，および自分の将来に対する自分の見解を支持するか，もしくは反証する，環境からの情報を選択的に取り込んだり，ふるいにかけて排除するときに生じます。

　認知モデルの脆弱性ストレスの要素は，幼いころの学習経験の結果，非機能的な中核信念を発達させ，ある出来事に反応してうつ病を発症するリスクが高くなることを前提とします。子どもの頃に，身体的，もしくは精神的な虐待，あるいはネグレクトを経験した人は，否定的な信念を発達させることがあります（「私は愛されない」「私は，壊れた欠陥品だから誰も

私を求めたりしないだろう」「私は1つのことにしか役に立たない」「私はいつも犠牲者である」など)。このような信念は，長期にわたって潜伏していますが，当人にとって特定の意味を伴う出来事（自分は愛されないと信じていた人が，拒絶されるという経験をする，など）がきっかけとなって活性化，もしくは再活性されるのかもしれません。J. Beck[13]は，根底にあって，その人をうつ病に陥りやすくする信念は，大きく分類して，(1)私は無力だ，(2)私は愛されない，に関する信念だと提案します。手に負えそうにないと思える出来事や，対人関係のトラブルに関わる出来事は，うつ病症状の生起に重要となることがあります[63]。自己，世界，将来についての認知——「認知のトライアド」と呼ばれる——は，これらの見解がネガティブでありながらも，基盤にある非機能的な中核信念を強化するとき，うつ病と同時に生起します。これらの思考は，抑うつ状態にある多くの患者の思考を支配し，系統的な情報の歪曲（人間関係のネガティブな側面にばかりにフォーカスするなど）を通して維持され，さらなる抑うつ気分を引き起こすことがあります[37]。Beckによれば，気分の落ち込み-ネガティブな思考の高まりという悪循環がさらなる気分の落ち込みを導くという，原因理論を示す場合もある一方で，うつの病態によっては，それが，持続する要因として作用する場合もあります。自己についての信念は，うつ病の発症，もしくは持続において特に重要です。これらの信念は，それが低い自己評価，あるいは不安定な自己評価と結びつくときは，特にCTのターゲットとなります[33]。

　不安障害に関するBeckの認知理論は，背後にある危険に関した信念が，以下のような行動をとるよう動機づけると提唱します。(1)環境内で，知覚された脅威に注意を限定する，(2)曖昧な刺激について破局的な解釈をする，(3)自分自身の対処資源（あるいは，危険な状況が生じた場合に他の人たちが助けてくれそうな可能性）を過小評価する，(4)回避といった非機能的な「安全行動」に従事する，といった行動です[8]。後者（倒れてしまうことを恐れて込み合った環境から立ち去る，など）によって，活動を制限されるばかりか，自分は危険な状態にある（倒れるの危機にある，など）

という信念を反証する根拠を集めることができなくなります。もちろん，知覚された脅威や危険の性質によって，バリエーションがあります。たとえばパニック障害では，曖昧な刺激や主観的な体験が，破局的に解釈されます。短時間の頻脈といった正常な，あるいはきわめて無害な体験が，心臓発作といった，致命的な可能性として解釈されるかもしれません[9, 19]。認知理論と認知療法は，不安を克服するうえで，大丈夫だと言って繰り返し安心させる（これは，不安のリバウンドを導きます）よりも，クライエント個人の破局的な自動思考を支持する証拠か，あるいは反証する根拠を詳細に検証することがより重要であることを，臨床家が理解するうえで役に立ちました。さらに，データを収集するための行動実験は，その人が安全行動をやめていくことに積極的に挑戦し，克服するのに役立つはずです。

社交不安障害では，人前での自らの行為と他者からの反応の知覚に，不適応な信念がフォーカスされる，と想定されます。そして，この障害を抱える人たちは，すでに自分自身に対してやってきたように，他人からネガティブに評価され，拒絶されるだろうと結論づけます[20]。多くの場合，客観的な社会的手掛かりを処理できず，誇張されネガティブに偏った解釈が生じます。

心的外傷後ストレス障害（PTSD）では，ClarkとEhlers[18]は，認知モデルの2つの核となる構成要素として，(1)実際の出来事に対するネガティブな評価と，トラウマによって生み出された症状に対するネガティブな評価，および(2)トラウマ的な体験が自伝的記憶に適切に統合されていないこと，を提唱しています。症状と苦痛を維持する一般的な認知とは，「世界は危険な場所である」「自分はどうにかなってしまいそうだ」「とりかえしのつかないことになってしまった」というもので，これらは，繊細な介入を通して取り組むことが可能です。PTSDのCTは，現実に生じたトラウマ体験の結末は理解可能であり，対処できるものだと示すうえで重要です[31]。

先に取りあげたモデルは，Beckやその同僚，および学生たちの実験研

究，観察研究のなかで発展しただけではありません。他の障害を対象として認知モデルを発展させ，一緒に研究したり，一緒に時間をすごした人たち，あるいは研究のなかでBeckに励まされたりした，全員の研究によるものでもありました。Beckは，科学と臨床実践への貢献ゆえ，心理学者と精神科医を代表する国際組織から名誉を認められてきました。Beckは50年以上にわたって，原著研究への貢献を続けてきました。認知モデルに関する後期の論文では，統合失調症の精神病症状や感情の症状，慢性的で重篤なうつ病，および双極性障害を持続させる要因として，認知の歪みを強調しています[7,8,11]。精神病の研究では，妄想を体験する人は，推論を引き出す際に「結論へといきなり飛んでしまい」，反証データを十分に活用することなく，ネガティブな体験を外的な要因に帰属する傾向があることは，帰属スタイルに関する研究が立証しています。妄想の古典的な認知的特徴とは，妄想というのは体験の文化的に受け入れられない説明であり，体験の原因を当人の外的な要因に求めるものである，というものです[52]。この仮説によれば，構造化された推論と行動アプローチで妄想を緩和することができることから，一般的な精神障害において中核信念を修正するための技法がパーソナリティ障害にも適用・修正されてきたように，妄想の探索を可能にするCTモデルが発展したのです[10,66,43]。

　CT介入のほとんどにおいて，その核心は共通しています。心理的苦痛は，混乱した認知のプロセスの働きによるものであり，セラピーは認知の修正にフォーカスするというものです。Beckのモデルが最も広く実践されていますが，重要な点でEllisのアプローチとは異なります。Ellisは人は皆，一連の共通の想定をもっていると提唱するのに対し，Beckは個人の基盤にある信念はその個人に特有であると主張するからです。その他の重要な側面についても，ベックのCTの実践はEllisの論理情動行動療法と異なっています。とりわけ顕著なのは，Beckは，考えや認知を探すことを援助するために「誘導に基づく発見」（表2.1参照）を用いるのに対し，Ellisは，個人の想定に対して率直に挑戦するために論理的論駁を用いるという点です。たとえば，不運な出来事に見舞われた人に対し，Ellisな

表2.1 誘導に基づく発見

ソクラテス的質問法

以下のような質問を問う。
- 答えるための知識をクライエントがもっている質問。
- 議論されている問題に関連しつつも，現在，クライエントの意識の外にある情報にクライエントが気づくような質問。
- 概して，具体的なものから，より抽象的なものへと移っていくような質問。
  〈そうすることで……〉
- クライエントは，最終的に，その新しい情報を，以前の結論を再評価するか，新しい考え方を組み立てるために用いることができるようになる。

たとえば，セラピーで話し合われているテーマに関して有効な情報を，クライエントが特定するのを援助するため，セラピストは次のような質問する。
- あなたは以前にも同じような状況に出くわしたことがありますか？
- そのときあなたは何をしましたか？ その結果どうなりましたか？
- そのときにはわからなかったことで，今ならわかることは何ですか？
- 同じようなことを友人から相談されたら，あなたはどのようなアドバイスをするでしょうか？

誘導に基づく発見の4つの段階

- 段階1：情報を集める質問
  ソクラテス的質問法は，クライエントの懸念を具体的（具体例など）で，クライエントにもセラピストにも理解できるよう描写するために用いられる。
- 段階2：傾聴
  問題点を明らかにするためであるが，その人に固有の言葉や感情反応も傾聴する。
- 段階3：要約
  数分毎に，セラピストが話し合いを要約するか，それまでの話を短く要約するようクライエントにいう。
- 段階4：統合的または分析的な質問
  セラピストは，誘導に基づく発見のプロセスを，統合的な，あるいは分析的な質問で完了させる。その質問は，その人にとって固有の意味と併せて，クライエントの当初の懸念と，話し合われて要約された新しい情報に対して用いられる（「私たちが振り返った情報とデータは，自分は愛されないというあなたの考えに，どのくらい一致しますか？」など）。

＊注：文献54からのデータ

らたとえば次のように言うでしょう。「世の中で起こることはすべてが，あなたの幸せを増やすよう設計されていると思ってしまうのは，なぜでしょうね？」。一方，Beckのモデルでは質問のテンプレートを提供します。最初はセラピストに援助されて用いますが，将来，セラピーが終わった後

に，不適応的な考えに対処する際，自分で使えるようになります。「誘導に基づく発見」のプロセスについて最もよく記述したものの1つが，次のPadesky[54]によるものです。

　Beckの治療モデルは，協働的な「仮説検証」アプローチとみなされます。自分の認知と非機能的な信念を，自分自身で明らかにして，反証するのを助けるために，演繹的推論（ソクラテス的質問法もしくは誘導に基づく発見とも呼ばれる）を用います。CTは，その人の問題について当人に気づいてもらい，自動思考を明らかにするための技法をカスタマイズすることはもちろんのこと，無理なくモニターし，取り組むことができる，定義可能な行動様式をターゲットとする介入を統合しています[65]。Beckは，CTにおける行動的技法について理解しつつも，変化を生み出すための技法の1つにすぎないと強調します。セラピーは，単に技法中心ではなく，以下で論じるように，治療関係が決定的に重要な側面となります。

　セラピーの過程では，特定の個人に有効となる介入は，認知的概念化に基づいて選択されます。認知的概念化は，その人についての重要な情報もいっしょに引き出します。中核的な信念や，抑うつの発症と維持を独自に説明する，過去に起こった重要な出来事が明らかにされます。うつ病を抱える人の機能レベルが低い場合，まずは行動的技法が用いられることがあります。活動レベルを改善し，問題解決と対処スキルを高めるためです。これは，早い段階で「成功」体験を与えることで，気分を改善することに役立ちます。しかし，行動的介入のさらなる目標は，ネガティブな認知と背後にある信念を明らかにすることです。ネガティブな認知を認識し，チャレンジするために，言語による介入が最初に用いられます。これが，さらなる気分の改善，行動のポジティブな変化，および激しい症状の緩和を導きます。セッションとセッションの間の実験は，多くの場合対人関係にフォーカスされますが，これは考えを再評価するために用いられます。ネガティブな自動思考は，その特徴として，状況に特定の解釈です。しかし，患者とセラピストは，これらの認知と，浮き彫りにされる処理のエラーだけでなく，記録された自動思考にみられるパターンや繰り返しあらわ

れるパターンについても分析します。パターンを明らかにすることが，背後にあるだろう信念を特定するのに役立ちます[6]。クライエントが出来事や体験についての知覚を探索することをセラピストは援助し，クライエントの仮説を支持，あるいは反証するための根拠を自ら発見することを促します。このような協働経験アプローチは，セラピーの成功に決定的に重要です。後に，クライエントが認知的，行動的スキルを自主的に用いるようになり，うつ症状を緩和させる技法を用いることができるようになったとき，セラピストとクライエントは，背後にある非機能的な信念（複数の状況にまたがって機能する信念）の修正を試みるためにも，同様の認知的介入と行動実験を用います。その人にとって特定の意味をもち，将来，その人を苦痛にさせてしまう出来事についても予想し，話し合います。セラピーのこの部分は，危険の高い将来の状況を明らかにし，再発を招くおそれがある脆弱性を低下させることです。CTのこのような後者の要素が，セラピーの有効な適用と無効な適用を分けるものとなる可能性があります[60]。カウンセリングや治療アプローチでは，症状の変化，一般的な問題解決，あるいは非特異的な支援をターゲットにし，背後にあるメカニズムと定式化については一切考慮しない介入に終始することもあります。概してそのようなアプローチは，一時的に症状を改善することはできても，治療が終了した後もずっと再発を防ぐよう変化させることは不可能です[38,63]。

　認知理論は，一般的な精神障害について，CTが薬物療法に代わる手段として（もしくは薬物療法を組み合わせて）用いられるような，合理的で臨床的に応用可能なモデルを提供します。しかしその一方で，重篤な精神障害があり，生物学的誘因をもっている人に対して「連続体仮説」を適用することについては，相反する感情が交錯してきました。Beckは，ある特定の現象（妄想的信念など）もしくは生物学的プロセスを維持している要因（双極性障害をもつ人が気分の「揺れ」を抑えようとアルコールを不適応的に使用することなど）にも，CTの原則が適用できることに，初期の段階から言及していました。早くも1952年にBeckは，抗精神病薬の出

現より早く，体系的被害妄想をもつ人に対して推論技法を用いて，最初の事例報告を発表しました（この事例は，現在であれば統合失調症に分類されると思われます）。

　Beckは，統合失調症の新しい構造化された心理療法の重要な要素について記述し，それは，少なくともこの事例においては，大成功しました。クライエントを理解しようと取り組み，信頼にもとづく治療同盟を確立しました。いっしょに体系的な被害妄想の発現に先立って生じていた一連の出来事を理解しようと取り組みました。その後，系統的で階層化された現実検討の段階が続き，クライエントは，迫害者と思しき人物の行動に関連する根拠を詳しく検証するよう導かれました。セッション中にセラピストに援助されながら行った後，クライエントは宿題で，すべての根拠を自由に検証し直します。そして迫害者と思われた人物についての誤った信念を徐々に消し始めました。この事例では，妄想が消えていくにつれて抑うつも不安も一切，あらわれなくなりました。その効果は永続的であるように見え，クライエントはフォローアップでも良好な状態を保ったのです。

　KingdonとTurkington[43]は，精神病に対するCTの相違とは，概して，何をどの程度強調するかの問題であり，その他，不安や抑うつのCTを補強する特定の技法が用いられることを，自身のCTマニュアルで浮き彫りにしています。たとえば，アジェンダ設定はより柔軟で簡潔であり，ときにはっきりと設定しないことがあります。セッションの長さと頻度もまた，さまざまに変える必要があるかもしれません。重篤な症状を体験している場合，注意と集中力の低下を考慮して，セッションの長さを調節する可能性があります。また，他者に対して疑心暗鬼になっている場合は，初期のセッションでは，信頼できる治療同盟の構築の方により焦点をおき，妄想的な信念を解明しようとすることが，クライエントによって脅威的とみなされることのないようにします。このような治療環境では，セラピストのスキルは，明らかに重要です。付加的なCTからどれほどの利益を得られるかを予測するうえで，それは重要な要因となります。

経験的エビデンス

認知モデルの支持

　ここではまず，認知療法を支持するエビデンスについて解明します。その後，感情障害と精神障害の範囲全体にわたるCTの無作為化対照治療について，限定的ではありますが，概観していくことにします。CTの効果の調整要因と媒介要因について，気分障害を例に挙げてコメントします。

理論研究

　概観すると[8]，精神病理学のさまざまな認知モデルに関する研究の幅広さがあらわになり，うつ病のモデルを支持する相当数のエビデンスがありますが，治療としてCTが適用されたその他の障害に関するエビデンスは比較的少なくなります。異なる理論的定式化に対して，裏づけとなる経験的な支持も一様ではありませんが，これらのモデルの提唱者による研究は，しっかりと確立された系統的プロセスに従っています。一貫した概念的な枠組みが作られてから，治療方略が導入されるということです。うつ病に関してはより多くの研究が存在し，次いで多いのは不安障害に関する研究で，精神病，パーソナリティ障害，および双極性障害に関する経験的データは少なくなります。

　経験的に検証された認知療法の重要な要素は，認知的脆弱性という概念と，ストレス下で生じるネガティブな認知が感情障害の発症，維持，および再発に決定的であるという想定です[70,61]。認知的素因については，多数の異なる概念化が存在します。認知的反応モデル，認知的リスクモデル，およびパーソナリティスタイルの視点です。研究は，成人における認知的反応性という概念を支持しています。また，蓄積が続いている文献からは，この概念が子どもと青年期にも妥当であることがうかがえます。このモデルは，ネガティブな自己スキーマの存在は，うつ病の誘発因子として

必要ではあるが十分ではないことを明らかにしています。一時的な不幸が臨床的なうつ病エピソードになるかを予測する，重要な追加の要素は，スキーマ内のテーマと一致した，スキーマを再活性化する刺激です。初期の研究では，この側面を含めなかったので，寛解したが再発の危険性のある人に，高いレベルの非機能的な信念があることを実証できなかった研究もありました。寛解期のクライエントにおいて，背後にあるスキーマを実証するためには，多くの場合，信念にアクセスしやすくする，気分誘導などの「プライミング」デザインが必要となります[70]。

その他，認知的リスクモデルは，非機能的な態度のレベル，自尊心のレベルと安定性，および自己記述の回想といった，自己報告尺度を開発しました[1,77]。なかには，後にうつ病を発症するリスクの特徴をとらえようと，縦断的デザインを採用した研究もありました。たとえば，Lewinsohnら[46]は，1,500人を超える青年期の被験者について報告しています。彼らは，うつ病に対する脆弱性の「閾値」を示唆しました。ネガティブなライフイベントを経験した青年の場合，もともとその非機能的な態度が一定のレベルを超えていると（低＝中間＜高），非機能的な態度に関連したうつ病の徴候が見られました。Temple-Wisconsin Cognitive Vulnerability to Depression Project[1]は，若年成人を対象にした大規模な前向きコホート研究です。ベースラインで測定された認知スタイルが後のうつ病の発症を予測するかを判断すべく，対象となった人たちをフォローアップしました。研究参加者のうち，認知的に高リスクな人は，低リスクの人よりも，より多くのより重篤なうつ病のエピソードを経験し，より慢性的でした。しかし，発症年齢にも，エピソードの持続期間にも，グループ間での相違はありませんでした。

頻繁に問われるのは，認知的脆弱性とパーソナリティの特徴との関連です。ある興味深い概念的枠組みが，Beckから提唱されました[7]。Beckは，患者のパーソナリティが主として達成志向的（autonomy）であるか，社会志向的（sociotoropy）であるかに応じて，病気になりやすくなる「抑うつ発現的（depressogenic）」な信念を識別できると提唱しました。結果

は一貫していませんが，達成志向的な人は，社会志向的な出来事（人間関係の喪失など）よりも，達成的な出来事（失敗や失墜など）の後に抑うつ的になる可能性が高く，社会志向的な人には，その逆が当てはまるデータが優勢です。やがて，Teasdale[76]が，非機能的な信念が状態と特性の指標である可能性を示しました。特に，とかく疑問視されることの多い「神経質傾向」という概念に注意を向けました。非機能的な信念を特性として理解することで，神経質傾向というパーソナリティが，うつ病エピソードを引き起こしやすいことが，一部説明できるとしました。

　Beckが自身のレビュー[8]で，認知理論の3つ重要な構成要素について，それを支持する研究と支持しない研究の数を明らかにしています。うつ病におけるネガティブな認知のトリアード（支持150-不支持14），ネガティブに偏った刺激の認知的処理（支持19-不支持0），特定可能な非機能的信念（支持31-不支持6）。内容特異性仮説の研究は，抑うつ，または不安をもつクライエントの均質的なサンプルにおいて，うつ病（喪失と，自己価値の引き下げ；高いレベルの絶望とネガティブな期待）と不安（脅威と脆弱性）の認知的テーマを識別することは可能であることを示しました。

　この研究は，うつ病と不安の両方の認知モデル，あるいはいずれかの認知モデルが，強固で普遍的に受け入れられていると指摘してはいません。現在進行形の議論では，多くの非機能的な信念は障害に特異的ではなく[37,41]，認知内容と処理には診断横断的な異常性が存在することにフォーカスしています[35]。しかも，うつ病や不安のエピソードの最中に報告される認知的なバイアスと内容は，エピソードの発症を決定づける重要な要因ではなく，むしろ二次的なもの，バイプロダクトである可能性もあります。Matthews[47]は，進歩を続けるためには，心理的障害の持続の一因となっている認知的操作を，認知内容の主観的な報告ではなく，客観的手段を用いて，より正確に特定する必要があるとします。自ら意識化できる認知の報告は，病因における認知的要因に関する仮説にとって重要な源ではあるものの，基盤にあるプロセスは，必ずしも意識化できる内省に従うわけではないといいます。このような操作を示す例の1つが，「反芻」（反復

的で自己に関連した観念）です。現在では，うつ病の重要な維持要因であるとみなされています[53,50]。しかし，反芻の内容が，思い悩みと省察（後者は問題解決に関係する可能性がある）として概念化され，しかも，抑うつ傾向のある人にとって，前者は後者よりも有害です。思い悩みは，既存のネガティブな思考パターンを再活性化し，新しいあいまいな出来事の解釈を発生させてしまうことから，かえって逆効果となる可能性が高い，とMatthews[47]は指摘します。このような問題は，単に学問的に興味深いというだけではありません。反芻がうつ病の持続に作用するメカニズムを明らかにしようとすることから，認知内容を解明するために単に思考記録を用いるのではなく，このような処理バイアスに集中することが，うつ病の持続を防ぐ1つの方法となることがわかります。クライエントは，思い悩みと相いれない思考習慣（すなわち，さほど自分に関連しない考え方）を強化するよう教えられます。反芻に焦点をおいたCTのパイロット研究は実際すばらしい結果を生み出しています。しかし，FoaとKozak[27]が既に述べているように，臨床家は，新しい治療方略を支える科学的基盤を発達させたいならば，認知心理学の概念を取り入れるのはいうまでもなく，実験的な認知心理学をもっと頻繁に利用する必要があります。

治療研究

　治療試験の大多数が「揺るぎない」経験的に支持された治療（EST）[16]の基準を満たすCTモデルを採用しています。ESTとして認められることは，特定の障害の治療を評価する，2つ以上の慎重に計画されており方法論的に信頼できる無作為化対照試験で，有効性が検証されていることを意味します[75]。この基準では試験サンプルがはっきりと定義され，研究結果の統計的有意性を検証するのに十分なサイズであり，信頼性と妥当性の高いアウトカム測定が用いられていることが求められます。試験に参加するセラピストは，治療マニュアルを用いるべきであり，プロトコルに忠実に従っていること，介入を提供する技能があることが，モニターされる必要があります（表2.2参照）。薬物療法の利益を判定するために通常用いられ

表2.2　経験的に支持された治療：確立された治療に必要とされる要件

「確立された」治療のための条件
Ⅰ．以下の1つ以上の点において有効性を実証する，少なくとも2つの適切な群間デザイン実験．
　　A．プラセボ薬または心理的プラセボ，あるいは代替治療よりも優れている．
　　B．十分な統計検定力をもつ実験において，すでに確立された治療に匹敵する．
Ⅱ．実験は，治療マニュアルを用いて実施されなくてはならない．
Ⅲ．クライエントサンプルの特徴は，明確に特定されなくてはならない．
Ⅳ．効果は，少なくとも2人の異なる研究員，あるいは調査チームによって実証されていなければならない．

る基準を懸念する心理療法研究者がいます．実際，ESTに反対する人は，心理療法の利益を評価するためのアプローチは基本的に無効であると論じます．しかし，エビデンスに基づいたこのアプローチは，臨床実践の治療ガイドラインの発展において常に用いられていますし，無作為化試験を通して評価され，メタ分析の対象となっている心理療法は，薬物療法に代わる手段か，あるいはその補助として考慮される可能性があります[59,79]．新薬の利益を評定する方法を用いてセラピーを評価することには問題があるかもしれませんが，実際にはこの枠組みを採用したことでCTの特徴が明確に浮かび上がり，一般精神医学や一般の医学の現場で，心理療法士以外の人たちがますます利用するようになりました．米国，ヨーロッパ全域にわたる多くの国々，およびオーストラリアとニュージーランドにおける治療ガイドラインは，その重要なガイドラインにCTを組み入れてきました（たとえば英国ではCTはうつ病，統合失調症，および不安障害に対して推奨されています）．

　Butlerら[15]によるレビューでは，CTに関する300を超えるアウトカム研究と，16を超えるメタ分析を調査しています．平均効果量（ES）に関するデータを使用し，CTの有効性に関する問いに答えようとしました．(1) CTの有効性と，CTが最も有効となるのはどの障害か，(2)セラピーによる利益の持続期間はどれほどか，という問いです．これらの研究結果については表2.3で要約しています．このメタ分析およびその他のレビューか

表2.3 短期と長期(6カ月間から8年間)の,CTの利益のメタ分析の要約

次のメタ分析の1つ以上からの根拠 CT＞対照群か,CT＝積極的治療の両方もしくはいずれか(分析における研究の数)	持続的なCTの利益の一貫した根拠
成人単極性うつ病障害 (n=75)	成人単極性うつ病障害 (急性障害と慢性障害)
神経性大食症 (n=24)	
子どものうつ病障害と不安障害 (n=22)	
広場恐怖症をもつ場合ともたない場合のパニック障害 (n=20)	パニック障害
PTSD (n=20)	
青年期うつ病 (n=13)	
全般性不安障害 (n=8)	全般性不安障害
社会恐怖症 (n=7)	社会恐怖
統合失調症 (n=7)	薬物治療抵抗性の精神病症状
OCD (n=4)	OCD

注:文献15より引用

らは,待機群またはプラセボ治療と比較し,CTが,単極性うつ病,子どもの不安とうつ病障害,多くの不安障害,特に全般性不安障害(GAD),パニック障害と社会恐怖症障害,強迫性障害(OCD)に対して非常に効果的であることがわかります(CTと比較対照条件の比較:全体の平均効果量＝0.95,SD＝0.08)。他のメタ分析では異なる研究を取りあげているので研究結果の頑健性は下がりますが,CTは過食症の症状において薬物療法だけから得られる成果をしのぐ大幅な改善(平均効果量＝1.27,SD＝0.11)とも関連していました。またCTは,統合失調症における薬物抵抗性の妄想に対して通常の治療を超える追加的な利益を示します(通常の治療では0.17というESであるのに対し,CTのESは0.54から1.20)。しかし,積極的な治療条件と比較すると,うつ病性障害に対するCTは,同等か,ぎりぎり上回る程度でしかありません。BTと比較し,OCDといった,他の障害においては,この治療は同等に効果的であるようでした。結

婚による苦痛，疼痛症候群，怒りのマネージメント，および小児期身体化障害に対しては，対照条件と比較し，CTでは中程度の効果量（0.50-0.80）が報告されています。

別の重要な問題は，CTの利益がセラピーの完了後も持続するか（すなわちCTの技術を自主的に使えるようになり，背後にある信念は再発のリスクを低下させるよう修正されたか）ということです。方法論上の主な問題とは，治療利益の持続性を確実に評価するための十分な統計検出力をもつセラピー試験がほとんど行われてこなかったことです。多くのフォローアップは，当初の集団のうち，一部のサンプルだけにフォーカスしてしまう「治療の篩い」が問題となります。しかし，これらの限界を心に留めながらも，Butlerら[15]は，単極性うつ病と一連の成人の不安障害において利益の持続と再発率の低下を裏づけるエビデンスが存在すると結論しました。Grantら[32]は，CTはきわめて用途が広く，絶対的な限界は経験的に未確定であると述べています。しかし，どのような治療でも，多数の要因がCTへの取り組みを妨げることがあります。クライエント，あるいはセラピストにある種の特徴が見られる場合，それは，多くの人にとってCTが有効でないことを意味します。この文脈では，大規模な効果試験，特に薬物療法と組み合わせたCTについての試験では，必ずしも常に一律の利益が示されるとは限らないことに留意しておくことが重要です[24, 68, 29]。これらの研究では一貫して，このアプローチが有効なクライエントのサブグループを特定してきましたが，CTに関して誇張した表現は避ける必要があります。大げさにすると，一般精神医学におけるCTの適用を増やすことに支持を得るどころか，むしろ失ってしまう可能があるからです[55, 64]。

調整要因と媒介要因

CTの効果と有効性を決定する以上に重要なことは，このセラピーのメカニズム，調整要因，およびセラピーに対する反応を予測するものを明らかにすることです。「このセラピーはどのように作用するのか？」，「セラピーの有効性を決定する／予測するものは何か？」といった質問に答えて

いくことは，よりよいセラピーを発展させ，試行錯誤するのではなく系統的に，セラピーをクライエントにぴったり一致させていくうえで必要不可欠です。さまざまな治療アプローチにおいて，好ましくないアウトカムを予測する，個々のクライエントがもつ要因と，セラピーの反応の調整要因は類似することがよくあります[63]。特定のプロセス（認知的メカニズムなど）はもちろんのこと，CTにおいては，非特異的な媒介要因や予測要因（心理療法全般にみられる要因など）が重要だと裏づけるエビデンスが存在します。

　現在に至るまで，クライエントのもつ数々の特徴が，好ましくないアウトカムを予測することが明らかにされてきました[34]。完全主義的信念は，薬物療法，およびプラセボはもちろんのこと，CTを含めた多数のセラピーのアウトカムに影響します。これは，パーソナリティ障害の特徴を統制した場合でさえそうなのです[71]。完全主義者は，強力な治療同盟を築くのが困難であるということが，このような影響を部分的に媒介します[84]。Shaharら[71]はまた，風変わりなパーソナリティや，抑うつ的なパーソナリティの特徴が見られる場合，うつ病に対する短期治療においてもアウトカムが好ましくないことが，独立して予測されることも明らかにしました。双極性障害には，複数の併存疾患がある場合，これまでの人生で物質乱用が認められる場合，および以前に複数回のエピソードを起こしている場合に，CTの反応が悪いことが予測されました。対照的に，薬物療法にCTが加えられた時点で，それ以前の再発が12回未満の人（7～11回の場合は特に）は，結果がきわめて良好で，再発のない期間がより長くなりました[68]。これは，双極性障害の治療にCTを導入することで，不適応的な対処方略が根づいてしまう前に，より長期にわたってアウトカムを改善できる可能性があることを示唆しています。また，セラピストが専門的技術をもっていること，特にセラピーモデルに忠実に従い，技法を有能に熟練して使用できることもアウトカムに影響を及ぼします[21, 22]。セラピストとクライエントとの関係もまた，CTのプロセスとアウトカムを決定する重要な要素です。治療同盟に対するクライエントの貢献（セッションのビデ

オ録画から評価して,クライエントがどれほど心を開き,誠実で,積極的に取り組み,セラピストに合意できているかなど),および,患者の治療関係の質に関する自己報告が,CTのアウトカムを独立して予測することが明らかにされています[14,45]。後に,Meyerら[49]は,これらのデータを再分析し,治療前にクライエントが治療の効果に対して抱いている期待が,セラピーに対する積極的な関与を予測し,それが後により大きな改善を導くことを明らかにしました。また,セラピーをある程度経験した後の患者の期待(セッションを3〜4回行った後の治療同盟に対する評価)が,アウトカムをよりいっそう強力に予測する可能性があることが一部の研究から示されており,注目に値します。

うつ病における変化の媒介要因を明らかにすることは,非常に興味深いことです。CTが急性の,あるいは慢性的なうつ病に効果があることについては,明確に実証するエビデンスがあります。にもかかわらずCTが,どのように効果を達成するかについては,はっきりと理解されていません。たとえば,TangとDeRubeis[74]は,かなりの少数派ではあるものの,CTを受けているうつ病の患者の一部に,時間とともに徐々に着実に症状が改善していくというよりも,あるセッションから次のセッションまでの1回の間に,症状が一気に改善する人がいることを明らかにしました。このような急速な改善は,突発的な改善(sudden gains)と呼ばれ,全体的な症状の改善の半分を超える割合を占めます。これらは通常セラピーの初期に生じ,よりよい,長期的なアウトカムと関連づけられます。突発的な改善を経験したクライエントは,18カ月のフォローアップの時点で,他のクライエントと比べて,うつがかなり緩和されていました。突然の改善が起こる前に,本質的な認知的変化が生じる,重要なセッションが先行していたようでした。Hayesら[36]は,さらなる変化のパターンについても調査しました。それは,明らかに悪化している一時的な期間で,彼らはこれを,「うつ病のスパイク(depression spike)」と呼んでいます。統計的なモデリングからは,スパイクのパターンが起こった場合,治療後の抑うつが軽減されることが予測されることが明らかになりました。しかし,週間

記録からは，うつ病のスパイクをもつクライエントは，スパイクをもたないクライエントよりも，この覚醒期間の間に，より認知-感情の処理を示すことがわかります。なぜこれが興味深いかというと，臨床家はうつ病のスパイクの存在を（慢性的なうつ病の治療のなかなどで）事前に報告しており，それが必ずしも好ましくないアウトカムと関連するとは考えられないからです。

　再発の防止は，CTの重要な鍵となる焦点です。Segalら[69]は，CTの最中に寛解になった人は，依然として早期再発の危険性があることを明らかにしました。また，非機能的な態度の測定で，依然として高スコアを維持している人は，スコアが標準化してネガティブな気分状態でも再活性化しなかった人たちに比べて，気分誘導の後に，再発のリスクが著しく高いことを明らかにしました。しかしPersons[58]は，CTによって生み出された，抑うつ的帰属スタイル（ネガティブな出来事を内的で安定的，全般的に帰属する傾向）における変化が不確かなものであることに気づきました。このことからPersonsは，重要な治療プロセスとは，単に背後にある信念を修正するだけでなく，クライエント自身がうつ病のそれぞれの症状に対処し，症状がうつ病のエピソードへと発展するのを防げるようにする，補償的なスキルを獲得することであろう，と主張するようになったのです。

　近年では多数の研究が，思考の内容における変化よりもクライエントが情報を処理する方法の変化のほうが，CTの作用のメカニズムにおいて重要である可能性を示すようになりました。たとえば，Teasdaleら[78]は，CTがクライエントの思考の内容ではなく，思考活動のスタイルを変化させることによって，うつ病の残遺症状を抱えるクライエントに役立つことを明らかにしました。特に，CTが絶対的で二分法的な思考を緩和し，それが今度は，再発防止に対するCTの影響を媒介することが明らかになりました。うつ病に関連した資料に，執拗で極端な反応スタイルをもち続ける人は，そのような極端な反応スタイルをもたない人と比べて，早期再発を経験する可能性が2.5倍に高かったのです（極端な反応スタイルをもつ人：もたない人の再発率＝44％：17％）。メタ認知的な気づきについて

Teasdaleらによって行われた検証からは，患者の採用する処理スタイルを変えることが重大な要因であることがわかります。この考えをさらに前進させ，Watkinsら[80]は，反芻的反応スタイルをターゲットとするCTのモデルを発達させ，これが，慢性的でしばしば併存的であるうつ病をもつ人において，有意な改善を導くことを明らかにしました。Frescoら[28]は，CTに好ましい反応をした人は，抗うつ薬に反応があった人と比較した場合，脱中心化に有意に優れた成果を示すことに気づきました。加えて，急性期の治療後も脱中心化のレベルが高く，認知反応性が低い場合，18カ月のフォローアップ期間における再発率が最も低いことに結びついていました。SingerとDobson[73]による実験研究は，この結果にさらなる検討を加えています。寛解したうつ病の参加者80人を，ネガティブな気分誘導に先立ち，反芻，気そらし，アクセプタンスといったメタ認知スタイルにおけるトレーニング条件か，あるいはトレーニングを一切行わない統制条件のいずれかに無作為に割り付けました。反芻条件は，ネガティブな気分の強さを長引かせ，これはトレーニングなし条件と一致していました。気そらしとアクセプタンスのいずれの条件でも，ネガティブな気分は緩和しましたが，態度に関する変化は，アクセプタンス条件においてのみ認められ，これらの参加者はネガティブな体験に対してネガティブな態度をさほど示さなくなりました。これらの結果は，予防的介入は，悲しい気分が緩和すること，一時的な悲しみに対する当人の態度を変容させることの両方によって作用することを示唆しています。

臨床実践

以下のセッションの抜粋は，境界性パーソナリティ障害（BPD）をもつ女性に対する1回のセッションという，可能な限り短いセラピーで何ができるかを示そうとしたものです。このセッションは，BPDの治療に関するワークショップにおいて行われたものです。デビーは，セッションが記録され，テープ起こしされたテキストが出版されることを了承していま

す。

セッションに対する注釈では，セラピストによる仮説の構築と治療の概念化を強調しています。特定の治療技法を通して，CTの概念モデルが実践される方略も含めています。

患者データ

デビー[原注]は，43歳の白人女性で，公立学校で小学校の教師をしています。州立教員養成大学で学部と修士課程を修了しました。未婚で，ひとり暮らしです。親しい友人はひとりもいません。遠方に2，3の友人がいますが，ときおり休日に会うだけです。同僚の教師たちとは社会的な付き合いは一切ありません。生徒たちとの関係は良好でしたが，同僚の教師たちや事務職員，生徒の親とは，対人的な問題を抱えていました。

過去10年間，母親と妹とは一切連絡をとっていません。父親はデビーが3歳のときに亡くなり，母親はデビーが5歳のときに再婚し，継父の母親が同居しました。6歳から12歳までずっと，継父から性的虐待を受けていました。継父は，週に3，4回，デビーの部屋に入っては，彼女に彼の生殖器を触らせ，彼女をレイプするか，あるいはアナルセックスを行いました。デビーは自分の母親と義理の祖母に性的虐待について話したことがありましたが，言うことを信じてもらえませんでした。彼女らは，このようなことを口に出すことさえ批判し，侮辱したうえ罰を与えました。最後まで何も対策は立てられず，継父はほくそ笑み，彼女に対しておまえの言うことなど誰も信じやしない，おまえには価値がない，おまえには当然の報いだ，と言いました。また彼は，デビーをレイプした後に大声で，このような性的なことを父親にさせるなんて，おまえはとんでもない子どもだと言うこともありました。虐待はデビーが12歳のときに止まりました。彼女

原注）プライバシー保護・守秘義務のため，患者および主治医の氏名，地域などの個人を特定できるようなデータには手を加えてある。また，デビーに関するデータは豊富にあるが，ここでは1回のセッションを概念化，計画，実施するのに必要な最低限のデータにとどめた。

はステーキナイフをもってベッドに入り，継父がベッドに入ってくると，もしまた私に触りでもしたら，あなたを去勢し殺してやる，と言いました。彼は「気が狂っている」と言い，もう二度と彼女に触れることはありませんでした。

デビーは，BPD（DSM-IV-TR）の6つの基準を満たしていました。デビーはそれまで18年間にわたり，いくつかのセラピーを受けていました。現在のセラピストの治療を受けるようになって1年半になります。彼女は，不安，うつ症状，および職場の人たちに向かって言葉で「バクハツした」という，一見理解の難しそうな怒りの表現を報告しました。また，頻繁な自傷行為がありました。

症例の概念化

デビーのセラピストであるジョン・スミス博士は，特定の基準にフォーカスしてデータを集め，セッションに先立つ面接にて明細化しました。彼女が満たしていた基準は，以下の通りです。

1．不安定な対人関係
   デビーは，同僚たちとの関係がうまくいっていませんでした。そのせいで，しばしば同僚たちを避けていました。仲間付き合いに呼ばれなくなり，勤務中に無視されることすらありました。問題は，デビーが他の人たちを侮辱したり，皮肉や嫌味を言ったり，あるいは彼らに腹を立てるという形であらわれました。しかし腹を立てられた側は，なぜ彼女がいきなり言葉で攻撃してくるのか，まったくわかりませんでした。
2．自傷行動
   デビーはもう何年にもわたり自傷行為をしていました。
3．情緒的不安定
   デビーはすぐに気分が入れ替わるような体験を報告しました。落ち着いていたかと思うと，曰く「あっという間」に，頭にくることもありました。1日のうちに多くの「気分」を体験するとも説明しています。

4．不適切で激しい怒り

　デビーは，他者に対する自分の怒りの反応が「突然，不意にあらわれる」と報告しました。怒りの程度，内容，焦点，範囲，および持続時間に，デビー自身，驚くことがありました。

5．慢性的な空虚感

　デビー自身の報告で，デビーは自分自身を「何もない人」「価値がない」「抜け殻のようである」と説明しました。

6．解離症状

　デビーは「動揺」したときに「頭がふらふらする」状態になるまで息を止めるというしのぎ方を，長年にわたって使ってきました。自分自身を離れたところから見ることができ，ときには部屋の天井から見下ろすこともある，と報告しています（子ども時代の虐待の最中に身につけたことでした）。

　こうした情報を考慮すると，デビーはおそらく次のスキーマを発達させたのではないかと考えられます。(1)世界は危険な場所である，(2)人びと，特に権力をもつ人は信用できない，(3)彼女の価値はセックス次第で決まる，(4)彼女の価値はネガティブである，(5)セックスはネガティブである，(6)これまで彼女に起こったことは，彼女自身のせいである，(7)彼女は他者からのサポートを望むが，見つけられずにがっかりする，(8)感情は隠すべきである，(9)彼女は無力である，(10)変わることはとうていできないと絶望している。

　治療の目標は，以下の通りでした。

1．問題の領域を明らかにする。
2．問題を1回のセッションで十分に対応できるよう小さく分解する。
3．患者の問題の概念化を進める。
4．1回のセッションで概念化のどの部分に取り組めるかを決める。
5．どの技法が最も有効であるかを決める。

6．技術的なセラピーを実行する。
7．介入がうまくいっているかを評価する。
8．必要ならば，中間地点での変更を行う。
9．患者から頻繁にフィードバックをもらう。
10. 適切にセッションを終えることができるよう，そして，セッション後に報告を受けることができるよう，十分な時間を必ず残しておくようにする。

特に注目されるのは，セッション全体を通じてソクラテス式質問法が用いられることです。短期間で信頼関係を高めるためには，「閉じた質問」を多用することで，肯定的な反応が引き出せます。男性，セラピーなどについてデビーが抱いていた一連のネガティブな考え方を克服するのに役立ちました。心に留めておくべき疑問点と問題点には，以下のようなものがあります。

• **問題 1**：デビーには，言葉の暴力あるいは身体的な暴力をふるう可能性があったか？

暴力はデビーにとって有益ではなく，暴力をふるったら，彼女はそれを失敗ととらえ，恥ずかしく感じたかもしれません。病歴，セラピストの反応，および私自身の見積もりも考慮すると，セッション中に暴力に訴える可能性は，ほとんどなかったといえるでしょう。

• **問題 2**：デビーの社会的スキルは，公開セッションを行うにあたり，十分であり，適切なものだったか？

目標は，特定のスキルをやってみせることであり，診断の1例としてデビーを例示することではありませんでした。ここでもやはり，彼女の過去の振る舞いを考慮すると，デビーは社会的スキルはもっていたものの，使い方にしばしば問題がありました。

• **問題 3**：デビーの知的能力と言語力は十分なものだったか？

病歴と面接から，この領域において何ら問題ないことが確認できまし

た。そればかりか，彼女の知的能力と言語力は，活用されるべき長所でした。

- **問題4**：オーディエンスの影響はどうだろうか？

　セラピストとオーディエンスに対するデビーの反応は非常に重要です。彼女はセラピストと何度か話し合い，参加に同意しましたが，オーディエンスがどう影響するかは不明でした。彼女は，私（権威者であり男性）に恥ずかしい思いをさせる機会として受けとめるでしょうか？　自らの怒りと苦しみを理解してもらうために，皆に彼女のことを気の毒に思わせるために，この機会を利用するでしょうか？

- 理想としては，状況設定は録画設備のある面接室がよいでしょう。オーディエンスはその部屋に同席することなくセッションを視聴できます。しかし，人生と同様，いつでも理想どおりになるとは限りません。次善策は，デビーにオーディエンスに背を向けて座ってもらうことです。セラピストはオーディエンスの方を向き，セッションの記録をOHPに映すことができます。オーディエンスもデビーも，どのような記録が書かれているかを見ることができました。部屋の電灯はほの暗く，唯一明るい光は舞台にだけに当てられました。咳をする音以外，ほとんど音がしませんでした。デビーの反応に対して，グループから何度か支持的な笑いがわき起こりました。

- **問題5**：デビーの欲求不満耐性レベルは十分だったか？

　これは，1つのセッションにとっても，また治療全体にとっても重要となるでしょう。デビーがどれほど柔軟か，どれほど強くて狭い境界をもっているかを明らかにすることは必要不可欠です。彼女は，自分の境界に踏み込まれたら，おそらく（当然のごとく）逃げ出してしまうでしょう。デビーの境界，あるいは安全地帯が拡大されなければ，最小限の成長しかできません。デビーは脅威を受けたら引きこもってしまうかもしれません。彼女の境界（すなわち，どれほど遠くまで，どれほどのスピードで，押されても大丈夫か）を明らかにするための最善の方法は，慎重にその境界を調べていくことでしょう。セラピストは速やかに引き下がり，もし必要と

あれば，侵入してしまったことをすぐに謝罪する心の準備をしておく必要がありました。

侵入，境界線の侵害，侵入した者に自責の念が欠如すること，サポートの欠如，および迫害についてのスキーマは，すべてデビーの生活の一部であり，そのセッション全体を通じて考慮される必要がありました。全体的に懸念されたのは，動機づけあるいはコンプライアンスの問題と，コントロールを保つための彼女の能力でした。スクリーンインタビューに先立ち，彼女のセラピストや彼女本人と十分に話し合ったことで，大きな問題はおそらく起こらないだろうと確信していました。

セッションのスクリプト

T1 ：こんにちは，デビー。この企画に参加してくれたことに心から感謝します。40分ほどお話していくことになりますが，よろしいですか？

P1 ：はい。

T2 ：このセッションを始めて，今はどんな気持ちですか？

P2 ：40分後には大丈夫になっていると思います。

T3 ：今は，何とかなるかもという感じだけれど，しばらくすれば気分がよくなる？

P3 ：そんなところです。

T4 ：繰り返しになりますが，あなたに感謝します。ご自分から進んでやろうとしてくださったのは興味深いことだと思っています。というのも，あなたがどれほど勇気をもっているかわかるからです。知らない人たちの前で非常に個人的なことについて話すのは，かなりの勇気が必要です。40分ほど話をしていくわけですが，この時間内に特に取り組みたいことはありますか？

　　　　ラポールを確立することに加え，セラピストは，デビーの自

己観に関する仮説を検証しています。（あなたは勇気があります，などの）ポジティブな言葉をかけられて，デビーは，どのように反応するでしょうか？　おそらく，その言葉は，彼女自身に対するネガティブな見方と相いれず，「ええ，でも」という反応を引き起こすか，あるいはそのような言葉などまったく聞こえなかったかのように，スルーされてしまうかもしれません。

P4　：私が行き詰まってしまうのは，きっと，自分のことをダメだと思う気持ちが強すぎるからです。

T5　：とても漠然としていますね。それがどういうことか，もう少し具体的に話してもらえますか？

　　　　　患者は，しばしば口にする「ダメ」という言葉を，どのような意味で用いているのでしょうか？　セラピストには，患者が個別にもつ意味を予測することは決してできません。

P5　：私は，きちんとしている人たちに怒っているわけではないんです。たとえ私自身のせいではなかったとしても，何もかも自分自身に当たり散らしてしまうんです。

T6　：では，もし誰かが何かをしたら，あなたの責任になってしまうのですか？

P6　：かなり自分のせいにしてしまいがちです。後になって，不適切な形でじくじくと滲み出てきます。

T7　：どのようにあらわれてくるのか，1つ例を挙げてくださいませんか？　典型的な状況はどのようなものでしょうか？

P7　：職場で何か起こったとします。同じことが，1週間で5回起こったかもしれません。すると私は，自分の前にいる人を叱りとばしてしまうのです。たとえその人とまったく関係ないことだとしても。問題は見えないところにあるのだけれど，たまたまその人が邪魔に思えてしまうのです。

T8　：なるほど。何かが起こっていて，怒りがむくむくとこみあげて

きて，何かきっかけがあると爆発してしまう，というわけですね？
P8 ：そのとおりです。
　　　出来事のつらなりを要約することには，2つの作用があります。第一に，セラピストが相手の話に耳を傾けていることを患者に示すことになります。第二に，明細化していくための準備ができます。
T9 ：その人は，どのように思っているでしょうか？
P9 ：「いったいどうなっているんだ？」
T10：「いったいどうなっているんだ？」と言っているのですね。
　　　この内省的陳述は，その人物がどう考えているか，デビーに推測してもらうことで，ターンテイキング（その人の立場に立ってみること）も促します。
P10：その後，人を叱りつけてしまったことに対して，強い罪悪感に駆られるのですけど，罪悪感があまりにも大きすぎて，どうにもできないのです。
T11：怒ってしまったことに対して罪悪感を抱くのでしょうか？　それとも，これほどまで強烈に腹を立てたという，その程度に対してでしょうか？
　　　罪悪感というのは，あまりにも広すぎる概念です。デビーが何を意味しているのかに加えて，「罪悪感」の性質と，そこに付随する二次的な問題についても詳細にすることが重要です。
P11：程度に対してです。
T12：程度ですか？　怒ることはよくて？
P12：いいわけではありませんが，ときどきだったらかまわないと思います。つまり，自分怒っていることは認めます。でも，どれほどにしろ長引くのはよくありません。
T13：どうしてよくないのでしょう？　どうして怒りはよくないのでしょう？

P13 ：私はこれまで「適切な怒り」を見た経験があまりありません。私は結局，子どもの頃によく目にしたものになってしまうようで，怖いのです。
　　　子ども時代の体験，早期の学習，親との相互作用と反応，過去という一般的なテーマなど，さまざまな問題を探索しようと誘われてしまいます。しかし，他人が見ているという状況，およびシングルセッションという要素を考慮し，ひとまず置いておくことにします。怒りに関する基本的なスキーマを，「ヒアアンドナウ」の問題として取り組むことが必要でしょう。

T14 ：わかりました，与えられたこの時間内でフォーカスできるのは，適切な怒りか，それとも不適切な怒りか，といった問題にちょっと目を向けてみることですかね。

P14 ：そうですね。

T15 ：その他に何か，目を向けてみたいことはありますか？　後ほど，限られた時間内にできそうなことを考えていきましょう。

P15 ：怒りは，私がすることのほとんどすべてに関係していると思います。
　　　セラピー全般においても同様に，ここで最初の問題リストを作成します。リストは理想的に，利用可能な時間をめいっぱい活用できるもので，かつ時間を最大限に有効利用できるようフォーカスされたものにします。

T16 ：怒りというのは，本当に大きな問題なのですね？

P16 ：はい。

T17 ：そして怒りは，四六時中あなたにつきまとう？

P17 ：自分が怒り狂っているような気がして，自分自身に八つ当たりしてしまいます。何か別の方法を見つけようとしているのですが……。

T18 ：今，この瞬間も，カンカンに怒っていますか？

P18 ：いいえ，今は死ぬほど恐ろしい気持ちです。

T19 ：恐怖は，怒りに取って代わるものですか？
P19 ：はい。
T20 ：ということは，2つの可能性がありますね。怒っていることもあるし，恐れていることもある。恐怖は，怒りに対処できないときの方法でしょうか？

　　　これは，対処の1つなのでしょうか？　もしそうだとしたら，対処方略のファーストチョイスとして利用できます。多くの患者たちが抱く考えは，自分には対処方略がひとつもないから，成り行きまかせで動かされるしかないというものです。どのようなものであっても，試みている方略を明らかにすることで，すでに「何とかする」手段を身につけており，セラピーの目標はそのリストをさらに増やしていくことだと伝えることができます。デビーの子ども時代のことでわかっていることは，彼女は，怒り始める前に虐待を恐れていたということです。デビーにとって，怒りは有益な対処方法なのです。

P20 ：そうですね，私は，本当に怖いときに怒る気がします。恐怖に対してどうしていいのかわからないのです。でも，怒りは少なくとも，何かやってくれるのだと思います。恐くなると，マヒしてしまうように感じますから。
T21 ：では，恐くなると，身動きがとれなくなってしまうのですね？

　　　これもまた，ポジティブな反応を引き出す要約の例です。デビーは，セラピストが自分の話に耳を傾けていることがわかります。

P21 ：はい。
T22 ：怒りは何をしてくれるのですか？
P22 ：自分が怒っているところを誰にも見られたくありません。結局，家を掃除することになります。
T23 ：たくさん掃除をする？
P23 ：ええ。

T24 ：では，怒りによって身体が動く，それは，怒りのよい面ですね．家もきれいになる……とてもきれいになるのですから．
P24 ：ええ，まあ．
　　　　費用対効果分析の始まりです．このタイプの分析は，ここで導入され，セッション全体を通じて広がっていきます．デビーの生活において，怒りはどのような機能と価値をもつのでしょうか？
T25 ：同時に，怒りはつらいものだと思っていますか？
P25 ：怒りは予測不可能で，じわじわと滲み出てきますから，怒っていることを指摘されるまで，いつも私は気づかないのです．
T26 ：予測不可能なのですね．1つ，極端な例を挙げます．たとえば，オーディエンスの1人がやって来て，あなたの足首を蹴ったとしましょう．あなたは怒るでしょうか？
　　　　極端な例を導入することによって，セラピストは，セラピーの外の状況ではなく「ヒアアンドナウ」のシナリオに対して，デビーがどのように反応するかを確かめることができます．
P26 ：はい．
T27 ：怒りを外に出しますか？
P27 ：たぶんすぐに．
T28 ：ではもし誰かに足首を蹴られたら，あなたは「こんなことをするなんて，どえらい神経ね．何様のつもり？　考えられない」などと言って，さぞかし怒るでしょうね？
P28 ：そんなに口数が多くはならないと思いますけど．
T29 ：本当に？　今のは適切な怒りではありませんか？
P29 ：直感的には，そう思いますが．
T30 ：では，もし誰かに足首を蹴られて，その相手に怒ったとしたら，あなたは罪悪感にかられるのでしょうか？
P30 ：はい．
T31 ：なぜでしょう？　相手がしたことに対して腹を立て，その後，

腹を立てていることについて悪く思うのは，どういうことか，説明できますか？

　　デビーは，出来事をどのように構築して処理するでしょうか？　そのプロセスを詳細に説明するよう彼女に求めることで，ひょっとしたら思考-感情-行動のつながりを引き出せるかもしれません。

P31 ：私がやったことのせいでしょう。明らかに，私が相手に何かをしたのです。私は他人にそうされてしまうような人間だからです。これからもずっと，私はそうされて当然なのでしょう。

T32 ：もしあなたが，よりよい人間で，もっと優しく，もっと親切で，もっと寛大な人間だったら，足首を蹴られたりしないのでしょうか？

P32 ：そのとおりです。

T33 ：もし，あなたを蹴った人は卑劣で意地悪な人だとわかったら，どうですか？

　　この例でのデビーの反応が，虐待を受け傷つけられた子ども時代の反応に似ている可能性へ，滑らかに移行しています。もし自分がよりよい人間だったら，虐待は起こらなかっただろう，という考えを彼女が発達させたのも，おそらくその頃だったのでしょう。このアプローチも，このような文脈を考えると「やりすぎ」になってしまいます。この方向性はおそらく，今後のセラピーにおいて，実り多いものとなるでしょう。

P33 ：その人についてわかっていたなら，どうして私に気をつけるよう言ってくれなかったのか，私を守ってくれなかったのかと，もっと腹が立つと思います。

T34 ：私に対して腹を立てるのでしょうか？

P34 ：ええ，あなたに腹を立てるでしょうね。

T35 ：その結果，怒りがあなたについてまわるのですか？

P35 ：本当にそうです。

T36 ：私の意見では，怒りに対して2つの見方があるように思います。1つは，怒りでいっぱいのバスケットのようなものを持ち歩いていて，そのバスケットから怒りを取り出し，回りにまき散らしているという見方です。もしこの見方が正しいなら，いつかバスケットは空になり「やれやれ，最後の怒りまで出しきったぞ」ということになるでしょう。しかし，あなたの場合，下方から補充され，満たされ続ける泉のようです。このためあなたは，なくなることのない怒りを常に抱えている，そんな感じでしょうか？

P36 ：ええ。

T37 ：私の理解は正確でしょうか？

P37 ：ええ。

T38 ：あなたはこれまでに，怒りを生み出しているもの，怒りの泉を満たし続けているものは何か，ご自身で，あるいはセラピストといっしょに，考えたことがありますか？

P38 ：多くの場合，それは，状況で決まります。何かが起きて，誰か味方になってくれる人か，私をかばってくれるような人がいたなら……でもそのような人はいなかった（患者は，声が変わり涙ぐむ）。

怒りと，コントロールの欠如，および幼少期の虐待に関する仮説を裏づけるデータがあります。この方向性は，とても有力です。しかしセラピストは，ここで詳しく検討しても，患者のためにならないと判断しました。

T39 ：ちょっと止まりましょう。あなたは今，本当につらくなっています。もしこのような状況でも差し支えなければ，今，何があなたをつらい気持ちにさせているかを，お話しくださいませんか？「どうして私は，気をつけるよう言ってもらえなかったのか，守ってもらえなかったのか」のところで，涙がこぼれました。涙が出たのは，どんなことが起こっているからでしょう

か？

　　　　　感情的な反応に即座にフォーカスすることで，心をかき乱すような認知（自動思考）にアクセスすることができます。ここでもフォーカスは，セラピー活動をヒアアンドナウに導く効果です。

P39　：たくさんのことが起きたのに，頼れる人が誰も近くにいなかったということです……。

T40　：「私は守られるべき，助けられるべきだったのに，あるいは，サポートされるべきだったのに」という考えが，あなたを苦しめているのですね。

P40　：はい。

T41　：どうなんでしょう。いちばんつらい部分は，その後かもしれません。「私は守られるべきだったのに，助けられるべきだったのに，あるいはサポートされるべきだったのに」というだけではなく，おっしゃらなかった最後の部分——「私はそうしてもらえなかった」ということのように感じます。「私は守られるべきだったのに，守られなかった」と考えると，どんな気持ちになりますか？

　　　　　ここでは，他人がどう振る舞うべきか，患者のもつルールに取り組んでいます。デビーのルールもしくは期待は，もちろん，理にかなっています。思考と感情との間の結びつきが，ここでは重要です。セラピストは，聴衆の面前という状況で，虐待について詳しく検討しないことにしました。デビーにとって最も重要な部分は，彼女が守られなかったということです。これはまた，どこにセラピーのフォーカスがあるかについて，手がかりにもなります。彼女にとっては，自分が，外的にも内的にも，守られていないということが重要でした。彼女は，自分のネガティブな認知から自分自身を守るでしょうか？

T42　：自分は守られなかった，と考えると，あなたは幸せに感じます

か？
P42 ：いいえ。
T43 ：そう考えると，あなたは悲しくなりますか？
P43 ：まあよくあることですから。
T44 ：そう考えると，あなたは腹が立ちますか？
P44 ：しかたないことです。
T45 ：確かにそうですね。しかし，振り返ってみて，そう考えることで腹が立ってきませんか？
P45 ：おそらく。生き抜くために，守られるべきだったのに。
T48 ：なるほど。それはあなたが体験してきたことではありませんか？
P48 ：いいえ，違います。
T49 ：しかし，しばらく前のことでしたよね？　今でも頭のなかでは抱き続けていますか？
P49 ：昨日のことのようです。
T50 ：昨日のことのようにですか。しかし現実は，昨日ではありませんでしたよね？
P50 ：いいえ，違います。
T51 ：しかし頭のなかでは，今朝のことのようにも感じられるのですね？
P51 ：その通りです。
T52 ：頭のなかで起こっていることで，あなたをずっと苦しめていることは何なのでしょうか？

　　　　思考−感情の結びつきは，非常に重要です。これは，認知行動療法（CBT）モデルにおける基本です。デビーは，これまでずっと熟練のセラピストと一緒にCTBに取り組んできましたから，形式的な説明を提供する必要は一切ありません。セラピーを強調するために，私はこのセッションを通じて，思考，感情，および行動の間の結びつきを実証することにしました。

P52 ：頭のなかで，とても大きくて，批判的な雑音がするんです。私は何もまともにできません。

T52 ：頭のなかの雑音ですね。その音は，どのように聞こえるのでしょうか？

P53 ：ときには，大きくて批判的な声のこともありますし，その声が非常に重層的で，まるで頭上に次から次へと飛行機が飛んでいるように聞こえることもあります。

T54 ：その批判的な声は，あなたに何と言いますか？

P54 ：おまえは本当にダメだ，おまえはろくな人間になれないぞ，冗談はよせ。いいことが起こると期待するなんて，考えが甘い，と。

　　これはおそらく，心のなかのネガティブな対話の小さな例にすぎないでしょう。ポジティブなことを受け入れるのが難しいという当初の仮説が，ここでより明確になっています。ありとあらゆるネガティブな声がするなかで，どうしたらデビーは，物事をポジティブに考えることができるのでしょうか？　ネガティブな声を静め，ポジティブな声に余地を認めるようにすることをセラピーの目標とするのがよさそうです。

T55 ：その声が聞こえるとき，あなたは，どのような気持ちになりますか？

P55 ：私には見込みがないように感じます。

T56 ：あなたには見込みがない？

P56 ：ありません。

T57 ：誰かの後を，一群の人たちが「おまえはろくな人間にならない，おまえには価値がない，無駄な人間だ」と言いながらついてきたとしたら，その人にどのような影響を及ぼすと思いますか？

P57 ：しばらくしたら，言われていることを信じ始めるでしょうね。

　　これは，彼女の経験をノーマライズしようとする試みでし

た。

T58 ：これまでに，そういう声と議論したことがありますか？
P58 ：あったはずです。
T59 ：あったはず……。
P59 ：おそらく……。
T60 ：ここ6カ月間はどうですか？　最近，声と議論したことがありますか？

　　　私は，現在に近い時点を選択しました。6カ月間というと，昔ではありますが，それでもまだ最近です。ここから，自動思考に対応するという治療方針を導入します。

P60 ：代わりに私は，自分のセラピストと議論しています。
T61 ：ここでも，自由に議論できますね。
P61 ：そうですね。
T62 ：しかも，いくつか利点もあるんです。もう一度それらの声が言うことを教えてください。書き留めます。いつもどんなことを言ってきますか？
P62 ：「おまえはまったくダメだ，おまえに幸運は訪れない」
T63 ：ちょっと待ってくださいね，ゆっくりお願いします，「おまえはまったくダメだ，おまえに幸運は訪れない」ですね。書き留めますから。他には？

　　　思考は，暴走列車のようにデビーの頭を走り抜けていきます。スピードダウンしてもらい，それぞれの思考を書き留めることで，セラピストは，1つひとつを強調することができます。

P63 ：「おまえはろくな人間にならない」
T64 ：「おまえはろくな人間にならない」
P64 ：「いいことが起こると期待するなんて，考え方が甘い」
T65 ：「いいことが起こると期待するなんて，考え方が甘い」。もしこの部屋の誰かを連れてきて，その人の腰にテープレコーダーを

取りつけ,「おまえはまったくダメだ,おまえに幸運は訪れない,おまえはろくな人間にならない,いいことが起こると期待するなんて考え方が甘い」と,ひっきりなしにテープを流したとしたら,たとえばあなたのセラピストだったら,どのような影響があるでしょうか？ ジョンはとてもタフな男性で,私は彼のことを長年知っています。そのようなテープを流したら,彼にどのような影響を与えると思いますか？

　　ネガティブな思考にチャレンジする前に,その思考を明らかにすることが目標でした。デビーは,そう考えてしまうことはノーマルで,理にかなっており,無理からぬことだと理解できました。彼女の人生経験を考慮すれば,自分についてネガティブな思考がたくさんあったとしても,デビーにとって驚くことではないのです。デビーにとっての問題は,立ち止まり,その思考に問い返すことをしなかったことです。

P66 ：しばらくすると,その人を悩ませるようになります。
T67 ：そうですね。確かにそうだと,思い始めるでしょうね。
P67 ：ええ。
T68 ：今のあなたもそうですか？「確かにそうだ」と。
P68 ：そうですね。
T69 ：あなたは賛成してしまっているわけですね。
P69 ：そうなりますね。
T70 ：もしあなたがそれらの声に……それらの考えにチャレンジしたら,どうなると思いますか？ あなたにどのような影響を及ぼすでしょうか？
P70 ：できれば,変わってくれたらいいのですけど。
T70 ：なるほど。できれば,変わってくれればいい,ですね？ あなたが声に言い返すことができたら,どうなると思いますか？ あなたがそうできれば,声はどうなるでしょうか？ あなたの予想は？

P71 ：声はもっと大きくなって，それから消えていくのではないでしょうか。
T72 ：大きくなって，あなたを怒鳴りつけて黙らせると思いますか？
P72 ：最初は。
T73 ：最初は，私もそう思います。最初，声は大きくなるでしょうが，その後おそらく……理想的には，去っていくでしょうね。こうした声が聞こえるとき，声と結びつくような人，あるいは特定の声がありますか？

　　　ここには，原家族との結びつきが見られます。重大な手がかりですので，さしあたり，このまま先へ進みます。

P73 ：私自身の声のこともありますし，継父の声のことも，祖母の声ということもあります。
T74 ：特定の声の主がいるということですね？
P74 ：そうですね。
T75 ：この点に関して，いっしょに考えてみましょう。あなたは声のいうことを信じてしまうことで，「私は守られるべきだったのに守ってもらえなかった，そのことが本当に悲しい，頭にくる」となってしまいますね。
P75 ：そうですね。
T76 ：あなたはまったくダメだというのは，真実といえるのでしょうか？

　　　彼女は，よい／悪いの証拠を検討することができるでしょうか？

P76 ：いい日もありました。
T77 ：いい日もあったのですね。どんな1日でしょうか？
P77 ：よくわかりません。おそらく……ずいぶん長いこと，そんな日がありませんでしたから，どんな日か覚えていないんです。
T78 ：稀であったとしても，いい日があったとすれば，自分はまったくダメだとは，簡単にはいえなくなりますね。ひょっとした

ら，私って，そんなに悪くないんじゃないかな，ともいえませんか？

P78 ：いいえ，いい日っていうのはもっと，その日の環境によるんじゃないかと思います。太陽が出て，散歩に行って，といったことです。

　　　デビーは，自分にとって「いい日」を外在化しています。彼女に主導権がないのです。これは基本的なスキーマの要素です。そのスキーマに対峙し，論破するのではなく，むしろ彼女に，この考えの絶対性にチャレンジするためのデータを集めようと試みます。

T79 ：わかりました。あなたは，自分に決して幸運は訪れないと信じますか？

P79 ：たいていは。

T80 ：では，あなたには不運しかやってこない，ということですか？

P80 ：はい，そんなところです。

T91 ：わかりました，もし声をしずめることができたら，あなたは気分がよくなり，大丈夫だと思える可能性があります。今までにその声と議論してみようとチャレンジしたことがありますか？

P91 ：はい。

T92 ：結果は？

P92 ：雑音はますます強くなり，自分を傷つけ始めます。

T93 ：まだよくわからないのですが，あなたがその声に応答とすると，その声は大きくなり，自分を傷つけるのですね。

P93 ：いつもそういう流れになります。声は実際に非常に大きくなり，声が勝ち，私は声に負けてしまうのです。

T94 ：声が勝つと，あなたは自分を傷つけるのですね？

P94 ：そうです，筋が通ってないことはわかるのですが……。

T95 ：もう少し教えてください，デビー。私は，出来事の順序を理解しようとしています。声が，たとえば「デビー，おまえはまっ

たくダメだ」と言って，あなたが「いいえ，私にもいいところがある」と言い返すと，その声は，「そんなことは忘れろ。おまえにいいところなんてない」，そしてあなたは「いいわ，あなたの言うとおり。そう，私にいいところなんてない」と。その後，あなたは何をしますか？　自分自身を傷つけるのですか？

P95　：私は，ますます興奮して動揺します。その声は，すごく大きくなって騒音になります。で，おっしゃるとおり「そのとおりだ。私は役立たずのクソなんだ」と自分に言います。

T96　：……そしてどうなりますか？　あなたはまったくの役立たずで……。

P96　：はい。

T97　：自分を傷つける結果になるのだとしたら，自分はまったくの役立たずだと，証明しようとしている？

P97　：いいえ。私は，わかってるんです。そうなってしまうんです。

T98　：そうなってしまう，つまり，自分を傷つけてしまう？

P98　：ええ。プレッシャーがすごく大きく感じられるときがあって，何というか，そうすると和らぐような……。

P104：私は，精神的にすごく苦しいとき，息を止めて，一瞬，気が遠くなるような感じになることが多いです。その苦痛を和らげてくれるところへ行かなくてはなりません。私がやろうとしているのは，内に滞らないよう，外に引き出すのです。

T105：そうすれば，解離しない？

P105：します。でも私は，天井から下へ降りてきて，声が聞こえても，何とかしのぐことができるんです。

T106：なるほど。もし声が聞こえたときすぐ言い返すことができたら，何が起こると思いますか。どんな結果になると思いますか？　方向性としては，その声に言い返せるようになることです。もっと大きな声を出して，自分の声が届くようにするので

す。その結果はどうなると思いますか？
P106：気分がよくなるかもしれません。
T107：では，その結果はどうでしょうか？
P107：もう自分を傷つけたりしなくなると思います。
T108：その結果はどうでしょう？
P108：セラピストに会うこともなくなると思います。
T109：その結果がどうなりますか？
P109：とても寂しくなるでしょうね。
T110：セラピストと会わなくなることで，ですか？
P110：はい。会うのはつらいこともありますけど……。

　　　　　下向き矢印法により，デビーは，連続的な信念の各レベルに目を向けます。

T111：そういうこともありますね。あなたが自分を傷つけないでいられるとしたら，あなたが自分自身について大丈夫だと思えたら，あなたがすべてのネガティブな声に応対できれば，もうセラピーを必要としなくなり，サポーターとしてのジョンを失うことになりますね。
P111：その頃には，必要なくなるかもしれません。
T112：あまり確信はない？
P112：ええ，まったくありません。私は，ジョンと話ができるようになるまで，本当に長い時間がかかったのです。
T115：ではもし，あなたが何か，本当にポジティブで，本当に大きなことができたとしても，とるに足らないと思ってしまいますか？
P117：今は，とてもネガティブなことばかりです。私が自分を傷つけるのは，あまりにもひどすぎるからです。
T121：だから，ポジティブなことには目を向けにくいのですね？
P121：ええ。
T122：そして，自分がしていないことや，自分がネガティブだと思う

ことを強調するのですね？　どうでしょう，私とちょっとした実験をしてみませんか？　どのようなものか，私がご説明します。どのようなものか説明するまで，実験をするかどうか決める必要はありませんよ。

P122：わかりました。

T123：あなたは学校に行きましたよね。学校でディベートをしたことがありますか？

P123：いいえ。

T125：ディベートを見たことは？

P125：あります。

T126：ディベートは，どんなものだと理解していますか？

P126：いちばん説得力があるようベストを尽くす，ということでしょうか。

T127：そうですね。もしあなたと私がディベートするとしたらどうでしょう？　私が，本当にネガティブな声になりますから，あなたにディベートしてほしいのです。あなたは私を黙らせることができるか，確かめてみたいのです。いかがでしょう，やってみたいですか？

　　　セッションは，30分を超えようとしています。私は，臨床的な判断を下しています。ネガティブな声を外在化することによって，いくつかの重要な点がわかるでしょう。第一に，オーディエンスに対して技術を見せることができるでしょう。第二に，ネガティブな声に対して，デビーがどのように対処するか見ることができます。第三に，デビー自身，自分がどのように対処するかを理解できます。そして最後に，より適応的に反応できるよう援助するため，体験から得たデータを生かすことができます。

P127：やってみます。

T128：ありがとうございます。では，私がネガティブな声になり，あ

なたとディベートします。あなたは私を黙らせようとします。いいですか？
P128：はい。
T129：いいでしょう。実際，この状況以外では不可能なことですが，あなたに有利な状況を作りたいと思います。ジョン，あなたも加わってください。デビーの隣に座っていていただき，彼女が何か困ってしまったら，彼女に手助けしていただきます。それでよろしいですか？
P129：はい。
T130：[ジョンに向かって]彼女が行き詰まるまで，何も言う必要はありません。[デビーに向かって]あなたはもう困っていますか？
P130：いいえ。
T131：大丈夫ですね？　では，まずあなたと私です。
P131：わかっているでしょうが，あなたは本当にダメです，あなたは本当に価値のない人間です。
P131：そのとおりです。

　　　　　あっという間でした。彼女は，すぐさまネガティブな声に同意してしまったのです。

T133：ちょっと待ってください，ちょっと待って。これはどんなディベートでしたか？
[ジョンが彼女に何かを言い，彼女は自分の役に戻る]
P133：どうしてそのようなことを言うのですか？
T134：どうしてって，理由などありません。ただそう思うだけです。
P134：当然，理由が必要です。
T135：いいえ，私はただ，あなたは価値のない人間だと，本当にダメ人間だと思います。
P135：価値のない人間なんていません。
T136：あなた以外はね。あなたは全然ダメで，あなたにいいことは起

こりません。

P136：そんなことありません。

T137：本当のことです。[中断] どうしましたか？

P137：私に聞こえるのは，ネガティブな声ばかりです。まるであなたに嘘をついているようで。

T138：確かに，このディベートには問題がありますね。あなたにはネガティブな声が聞こえ，あなたの心のなかの声も，「確かにそのとおりだ」と言うのですから。もしあなたが，私を黙らせるようなことを言うことができれば，そこから違う展開になるでしょう。自分が言うことを100％信じる必要はありません。まず言う練習が必要です。いいですか？　役割を交替しましょう。いいですか？

P138：ええ。

T139：あなたがネガティブな声になってください。私は，あなたのモデルとして反応できるかやってみたいのです。いいですか？　あなたを打ち負かすネガティブな声になってもらえますか？

P139：わかりました。

　　　　確かにデビーは，ネガティブな声になることに問題はないでしょう。私は，強力で，アサーティブな，適応的な声のモデルになりたいと思っています。それは，ネガティブな声を恐れず，アサーティブで，常識的な声です。あまりにも非常識だと，デビーに受け入れられないでしょう。もし私があまりにもポジティブになろうとしすぎたら，デビーは「盛り上げているだけ」として受け入れないでしょう。私は，適応的な反応で，デビーがコピーできるようなモデルを示す必要があるのです。

T140：いいですか？　では，始めましょう。

P140：あなたは，本当に価値がない，役立たずのクソです。

T141：誰がそんなこと言っているのですか？

P141：私が言ってるのです。

T142：私がまったくダメなんて言って，あなたは何様のつもりですか？
P141：私は全部わかっているんですよ。
T143：あなたが知っていることなんてほとんどないでしょう。あなたに誰かを判断する権限なんてありません。
P143：誰か，ではなく，あなたのことです。
T144：ああ，私ですか。では，あなたは私を判断する権利もありません。私に価値がないことはないし，あなたのくだらない話を聞く必要はありません。こんなことを私に言ってくるなんて，何様のつもりですか？　うんざりします。そんな話を聞くのは疲れました。[デビーは席に深く座り，頭を振り，にっこり微笑みます] ネガティブな声はどこにいったのですか，デビー？
P144：いらつきます。
T145：いらつくかもしれませんが，自分がダメだと思ったり，自分を傷つけたり，何もかも自分のせいにして自分を責めたりするのは，もううんざりです。それもこれもあなたのせい。もう，何も聞きたくありません。ネガティブな声は，どこにいきましたか？
P145：私には，聞こえません。
T146：ちょっと待ってください。ゆっくり話してください。そのネガティブな声はどこへ行ったのでしょう？
P146：去って行ってしまいました。
T150：ネガティブな声が黙っているときは，気分がいいですか，悪いですか？
P150：よくなった感じです。
T151：私がネガティブな声をやっているとき，あなたは微笑んでいましたよね。なぜですか？

　　　　私はここで，2つのことをしています。第一に，なぜデビーは微笑んでいたのか理解すること，第二に，彼女に一息入れて

もらうことです。
P151：ええと，あなたが手ごわいからです。
T152：ええ。微笑んでいたのは？
P152：だって，何だかおかしいからです。
T153：おかしい？　でも，笑っているわけではなくて，微笑んでいましたよね。
P153：私はあんなふうに自分自身に立ち向かったことはなかったように思います。
T154：どうして微笑んでいたかというと？
P154：あなたの言い方です。
T155：あなたも同じように言えるでしょうか？
P155：今日ですか？　はい。1度くらいなら……。
T156：これは直感なのですが，聞いてもらえますか，デビー。ここ数年にわたる私の経験では，人は，自分が強い力を与えた声を身につけていることが多いのです。その声とはたとえば……「オズの魔法使い」という映画を見たことがありますか？　魔法使いの城で，登場人物たちが魔法使いに話をしたいと求める場面です。すると，スクリーンに恐ろしい姿があらわれます。そのイメージには「私が，偉大で，強力なオズである」と書いてあります。その場面を覚えていらっしゃいますか？
P156：ええ。
　　　私は，強い力をもつメタファーを用いることにします。そのイメージがデビーにピンとこないなら，説明する価値はないでしょう。私は，別のイメージを探そうとするでしょう。
T157：その声は，何でしたか？　偉大な魔法使いだったのでしょうか？　何だったでしょう？
P157：気の毒な老人です。
T158：自分を大きく見せ，偉大に聞こえるように，あらゆる種類のトリックを駆使しています。どうでしょう……あなたに考えてほ

しいのです……このネガティブな声は，オズの魔法使いのようなものでしょうか？　その声を簡単に黙らせることができたとしたら……どれほど風が吹き荒れ，大騒ぎになって，煙がもうもうと立ち上ろうと，それは，見かけほどたいしたことはないからです。その可能性はありますか？

　　ここで私は，力をもつ者は見かけと同じくらい実際に強いというデビーの信念に取り組もうといています。「哀れな老人」のイメージが，非常に強力に見えた義理の父親でもあることに，私は気づいています。ここでも，私たちが知り合って間もないことや状況を考慮し，ジョンにその収穫を託すことにします。

P158：そんな感じはします。

T159：今はそう感じられるのですね？　わかりました。ここで何をしたいかと言いますと，本当にそう感じられるなら，もう一度私がネガティブな声になりますので，あなたに手ごわくなってほしいのです。面倒なことはありませんし，ジョンが手伝ってくれます。私はあなたに……いい人になるのではなく，本当に私を黙らせてほしいのです。私はあなたにとってやっかいなだけですから。私は，あなたの友だちではありません。あなたを嫌な気分にして，怒らせ，自分自身を傷つけさせようとするのです。よろしいですか？

　　声は結局のところ力強くないというメタファーを提案した後で，再びディベートを試みます。デビーは心強く感じることができるでしょうか？

　　デビー，あなたはまったくダメで，何の価値もない人間だ。

P159：それは，真実ではありません。

T160：いや，真実です。あなたは全然ダメで，結局，ろくな人間にならない。［彼女を励まします。「ほら，あれですよ」］

P160：［ジョンが反応の仕方を提案します。デビーは，はっと息をの

み，それを繰り返します] あなたは何様のつもり？
T161：私は，ネガティブな声です。もう長い間ここにいます。だから，そんな口の聞き方をしないでください。
P161：わかったわ。
T162：すごい！ ジョンの提案を言葉にしたとき，あなたはどう感じましたか？
P162：すごくよかったです。

　　　私はデビーに，その瞬間に彼女が感じたことを明らかにしてもらい，自分の反応についてフィードバックを求めました。

T163：あなたが自分を見られたらよかったですね。鏡があれば，あなたは微笑んでいるわけでなく，にっと歯を出して笑い，いったん息を飲んで，「あなた何様のつもり？」と言ったのが見られたでしょう。しかし，気分はよかったですか？
P163：ですね。
T164：もう一度やってみましょう。あなたは，価値のない人間です。いいことなんて一切起こりません。
P164：それは真実ではありません。
T165：もう何年もそれは真実でした。受け入れてください。あなたは価値のない，ゴミくずです。
P165：あなたは何様のつもり？
T166：私はまさにあなたの声です。私はずっとあなたのそばにいました。私はすごく長生きしている大先輩です。だからあなたに価値がないことをよくわかっています。
P166：変わることだってあります。
T167：まあ確かに，海が干上がってしまうことも，ないとはいえませんけどね。いいですか，あなたには価値がないし，永遠に変わらないでしょう。[デビーにささやきかける]
P167：あなたはまるで，オズの魔法使いの登場人物みたい。
T168：いいですか，もしあなたが，何かがうまくいくなどと考えてい

るのだとしたら，それこそうぬぼれですよ。あなたは常に……いいですか……全然ダメで，価値がない，負け犬で，ゴミクズです。

P168：あなたにわかるわけない。

T169：いいですか，私は，あなたの頭のなかにいるのです。すべて把握しています。私ほど賢い者はいませんからね。

P169：誰がそんなことを言うのですか？ あなたがすべてを知っているわけはないでしょう。

T170：もちろん，わかっています。すべてを知っているわけではないかもしれません。でも，あなたがまったくダメだということはわかっています。

P170：あなたは歪んだ，哀れな老人です。今では。[口を覆い，くすくす笑い始める]

T171：ちょっとストップしましょう。あなたは，微笑んでいたのが，ニヤニヤして，それから，くすくす笑っています。なぜですか？

　　　　ヒアアンドナウにフォーカスすることで，デビーの反応を誘っています。

P171：たぶん［ジョンを指さして］彼があなたに対して言っていることだと思います。

T172：彼が言っているのではなく，あなたが言っていることですよ。私は，言うべきことがなくなってきています。

P172：それもおかしくて。あなたは言うことがなくなるでしょうね。

T173：まさに。しかし……ここで，今，そのようなことを言って，どう感じましたか？

P173：あなたが他の誰かについて話しているようでした。

T174：では，あなたが練習をすれば，自分のものになっていくでしょう。めまいがしてきて，くすくす笑い始めたら，どのような気持ちになりますか？ あなたは何を感じているのでしょうか？

ここで宿題をする必要性にフォーカスします。

P174：すごく気分が軽くなります。
T175：軽くですか？　軽くなって，外に出て，自分を傷つけたくなりますか？
P175：いいえ，今はそうは思いません。
T176：では，声に言い返して，手ごわくなって，声を黙らせることに罪悪感を抱きますか？
P176：まだ，そのようなことはありません。
T177：あるかもしれない。
P177：まあ。
T178：いいでしょう。それも，ジョンと一緒に取り組んでいくことです。まさにここで今，ニコニコからニヤニヤへ，そしてくすくすと笑ってネガティブな声に言い返しています。あなたの頭のなかで何が起こっていたのでしょうか？
P178：ええと，私は声について考えていたことがありませんでした。
T179：なるほど。誰かがそばにいることは，役に立ちますか？
P179：ええ。
T180：わかりました。では，よい練習と宿題になりそうなことを，勧めさせてください。先ほどの練習はきつかったですか？
P180：最初は，自分がうまく答えられないだろうと心配しました。
T181：で，その後は？
P181：失敗するんじゃないか，と。
T182：その後，何が起きましたか？
P182：ここにいる人たちの前で，本当に緊張しました。
T183：そうでしたね。しかしその代わりに？
P183：ここにいて，逃げ出しませんでした。
T184：皆さんの前で，恥ずかしい気持ちですか？
P184：いいえ，まだ。
T185：まだ？　いいでしょう。ところで，ご自宅にカセットレコーダ

ーをおもちですか？
P185：はい。
T186：わかりました。私からお勧めしたいことがあります。ジョンとあなたに取り組んでいただけたらとお勧めすることです。あなたのネガティブな声は，それほど賢いとは思いません。ですよね？　ひどく賢いわけでもないと思うのです――「あなたは全然ダメ」――ほら，同じことを何度も繰り返しているでしょう。第一に，思考を書き出してみてください。その思考をすべて明らかにしてください，この本当にしつこい声が言う，あなたを悩ませるネガティブな思考です。次に，それらの思考をテープレコーダーに録音してください。「あなたは全然ダメ，あなたは価値がない，クズだ」というようにです。ネガティブなセリフとセリフの間に，10秒ほど間をとってください。「あなたはろくな人間にならない」，10秒，「あなたは，ただのクズだ。誰もあなたのことを気にかけない」。それから……これまでの，ジョンと一緒にやってほしいことに関して，わからないことはありますか？　ジョンは，しっかりサポートしてくれるでしょう。あなたは，彼がやったことを見ることができました……ジョンは言い返し方を思いついて，それをあなたは書きとめました。そこで，あなたにしていただきたいことは，自宅へ帰ってカセットレコーダーをつけると，声が流れ「あなたは全然ダメ」と言いますので，次のように練習してください。「あなたは嘘ばっかりついている。あなたにそんなこと言われる筋合いはない。あなたは価値のないろくでなし。バカで愚かな声よ。もうあなたの言うことに賛成する必要はない」。するとその声は「何ひとつうまくいくことなんかない」と言うでしょうから，あなたは「いいえ，そんなことはない，あなたを黙らせることが，今，うまくいっているのだから」と言ってください。これらを書き出し，週に2回，練習してください。まず，

あなたがテープのネガティブな声になって，ジョンに言い返し方を手伝ってもらってください。わかりますか？

P186：ええ。

T187：私があなたにしていただきたいことは，どんなことだと言えますか？

　　　私は，デビーと私の理解がズレていないことを確かめています。宿題で何をやるか繰り返してもらうことで，モニターしたり，必要があれば変更することもできます。

P187：今までのやり方を変えることです。

T188：何とかできそうだと思いますか？

P188：はい。

T189：セッション中に練習することもできますし，その後，ご自宅で取り組むこともできます。ジョン，デビーとやっていただけますか？［ジョンが「もちろん」と答える］いいですね。もし，あのネガティブな声を黙らせることができたとしたら，その結果はどうなるでしょうか？

P189：自分を傷つける必要がなくなります。

T190：それは，よいことでしょうか，悪いことでしょうか？

P191：よいことです。

T192：わかりました。そろそろ時間です。質問させてください。今日はどんなことを持ち帰れそうですか？　何を学びましたか？

　　　私は，デビーに，彼女自身のため，そして私のために，セッションを振り返ってもらいました。そして彼女が何を持ち帰るか，オーディエンスにもわかるようにしました。

P192：私がしたことは。

T193：何についてでしたか？

P193：変化です。

T194：ですね，つまり……。

P194：声をしずめることです。

T195：そうですね，他には？
P195：今なら私は，自分のもつメカニズムを活用する方法がわかります。
T196：いいでしょう。どのくらい実行できると思いますか？
P196：そうですね，落ち着いて考えてみます。というのも，あなたが教えてくれたことは，とてもいいものに思えるけれど，今日のように，すぐにうまくいくとは思えませんから。
T197：おっしゃるとおりです。もしかしたら，あなたの行動はまったく変わらないこともあります。もしかしたら，ほんのわずかも事態は変わらないかもしれません。どうやったら，わかるでしょうか？
P197：試してみる必要があるでしょうね。
T198：そうですね，それがよさそうです。終わるにあたり，デビー，この45分間でやったことについて，どのように感じていますか？
P198：最初よりもリラックスしています。
T199：最初よりもリラックスしている？
P199：はい。
T200：あなたをつらい気持ちにさせたり，あるいは傷つけたりすることを，何か私は言いましたか？
P200：いいえ。
T202：よかったです。私たちが過ごした45分間について，全体的にあなたはどのような印象をもたれましたか？
P202：みなさんの注目の的でした。
T203：確かにそうでしたね。いいでしょう。注目のもとで，あなたは，ご自分がどうだったと思いますか？
P203：そうですね，私は，まだ話すことができます。
T204：やりとおすことができた？
P204：ええ。

T205 ：0から100までのスケールで，0はまったくの失敗，そして100は本当によかったとしたら，今日のあなたはどのくらいうまくできましたか？

P205 ：60です。

T206 ：半分よりもいいですね。実は，私は，ここにいる方々［オーディエンス］にも，同じ質問をするつもりです。彼らはもちろん私たちの話を聞いています。ですから私は，彼らの見解を見てみたいのです。さらに，もしあなたが言ったことが正確なら，あなたは自分の価値を過小評価していますね。あなたはご自身に60という評価を与えていて，これでもかなりよいほうですから。あなたは，皆さんがどのように考えるかを聞いてみたいですか？　それとも聞かないほうがいいですか？

P206 ：いいですよ。

T207 ：では，ここでストップして，皆さんから質問を受けたいと思います。あなたもここに居てもらってもいいですか？　たぶんあなたにも何か質問があるかもしれません。よろしければ，質問に答えていただけませんか。

P207 ：わかりました。

まとめ

　フォローアップで，デビーは，セラピストに手伝ってもらいながら宿題に取り組み，ネガティブな思考に言い返すことに効果があることを発見しました。これが抑うつ的な気分を改善させ，自傷行動を縮小させました。

まとめと結論

　CTは半世紀近くにわたり，多数の問題と障害に適用されてきました。CTの哲学は，メンタルヘルスの専門家を対象とする臨床実践のためのモデルとして広く提唱されている，科学者-実践家のアプローチを完全に反

映しています。今もなお続いている研究は，認知的脆弱性という概念が強固で，もっともらしい仮説であるかどうかを調べています。選択的過程を感情的脆弱性と結びつけるエビデンスのほとんどが相関研究にすぎず，健常群と比較してクライエントによって示される認知的バイアスは，通常，回復に伴って，減少するか，逆転します[47]。さらに，CTによって治療されたり，薬物療法を含む他のアプローチによって治療されても，認知的な異常が反転することがあります。したがって，われわれは今でもCTから得られるさまざまな利益を予測するものを探しています。そうすることで，より効果的にこの治療をターゲットにすることができるからです[63]。さまざまな障害に対する認知療法の試験が開始された時期は，障害によって30年もの開きがあります。そのため，CTの有効性に関する研究，その適用や応用の幅についての解明が，障害によって異なる段階にあることは，驚くことではりません。こうした研究の幅広さを示す例として，CTセッションを延長することの有効性についての研究が挙げられます。このような研究では，再発の可能性が非常に高い反復性うつ病性障害の，急性期のセッションと再発率を低めるための維持セッションが含まれ，専門分野ごとの感情障害クリニックでしばしば治療されます[40]。また一方では，CTをコンピュータ化し，ガイドつきのセルフヘルプとしたものが，一般的な精神障害と摂食障害の治療に用いられ，成功を収めてきました。これらはまた，プライマリケアでも採用されることがあります[2,83]。前者には，科学的な理論的根拠が存在しますが，後者は，利便性のために運用されている部分があります。なぜなら，まだCTの有効成分を特定できておらず，CTに特異的な技能が特にどの感情障害に利益があり，それがCTを他のセラピーと区別するかどうか，わかっていないからです。

　発達途上にある重要な研究領域は，CTにおける変化のプロセスです[23]。治療同盟の強さなど，効果的なセラピーの一般的な特徴と，何らかの独自な効果を区別しようとするとき，この領域が重要となります。本章では，CTのプロセスに関する既存の研究をいくつか簡単にご紹介しています。また，Kraemerら[44]は，今日の治療試験には，アウトカムの媒介要因と調

整要因の評価を含めることを恒例にすべきだと提案します。これは、うつ病障害におけるCTの研究にとっては魅力的な提案です。しかし、双極性障害の研究にとっては時期尚早といえるでしょう。双極性障害の場合、躁状態への上昇について、確固とした認知的説明をするために、より詳細な理論的研究と、一貫したモデルの作成が必要です。その後、CTの介入をより特異的に、また持続的に導入することが可能になるでしょう。Hollon[39]などのCTの研究をリードする者の警告に留意することが重要です。Hollonは、CTの持続的な利益がはたして、リスクを生み出す因果過程を改善した結果なのか、それともそれらを相殺する補償的方略を導入した結果なのか、いまだ不明確であるとコメントしています。さらに、これらの効果が、認知的メカニズムの起動を反映しているのか、それとも他のメカニズムが動き出したことを意味するのかについても、依然として確証されていません。

　最後になりますが、非常にエキサイティングな研究分野として、心と脳のインターフェイスの解明があります。これは、機能的磁気共鳴画像法（fMRI）やポジトロン断層法（PET）といったスキャニング技術を用いて、CTの前後の変化に着目し、抗うつ薬といった薬理的治療によって観察される変化と比較します。CTへの反応に関する最近の2つの研究は、展開しつつあるこの研究領域の例となるでしょう。第一に、Goldappleら[30]は、薬物療法を受けていない単極性うつ病の外来患者17人に対し、CTセッションの前後にPETスキャンを行ったところ、そのうち14人が15〜20回のCTのセッションに反応しました。PETスキャンの結果については、パロキセチンによって治療され、反応があった13人の独立した群と比較しました。CTによる治療反応は、代謝の有意な変化と関連がありました。とりわけ、海馬と背側帯状皮質の活動亢進、および背側と内側前頭皮質の活動低下が関係していました。しかも、このパターンは、パロキセチンによって促進された臨床的回復のパターンとはまったく異なるものでした。パロキセチンによる場合は、前頭前野の活動亢進と、海馬および帯状膝下野の活動低下が見られたのです。そこで研究者らは、抗うつ薬による

場合と同様，CTを用いた臨床的回復は，大脳辺縁系と大脳皮質領域における特定の部位の機能の調整と関係があるものの，パロキセチンと比較して，CBTに伴う前頭皮質，帯状，および海馬の方向変化における相違は，モダリティ特有の影響を反映している，と結論しました。

それとは別の研究でSiegleら[72]は，fMRIスキャンを用い，感情刺激に反応して活性化または不活性化された脳の領域をモニターしました。薬物療法を受けていないうつ病のクライエント14人と，うつ病を経験したことのない21人の対照群に対し，感情負荷のある手掛かり語として，ポジティブなもの，ネガティブなもの，および中性的なものを示し，それらの言葉がどのくらい自分に当てはまるか，できるだけすばやく，かつ正確に評価するよう求めました。fMRIスキャンの後，うつ病の患者は，CBTの16回のセッションを受けました。9人のうつ病のクライエントのうち7人が，CBTに対して反応を示しました。これらの9人のクライエントは，セラピー前には，ネガティブな単語を読んで評価した後，帯状膝下野皮質において，反応の持続が低かったのです。しかも，症状の当初の重症度を考慮しても，右扁桃体の領域における活動の亢進は，CBTに対する反応の改善と関係がありました。しかし，扁桃体の活動による回復状態の予測は，有意傾向にとどまりました。CBTは，感情的な反応が亢進し，制御構造をうまく作動できない人たちに対して最も有効であると結論したのです。

これらの研究は，心理療法における研究の重要な領域を示しています。しかし，これらの研究は，選別されたわずかな数のクライエントを用いた初期の試みにすぎないということ，したがって超えるべき方法論的ハードルがたくさんあることを，心に留めておくべきでしょう。現在，このような研究がますます進められ，CTと薬物療法による変化のパターンに何らかの一貫性が認められ始めているという事実は，CTの神経科学的基盤に関する将来の経験的な研究にとって，エキサイティングな機会を開くことになるでしょう[51]。

第3章

問題解決療法

Arthur M. Nezu
Christine Maguth Nezu
Thomas J. D'Zurilla

導入と歴史的背景

　問題解決療法（problem-solving therapy：PST）は，適応的な問題解決態度とスキルを採用し，効果的に運用する訓練にフォーカスした認知行動的介入です。このポジティブな臨床介入アプローチは，精神病理を緩和させるだけでなく，当人の生活全体の質を最大限に高めることに加えて，問題の再発と新たな臨床的問題の出現を防ぐため，心理的・行動的な機能をポジティブな方向へ高めることが全般的な目的です。Thomas D'Zurillaと Marvin Goldfried[16]が最初にその枠組みを発表してから，PSTの理論と実践は，D'Zurilla，Nezuらによって，長年にわたり改良と修正が行われてきました。この歴史については後述します。ここ数十年間に世界中で行われた無作為化比較対照試験の結果により，PSTが広範囲にわたる心理的，行動的，および健康的な問題を抱える，幅広い青年と成人に対して，適切で効果的な治療であることが証明されてきました（文献11, 22, 54のレビューを参照）。

　1960年代後半から1970年代前半の，臨床心理学と精神医学における2つの重要なトレンドが，PSTの発展にとって重要な弾みとなりました。第

一のトレンドは，初期の行動変容の分野において，セルフコントロールを促し行動変化の般化と維持を最大限にする，認知プロセスの強調が強まっていたことです[37]。第二のトレンドは，問題解決も含め，社会的能力を高めるポジティブなスキルと能力の開発に大きくフォーカスすることで，臨床介入の効果が促進される可能性の認識が高まっていたことです[31]。

1971年，D'ZurillaとGoldfriedは，現実問題の解決（後に社会的問題解決〈social problem solving：SPS〉と命名[14, 19]）に関して，実験心理学，教育，産業の分野から，関連のある理論と研究について広範囲にわたってレビューしました。このレビューに基づき，これらの研究者らはSPSの規範的モデルを構築しました。それは(1)全般的志向性（後に「問題志向性」と呼ばれる[19]）と(2)問題解決スキルという，関連はあるが異なる2つの要素で構成されます。「全般的志向性」は，SPSにおいて主に動機づけの機能を果たすメタ認知過程とみなされます。この過程には，当人自身の問題解決能力だけでなく，生活上の問題に対する全般的な気づきと評価（困難だがやりがいがあるという評価，自己効力感，うまくいくだろうという期待など）を反映する，比較的安定した一連の認知−感情スキーマの作用が含まれます。一方，「問題解決スキル」とは，人が日常生活における問題を理解し，効果的な「解決策」や困難にうまく対処するための方法を発見する，一連の認知行動的活動です。このモデルでは，4つの主な問題解決スキルが明らかになっています。(1)問題の定義と定式化，(2)代替策の算出，(3)意思決定，(4)検証（すなわち，問題解決を実行した後，続けて解決のアウトカムを評価すること）。このモデルの構成要素について記述することに加え，D'ZurillaとGoldfriedは，生活上の大きなストレスに対して効果的に対処できない患者に対する問題解決トレーニングの臨床適用に関して，予備的なガイドラインと手続きも示しました。

1974年に，Arthur Nezuは，ニューヨーク州立大学ストーニーブルック校で臨床心理学の大学院学生となりました。NezuのメンターはD'Zurillaで，そこから生涯にわたる研究のコラボレーション（と友情）が始まりました。最初の仕事では，その当時概念化されたPSTモデルの理論教義の

いくつかを検証しました。たとえば，訓練によって問題をよりよく定義することができるようになる[55, 56]，代替案を産出できるようになる[18]，効果的な決断ができるようになる[54]などです。彼らは共同研究でも，また個人研究でも，効果的な問題解決対処がストレスを緩和する特性を有することを研究し，その後，本章で後述するストレスの相関／問題解決モデルを発達させました[21, 57]。この研究に特に貢献したのが，Nezuと一緒に仕事をしていた大学院生のGeorge Ronanでした[75, 76]。

　D'ZurillaとNezuは共同研究を続け，Social Problem-Solving Inventory[20]という，実生活上の問題解決の自己報告尺度を開発しました。この尺度は，その後，一連の探索的因子分析と確認的因子分析に基づき，統計学者のAlbert Maydeu-Olivaresの助言を得て改訂されました。改訂版は，Social Problem-Solving Inventory-Revised[23]として知られ，この構成概念を測定する，当分野で最も広く用いられる尺度となりました。このような変化があったことからも，PSTのモデル全体も以下の5つの次元を含むべく改訂されました。ポジティブな問題志向性，ネガティブな問題志向性，合理的な問題解決，衝動性／不注意スタイル，および回避スタイル[24]です。

　1980年代に，Nezuの同僚ら，特にChristine Maguth Nezuは，自らの研究活動を問題解決と臨床的抑うつとの関係にフォーカスしました。その努力によって，抑うつの概念モデルと，抑うつのためのPSTが発達しました[52, 69]。Nezuのアウトカム研究で大うつ病に対するPSTの効果が評価されて以来[50, 72]，最近のメタ分析によって支持される[6, 12]，うつ病のための，有効で根拠に基づいた心理学的代替治療とみなされるようになりました。Nezuと一緒に仕事をしていたもう1人の大学院生，Patricia Aréanは，高齢者を対象とするうつ病の治療プロトコルに基礎的なPSTを導入し，結果的にこの年齢層に対するPSTの効果も実証しました（文献2など）。

　うつ病と心理的苦痛は，慢性的な身体疾患をもつ人たちにもまん延していることから，NezuとNezuは，社会心理学者のPeter Houtsらととも

に，ガンを抱える成人とその家族を援助するために，さまざまなPST治療プログラムを発達させました（文献1，65，34など）。最近では，NezuとNezuは，英国ノッティンガム大学とリバプール大学（たとえばMary McMurran, Conor Duggan, James McGuireら）との共同研究で，パーソナリティ障害の治療に加えて，さまざまな心疾患（文献67など），とりわけ心不全（文献60など）の患者における抑うつの治療のため，PSTがもちうる効果に関心を抱くようになりました。

C.M. Nezuはまた，精神遅滞や合併する精神病理（文献80など），性犯罪者[78]，および知的障害をもつ性犯罪者[79]など，特定の成人を治療するため，基礎的なPST治療プロトコルを創造的に応用しました。D'Zurilla, Nezuとその同僚らによるさらなる適用としては，体重の減少[83]，アドヒアランスの改善[70]，およびポジティブ心理学の目標の増進[10]の手段として，PSTが用いられています。

最後に，PSTの主要な理論的基盤，つまり人間の問題解決に関する取り組みから発展した，ある主要なアウトカムがあります。それは，認知行動療法における症例の定式化と治療計画というセラピストの課題に，問題解決の原則を適用するということです[68,59]。われわれは特に，認知行動療法のセラピストが，クライエントの問題をより正確に定式化するための臨床的決断スキルを改善し，その概念化に基づいて，よりよい個別の全体的な治療計画を立てるための，構造化された方法を開発しました。

哲学的，理論的基盤

PSTの目標は，生活上のストレスに満ちた問題に対して，より効果的に対処できるよう支援することにより，精神病理を減少，防止するとともに，健康と幸福感を高めることです。状況の性質（コントロール可能性，嫌悪の程度など）に基づき，効果的な対処には，(1)その状況を変えて改善する（望まれる目標を達成する，嫌悪的状況を取り除く，矛盾や葛藤を解消するなど），あるいは(2)状況が生み出す精神的苦痛を減らす（受容，耐

性，身体的なリラックス，同様の問題をもつ他者を助けるなど）のどちらか，もしくはその両方が必要となります。PSTの基盤となる理論は，相互に関係した次の2つの概念モデルから構成されます。(1)SPSモデルと，(2)ストレスの関係／問題解決モデルです。後者は，SPS理論とLazarusのストレスの相関モデル[39]とを統合したものです。

社会的問題解決モデル

　前述のように，「社会的問題解決」という用語は，自然な社会的環境で起こった場合の問題解決を指します[19]。ここからわかるように，SPSは学習プロセスであり，全般的な対処方略であると同時に，自己コントロールの手段でもあります。問題を解決することで，特定の状況におけるパフォーマンスが変化することから，SPSは適格な学習プロセスといえます[27]。効果的な問題解決を図ることで，幅広い問題状況にわたって適応的に対処する可能性が高まることから，SPSは，全般的で用途の広い対処方略でもあります。最後に，SPSは自主的で自律的な学習プロセスであり，また対処方略であることから，治療効果の維持と般化に重要な示唆をもつ自己コントロール方法でもあります[16,42,52]。

主要概念の定義

　SPS理論における3つの主要な概念に，(1)SPS，(2)問題，(3)解決があります。「SPS」は，個人，カップル，または集団が，日常生活において遭遇する問題に対して，効果的な解決法を発見しようと試みる，自発的な認知行動プロセスとして定義されます。この定義が示唆するように，SPSは意識的で合理的であり，はっきりとした目的をもつ対処方略として考えられています。本章でもすでに示唆したように，問題解決の目標には，状況を改善させるか，その状況によって生み出されるネガティブな感情を低下させるもしくは修正するかのどちらか，あるいはこの双方が含まれます。SPSは対人的問題（対人葛藤や口論など）に加え，物質的な問題（経済的な困窮や交通問題など），個人内の問題（認知的，感情的，行動的，健康

的な問題）も含め，生活上のあらゆるタイプの問題に対処するために用いることが可能です。しかもSPSとは，1つの対処行動または活動というよりも，むしろ，あるときある場所で生じた，ストレスの大きな状況で，その状況の固有性に対して十分に働きかけることができる，さまざまな対処反応を特定し選択する，多次元的なメタプロセスをいいます[58]。

　問題（あるいは問題となる状況）は，適応する必要性に対して効果的な対処反応が利用可能でないという，不均衡もしくは食い違い，と言い換えることができます。特に「問題」とは，目標の達成，あるいは葛藤の解消のために，効果的反応が必要であるにもかかわらず，さまざまな障害のために効果的な反応がすぐにわからない，効果的な反応が利用できない，（現在の／予測される）あらゆる生活状況，または課題と定義されるでしょう。問題となる状況が要求することは，もともと環境から生じるもの（仕事上の要請，重要な他者から期待される行動など）と，当人から生じるもの（個人的な目標，ニーズ，コミットメントなど）があります。障害には，目新しさ，曖昧さ，予測不可能性，相対する要求または目標，遂行スキルの不足，リソースの欠如などがあります。問題は，単独で時間が限られたもの（仕事への遅刻，急性の病気など）もあれば，よく似た，または関係のある一連の出来事（配偶者やパートナーが繰り返し理不尽な要求をする，青年期の娘が繰り返し門限を破るなど）ということもあります。あるいは慢性的で持続的な状況（持続的な痛み，孤独，慢性的な病気など）ということもあるでしょう。

　「解決策」は，状況に特異的な（認知的または行動的，あるいはその両方の）対処反応であり，ストレスの大きな特定の状況に適用されたときに生じるSPSプロセスの産物です。効果的な解決策は，問題解決の目標（状況をよい方向に変える，その状況が生み出す苦痛を減らすなど）を達成し，同時にポジティブな結果を最大限にし，ネガティブな結果を最小限に抑えるものです。結果に該当するものには，個人的な結果，社会的な結果，長期的な結果，短期的な結果があります。

　ここで定義したように，SPSは，「解決策の実行」と区別されるべきで

す[16]。これらの2つのプロセスは，概念的に異なっており，異なるスキルセットを必要とします。「問題解決」は特定の問題に対する解決策を発見するプロセスであるのに対し，「解決策の実行」は，実際の，特定の問題状況で，それらの解決策を実行するプロセスを意味します。概して問題解決スキルは，複数の状況にわたって適用可能であると想定されるのに対し，解決策実行スキルは，問題の性質や用いる解決策に応じて，状況ごとに変化すると予想されます。問題解決スキルと解決策実行スキルは異なっていることから，両者は必ずしも関連があるとは限りません。問題解決スキルは劣っているけれども，優れた解決策実行スキルをもっている，という人もいますし，その逆の場合もあります。適応的に機能するためには，両方のスキルが必要です。ポジティブな結果を最大限にするために，しばしばPSTでは，問題解決スキルと解決策実行スキル（社会スキル，子育てのスキルなど）のトレーニングを組み合わせることが必要となります[22,61]。

問題解決の主な次元

先述のように，現在のSPSモデルのオリジナル版[16,20]では，SPS能力は，2つの主要な，部分的に独立した要素で構成されると考えられていました。(1)問題志向性と(2)問題解決スキル（後に問題解決プロパー〈文献21など〉として言及され，最近では「問題解決スタイル」[22,23]と呼ばれる）です。この理論的仮説に基づき，D'ZurillaとNezu[20]は，Social Problem-Solving Inventory（SPSI）を発達させました。これは，問題志向性尺度（Problem Orientation Scale：POS）と問題解決スキル尺度（Problem-Solving Skill Scale：PSSS）という2つの主な尺度で構成されます。尺度には「優れた」問題解決力を反映すると想定されるポジティブな項目が含まれるとともに，もちろんネガティブな項目も含まれ，こちらは「乏しい」問題解決力を反映すると考えられました。問題志向性と問題解決スキルは関連するが異なるSPSの構成要素であるという仮説は，POS項目の相関が，SPSIの総得点とは高く，PSSSの総得点とは比較的低い一方で，

PSSS項目についても同じことがあてはまるというデータが裏づけています[20]。

オリジナルのSPSモデルと，SPSIの因子分析が導き出した経験的データを統合し，D'Zurillaら[23,44,45]は，SPSを改訂し，5次元モデルに発展させました。これは，関連するけれども異なる2つの問題志向性の次元と，3つの異なる問題解決スタイルで構成されます。問題志向性には，ポジティブな問題志向性とネガティブな問題志向性が含まれ，問題解決スタイルには，合理的な問題解決（すなわち，効果的な問題解決スキル），衝動性／不注意スタイル，および回避スタイルが含まれます。ポジティブな問題志向性と合理的な問題解決は，ポジティブな結果の可能性を高める建設的な次元であるのに対し，ネガティブ志向性，衝動性／不注意スタイル，および回避スタイルは，効果的な問題解決を妨げたり抑制したりする可能性が高く，結果的にネガティブな個人的結果や社会的結果を生む，非機能的な次元です。

「ポジティブな問題志向性」とは，建設的な問題解決の認知セットであり，次のような一般的な傾向を含むものです。(1)問題を「挑戦」（すなわち，何かを得る機会）として評価する，(2)問題は解決可能であると信じる（ポジティブな結果の予測，「楽観主義」），(3)自分には問題をうまく解決する能力があると信じる（「問題解決の自己効力感」），(4)うまく問題を解決するには，時間，努力，忍耐が必要であると信じる，(5)問題を回避するのではなく，むしろそれらを手早く解決することにコミットする。対照的に「ネガティブな問題志向性」は，非機能的な，または抑制的な認知−感情セットであり，次のような一般的傾向が含まれます。(1)問題を，幸福（心理学的，社会的，行動的，健康的）に対する重大な脅威とみなす，(2)問題をうまく解決するための自分の能力を疑う（「低い自己効力感」），(3)ストレスの大きな問題に直面すると感情的に取り乱してしまう（すなわち，不満足感や不安に対する耐性が低い）。

「合理的問題解決」は，次の4つの問題解決スタイルを合理的に，意識的に，かつ系統的に適用すると定義されます。(1)問題を定義し，定式化す

る，(2)別の解決策を生み出す，(3)意思決定，(4)解決策を検証する[16]。特に，合理的に問題を解決する人は，問題に関する事実と情報を注意深く，かつ系統的に収集し，何が要求され，どのような障害があるかを明らかにし，現実的な問題解決の目標を設定して，さまざまな解決策を生み出します。そして，さまざまな解決策の結果を予測して，代替案についても判断・比較し「最善の」解決策を選択したうえで，その結果を注意深く観察して評価します。ここで注目したいことは，特定の状況でうまく問題解決を遂行するために必要となる解決策実行スキルは，この次元には含まれないことです。

「衝動性／不注意スタイル」は，問題解決活動を積極的に適用しようと試みるも，限定的で，衝動的で，不注意であり，性急で，不完全であるという，非機能的な問題解決パターンです。このような問題解決スタイルをもつ人は，別の解決策を2，3しか考えないのが典型的であり，最初に思いついた考えを衝動的に使うことがよくあります。加えて，別の解決策と結果をすばやく，ぞんざいに，無秩序にざっと見るだけで，解決策の結果を観察するときも，不注意で，不十分になりがちです。

「回避スタイル」も非機能的な問題解決パターンであり，先延ばし，受動性または活動の欠如，および依存性といった特徴があります。回避的に問題を解決する人は，問題解決を回避するか，あるいは先延ばしにすることをより好み，問題が自然と解決するのを待つか，さもなければ自分の責任を他人に転嫁しようとします。

これら5つの問題解決次元は，Social Problem-Solving Inventory-Revised (SPSI-R)[23]によって測定されます。この尺度では，「優れた」SPSほどポジティブな問題志向性と合理的な問題解決の得点が高くなり，ネガティブな問題志向性，衝動性／不注意スタイル，および回避スタイルの得点が低くなります。一方SPSが「乏しい」ほどポジティブな問題志向性と合理的な問題解決の得点が低くなり，ネガティブな問題志向性，衝動性／不注意スタイル，および回避スタイルの得点が高くなります。SPSI-Rによって測定される5次元モデルは，若年成人[23]，青年[85]，および

英国の性犯罪者ら[92]において交差妥当化されてきました。また，SPSI-Rの翻訳版を用いて，スペインの成人[46]，ドイツの成人[32]，中国の成人[89]，および日本の大学生，地域の成人，および精神科の患者ら[87]においても，当モデルは交差妥当化されてきました。

ストレスの関係／問題解決モデルとウェルビーイング

PSTを用いることの土台となっている主な仮説とは，精神病理の症状（感情的，認知的，行動的，および対人的）は，ネガティブな個人的，社会的結果（不安，抑うつ，低い自己評価，行動的機能や対人的機能の欠如[16]）を伴う，効果的でなく，不適応的で，無謀な対処行動（攻撃性や物質乱用など）として理解することで，効果的に治療可能もしくは予防可能である，というものです。この仮説に従うと，PSTの理論はまた，ストレスとウェルビーイングの関係／問題解決モデルにも基づいているということになります。このモデルでは，適応的な機能とポジティブなウェルビーイングを増大させ，今度はそれがウェルビーイングと適応に対するストレスのネガティブな影響を低下させる，一般的でさまざまな目的に使用可能な対処方略として，SPSの概念は中心的な役割を担っています[15, 21, 22, 52, 57]。

関係／問題解決モデルは，Lazarusのストレスの関係モデル[38, 39]を，先に提示したSPSと統合させたものです。このモデルでは，「ストレス」とは，環境からの要求が，対処資源を上回り，自らのウェルビーイングを脅かすものとして評価される，個体-環境の関係として定義されます[39]。「ストレス」のこのような関係の定義は，SPS理論における問題の定義に非常によく似ています。それゆえ，問題が困難なものであり，ウェルビーイングにとって重要である場合，「ストレッサー」となるのは理にかなっています。関係／問題解決モデルでは，ストレスは，(1)ストレスフルなライフイベント，(2)感情的ストレス／ウェルビーイング，(3)問題解決対処，という3つの主な変数の相互関係の従属変数とみなされます。

「ストレスフルなライフイベント」とは，個人的，社会的，あるいは生

物学的な再調整を強く要求する生活経験です[7]。ストレスフルなライフイベントには，ネガティブで大きな出来事と，日常的な問題の2つがあります。「ネガティブで大きな出来事」とは，ネガティブな生活の変化といった，しばしば全面的な生活の再調整を必要とする広義の生活体験（失業，愛する人の死，大きな病気または手術など）のことです。対照的に，「日常的な問題」とは，より狭く，特異的な，ストレスフルな出来事です。ネガティブで大きな出来事と日常的な問題は，それぞれ独立して生活にあらわれることもありますが，多くの場合は因果関係があります[57, 75, 76]。たとえば心臓の大手術といったネガティブで大きな出来事は，通常，新しい日常的な問題（痛み，セルフケアの問題，経済的問題，食生活の変化など）を数多く生み出します。逆に，解決しない日常の問題（夫婦間の葛藤，仕事上の問題，過度のアルコール使用，食生活の乱れ，運動不足など）が積み重なると，心臓病や大きな手術を引き起こしたり，その一因となったりします。

　このモデルでは，「感情的ストレス」という概念は，認知的評価と対処の過程で修正もしくは調整されるように，ストレスの大きなライフインベントに対する即時的な感情反応を意味します[38]。ストレスフルなライフイベントの性質（嫌悪度や制御可能性など），認知的評価，および対処行動に応じて，感情的ストレス反応は，ネガティブ（不安，怒り，抑うつなど）になることも，ポジティブ（希望，安堵，高揚，喜びなど）になることもあります。当人が(1)ストレスの大きな出来事をウェルビーイングに対して脅威もしくは有害だと評価するとき，(2)効果的に対処する自らの能力を疑うとき，および(3)効果的でない，不適応的な，あるいは無謀な対処反応を実行するときに，ネガティブな感情が優勢となる可能性が高くなります。その一方で，ポジティブな感情は，ネガティブな感情と競合し，当人が(1)ストレスの大きな出来事を重要な「挑戦」もしくは何かを得る機会と評価し，(2)自分はその問題に効果的に対処する能力があると信じ，さらに(3)効果的で適応的で自分を高めるような対処反応を実行するときに，ときおり優勢となることがあります。

感情的ストレスは，認知的，行動的，社会的，および身体的な機能をも含む「ウェルビーイング」のより広い概念にとって，重要な一部です[39]。それゆえ，関係/問題解決モデルでは，ストレスフルなライフイベント，認知的評価，および対処は，ウェルビーイング全般に対して，そして究極的には当人の適応状態（心理的，または健康の障害/ポジティブな精神的，身体的健康など）に対して，有意な影響をもつ可能性が高いと考えます。

われわれのモデルにおける最も重要な概念は，「問題解決対処」すなわち全体的なSPSの枠組みのなかにある，すべての認知的評価と対処活動を統合するプロセスです。問題解決対処を効果的に適用する人は，(1)ストレスフルなライフイベントを挑戦あるいは「解決される問題」として知覚し，(2)自分にはその問題をうまく解決する能力があると信じ，そして(3)その問題を注意深く定義して現実的な目標を設定し，(4)さまざまな別の「解決策」もしくは対処の選択肢を算出し，(5)「ベストの」つまり最も効果的な解決策を選択したうえで，(6)その解決策を効果的に実行し，(7)その結果を注意深く観察して評価します。Lazarusのストレス関係モデル[39]では，問題解決を，問題焦点型の対処（すなわち問題のある状況を変えて改善することを目的とする）の一形式としてとらえますが，それとは異なり，このモデルでは問題解決を「感情焦点型の対処」の一形式（すなわち，感情的苦痛を減らすか，ポジティブな感情を増やすか，もしくはその両方）としても機能する，より広義でより多様な目的に適用できる対処方略とみなします（すなわち，感情的苦痛を減少させるか，ポジティブな感情を増大させるか，あるいはその両方を目的とします）。具体的にどのような問題状況であろうと，設定される目標は，その状況の性質と，問題がどう定義され，評価されるかにかかっています。その状況が，変えることができる，コントロールできると評価された場合，問題焦点型の目標が強調されるでしょう。その一方で，その状況が，ほとんど変えがたく，コントロール不可能と評価された場合は，感情焦点型の目標が明確に表現されます。

ストレスとウェルビーイングの関係/問題解決モデルにおける，主要な

変数間に仮定された関係を図3.1に要約しています。図が示すように，当モデルにおけるストレスフルなライフイベントの2つのタイプ（ネガティブで大きな出来事と日常的な問題）は，互いに影響し合うと想定されます。たとえば，離婚といったネガティブで大きな出来事は，結果的に多くの日常的な問題（収入の減少，子どもに関する言い争い，新しい人との出会いが困難になるなど）を引き起こす可能性が高くなります。逆に，夫婦間における解決しない日常的な問題（葛藤や意見の不一致，性的に求めるものが異なる）が積み重なると，結果的に，離婚に至ることがあります。図3.1は，互いへの影響に加え，ストレスフルなライフイベントの双方が，問題解決を通して間接的な影響を与えるだけでなく，ウェルビーイングに対して直接的な影響を与えると想定しています。概してストレスフルなライフイベントは，ウェルビーイングにネガティブな影響を与えると考えられます。ストレスフルなライフイベントとウェルビーイングのこのような関係については検証されています[7,47]。しかも，解決しない問題が積み重なると，いくつかのネガティブで大きな出来事よりも，ウェルビーイングに大きな影響を与える可能性を，数々の研究が示唆してきました（文献8，13，49，75，76，93など）。これらの所見からは，PSTにおいては，ネガティブで大きな出来事それ自体に対処するよりも，ネガティブで大きな出来事によって生み出される問題を明らかにし，解決することにフォーカスすることが重要であることがわかります。

　加えて，われわれのモデルでは，問題解決が媒介変数と調整変数として機能することで，ストレスフルなライフイベントとウェルビーイングとの関係に影響すると考えます。当モデルでは，2つの異なる媒介仮説を立てています。第一の仮説は，一般的なA–B–C行動モデルに基づいています。A–B–C行動モデルでは，ストレスフルなライフイベント（A）は，問題解決行動（B）の機会を設定すると想定されます。そして今度は，この問題解決行動がウェルビーイングに影響を与える個人的結果，社会的結果を生み出すとされます。問題解決が効果的でない場合，ウェルビーイングに対する結果は，ネガティブ（不安，抑うつなど）となることが予測されま

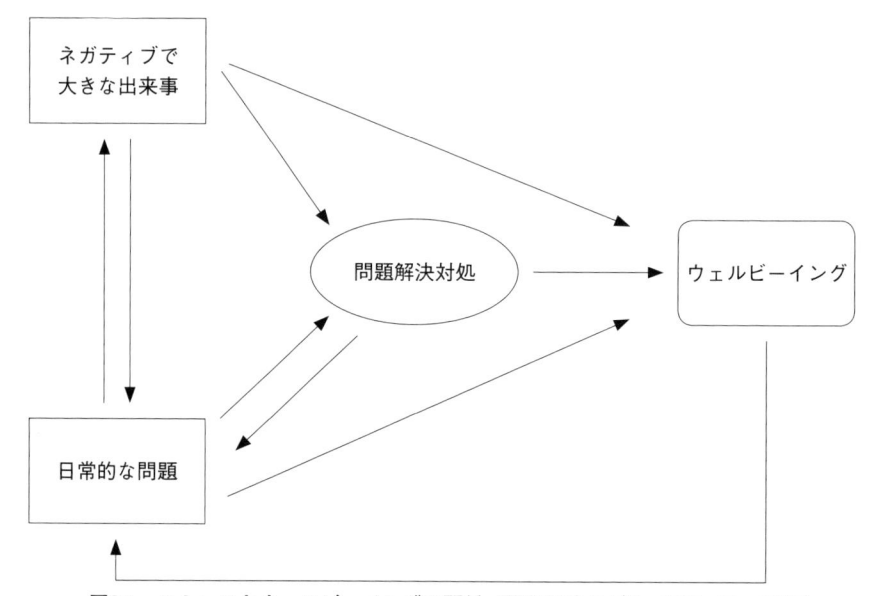

図3.1 ストレスとウェルビーイングの関係／問題解決モデル（D'Zurilla, 2007）
©2007 Springer Publishing Company, LLC, New York, NY 10036. Reprinted by permission.

す。その一方で，問題解決が有効である場合，その結果はポジティブ（ネガティブな感情が減少する，ポジティブな感情が増大するなど）と予測されます。第二の媒介仮説は，SPSを因果連鎖における介在変数と仮定します。この連鎖においては，ストレスフルな出来事が問題解決能力とその実行にネガティブな影響を与え，今度はそれがウェルビーイングにネガティブな影響を与えるのです。A–B–C仮説とは対照的に，ストレスフルなライフイベントから問題解決へと向かう矢印は，プロンプト効果ではなく，むしろネガティブな因果関係として解釈されます。

　調整仮説に関する主要な想定は，ストレスフルなライフイベントが問題解決能力と相互作用し，ウェルビーイングに影響を及ぼすというものです。特に問題解決能力が高い場合よりも低い場合に，ストレスとウェルビーイングとネガティブな関係が予測されます。言い換えると，問題解決能力が劣っていると，ストレスフルなライフイベントがウェルビーイングに

与えるネガティブな影響が増大するのに対し，効果的な問題解決能力は「緩衝装置」として機能し，ストレスが適応に与えるネガティブな影響を緩和させると想定されます。この仮説では，ストレスフルなライフイベントと問題解決能力との因果関係は，必ずしも必要ではありません。この点において，調整仮説と媒介仮説は一致します。

　図3.1が示すように，このモデルは，問題とSPSとに相互的な関係が存在することも仮定しています。特に，ストレスフルな出来事が問題解決にネガティブな影響をもつ可能性に加え，当モデルは，問題解決が日常的な問題の頻度に影響を与える可能性が高いとも仮定します。効果のない問題解決は結果的に日常的な問題を増大させると予測されるのに対し，効果的な問題解決は日常的な問題の頻度を低下させると予測されます。最後に，ストレスフルな出来事とウェルビーイングとの関係も，相互的であると仮定します。特に，ストレスフルな出来事がウェルビーイングに対して与える直接的，間接的な影響に加え，当モデルは，ウェルビーイングが将来のストレスフルな出来事に影響を与える可能性も仮定します。とりわけ，ネガティブな結果（不安，抑うつ，社会的機能や行動的機能が損なわれるなど）は，結果的に日常的な問題とネガティブで大きな出来事の増加をもたらすのに対し，ポジティブな結果（希望，自己評価，幸せ，能力など）は，ストレスフルな出来事の頻度を低下させる可能性が高いのです。

　PSTの論拠を提供することに加え，ストレスとウェルビーイングについてのわれわれのモデルは，PSTに先立つ臨床アセスメントに有益な枠組みを提供します。アセスメントの最中に，セラピストは，ネガティブで大きなライフイベント，現在の日常的な問題，感情的なストレス反応，問題志向性の不足と誤解，問題解決スタイルの不足，および解決策実行スキルの不足を明らかにし，正確に同定します。このアセスメントに基づき，その後PSTを適用して，(1)当人のポジティブな問題志向性を増やし，(2)ネガティブな問題志向性を減らし，(3)合理的問題解決スキルを改善させ，(4)情動的／不注意な問題解決を減少もしくは防止して，(5)問題解決を回避する傾向を最小限に抑えます。必要に応じて，効果的な解決策の実行スキ

ルを教えたり，効果的な解決策の実行を妨げている可能性がある不安を引き下げたりするために，他の認知行動的方法論（社会スキルトレーニング，エクスポージャーなど）が用いられます。これらの目標をうまく達成することで，適応的な状況的対処と，ポジティブな心理学的，社会的，および身体的なウェルビーイングを増大させ，ウェルビーイングと適応に対するストレスのネガティブな影響を低下させ，防止できると予測されます。

経験的エビデンス

このセクションでは，ストレスとウェルビーイングの関係／問題解決モデルと，問題解決理論に対する経験的な支持を検証します。

ストレスの関係／問題解決モデルに対する経験的支持

ここ20年以上にわたり，行動的指標と自己報告の両方を用いて，問題解決のさまざまな次元と，心理学的苦痛と適応（抑うつ，不安，ウェルビーイング，楽観主義）との相関関係を評価する多くの研究から，関係／問題解決モデルのこの面に対する強い支持が得られてきました。たとえば効果のないSPS，特にネガティブな問題志向性[53]は，抑うつ，不安，希死念慮，疼痛，および嗜癖行動と大きな関係がある[48,77]のに対し，効果的なSPSは楽観主義，ポジティブな主観的ウェルビーイング，およびポジティブな感情特性と関係があることが明らかにされています[9]。このような研究は，SPSが適応において重要な役割を担うという見解を裏づけていますが，関係／問題解決モデルに対する強力な支持はとりわけ，問題解決がストレスフルなライフイベントと個人的‐社会的機能の関係を媒介するとともに，心理的ウェルビーイングと適応機能に対する，ストレスのネガティブな影響をも調整して，双方の働きをすることを実証する研究から得られています。代表的な研究について，以下で説明します。

媒介変数としての問題解決

　FolkmanとLazarus[25]は，地域住民の2つのサンプル（中年と高齢者のサンプル）において，感情の媒介変数としての対処を研究しました。これらの住人に対して，6カ月間にわたり毎月1回，前の週に起こった最もストレスフルな状況にどう対処したか，インタビューを行いました。ストレスフルな状況が始まったとき，その最中，終わったときの感情を評価しました。両サンプルにおける結果からは，低いネガティブ感情と高いポジティブ感情と一貫して関連する対処方略は，唯一，計画的な問題解決だけでした。研究者らは，これらの結果を解釈するとき，問題解決はストレス状況における感情に直接的な影響と間接的な影響を及ぼす可能性があると推測しました。直接的な影響とは，苦痛を引き起こしている問題を解決しようと試みるときに，より気分が改善する可能性が高いということです。間接的な影響とは，問題解決は，有効である場合，問題のある状況を変えて改善することが可能で，それが今度はポジティブな感情をもたらすということです。

　NezuとRonan[75]は，パス解析を用い，大学生のサンプルにおいて，主要なネガティブなライフイベント，日常的な問題，SPS，および抑うつ症状を組み込んだモデルをテストしました。その結果，仮定された以下の因果関係が支持されました。(1)主要なネガティブなライフイベントは，日常的な問題の数を増加させる，(2)日常的な問題が増えると，抑うつが増大する結果となる，(3)問題解決は，日常的な問題と抑うつの間の関係を媒介する。言い換えると，日常的な問題と抑うつとの関係は，問題解決能力によって少なくとも部分的に説明される，という仮定です。これらの結果は，Nezuら[73]による，臨床的なうつ病者を含めた，同様の研究において追認されました。

　Kantら[36]は，中年成人と高齢者の地域住民において，日常的な問題と抑うつおよび不安との関係の媒介変数としてのSPSの役割を検証しました。両方のサンプルにおいて有意な媒介的な影響が明らかになり，日常的な問題と感情的苦痛（抑うつと不安）との関係が，問題解決によって低下

することが示唆されました。さらなる分析からは，ネガティブな問題志向性が，この媒介的影響に最も寄与することがうかがえました。SPSは，問題と抑うつの間の関係のおよそ20%，問題と不安の間の関係の約34%を説明することが明らかになりました。概して，日常的な問題とSPSからなる予測モデルは，両方の年齢サンプルにおいて，抑うつの分散の50%，不安においても50%の分散を説明していました。

調整変数としての問題解決

Nezuらは，主要なネガティブなライフイベントが心理的ウェルビーイングに及ぼすネガティブな影響を，SPSが調整もしくは緩和するかを評価するための研究をいくつか実行しました。抑うつを従属変数とし，大学生のサンプルを採用した研究において，Nezu[71]は，主要なネガティブなライフイベントと問題解決能力とに有意な相互作用を発見しました。このようなストレス要因と抑うつとの関係が，問題解決能力のレベルによって変化することを示唆していました。有効な問題解決能力をもつ人の場合，そのような能力が低い人と比べて，その関係が有意に弱くなりました。これらの発見は，大うつ病と診断された人たちにおいて，Nezuら[74]によって追認されました。大学生にフォーカスした別の研究において，Nezu[51]は，状態−特性不安に対するネガティブで大きな出来事の影響を，SPSが調整することも明らかにしました。がん患者にフォーカスした研究では，がんに関連したストレスのネガティブな影響をSPSが調整することを明らかにしました[62]。特に，がんに関連した同程度のストレスがあるとき，問題解決能力が低い人は，より優れた問題解決能力をもつ人よりも，より高いレベルの抑うつと不安を報告しました。

これらの研究はどれも横断研究という性質をもつため，感情的苦痛から問題解決能力に影響するという，対立仮説を排除することはできません。したがって，NezuとRonan[76]は，大学生に関する前向き研究において，ベースライン時の抑うつのレベルを統計的にコントロールする一方で，3カ月後の抑うつ症状の予測を試みました。結果は，ベースラインの抑うつ

レベルをコントロールした場合でも，ネガティブで大きな出来事が後の抑うつ症状に及ぼす影響を，問題解決能力が調整することを確証しました。

最近の研究において，Londahlら[41]は，大学生において，対人関係の問題と不安との関係を対人的問題解決が調整するかを検証しました。対人的問題解決の測定は，SPSI-R[23]の修正版で，一般的な問題よりも人間関係の不和（関係のある2者間の意見の対立もしくは口論など）に特にフォーカスした尺度を用いて行われました。その結果は，ネガティブな問題志向性が，恋人との不和と不安症状との関係に対する，非常に重要な調整変数であることを明らかにしました。特に，不和と不安との関係は，ネガティブな問題志向性が低い場合により弱まりました。

PSTに対する経験的支持

D'ZurillaとGoldfried[16]のモデルが最初に発表されて以来，世界中の臨床研究者らは，PSTを単独の介入方略として，より大きな治療パッケージの一環として，幅広い問題および患者集団に有効に適用してきました。そのなかには，大うつ病，気分変調症，統合失調症，希死念慮および自殺行動，社会恐怖，全般性不安障害，心的外傷後ストレス障害，介助問題，物質乱用，性的犯罪，AIDS／HIV予防，肥満，腰痛，高血圧，夫婦関係の苦痛，プライマリケアの患者，再発を繰り返す頭痛，パーソナリティ障害，糖尿病が含まれます[22]。最近のメタ分析は，基本的にこの見解を支持しています。特に，Malouffら[43]は，さまざまな精神的身体的問題に関するPSTの効果を評価するため，2,895人の参加者を含む，32の研究をメタ分析しました。要約すると，PSTは他の心理学的治療と比べて有意に優れてはいないが，同等に効果的であることが明らかになりました（効果量＝0.22）。ただし，治療なし（効果量＝1.37）と注意コントロールのプラセボ条件（効果量＝0.54）のいずれよりも，有意に効果的でした。このことは，PSTが有効な臨床介入であることを強く示唆しています。ちなみに，PSTプロトコルが，問題志向性に関する訓練を含んでいるかどうか（文献53，72参照），宿題が出たかどうか，あるいはPSTの開発者が手伝ったかど

うかが，治療アウトカムの重要な調整変数でした。

　Cuijpersら[12]は，抑うつに対するPSTを評価した13の無作為化対照研究のメタ分析を行いました（参加者の総数$N=1,133$）。その結果（固定効果モデルの平均効果量は0.34，無作為効果モデルの場合は0.83）に基づき，Cuijpersらは，追加的な研究が必要としながらも，「PSTがうつ病に対する効果的な治療となり得ることは疑いない」と，結論しました（文献12のp.9）。ただ一方で，研究の結果は一様ではないとも指摘しています。また別のメタ分析は，うつ病に対するPSTのみもっぱらフォーカスしたものでしたが，Cuijpersらのメタ分析におけるプールよりも7つ多い研究が含まれていました。この分析でも，治療直後の結果とフォローアップの結果に対して，同じ結論に達しています[6]。さらにPSTは，別の心理社会的治療もしくは精神医学的薬物療法よりも，より効果的であるとは明らかにされなかったものの，支持療法や注意コントロール群より効果的であることがわかりました。しかも，PSTプログラムに問題志向性トレーニングが含まれているか，4つの問題解決スキルのすべてが含まれているか，および5つの要素（すなわち，問題志向性と4つの合理的問題解決スキル）がすべて含まれているかどうかということが，治療の有効性の重要な調整変数でした。もう1つ重要となった調整変数は，SPSI-R[23]が，SPS能力における長所と弱点を評価するため，治療前に行われたかどうか，ということでした。

　本章では紙面も限られているため，記述的なレビューとして文献11，22，30，53を参照するとよいでしょう。とはいえ，対象となる患者層のタイプ，およびサービスを提供する形態に関してPSTが柔軟であることは，強調したいと思います[53]。より具体的には，PSTは，効果的な認知行動的介入であるようだということだけでなく，さまざまな方法，つまり，グループでも，個人でも，電話でも実施可能ですし，単独の治療としても，より大きな「治療パッケージ」の一環としても用いられます。また，患者本人に加え，介助する方々を対象とすることもできますし，他の介入方略の効果を高めるための補助としても用いられます。次に述べるのは，そうし

た適用の例です。

グループPST

　グループ形式で適用されるPSTの例は，信頼性の高い方法で単極性うつ病と診断された成人に対する，PSTの効果を評価したアウトカム研究です[50]。具体的には，外来で治療を受けているうつ病の患者が，次の3つの条件に無作為に割り付けられました。(1)PST，(2)問題焦点療法（problem-focused therapy：PFT），(3)待機リスト対照群（WLC）。治療条件の2つはいずれも，グループで，1.5〜2時間のセッションを週に1回，8週間にわたり行われました。PFTのプロトコルでは，患者が現在抱える生活上の問題を治療的に話し合いますが，問題解決スキルの系統的なトレーニングは含まれませんでした。古典的な統計分析と，臨床的な重要性についての分析はいずれも，PFTとWLC条件と比較して，PSTグループでは抑うつが大きく低下したことを示していました。これらの結果は，6カ月間のフォローアップにも維持されました。さらなる分析からは，PST条件の参加者は他の2つのグループよりも，問題解決の効果と統制の所在の志向性（外的統制から内的統制へ）が有意により増大していることが示されました。これらの改善も，6カ月間のフォローアップで維持されていました。概してこれらの結果は，PSTは問題解決能力を増大させ，パーソナルコントロールの期待を強めることによって，その効果を生むという基礎的な仮説を支持していました。

個人と重要な他者に対するPST

　がんとその治療への順応に関するストレスを一連の「問題」として概念化することで[66]，PSTは，成人のがん患者の生活の質を向上させる手段として用いられてきました[63]。多くの慢性的な身体疾患と同様に，がんの診断と治療は，大きなストレス要因として作用する可能性があり，その結果，患者は心理的苦痛のレベルが上昇するおそれがあります[64]。この研究は，Project Genesisとして知られ，個人およびカップルに対し，いかに

PSTが適用されうるかを映し出しています。このプロジェクトでは，抑うつと心理的苦痛の測定で臨床的に有意に高いスコアをもつ成人がん患者が，次の3つの条件に無作為に割り付けられました。(1)PST（10回の個人セッション），(2)PSTプラス（「問題解決コーチ」として介助者を含める効果を評価するために，患者と，患者が選択した「重要な他者」に対するPSTのセッションを10回），および(3)待機リスト対照群です。

　自己報告，臨床家の他者評価，および二次的評価を含む，複数の尺度においてのプリ-ポストの分析から，PST全般の効果を強調する強力なエビデンスが得られました。これらの結果は，6カ月後と1年後のフォローアップにおいても維持されていました。追加的な分析からは，重要な他者を治療に含めることで，患者がひとりでPSTを受けることで得られる効果を超えた，ポジティブな治療効果を高める作用があることがわかりました。より具体的には，2つのフォローアップの時点では，アウトカムのいくつかにおいて，PSTプラス条件の患者は，PST条件に比べて，優位な改善を経験し続けることが明らかにされました。

大きな治療パッケージの一環としてのPST

　しばしばPSTは，より大きな認知行動治療パッケージの重要な構成要素としても取り入れられてきました。一例として，García-Veraら[28]は，本態性高血圧の治療のため，教育とリラクゼーショントレーニングにPSTを組み合わせました。待機リスト対照群と比較し，治療群は，概して治療後に血圧が有意に低下したことがわかりました。これらのポジティブな結果は，4カ月後のフォローアップの時点でも維持されていることがわかりました。治療パッケージの効果を評価する研究では，そのパッケージに含まれる介入成分の特異的な効果を立証できませんが，彼らのデータを続けて分析したところ[29]，収縮期血圧と拡張期血圧の双方における低下が，SPSI-R[23]によって測定された問題解決の改善と有意に相関していました。しかも，問題解決は彼らの全体的なストレスマネジメントプロトコルと降圧効果を媒介することがわかり，PSTは少なくとも重要で有効な治

療成分であることが示唆されました。

介助者のためのPST

PSTは，患者の支援だけに直接的に向けられてきたばかりではありません。慢性的な疾患とその治療は，患者本人に対する影響に加え，患者の家族，特に患者を介助している人の生活にも重大な影響を与える可能性があります[34]。介助者という役割には，ストレスの増大，身体的な症状，負担感が伴います。このような状況を背景とし，さまざまな医学的問題の患者に関して，介助者の生活の質を改善するための手段として，PSTを適用した研究者がいます[81]。たとえば，Sahlerら[86]は，新たに小児がんと診断された患者の母親に対するPSTの効果を評価しました。8週間の介入の後，治療条件の母親は，ネガティブな感情の有意な低下と関連して，問題解決スキルが著しく向上しました。同様に，Grantら[33]が，脳卒中の患者の介助者に対してPSTを提供した結果，介助者の抑うつが低下し，問題解決能力と，介助者としての「気持ちの準備」の双方を高めることに効果的でした。

アドヒアランスとコンプライアンスを促進する手段としてのPST

PSTは，心理的苦痛の低下と機能改善のための主要な治療にとどまらず，他の行動的な介入方略の効果を高める補助としても利用されてきました。たとえばPerriら[82]は，スケジュール作成の困難，宿題の完了，あるいは心理的苦痛による干渉といった，治療へのアドヒアランスを妨げるさまざまな障害を克服することを援助することで，PSTは行動的な減量プログラムに対するアドヒアランスを向上するための有効な手段となりうる，という仮説を立てました。具体的には，肥満のための標準的な行動療法の週1回のグループセッションを20回終えた後，80人の女性が，次の3つの条件に割り当てられました。(1)以降のコンタクトは一切なし（行動療法〈BT〉のみ），(2)再発防止訓練，(3)PST。17カ月後，再発防止訓練とBTだけの条件に全体的な減量の相違はなく，また再発防止訓練とPSTと

にも，相違はまったく見られませんでした。しかし，PSTの参加者はBTのみの参加者と比べて長期的にはるかに大きな減量があり，10%以上という「臨床的に有意な」減量に達したPST参加者の割合は，BTのみと比べて有意に大きな割合となりました（PST：BTのみは，およそ35%：6%）。これらの所見は，さまざまな臨床的目標に対するPSTの柔軟な適用力をさらに浮き彫りにしました。

2次的な予防方略としてのPST

最近の研究から，腰痛（LBP）をもつ人において，問題志向性の変数と機能障害のレベルとの強い結びつきが明らかにされました。van den Houtら[90]は，腰痛をもつ人においては，問題に対するネガティブな志向性が，より重度の機能障害と関連があることを発見しました。加えて，Shaw[88]は，SPSI-Rを用いて，低いポジティブな志向性の得点と，高い衝動性／不注意と回避スタイルの得点が，腰痛の患者における機能喪失と相関することを明らかにしました。このような所見に基づき，van den Houtら[91]は，仕事に関連する障害を抱えた，非特異的な腰痛をもつ患者の，段階的に活動を増やす行動プログラムにおいて，PSTが補助的な効果を有意に提供するかを評価しました。結果は，段階的に活動を増やす行動プログラムと問題解決の両方を受けた治療群は，集団教育に加えて段階的に活動を増やす行動プログラムを受けた対照群と比べ，介入後半年から1年に，病気休暇の日数が有意に少なかったことを示していました。しかも，より多くの被雇用者が仕事への100％の復帰を果たしたという点で，就労状況は治療群のほうが好ましく，また治療後1年以内に障害年金を受け取った人はより少なくなりました。これらの結果は，補助的な予防方略としてのPSTの効果を指摘しています。

PSTと電話カウンセリング

都会から離れて住んでいる人，人口がまばらな地域に在住する人にとって，大学または病院を基盤とする介入プログラムの利用が限られてしまう

ことがあります。加えて，子どもの世話といった責務のために，多くの医療患者は，研究が行われている大学や大きな医療センターへ出向けないことがあります。それゆえ私たちは，このような人たちと連絡をとって介入の臨床的適用性を高める手段を講じる必要があります。1つのアプローチとして，心理学的プロトコルを試行するために電話が利用されてきました。Allenら[1]は，乳がんを抱える女性が，人生の半ばで診断された際に，さまざまな困難に対処できるようエンパワメントする手段として，電話でPSTを行う研究を実施しました。具体的には，乳がんの女性87人に対し，6回のPSTセッションが提供されました。最初と最後のセッションは，本人が出席し，間の4回については，看護師が電話で提供しました。

　PSTは概して効果的なアプローチであることが明らかになった一方で，電話という方法が必ずしもすべての被験者に有効だということは支持されませんでした。より具体的には，対照群と比べ，PSTを受けていた患者たちのうち，ベースラインで「問題解決能力が低い」という特徴があった人たちは，がんに関連した困難の数とその深刻さに何の変化もなかったのに対し，ベースラインで平均もしくは「良い」問題解決スキルをもっていた患者は，介入の従属変数として，メンタルヘルスが改善しました。これらの結果を考え合わせると，このようなPSTの提供方法は部分的には支持されましたが，病前に効果的な対処能力をもっていなかった人には，よりインテンシブな方法（セッションの数を増やす，対面式のセッションを増やすなど）が必要であることがうかがえました。前述の脳卒中患者の介助者に対するPSTに関するGrantらの研究でも，電話カウンセリングアプローチを用い，PSTのこの様式での施行がさらに支持されました。

支持されなかったPST

　これまでの結果を考え合わせると，PSTを評価する効果研究の大多数は，PSTが幅広い患者と問題に対して有効な臨床的介入であるという概念を支持しています。これらの所見に対する主要な例外が，Barrettら[3]による，多施設研究です。この研究では，プライマリケア患者のための問題

解決療法（PST-PC）が，小うつ病あるいは気分変調症と診断された成人患者の治療において，プラセボ薬と同程度の効果しかないことが明らかになりました。しかし，PST-PCをより詳しく見てみると，このPSTのモデルには，問題志向性にフォーカスした治療成分が含まれていないことがわかります。それどころか，このモデルではもっぱら4つの合理的問題スキルの訓練ばかりを提供しているのです（文献4参照）。前述のように，問題解決とうつ病との結びつきは，うつ病とネガティブな問題志向性との関連において，特に強くなります[53]。この概念を問題志向性に関する訓練を取り入れて，PSTのより優れた効果を実証したNezuとPerri[72]の研究結果と結びつけて考えると，PST-PCは，Nezu[52, 69]のうつ病に対するPSTモデルに関連はするが不完全なものであり，問題解決とうつ病を結びつける重要な理由に取り組んでいない可能性もあります。それゆえ，PST-PCは，臨床的にさほど効果があるとはいえず，Barrettら[3]の研究においてプラセボ薬と比べて治療効果が劣っていた理由が説明できるかもしれません。より決定的な結論のためには，さらなる研究が待たれます。しかし，先述の2つのメタ分析[6, 43]からは，問題志向性に対する主要なフォーカスがあるかないかによって，アウトカムの効果サイズが調整されることが明らかになりました（すなわち，問題志向性の訓練が欠けていると，アウトカムが悪くなるということです）。

臨床実践

　ここでは，PSTを実施するための段階的な指針を簡単に紹介していきます。他の認知行動アプローチとよく似て，PSTでも具体的なスキルを教えていくことが必要となりますが，PSTは「治療的文脈」の範囲内で実施されるべきです。PSTは実際，スキルの構築にフォーカスすることから，「教授」しか必要としないと，新米セラピストから簡単に誤解されかねません。しかし，問題解決セラピストは，次のことをしないよう気をつけることが重要です。(1)PSTを機械的に実施する，(2)スキル訓練ばか

りにフォーカスし，患者の感情的体験を重視しない，(3)その患者に特有の長所，弱点，体験に取り組まない詰め込み治療を行う，(4)PSTは，複雑な対人的，心理学的，実存主義的，（必要に応じて）スピリチュアルな問題にではなく，より表面的な問題にしかフォーカスしないと想定する，といったことです。効果的なPSTのためには，問題によりうまく対処するためのテクニックを教えることだけでなく，ポジティブな治療関係の促進，複雑な臨床的問題のアセスメントを行い，モデリング，行動的リハーサル，宿題の設定，正確なフィードバックを適切に提供することなど，さまざまな他の評価や介入の方略にも，セラピストが長けていることが必要です。

　PSTトレーニングは構造から大きく3つに分解することが可能です。すなわち，(1)問題志向性の訓練，(2) 4つの合理的問題解決スキル（すなわち，問題の定義と定式化，代替手段の産出，意思決定，解決策の立証）の訓練，および(3)実生活における多様な問題において3つのスキルを実践すること，です。しかし，D'ZurillaとNezu (2007) が指摘するように，PSTはさまざまな方法で実施可能です。たとえば，この後示すガイドラインは，さまざまな治療効果研究（文献63，72など）で実施されるような，段階的かつ連続的にPSTが試行されるようすを描写しています。しかし臨床状況では，PSTの適用はその人（たち）の（夫婦の，家族の）問題解決の長所と弱点についての包括的なアセスメントに基づくべきです。それゆえ，必ずしもすべての成分を，すべての患者に用いる必要はないかもしれません（より包括的な議論については文献22を参照）。

問題志向性の訓練

　問題解決のこの成分における訓練目標は，ポジティブな問題志向性の適用あるいは促進です。臨床的に，このような視点を用いるうえで障害となることには，次のことがあると考えられます。(1)低い自己効力感，(2)ネガティブな思考，および(3)ネガティブな感情（すなわち，強いネガティブな問題志向性）。

「視覚化」は，患者の前向きな考え，あるいは自己効力の感覚を高めるための臨床的な方略であり，うまく問題解決に成功した経験を「心の眼」のなかで創り出し，得られるだろう強化を想像して体験する手段です。ここでの視覚化では，目を閉じ，今抱えている問題を自分はうまく解決したと想像することが求められます。フォーカスは着地点にあります——「自分はどのように目標に到達したか」ではなく，「目標に到達した感覚に集中すること」にあるのです。この方略の中心的な目標は，問題を解決したことで得られる，その患者にとってのポジティブな結果を創り出し，「体験」させることです。この体験は，患者を動機づけ自己効力感を高めるためのステップとなります。つまり「トンネルの終わりに見える光」の視覚的イメージを創り出すよう援助するのです。

　「ネガティブな思考」を克服してもらうには，よりフォーマルな認知療法[5]で提案されるものも含め，さまざまな認知再構成の方略を用いることが可能です。たとえば，思考を建設的にするためのA–B–Cモデルをしばしば使用します。このテクニックにより，患者は，A–B–Cの視点で感情反応をとらえることを学びます。この場合，Aはきっかけとなる出来事（問題など），Bはその出来事についての信念，そしてCは結果として起こる感情と行動を意味します。言い換えると，人がどのように感じ，行動するかはどのように考えるかによって生まれたものであることが多い，ということになります。PSTセラピストは，患者が今抱えている問題をもとに，この手続きにしたがって，患者の苦痛な感情を導いているネガティブなセルフトークや試行を明らかにしていきます。このような認知には，「すべきである」や「ねばならない」といった非常に評価的な言葉，生命に危険は及ばない出来事に対する「破滅的な」言葉，過度の一般化となりがちなフレーズ（「誰も私を理解してくれない！」など）が多く含まれます。セルフトークを詳しく検証することで，患者は，生活上の問題に関して，現実的な言葉（「私は……ができたらいいな」など）と，不適応的な言葉（「私は……しなければならない」など）とを区別することを学びます。また，ネガティブなセルフトークを置き換えたり，ネガティブなセル

フトークに反論したりできるように，ポジティブな自己陳述のリストを患者に与えることもあります。

　また，「自分自身の信念にツッコミをいれるロールプレイ」をわれわれは提唱します。このアプローチでは，PSTセラピストが問題に関してある信念をもっている役を演じ，その信念が非論理的，非合理的，あるいは不適応的である理由を，患者に述べてもらいます。このような信念には，次のような表現が含まれます。「誰もが問題を抱えているわけではない。私が何か問題をもっていたら，私がおかしいということだ」，「この問題には完璧な解決策があるはずだ」。セラピストの見解に対して，患者がなかなか反論できないことがあります。そのようなときにカウンセラーは，「たとえどんなに時間がかかっても，私は自分の問題に対する完璧な解決策を見つけ続けねばならない」といったように，より極端にその信念を取りあげます。このような手順をとることで，患者が，代わりの考え方を発見することを助け，抱かれていたネガティブな信念に，より適応的な視点で反論するのです。

　患者がネガティブな感情を克服できるよう支援するため，患者は，ネガティブな感情を体験することは問題が存在することの手がかりだと解釈するよう学びます。言い換えると，ネガティブな感情自体を「問題」としてラベリングするのではなく，このような感情は問題が存在するという「信号」であると概念化したうえで，感情を引き起こしている「本当の問題」を認識するために，自分の周囲に起こっていることを観察するよう支援するのです。抑うつ，怒り，筋肉の緊張，吐き気，不安といった感情がいったん生じたら，患者は，逃げ出すことや，衝動的な解決行動を抑制する手段として，「立ち止まって考える」という標語を用いるよう指示されます。標語の「考える」という側面は，さまざまな問題解決のステップを使用することを表しています。加えてPSTは，感情と合理的思考を（どちらか1つに頼るのではなく）組み合わせれば「知恵」につながる，と強調します。この「知恵」が，効果的な実生活での問題解決を象徴しているのです。問題を実際に問題としてラベリングすることは，このような状況に反

応するときに，衝動的に，または自動的に行動する傾向を抑制するのに役立ちます。それはまた，問題を回避するのではなく，むしろ問題に接近し対峙する傾向を促進させます。

論理的問題解決における訓練

問題の定義

最初の合理的題解決スキルは，その後の問題解決プロセスのための「案内地図」になぞらえられます。このタスクの主なフォーカスは，問題の性質をよりよく理解し，明確に定義された無理のない目標を設定することです。言い換えると，具体的な目的地を地図上に定めることで，そこへ行き着くための最善のルートが見つけやすくなります。問題の定義における訓練は，次のタスクにフォーカスします。その問題について入手可能な情報をすべて収集する，わかりやすい言葉を使う，事実と想定とを区別する，現実的な問題解決の目標を設定する，目標到達を妨げる現在の要因を明らかにするといったタスクです。

代替策を産出する

問題に対する別の解決策を生み出す際に，PSTは，広範囲にわたる創造的で柔軟な思考を促します。要するに患者は，さまざまなブレインストーミング方略を学ぶのです（「多ければ多いほどよい」「包括的なリストができるまで判断を保留する」「多様なアイディアを出す」など）。このような指針を用いることで，最も効果的な解決案が最終的に明らかにされ，発見される確率が高くなります。

意思決定

選択肢のリストを作成したら，各解決策が定義された目標を満たす可能性がどれほどあるかを体系的に評価します。それぞれの解決策の実用性をもとに費用対効果分析を実施するため，次の基準を用いることができるよう訓練します。解決策が定義された目標を達成する可能性と解決する人物

が実際にその解決計画を最適に実行できる可能性，個人的および社会的な結果，即時的な影響と長期的な影響，です．

解決策の検証

最後の合理的な問題解決のタスクは，解決計画が実行された後に，実際の結果をモニターし，評価することに関するものです．PSTは，解決策が最適に実施される可能性を高めるための手段として，解決策を実行する「やり方」を練習するよう奨励します．いったん計画が進み始めたら，患者は，実際にその結果をモニターします．この情報を活用することで，結果に関する予測と実際に起こったことを比較することによって，結果を評価することができるのです．問題が十分に解決されていなければ，さらに努力が必要となるところでトラブルシューティングをするよう，もし問題が解決されたのなら，自分を強化することに励むよう，結果に応じて次の取り組みが決まります．

スーパーバイズされた実践

訓練の大半が実施された後は，新たに獲得されたスキルを実践し，さまざまなストレスフルな問題にスキルを適用することに専念します．実際に問題を解決すること以上に，セッション内で継続的に問題解決を実践することは，3つの追加的な目的に役立ちます．患者はセラピストから「専門的な」フィードバックを受けることができる，全体的なPSTモデルが使いやすくなることで，新しい問題に多様な問題解決タスクを応用する時間と労力の量を減らすことができる，練習することが再発の防止を促す，という目的です．

事例

次の症例は，匿名性を保証するため細部を変更してありますが，うつ病の治療のために主要な臨床介入としてPSTが適用されました．

症例説明

ブリジットは57歳，退職した保護観察官であり，3児の母親です。それ以前にカウンセリングを受けたことは一度もなく，精神科の病歴は何もないと報告しました。ブリジットは実際「他人から頼りにされ力になれる」きわめて有能な女性だと，自分自身を常にとらえてきました。成人した息子のジョーのコカイン中毒を主とする，家族の極度のストレスゆえに，自ら援助を求めてきました。当時のブリジットには，中程度から重篤な抑うつ症状があり，深い絶望感を抱いていました。

ブリジットと夫のフランクは，結婚して38年になり，その関係を彼女はかなりポジティブであると描写しました（「彼はいつも私のそばにいてくれる」など）。ジョー以外の2人の子どもたちとは親密で，支えになってくれると説明しました。最初のセッションでブリジットは，ジョーの中毒に関して続いている家族の苦労について説明しました。それには，ジョーの窃盗行為，自分の行動に対する頻繁な嘘や言い訳，そして最近では，ジョーが自分の娘に対して危険を及ぼすため，無監督で娘と接触するのを差し止めるようジョーの離婚した妻が裁判所命令を求めていることもありました。ジョーの反応は，自分自身を被害者とみなすばかりでした。そして最近では，言葉による攻撃と物の破壊がエスカレートしていました（最近，家族の家に押し入り，お金を盗んだうえに，要求が拒否されると家族を侮辱しながら大声で繰り返し叫んだのです）。

最初の問題解決アセスメント

ブリジットには，2回，SPSI-Rを記入してもらいましたが，問題解決能力の自己評価について，いくつか食い違う点があるように思われました。初めに，自分がいつもどのように問題解決をするかに関して，質問紙に回答しました。次に，家族の問題に関して，どのように問題解決しているか，質問紙に回答しました。予測されたように，今でも続く息子とのトラブルによって，問題を解決しようという努力は粉砕されてしまったと感じているため，2つの回答は大きく異なっていました。彼女は，自分自身

のイメージ，能力，および判断に関して，深刻に疑問を抱き始めていました。この結果，彼女の問題志向性に，著しい脆弱性が生まれることになりました。他の臨床的な自己報告尺度からは，抑うつ，絶望，および不安が併発していることが確証されました。

ポジティブな問題志向性を身につける

　ブリジットには皮肉を使ったユーモアのセンスがあり，力強く勇敢な女性に見える一方で，息子の依存と家族の苦しみについて語るときに，普段は隠されている，深い脆弱性が浮かびあがりました。たとえば，「私は，腕まくりをして，家族の問題をうまく片づけてくれると，いつも頼りにされました——でも今では，完全な負け犬です！」と語りました。他の2人の子どもたちについても，心配したことはあったものの，いつも「ふつうによくあること」だったと言いました。2人の子どもたちについて，学校の成績や帰宅時間，友達とのもめごとに関するささいな問題について説明しました。息子のジムは，別の町で警察官として働いていました。娘のケリーはシングルマザーで，近くに住んでおり，ジョーとのトラブルにも巻き込まれることがしばしばありました。

　夫婦のパートナーシップは，ブリジットが自宅でのルールを決めて，夫は彼女の意思決定を支持するというものでした。誰かが助けを必要としていたり，あるいは何かうまくいかないことがあったりすると，彼女はすぐに行動を起こし，的確な情報を集めて，必要な電話をかけ，やるべきことを実行しました。自分たちがジョーの社会復帰を同じように援助し続けていること，さらに，娘もまったく同じようなやり方で援助を試みていたことを述べました。しかしジョーは，最後までやり通せないことに対してしばしば言い訳をし，「わかってくれない」といって他人を責めました。いつも実家に戻ってきては，保釈金を払うよう要求しました。ブリジットは，息子のためにあらゆることをしており，自分の問題解決スタイルを貫いて，自分がもっと頑張りさえすれば，ジョーも最後には理解し「歩み寄る」だろうと信じていました。いつになっても努力によって変化が見られ

ず，むしろ状況は悪くなっているため，ブリジットは，さまざまなことが信じられなくなり，自分の能力と自分自身を「今はもう役立たず」，他人を「助けにならない，わかってくれない」，自分の息子を「変わることができない」，将来を「まったく絶望的」と感じました。

ブリジットがポジティブな問題志向性を身につけられるよう，まず，視覚化の技法が用いられました。特にブリジットは「ジョーに関する現在の問題が解決した」将来を心に描くよう求められました。多くの人は，現在の問題が解決した将来のイメージを描写することができるようになりますが，ブリジットにはむしろ難しく，息子が「身元不明死体公示所に横たわっている姿が見え，その死体を確認しなければならない」というイメージを涙ながらに語りました。よりポジティブな未来像（たとえ，そんなことはありそうにない，と今は思えても）にフォーカスすることに立ち戻った後，ブリジットはある光景を思い描けるようになりました。一家全員がお祝いのために実家に集まり，お金を盗まれたり，嘘をつかれたりする心配がまったくなく，やむにやまれず息子の他者とのやりとりを監視することもない光景でした。

この技法に取り組み続けていくうちに，とうとうブリジットは，何もかも自分で監視して管理しなければならないという思いがずいぶんと減り，家族とのやりとりを楽しめるようになりました。これはブリジットにとって，重要な気づきの瞬間でもありました。物事を「きちんとしたい」とする自分の願望が，息子の能力を信頼していない，息子がしっかりと自分の人生を変えることができるとは信じていない，というメッセージとなって伝わっていた可能性を，理解できるようになったからです。結果として，ジョーのために物事を解決しようと家族が夢中になればなるほど，（何かしら自分は役に立つことがある，とすら彼自身が思えていないことに加えて）家族から信頼されないことに対する怒りは他者への恨みと怒りの火に油を注いでいました。他に自分を守る手段がなく，ジョーの依存行動はますます増大していきました。ブリジットとフランクの友人たちは，好意から「ジョーを生活から切り離し，一切の連絡を断つべきでは」と勧めまし

た。ブリジットたちも，そうしようと思うところまで達したのですが，そのような計画に取り組み続けることができるのか，疑問でした。そんなことは自分たちにとって罰であると思えました。自分たちの人生から永遠に，息子と孫娘を消し去ってしまうことになるからです。ブリジットのセラピストは，認知的方略を用いて，問題に対する見方をより柔軟にしようとしました。その結果ブリジットは，他の多くの問題を見事に解決してきた過去のやり方は，ここではうまく機能していないこと，変わることの責任を息子にもっともたせるという，これまでとは異なる別の方法を試したほうがいいだろうという視点を受け入れることができました（息子の問題について，カウンセリングの援助を求めていたのは，息子本人よりもむしろブリジットだったのです）。「すべてをきちんと」しようとする，これまでのスタイルを変える必要がありましたが，セラピストは，ジョーを彼女の生活から完全に切り離してしまうのではなく，ジョーが自分の生活にもっと責任を負う必要があるということを，ブリジットがどのようにして彼に伝えたらいいのか，これまでとは異なる別の方法を多く強調しました。

問題の定義

　ブリジットは，自分の「問題」を「息子の社会復帰の責任と娘との面会に対する責任を，息子自身にもっともたせるようになること」定義しました。彼女と夫は，重要な障害をいくつか明確にすることで，その問題をさらに定義しました。次の点があります。

- 保釈金を支払って保釈してくれるだろうと，ジョーがいつも期待してしまうパターンを，夫婦で作ってしまっていた。
- ジョーは，両親に腹を立て，思いやりがないと責めていた。その結果，いつも良心の呵責に苦しむことになり，お金を与えねばならなかった。
- ブリジットとフランクが支援を引き下げると，ジョーは姉のケリーに絡もうとするだろう。
- ブリジットとフランクは，孫娘と会えなくなるのではないかと恐れてい

た。

代替手段の産出

ブリジットとフランクとケリーは，状況を改善するため，できる限り多くの代替手段を生み出しました。批判することなく，できるだけ多くの方法をリストアップすることが重要であることに留意しながら，諦めてジョーと絶交する以外にも，多くの可能性があることに気づき，驚いたのでした。そうした可能性のなかには，たとえば，次のようなことがあります（これで全部ではありません）。

- 社会復帰プログラムの費用を出すのは1回だけにする。
- ジョーが不在のときに，離婚した妻と娘が会う機会を作る。
- ジョーが薬物から完全に社会復帰することを条件として，家族の集まりへの参加を認める。
- ジョーからの厄介な電話に出ないよう，電話を切っておく。
- カウンセラーとの家族介入のセッションを設定する。
- 家族が実行に移そうとしている新しい条件に関わっていくのに役立つよう，家族のサポートグループに出席する。
- メディケード[訳注1]に申請するための情報と，メディケード資金に基づく居住型リハビリテーションプログラムに申請するための情報をジョーに提供する。
- ジョーがハイのときに，実家への立ち入りを禁じる裁判所命令を取りつける。
- 自宅を留守にするときに監視をしてもらうよう，地元の警察に相談する。
- 家族がジョーの責任をすべて引き受けてしまうパターンを変えるために，家族療法に参加する。

訳注1）州が運営する低所得者向け医療費補助制度

- ジョーの兄弟のジムに，家族会議と家族カウンセリングのときに戻ってくるよう頼む。

意思決定と解決計画の実行

　リストアップされた代替手段は，ブレインストーミングの結果を網羅しているわけではありませんが，一家が以前に考慮したことがなかった多くの代替手段が提案されていました。より効果的な解決策を発見するためには，問題をよりよく定義することが不可欠でした。以前は，ジョーが変われるよう支援できないという，自分たちに能力がないことが問題だとフレーミングしていました。PSTを実施した結果，自分たちが背負おうとしていた責任の大きさが，ますます状況を悪化させ，ジョーが自分自身を被害者として受けとめ，十分に力になってくれないと家族を責めることになっていることに，改めて気づきました。いろいろな意味で，力になろうとする家族の働きかけに応じないことで，家族が自分たちの有能さを過信しているのだと，ジョーは家族にわからせようとしているようでした。このことが，家族全員を「負け犬」にしていました。

　さまざまな代替手段を比較検討し，損益分析を行った後，一家はいくつかの代替手段を組み合わせ，以下のような全体的な計画を立てました。医療保障に必要な申込書をジョーが完成させ，滞在型の薬物リハビリテーションプログラムに参加するのを援助するため，もちろん彼が責任をもってやることですが，最初だけ手を貸しました。そのプログラムには，集団で居住することが含まれ，ジョーはそこで，精神科のケアとセラピー，薬物カウンセリング，および監督下での仕事の支援を受けることになるのです。加えて，彼や他の居住者には，宿泊所の雑用をこなす責任もありました。家族のメンバーが，自分たちのこれまでのような責任のとり方を変えていくつもりであることをジョーに示すため，プログラムのカウンセラーも交え，家族会議が開かれました。家族全員——ジム，ケリー，およびジョーのかつての妻も含め——が出席し，共同戦線を張りました。さらに家族は，元妻と話し合い，ジョーの現在の制限とは関係なく，孫娘を訪ねて

もらうよう取り決めました。ジョーは，集団生活に1回失敗し，無法な行動で1回逮捕されたものの，その後ついに，10カ月間のプログラムを完了しました。彼は現在，コミュニティカレッジに通いながら，レストランで働いて自分のアパートの家賃を払っています。最近では，監督なしで，短時間，自分の娘の訪問を始めました。

アウトカムのモニターと検証

ジョーの社会復帰への道のりはまだまだ長いですが，今ではブリジットとフランクも，彼の困難を，自分たちの責任ではなく「彼の人生の物語」として受けとめています。ブリジットは，さほど絶望的ではなくなり，息子の問題をより現実的にとらえています。問題は，彼女がすぐに解決できるものでも，絶望的なものでもないということです。彼女は，問題は人生や家族にとって避けがたい一部であると受けとめ，「完璧な解決策などない」とすぐに指摘できます。状況を効果的に解決しようと，最初の試みがうまくいかなくても，絶望的だという極端な考えに飛んでしまうことはなくなりました。意思決定が衝動的ではなく，自己批判的でもなくなり，以前セラピーのなかで描いたポジティブなビジョンに，一歩ずつ近づいています。さらに，当初はかなり高いレベルにあった抑うつも，劇的に低下しました。

まとめと結論

PSTは，幅広い問題状況にわたってポジティブな問題解決の態度とスキルを高め，対処行動における幅広い変化と心理的ウェルビーイングを促すことによってストレスと精神病理を緩和し予防する，ポジティブな臨床介入として説明されてきました。PSTの理論と実践は，2つの研究分野，(1)ストレスと適応の関係／問題解決モデルを支持する研究と，(2)さまざまな臨床症状や脆弱性をもつ人たちに対するPSTの効果を評価する研究から，経験的に裏づけられています。これらの2つの領域における研究に

は，印象深いものが多いものの，それでもまだ，PSTの効果と適用に関して研究者たちが取り組むべき領域が多数あります。その一部を取りあげます。

ポジティブに機能するためのPST

PSTが，人のクオリティ・オブ・ライフ（QOL）と社会的立場を最大限に高める，最適な，あるいはより優れた機能を高める役割については，さらに研究する必要があります。このような研究は，ビジネスや産業，医学，公共事業，スポーツ，結婚や家族といった，生活や仕事のさまざまな領域における，きわだったパフォーマンス，業績，創造性，発明を高めることにフォーカスする可能性があります。

青年期の若者とその両親

これまでの研究では，青年期でのSPSの欠如が，うつ病や希死念慮[84,85]，攻撃性や非行[26,35,40]，物質乱用（煙草，アルコール，マリファナ）や危険な自動車運転[35]を含め，深刻な心理的，行動的問題と結びつくことが明らかになってきました。したがって，これらの問題領域に取り組むために，PSTプログラムに関するさらに多くの研究が期待されます。

心血管疾患を抱える人たち

近年PSTは，深刻な医学的状態の患者とその介助者が病気と治療に対処するための方法として効果的に適用されています。がん患者と介助者に対しては，効果的なPSTプログラム（文献63など）が開発されている一方で，心臓病患者に対するPSTについては，何ら研究がなされていません。がん同様，心血管疾患，および心臓発作や脳卒中からの回復のためには，行動と生活スタイルにおいて，多くの困難と調整が必要となります。仕事を調整し，食事生活を変化させ，毎日薬を服用して，運動のための時間をとり，さらに生活におけるストレスを減らす，といったようにです。PSTは，心臓病患者が行動や生活スタイル上の困難な変化に効果的に対処でき

るように支援し，身体的，心理的ウェルビーイングを改善させるために，特に効果的かもしれません[60, 67]。

予防的健康行動学

がんや心血管疾患といった，深刻な医学的状態を予防するためにも，医学の専門家から，行動や生活スタイルの多くを変化させることが推奨されてきました。これらの変化には，より効果的なストレスの低減とマネジメント，食習慣の改善，禁煙，アルコール摂取のコントロール，およびエクササイズの増加が含まれます。われわれも，人びとが健康的な生活スタイルに対する障壁を克服できるよう，予防的介入としてのPSTに関する研究を推奨してきました。

職場におけるストレスの軽減と予防

高齢者は例外として，多くの米国の成人は，起きている時間の少なくとも半分を職場で過ごします。したがって，職場での日常的なトラブルや問題は，多くの人にとって大きなストレス源であり，結果的に，欠勤，生産性の低下，職業的バーンアウト，病気による失業，高い離職率，心理的障害，健康問題といった好ましくない結果を生むことになります。PSTは，職場におけるストレスとそのネガティブな影響を低減し予防するための効果的な方略となりえます[15]。しかし，経営者や管理者，従業員を対象としたPSTのワークショップに関する評価についての研究が不足しています。このようなワークショップが有効であることが明らかになれば，個々の従業員，企業のオーナーや役員，および社会一般にとって，心理的な恩恵，健康上の利益，経済的利益をもつでしょう。

PSTアウトカムの媒介変数と調整変数

SPS理論によると，PSTのポジティブな結果を媒介する主要な変数は，SPS能力であるとされます。つまり問題解決訓練が問題解決の能力と実行力を向上させ，それが今度はよりポジティブな治療アウトカムを生むので

す。この仮説を支持する，いくつかのアウトカム研究が，SPSにおける改善と，心理的ストレス[17]，抑うつ[52,72]，がんに関連した苦痛[63]を含む，ネガティブな心理的状態の改善との有意な関係を明らかにしてきました。しかし，どのような適応問題を抱える，どの患者にとって，問題解決のどの次元が，PSTのアウトカムの最も重要な媒介変数となるのかを明らかにするためには，より多くの研究が必要です。「媒介変数」というのは，PSTによる影響を受け，代わって今度はそれが治療のアウトカムに影響を与えたり，その原因となったりする変数です。一方「調整変数」というのは，治療と相互作用し，アウトカムの大きさに影響を及ぼす変数です。このような変数のうち，目を向けるものとして，年齢，性別，民族，知能，教育水準，さまざまなパーソナリティ特性が含まれます。調整変数を明らかにすることを目的とした研究は，PSTの恩恵がどのような人に最も多く，どのような人に最も恩恵が少ないかを決定するために重要です。

PSTを実施するための新しい方法

　これまでに出版された効果研究では，PSTの伝統的な実施方法は，1時間から1時間半の対面式の個人セッションまたはグループセッションでした。しかし，2，3の研究が，「電話セラピー」といったサービス提供の革新的な方法に成功しています（文献1，33など）。他にも見込みの高い実施法としては，自助マニュアル，読書療法，インターネットによる方法があります。PSTをより利用可能で，効果があり，費用対効果のあるものにする新しいコミュニケーション技術の進歩をフルに生かすためには，これらの代替手段の効果について，より多くの研究が望まれます。

結語

　D'ZurillaとGoldfried[16]による最初の概念的論文が発表されて以来，SPSとPSTに関する研究は，急速なペースで増大しています。研究結果は概して，PSTの理論と実践を有意に支持してきました。概して，異なる測定方法によって評価される効果的な問題解決能力は，ポジティブな機能と

関係があり，問題解決の欠如は心理的苦痛，行動的逸脱，および健康上の問題を含めた，さまざまな形式の不適応と結びつくことを示しています。加えて，PSTが異なる種類の心理的障害，行動障害，および医学的疾患を抱える人たちを含め，さまざまな臨床症状をもつ人に有用であり，効果のある介入だという見解を支持するエビデンスがあります。しかもPSTは，生活上のストレスレベルが高い人や，HIVのリスクがある人など，さまざまな脆弱性をもつ人たちにも効果的な予防的介入でもあるというエビデンスもあります。今日に至るまでの研究は概して仮説を支持しており，前途有望であるとはいえ，SPSの理論，研究，および治療の真の可能性を確立するためには，さらに多くの研究が必要です。

第 4 章

論理情動行動療法

Raymond A. DiGiuseppe

導入と歴史的背景

　Albert Ellis（1913〜2007）は，認知行動療法（cognitive-behavioral therapy：CBT）の祖父を自任していました。CBTの原形の1つである論理情動行動療法（rational-emotive behavior therapy：REBT）を早期に発展させたのが，Ellisだったためです。1940年代に心理療法家の道に入ったEllisは論理療法に関する最初の論文を発表[25]，以来，現在に至るまで心理療法全般，とりわけCBTに対して，大きな影響を与えてきました。
　2,500人以上の心理療法家についてPsychotherapy Networker[5]が実施した調査で，エリスは6番目に最も影響力のある心理療法家として，またCBTは最も一般的な心理療法のアプローチとして評価されました。最も影響力のある心理療法家は依然としてCarl Rogers，そして2番目にAaron Beckがランクインしたとはいえ，Ellisが心理療法の分野における巨人として認められていることに変わりはありません。
　Ellisは1940年代後半に専門家としての道に入り，1950年代にはセラピーに関する論文を発表し始めましたが，当時，主要な理論的志向として，精神分析と来談者中心療法の2つが，心理療法では支配的な地位を占めて

いました。心理療法研究は初歩的な段階にあり，ほとんどの心理療法はセラピーのセッションのなかで行われていました。先の2つの心理療法の理論的志向から，クライエントに対するセラピストの関係には，受動的で，非指示的なものでした。Ellisはこれらの多くを変えることに貢献しました。彼は治療の効果を評価するための心理療法研究を提唱した最初の心理療法家の1人だったのです。研究者は当時認められていた基準によって心理療法の効果を検証すべきであると，Ellis[22]は提案しました。また，知識の向上に資するため，特定のセラピーを受けた集団についてのアウトカム（効果）研究を奨励しました[24]。エリスが当時，論理療法（rational therapy : RT）と呼んでいたものの効果について行った最初の検証[26]は，精神分析治療の効果についてのEysenck[39]の古典的評価と，行動療法の効果についてのWolpe[80]の先駆的報告との間に位置しています。

 Ellisは，感情的もしくは行動的な変化を誘発するためにクライエントの現在のビリーフを積極的に変えることを提唱した最初の心理療法家の1人です。現実の行動的課題を含め，セッションから次のセッションまでの間に課題を用いた最初の1人でもあります。非論理的な考えを確認し，異議を唱え，置き換え，さらにセラピーのなかで取りあげた論理的な考えを強化するために，ワークショップ，レクチャー，書籍，および書面での課題を提供しました。Ellisは心理療法における最初の差別撤廃主義者の1人でした。彼のセラピーは，認知に強く焦点をおいたものでしたが，当初からEllis[23]は，人びとが自らの歪んだ感情と行動を変えるのを手助けするため，多くのタイプの介入を提唱しました。イメージ，催眠，グループセッション，家族セッション，ユーモア，心理教育読本，筆記課題，歌うこと，行動リハーサル，行動的課題，メタファー，たとえ話，カタルシス経験の活用を奨励しました。心理療法の課題は，クライエントを説得して変化を起こさせることが可能な活動にもなりました。EllisとHarper[36]のA Guide to Rational Livingは，最初期のセルフヘルプの本の1つです。彼は，さらに多くのことを最後まで貫きとおし，人間の変化を促進するセルフヘルプの本における出版革命に貢献しました。こうした業績を考える

と，EllisとREBTは心理療法全般に対して，特にCBTに対して重大な影響を及ぼしたといえるでしょう。

　心理学者になる以前，真のルネサンス的（万能型の）教養人であったEllisは，自らの関心事を追究する一方で，会計士として生計を立てていました。哲学書を読み，オペラやその他の楽譜を書き，いくつかの小説を著すとともに，政治的活動家としても活動していました。Ellisの哲学的信条の多くについては，実際，彼の未出版の自伝小説[21]に記録されており，彼が自身の内気や不安，および貧しい家庭の出身であることをめぐる羞恥心を克服しようとした試みが詳細に語られています[79]。これらの年月の間に，Ellisは恋愛関係や性的関係に関心を抱くようになり，その話題に関する書籍を貪欲に読みあさりました。1941年に彼は，このような話題に関する助言を，主に友人や親戚に提供するため，非営利目的でLAMP（愛と結婚問題）協会を設立しました。その専門的な知識の認定を得るため専門職学位を取得するよう勧める弁護士のアドバイスに従い，40歳でコロンビア大学の臨床心理学の博士プログラムに入学しました[58]。

　1940年代後半に卒業後，Ellisは精神分析の訓練を受け，同時に結婚セラピー，セックスセラピーを実践しました。1950年代前半には，精神分析の効果のなさにやる気が失せていました。対人関係実践演習を受けたクライエントの方に，精神分析を受けた人以上の改善が見られたからです。またEllisは，クライエントのなかに，洞察を獲得した後でも改善できない人がいることを認めました。彼は，自分の子ども時代の経験を洞察したところで，結局わずかな割合の人にしか変化が見られない，という結論に至りました。

　Ellisは，結婚，セックスセラピーを実践するなかで，自分がクライエントに対し，他のセラピーの場合とは異なる行動をとっていることに気づきました。クライエントに対し，積極的に態度を変えさせようとしていたのです。Ellisは，哲学に対して常に長期的な関心を抱いてきました。そのなかにはアジアやギリシャの偉大な思想家の著述も含まれていました。精神分析がセラピストに課す抑圧的役割から解放されたとき，Ellisは，

これらの哲学的叙述に基づき，自身のクライエントに自由にアドバイスを提供しました。Ellisは，人は煩わされるかどうかを選択するというストア哲学者の考え，Epictetusの「人は，物事に煩わされるのではなく，物事をとらえる見方によって煩わされる」という言葉（Encheiridionより，文献38のp.5）について熟考しました。Ellisは自らの新しいセラピーの基盤として哲学を活用し，古典および現代の哲学者らを自らの着想の源として常に信頼していました。1955年，Ellisは，アメリカ心理学会（American Psychological Association）で配布された論文で自らの理論をまとめました[25]。それから数年後，Ellisは，最初の専門書であるReason and Emotion in Psychotherapy[28]を出版しました。

　Ellisが当初，自らのアプローチを論理療法と名づけたのは，認知の役割にフォーカスしていたからです。後に彼は，感情の役割を過小評価していたと結論し，論理-情動療法と名称を改めました。さらに，Corsini[5]の強い求めでその名称を再び改め，論理-情動行動療法[29]としました。Corsiniは，Ellisが常に行動的介入を用いていること，しかも取り組みを初めて以来，ずっとそうしてきたことに着目し，Ellisには自らの実際の実践と学説をもっとよくあらわした名前が必要である，と提唱したのでした。

　Ellisは，論理-情動療法の専門的な訓練のため，1965年にInstitute for Advanced Study in Rational Psychotherapyを設立しました。現在もアルバート・エリス研究所（Albert Ellis Institute）として存在し，支部センターがアルゼンチン，オーストラリア，カナダ，フランス，ドイツ，イスラエル，イタリア，日本，メキシコ，オランダ，ニュージーランド，台湾にあり，メンタルヘルスの専門家のためのREBTトレーニングを提供しています。研究所やその支部センターは，現在に至るまで世界中で13,000人以上のセラピストを養成してきました。

　REBTは，CBTの最初の形態の1つではありますが，明らかにCBTの一部の形態と異なっている点がいくつかあります。Ellis[30,31]は，REBTの他とは異なる独特の特徴に言及するときは，「古典的REBT」という用語

をしばしば用いたのに対し，これらの独特の側面とCBTの他の形態に含まれる側面に言及するときは，「一般的REBT」という用語を用いました[32]。REBTの大多数の実践家は，REBTの古典的特徴と独特な特徴の両方を組み入れつつ，一方で，認知行動療法のより広い分野のテクニックも用いています[30, 32]。とはいえ通常最初に試みるのは，古典的特徴か独特な特徴のどちらかです。本章では，古典的REBTとその独特な特徴，方略，およびテクニックについて説明します。ただしREBTは本書で取りあげられるCBTテクニックのすべてを取り入れた，融合的なセラピーとして実践されます。

　REBTにはよく知られた特徴があります。それは，感情を惑乱(disturbance) させるものについて，生じる出来事（Activating events），それらの出来事に関する当人のビリーフ（Beliefs），および結果として生じる感情的な結果（Consequences）を確認し，自分自身のABCが何であるかを学ぶよう教えることに力点をおいていることです。REBTは，惑乱した感情と行動は，生じる出来事の結果というよりもむしろ，個人が抱いているイラショナルビリーフの結果なのだと教えます。REBTの他とは異なる独特の特徴[18]とは，以下の点です。第一に，A-B-Cモデルは，基底にあるイラショナルビリーフに焦点を当てます。自動思考にではありません。自動思考はネガティブな現実の確率論的発生に関わる，とREBTでは主張するでしょう。自動思考は，過大評価されるか否かにかかわらず，世界についてのものであり，Aの一部をなすものです。第二に，融通性のなさというのは心理的な惑乱の中核にあるものであり，心理的健康の中核に存在するのは柔軟性です。第三に，極端なビリーフは融通性のないビリーフから派生するのに対し，柔軟なビリーフからは極端に偏らないビリーフが引き出されます。第四に，不適応で不健康なネガティブな感情と，適応的な，つまり健康なビリーフとの区別は，質的なものであり，量的なものではありません。第五に，自己評価というのは，危険でとらえどころのない概念です。第六に，自我と心を惑乱させる不快なものとは別ものです。第七に，人は自分の感情的な体験をめぐって動揺します。つまり，感

情的な結果が, 生じる出来事になりうるということです。第八に, 人間は生物学的には論理的でもあり, かつ非論理的でもあります。

　Ellisの著述には, 彼の個人的な哲学, 推奨される人生哲学, 精神病理学の理論, および精神療法の理論が含まれます。人によっては, 精神病理学についてのEllisの理論といった, その著述のある側面には賛成するけれども, 彼の個人的な哲学などその他の側面については賛成しかねるという人もいるかもしれません。

　REBTは, いくつかの哲学的仮説に基づいています。その第一は, 科学的方法への関与です。Ellisは科学的方法を人の個人的な生活に当てはめることで, 結果的に感情的な惑乱と無効な行動が減ると考えました。人は自分のビリーフ, スキーマ, 知覚, および心に抱いている真実のすべてが間違っている可能性があることを認識した方が, かえって気が楽になるものです。自分の仮説を検証し, 自分のビリーフの妥当性と機能性を検証し, さらにそれに代わる考えを抱くことで, 心の健康が高められるのです。世界についてのあるビリーフ, あるいはスキーマに頑なに固執すると, 人は, 自分の考えを修正できなくなり, あたかも世界は, 現実にあるとおりではなく, 自分がそうあってほしいと願ったとおりに存在しているかのごとくふるまうようになります。Ellisにとっては, 私たちはどんなビリーフにもこだわらない方が気楽だ, ということなのです。

　REBTによると[12,28], 人間は科学哲学の認識論, 特にPopper[66]やBartley[2]の見解をとった場合に最もよく機能するといいます。Popperは, 人は誰でも仮説を発展させると特筆しています。予め心に抱かれていた仮説が, 集めたデータを歪め, 確証的な偏りへと導きます。人間は, 自らの仮説の形成を止めることも, それらの仮説にぴったり合うデータを思い起こすのを止めることもできません。したがって, 帰納的推理において客観的であることは不可能なのです。解決策は, 自分の仮説を認識し, それらの誤りを立証することです。Popperは, 知識というのは人が自らの仮説から演繹的に推論し, その反証を試みるときに最も迅速に蓄積していくものである, と主張します。REBTは, 私たちが自らの感情的健康のため

に，またクライエントを手助けする専門のセラピストとして，Popperの反証可能性のモデルを個人的に採用することを推奨します。Bartleyの包括的な批評的合理主義という認識論はさらに，人は自らの考えの経験的反証性を検証するだけでなく，自らの思考に論駁（介入）するため，自分が習得した他のいかなる議論をも活用すべきである，と付け加えています。Bartleyに従い，Ellisは，理論家として，セラピストとして，また一個人としても，自分の考えに反論するためにあらゆる手段を講じるのが最善であると考えています。

　Ellisの哲学には，「構成主義」の要素が含まれています。特にEllisが主張したのは，人間は誰しも，世界がどのようなものであるか，あるいはどのようなものであるべきかについての考えを創造するということです。Ellisは，Kelly[49]のThe Psychology of Personal Constructsに基づき，自らの理論を打ち立てました。Ellisは，人は自らのビリーフの多くを作りあげると考えました。彼がなぜ，クライエントの経験にまつわる記憶から洞察を求めたり，過去の出来事についての自動思考の真実性を検証したりするのをやめたのかは，これで説明がつきます。こうした考えはすべて作りものである可能性があるからです。

　REBTの支持者は，Mahoney[55]やNeimeyer[60]といったポストモダニズムの哲学者や構成主義認知セラピストとは，2つの点で異なっています。第一に，これらの構成主義セラピストはビリーフを査定するための唯一の基準は，それらのビリーフの有用性，あるいは実行可能性であると信じています。経験的現実は，基準ではありません。極端な経験主義者ともなると，認識可能な現実など何もないと主張します。これに対しREBTは，経験的な現実は重要な基準であり，人は自らのビリーフの有用性と論理的一貫性と並び，それらの経験的真実を査定する必要があると仮定します。第二に，構成主義者は，セラピストはクライエントが自らの考えの実行可能性を検証するのを手助けするべきであると考えます。セラピストは，クライエントのために代わりのビリーフを提供すべきではなく，クライエントが自分自身で代わりのビリーフを生み出せるようにすべきであると考え

表4.1　感情の調整を促進すると考えられるREBTの価値

自己受容
　健康な人は，自分自身を測定したり，評価したりすることよりも，むしろ無条件に自分自身を受け入れることを選ぶ。

危険を冒す
　精神的に健康な人は，自分の欲することをしようと試みる際には，危険を冒し，大胆な精神を発揮する。ただし，向こう見ずにはならない。

現実感覚
　私たちは，自分がほしいと思うものをすべて手に入れたり，自分がつらいと感じたことを何もかも避けたりすることはおそらくない。健康な人は，達成不可能なこと，あるいは非現実的な完璧主義を求めて努力したりはしない。

高い欲求不満耐性
　健康な人は，自分がおそらく2種類の問題にしか遭遇しない可能性が高いことを認識している。それについて自分が何かできることと，それについては自分にはどうすることもできないことの2つである。いったんこの区別がなされてしまえば，目標は，自分が変えることが可能な不快な条件を修正し，自分が変えることのできない条件については受け入れることとなる。

惑乱に対する自己責任
　健康な人は，自分自身の思考，感情，および行動に対して多くの責任を引き受ける。

自己利益
　精神的に健康な人は，他人の利益よりも自分の利益を少なくとも少しは重視する傾向がある。自分が大切に思う人のために，完全にではないが，ある程度まで自分自身を犠牲にする。

ています。人生の哲学として，REBTは，代わりのラショナルビリーフのなかには感情の調整を促進するものもあると仮定します。REBTでは自己発見を通しての学習が重視されます。しかし，クライエントが代わりのビリーフを生み出すことができなかった場合には，私たちセラピストが代わりのビリーフを提供し，クライエントがそれらの代わりのビリーフの真実性と実行可能性を査定する手助けをします。

　感情の調整と精神の健康を促進すると仮定される，REBTの人生哲学の価値については，表4.1に挙げています。

共同的感覚
  大部分の人は，社会的グループのなかで生きることを選択する。快適に，また幸せにそうしていくために，人は，道徳的に行動し，他人の権利を守り，自分が生きる社会の存続に助力する。
自己志向
  健康な人は，他人と協力する。しかし，他者からの相当な支援や扶養を要求したり，必要としたりするよりも，むしろ自分自身の生活に対する主な責任を引き受けることの方がよい。
寛容さ
  間違っている権利を人間（自己と他者）に認めることは有用である。過ちや失敗のことで人をけなすことは必要ではない。
柔軟性
  健康な人は，柔軟に物事を考える人である傾向がある。厳格で，融通に欠け，変化しないルールは，幸せを極小化する傾向がある。
不確かさの受容
  私たちは見込みと可能性の世界に生きている。絶対に確実である，などというものはおそらく存在しない。健康な人は，秩序を求めて努力はするが，確かさを要求したりはしない。
コミットメント
  ほとんどの人は，自分の外部にある物事に夢中になるときに，より幸せになる傾向がある。創造的な関心が強く，何らかの重要な人間的関わりをもつことが，日々，幸せに生きていくための条件のように思われる。

哲学的，理論的基盤

精神病理学についてのREBT理論

　精神病理学と精神療法的変化についてのREBTの仮説は，以下の6つの原則に要約できるでしょう。認知，もしくはビリーフは，人間の心の惑乱の最も直接的で確認可能な原因です。イラショナルで，非論理的で，反経験主義的ビリーフは，感情の惑乱を導きます。ラショナルビリーフは，感情の調整と精神の健康を導きます。人の感情の惑乱を変えるための最も有効な方略は，思考を変えることです。人には，不合理に考え動揺しがち

であるという生物学的傾向があります。文化と家族から，人がどのような問題について動揺するのかがわかります。生まれと育ちはいずれも，人がどのように感情の惑乱を起こすのか，またそのような惑乱を起こすのかどうかに影響を与えます。人が動揺したままでいるのは，自分のイラショナルビリーフを心のなかで繰り返し唱え，それらを再度自分自身に教え込んでしまうためです。変わることは，難しいことです。人は，自分のイラショナルビリーフを変え，新しい，ラショナルな思考を心のなかで復唱するよう，繰り返し試みることでしか変わりません。以下のセクションでは，これらの原則についてさらに詳しく述べていくことにします。

適応的な感情と非適応的な感情

　REBTは，惑乱した機能不全な感情と，正常で，たとえネガティブであったとしても動機を与える感情の違いを区別します。ネガティブな感情を抱いたからといって，精神的に病んでいるという根拠にはなりません。人は，生じる出来事を経験し（A），不合理に考えると（B），不安，怒り，あるは抑うつといった，惑乱した感情を経験します（C）。そのとき人がこのようなイラショナルビリーフに異議を唱え，それをラショナルビリーフ（新たなB）で置き換えたとしたら，新しい感情の結果（新たなC）があらわれるでしょう。不快な出来事（A）が依然として存在している場合（それがしばしばクライエントの生活のなかに存在している），認知的変化に到達すれば，その当人も気分よく感じるようになる，あるいは自然に感じられるようになると予測することさえ，不適切でしょう。では，介入が成功し，論理的に考えるようになったら，人はいったい何を感じるのでしょうか？　その答えは，ネガティブで，惑乱していない，動機を与える感情です。

　たいていの心理療法では，治療上の改善を，感情における量的変化として概念化します。セラピストはしばしばクライエントに，Wolpe[81]によって開発された主観的に判定した不快さをあらわす単位であるSUD（subjective units of discomfort），あるいは惑乱した感情状態についての

自己報告式の測定基準に基づいて，自分の感情を評価するよう求めます。スコアの低下が実証されたら，セラピーは成功です。このモデルによると，感情というのは生理学的覚醒および現象学的経験の強度の連続体に沿って徐々に異なっているということになります。

　Ellis[28,34]は，感情には2つの連続体があると提唱しました。1つは惑乱した感情の連続体，もう1つは惑乱していない感情の連続体です。人は，論理的に物事を考えるときでも，実際には強さの異なる可能性がある質的に異なる感情を経験しています。ラショナルな思考によって生み出された感情も，惑乱した感情と同じ部類の感情に属することには変わりはありません。しかしそれらは，現象学的経験，社会的表現，問題解決の柔軟性，およびそれらが生み出す行動，といった多くの側面で異なっています。Ellisは，イラショナルビリーフは，不安，抑うつ，怒りを導くが，ラショナルな思考は，それぞれ，懸念，悲しみ，煩わしさへと至るであろうと仮定しました。REBTによれば[78]，クライエントは単に自分の気分の強度を変える方法を学ぶだけではなく，適応力のある感情のシナリオを学ぶことができます。その結果，セラピストは，適応的／機能的な感情について説明するとともに，クライエントが惑乱した感情に代わってどの感情を感じたらいいのかを自ら選ぶのを手助けするために，注意深く言葉を用いるようになります。

　この原則を示すよい例が，人種差別主義に対するMartin Luther King Jr.の反応でしょう。Kingは人種差別主義に対し，熱烈なしかし適応性のある感情的反応を示しました。彼の強烈な感情が，コミットメント，高い欲求不満耐性，問題解決，目標志向的行動を導きました。もしKingが，これほど激しい感情を経験しなくてもすむように力になりたいという心理療法家に出会っていたとしたら，今頃世界はもっとよい場所になっていたでしょうか？

　近年Dryden[18]は，惑乱した激しい感情をめぐる伝統的モデルと，感情の強さには2つの別々のレベルがあるとするREBTの概念には，おそらく両方にいくらかの真実があるだろう，と示唆しました。Drydenは，非

- Wolpe の SUDS／伝統的モデル
    - 機能的　　　0 ─────100　機能不全
- REBT モデル
    - 機能的　　　0 ─────100
    - 機能不全　　0 ─────100
- Dryden の改訂版 REBT モデル
    - 機能的　　　0 ─────75　　実際の覚醒
    - 　　　　　　0 ─────100　現象学的経験
    - 機能不全　　0 ─────75　　実際の覚醒
    - 　　　　　　0 ─────100　現象学的経験

図4.1　感情の覚醒のモデル

常に激しい感情が認知的な締めつけを引き起こし，適応的な反応について考える私たちの能力を低下させ，身体的な害を導く，と特筆しました。機能的／適応的な感情は，感情の覚醒によってそうした感情のバランスが崩れ，機能不全な反応を引き起こしてしまったら，強さを失ってしまうのです。Drydenの新しいモデルでは，激しさは，惑乱した感情を説明するうえで，ある役割を担います。しかし，惑乱した感情は，その激しさが実質的にどれだけ異なっていても，それでも惑乱した，として定義されるのです。図4.1は，感情の伝統的なモデル，Ellisの理論，およびDrydenの提唱したモデルを提示しています。

　REBT理論では，ラショナルビリーフが機能的な信念を導くのに対し，イラショナルビリーフは惑乱した感情を導くと仮定します。イラショナルビリーフは，抑うつ，不安，羞恥心，および激怒を含む，あらゆる感情の惑乱を導きます。Ellisの理論はそれまで，生じる出来事とイラショナルビリーフの組み合わせがいかにして，このように多様な，感情の惑乱を導くのかについて明確には定義してきませんでした。この問題を解決したのが，Davidら[10]でした。人が抑うつ／悲しみ，不安／懸念，怒り／苛立ちの，いずれの領域で感情を経験するかどうかは，Lazarus[52]によって明らかにされた評価のタイプによって決まるのに対し，感情が，抑うつ，不安，怒りなどの惑乱した感情に形を変えるのか，それとも悲しみ，懸念，

苛立ちなどの惑乱していない機能的な感情に形を変えるのかは，クライエントのビリーフ（イラショナルビリーフまたはラショナルビリーフ）によって決まる，と提唱しました。

惑乱の認知的メカニズム

　イラショナルビリーフは，本来，より評価に関わる性質をもつため，その他の認知理論の構造からは独立したものとして概念化されました[78]。しかしこうした区別は，Ellisの本来のイラショナルビリーフのなかにいくつかの事実誤認があったことから，失敗に終わりました。イラショナルビリーフには，厳格で不正確なスキーマと同じ特徴があります[12, 15, 28, 74]。したがって，それらはイラショナルビリーフと呼ぶよりも，イラショナルなスキーマと呼ぶ方が，より正確かもしれません。REBTは，イラショナルビリーフを多くのレベルで作用する，暗黙で，無意識な，広範囲にわたるスキーマとして解釈します。論理的／不合理なスキーマというのは，世界とはどのようであり，どうあるべきかについて，および現実にあるものとあるべきものについてのよいこと，悪いことについての期待です。スキーマは，次の点に影響を与えることによって，人が自身の世界を体系づけるのに役立ちます。(1)人が注意を傾ける情報，(2)人が感覚データから引き出す可能性が高い知覚，(3)人が自分が知覚するデータから結論づける可能性が高い推論，もしくは自動思考，(4)課題を完了させる自らの能力に対して人が抱くビリーフ，(5)人が現実の，または知覚した世界について下す評価，(6)人が問題を解決するためにおそらく考える解決策，です。

　イラショナルビリーフ／スキーマは，CBTの他の形式で言及される，他の仮定上の認知構造にも影響を与えます。図4.2は，イラショナルビリーフが，他の認知構造と感情の惑乱にどのように関係するかを説明しています。このモデルからは，イラショナルビリーフ／スキーマのレベルに照準を定めた介入が，感情の惑乱はもちろんのこと，他のタイプの認知をも変えることが予想されること，および他の認知プロセスを標的とした介入が，不合理なスキーマに影響を与える可能性もあるものの，必ずしもそう

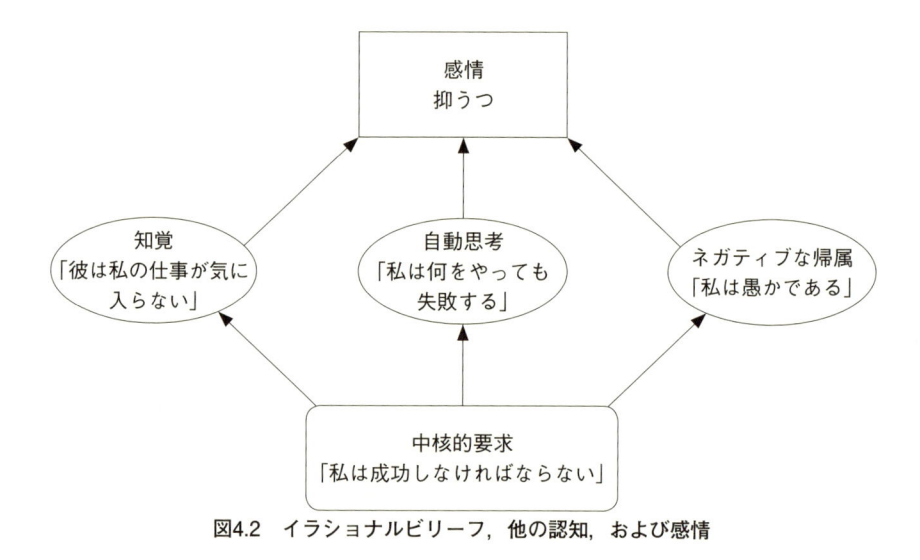

```
                    ┌─────────┐
                    │  感情   │
                    │ 抑うつ  │
                    └─────────┘
                    ↑    ↑   ↑
         ╱────╲   ╱────╲  ╱────╲
        ╱ 知覚 ╲ ╱自動思考╲╱ネガティブな帰属╲
       │「彼は私の│「私は何を││「私は愚かである」│
       │仕事が気に││やっても ││               │
       │入らない」││失敗する」│                 │
        ╲────╱  ╲────╱  ╲────╱
            ↑      ↑      ↑
             ╲────┴────╱
              ╱ 中核的要求 ╲
             │「私は成功し  │
             │なければならない」│
              ╲──────────╱
```

図4.2　イラショナルビリーフ，他の認知，および感情

というわけではないことがうかがえます。

　もともとEllis[28]は，13の異なるビリーフを明らかにしました。現在のREBT理論によると，イラショナルな思考（thinking）の4つのタイプは感情の惑乱（emotional disturbance）を導くとされます。その4つとは，過剰な要求（demandingness），最悪だと思うこと（awfulizing），欲求不満不耐性（frustration intolerance），および人間の価値に対する包括的非難（global condemnation of human worth）です。Maultsby[56]はEllisの最も初期の学生の1人ですが，彼はイラショナルビリーフの3つの基準を定めました。すなわち，不合理であるためには，ビリーフが非論理的であるか，経験的現実と矛盾するか，さもなければ人の長期的目標の達成と矛盾しているかということです。これらは，Thomas Kuhn[51]という科学史家が，理論を評価するために用いるよう科学者に対して提唱する，次の基準とよく似ています。論理的整合性，経験的予言可能性，発見的あるいは機能的な価値です。Ellis[28]は，現在に至るまで数回，自分の理論を変更していますが，現在は「過剰な要求」すなわち1つの考えに絶対的に，頑なに固執することが惑乱の中核であり，イラショナルビリーフの他のタイプ

はさほど重要ではなく，心理学的には，それらは不合理な過剰な要求から推論されるか，もしくは創造されると主張します。以下に，イラショナルビリーフとそれを不合理にするものを各々提示します。

過剰な要求

　REBTでは，願望（preferences）と要求（demands）を区別します。願望は，合理的でも不合理でもありません。それらは，ただあるだけです。セラピストは人の「欲望（wants）」を変えようと試みるのではありません。REBTでは，病理や正常の徴候となるような願望は何もない，と仮定します。人の願望が精神的惑乱を引き起こす原因となるわけではありません。しかし，人が，自分の願望は現実であるとあくまで言い張るとき，その人は感情的に惑乱しています。それでは，過剰な要求は，どのように，またなぜ，惑乱を導くのでしょうか？

　人は自分が遭遇した現実に関してスキーマを組み立てます。人は，世界についての自分のスキーマと現実との間に食い違いを経験すると感情の覚醒を経験することが，研究によって証明されています。私たちは，自分の経験と一致しない情報を見つけ出すのです。これを「現実と期待のズレ（reality-expectation discrepancy）」と呼びます。人はこのズレを知覚すると，それを解消しようと試みます。Piaget[64]は，人がこのズレを，同化，もしくは適応のいずれかによって解消することに着目しました。よく順応した人は，このような感情の覚醒によって動機づけられ，世界についての自分のスキーマを修正するためにさらなる情報を求めます。これが「適応」です。一方「同化」は，調和しない情報にもかかわらずそのスキーマを保持し，そのスキーマを維持するためにその知覚を変えることに関わるものです。それが間違っているという根拠があるにもかかわらず，期待は保持されます。科学や私たちの個人生活においては，人はどのような不一致が生じようとも，そのためにビリーフを変えることはしません。しかし，有意で本質的なズレが存在する場合には，自分のビリーフを変えるのが最善なこともあります。REBTでは，どのような根拠があろうとも，

頑なでスキーマを変えることができないことが，人間の惑乱を引き起こす原因となる，と主張します。したがって，過剰な要求が惑乱を引き起こす原因となるのも，人が現実と期待のズレに対処するために同化を用いるからです。このように頑なに同化を試みても，結局，同じ期待を生む結果となり，自分が知覚することと自分が期待することが食い違っているという感覚は続くことになります。このようなズレは，感情を刺激し，欲求不満，または脅威の感覚を喚起します。

たとえばある男性は，「私の妻は常に私に愛情を示さなければならない」と，心のなかで言うかもしれません。この男性は，自分が望むように妻にしてほしいと望んでいるだけではありません。自分がそれを求めているのだから，妻はそれに応じなければならない，と信じてもいます。そのため彼は，自分が敵対的で，思いやりがない態度を示した際に，妻が自分に対して冷たい態度をとるとショックを受けることがあります。妻がどのようなフィードバックを返そうとも，依然として敵意のある，思いやりがない態度を示し続けるかもしれません。それに加えて彼は，次のように結論づけるかもしれません。「妻は私に愛情のこもった態度を示さなければならないのだから，妻がそうしないと私は我慢できない」，あるいは「妻が愛情のこもった態度をとらないとしたら，そんなことあんまりだ，とんでもないことだ」などです。

Ellis[28]は，過剰な要求をあらわしているとして，should（〜すべきである），ought（〜して当然である），must（〜しなければならない），have to（〜する必要がある）といった語を特定しました。Oxford English Dictionary[62]を見ると，これらの語にはいくつかの意味があります。1つめは，より好ましい，望ましい，あるいはためになる活動や物事をいうものです。2つめの定義では，「should（〜すべきである）」を，条件三段論法の最初の前提と定めています。もしあなたがXを求めるのなら，Yをすべきである，というようにです。3つめは，何らかの現実に言及するものです（もしあなたが手にもっているそのペンを放したら，それは机に落ちるに違いない，など）。英語では，望ましい出来事をあらわすのにも，現

実をあらわすのにも，同じ語を用いるのです。一般意味論は，EllisがREBTの基礎として主張するものですが，それによると，人間は不正確に単語を用いると混乱し，機能不全に陥ると仮定されます。これは，複数の意味をもつ語を用いているときに最も起こる可能性が高いでしょう。だから，人は物理の法則を優先するのです。

　毎年，世界中の専門家が，アルバート・エリス研究所へ専門的な訓練を受けるためにやってきます。この10年間にわたり，私は，他の国々からやって来た同僚たちに，願望と現実をあらわすのに，彼らの言語でもshould, ought, must, have toに相当する言葉を用いるかどうか，尋ねました。アラビア語，中国語，クロアチア語，オランダ語，フランス語，ドイツ語，ヒンディー語，ハンガリー語，イタリア語，ポーランド語，ポルトガル語，ルーマニア語，ロシア語，セルビア語，スペイン語，タイ語，ウクライナ語，ウルドゥー語，ベトナム語を話す専門家からそのような言葉を用いるという返答を受けました。世界中の人間が，should, ought, must, have toと似たような言葉を用いて，願望と現実をあらわしたり混同したりしているのです。

　人がいったん過剰な要求の不合理さを理解すると，その人は「現実を受容した」とわれわれはいいます。受容という概念は，セラピーの文献において一般的になっています。アブストラクトのなかに心理療法が登場する出版物のタイトルに，「受容」という単語が用いられているかどうか，PsychINFOで検索してみると，いくつか興味深い結果が得られます。「受容」という単語が用いられている記事は，1985年以前にはわずかしか登場しませんでした。大幅な増加が起こったのは1990年代で，2000年以後にもう一度，一気に増加しています。これらの出版物の多くは，Hayes[45]のアクセプタンス＆コミットメント・セラピー（acceptance and commitment therapy：ACT）の最近の人気によって登場したものです。弁証法的行動療法（dialectical behavior therapy：DBT）に関する記事のなかでも，「受容」という単語はしばしば登場します。ACT[3]とDBT[67]が受容を概念化する仕方と比べてみると，Ellisの受容の概念化にはいくつか違いが存

在するものの，これらの相違は小さなもので，現代心理療法における受容についてのEllisの考えの明確な影響を反映しています。

最悪だと思うこと

「最悪だと思うこと」は，自分自身，他者，あるいは世界についての誇張された，ネガティブな評価と思考によって特徴づけられます。英語では，terrible（ぞっとするほどひどい），awful（最悪な），catastrophic（破滅的な）といった単語によってあらわされます。「まわりのみんなが同意をしてくれなかったら，最悪だ」と言う人もいるかもしれません。Rorer[69]は，人はこのようなビリーフを抱くと，「最悪」とは，あるいは「ぞっとするほどひどい」とはまさしく何なのか，いったいどのような大惨事が起きるのか，定義することができなくなる，と示唆しています。どのような結果となるのか確信がないために，それを極端に悪いものと定義するのです。Rorerは，最悪だと思うことは定義的であると考えています。人は，ある出来事に対して極端にネガティブな価を恣意的に与えておきながら，その出来事が起こると，はたしてそのような悲惨な結果が生じるのかどうかについて確かめようと，現実を検証することは決してありません。「最悪だと思う思考（awfulizing thinking）」に対抗する経験的主張は，Mark Twainによって最も適切に要約されています。Twainは「私は，一度も起こったことがないような多くの大惨事を生き抜いてきた」と言ったのです。論理的に考えることで，人は，なかにはよくない物事もあるということを認めながらも，それらが命取りになりはしないことを強調することができるようになります。

「最悪だと思うビリーフ（awfulizing beliefs）」に異議を唱えたがために治療同盟が断絶に至る可能性もあります。なぜならクライエントは，セラピストのコメントから，セラピストが理解していない，あるいは共感してくれていないと誤って結論してしまうことがあるからです。トラウマを経験してきたクライエントは，セラピストがこのようにクライエントの考えに反論することに特に過敏となり，無効化されたという気持ちを抱くもの

です。クライエントが過敏に反応する場合には，実際のトラウマに関するビリーフではなく，過敏な反応を引き起こしているクライエントの思考をターゲットとするのが最善です。

欲求不満不耐性

　Ellis[31, 32]はもともと，このタイプのイラショナルビリーフを「低い欲求不満耐性」すなわちLFT（low frustration tolerance）と呼びました。このようなビリーフは，その個人が欲求不満を感じることに耐えられない，あるいはそのようなものが存在するなかで生き延びる忍耐をもたないことを暗に意味しています。たとえば，自分のメールボックスにたくさんのEメールがきている人なら，「この人たち全員に返信しなければならないなんて，やってられない。こうした仕事をすべて抱えるなんて，あまりにも大変だ」と言うかもしれません。これらのビリーフは不合理です。なぜなら，人は死ぬことを除き，自分には耐えられないと訴えることを，実際には何でも耐えてきたからです。「欲求不満不耐性」すなわちFI（frustration intolerance）という用語は，Ellisの低い欲求不満耐性（LFT）という用語よりも適切なように思われます。オーストラリア人心理学者Marie Joyceは，低い欲求不満耐性（LFT）という用語がクライエントの困難を無効化する可能性がある，と指摘します。神経学的に障害がある子どもたちの両親といっしょに取り組むなかで，Joyceは，これらの両親が行動管理計画に従うのに苦労していることに気づきました。両親はしばしば，この方略が大変すぎると不満を訴えるのです。両親は，わが子が不作法な振る舞いをしたときに，わが子に調子を合わせた態度をとることに耐えられませんでした。Joyceが両親の低い欲求不満耐性（LFT）に反論すると，彼らは自分が誤解されていると感じました。Joyceは，これらの両親が大方の両親と比べ，わが子の子育てにより多くの困難を抱えていることを認めました。実際彼らは，たいていの両親よりもより多くの欲求不満に耐えてきていました。問題は，これらの両親の低い欲求不満耐性（LFT）ではありませんでした。彼らには，最も困難な目標を達成するの

に十分な欲求不満耐性がないことが問題だったのです。両親は，わが子によりよい行動をとらせるのに，平均的な親よりもより高い欲求不満耐性をもつ必要がありました。Joyceは，REBTがこのタイプの不合理の名前を「欲求不満不耐性（FI）」に変えたと示唆しています。欲求不満不耐性（FI）は，自分の目標を達成するのに必要な程度の欲求不満に耐えることに気が進まないということを意味しています。これにより，セラピストは，自らの目標を達成するのに必要な欲求不満には耐えられないけれども，たいていの人よりもより多くの欲求不満を経験してきた人の困難を無効化することができなくなります。

人間の価値に対する包括的非難

人間の価値に対する包括的でネガティブな評価は，その評価を自分自身に適用した場合には，抑うつまたは罪悪感を招く結果となるでしょう。また，その評価を別の人物に対して用いた場合には，怒りや軽蔑を生むことにもなりかねません。人間の無価値さに対するこのようなビリーフが真実であるはずがありません。人間を，よいか悪いかのいずれかとして評価することは不可能です。なぜなら人間は，非常に複雑であり，完全によい，あるいは完全に悪いということはありえないからです[28, 33]。評価は，人の行動に限定されるべきです。「私はうまく教えられなかった」と述べるだけの方が，「だから，私はダメな人間なのです」と付け加えて言うよりも論理的ですし，間違いなく健康的です。Ellisの見解は，哲学的なものです。Ellisは，アメリカ合衆国憲法前文，もしくはユダヤ系クリスチャンの宗教的伝統を真剣に受けとめるよう，提唱します。これらはどちらも，前者は政府によって，後者は神によって，人はみな平等に造られている，と明言しています。REBTは人びとに，自分自身ではなく，自分の行為を評価するよう教えます。ことわざに，「罪を憎んで，人を憎まず」とあります。自己評価は，Ellisが無条件の自己受容（USA：unconditional self-acceptance）と呼ぶものと置き換えられるのです。

REBTは，ある人物の自己評価を作りあげようと試みるプログラムには

大いに反対です。自己評価というのは，2つの異なる認知プロセスを組み合わせたものです。第一の認知プロセスは，自己効力感です。これは，課題を遂行する自分自身の能力に対する確信です。自己評価尺度に関する項目を点検してわかるのは，多くの項目がこのタイプの陳述を反映しているということです。第二の認知プロセスは，自己評価です。これには，人間としての自分の価値をめぐる結論が含まれます。専門外の人も，心理療法家も，しばしばこれらの2つの概念を混同し，自分の価値，あるいはその欠如を，知覚された自己効力感，またはその欠如に基づいて評価するのです。

　自己評価への介入は，人びとに対し，あなたは有能であるから特別な人間，もしくはよい人間であると教えます。あるいは，直接是認されない自己効力感を教えます。REBTは，このような介入には2つの困難が伴うと指摘します。第一に，これらの介入は人に，自分が自己価値をもてるのは自己効力感のおかげである，と教えます。これは，当面うまくいくかもしれませんが，その人の能力が鈍ってしまったら，あるいは仲間や同僚らがその人よりも勝ってしまったら，どうなるのでしょう？　このような介入を受ける人の精神状態は，ジェットコースターに乗っているようなものです。うまくいったときは気分よく感じ，うまくいかないと自分は価値がないと感じます。第二に，自己評価への介入は，しばしば，その人の能力を越えた自己効力感を教えます。自分は有効であるというフィードバックをもはや得ることができなくなると，おそらく感情的に崩壊してしまうでしょう。第三に，自己評価プログラムは，うまく遂行できないことに対してコーピング方略を提供することはできません。ほとんどの人は，成功へ至る途中で，ときに失敗もします。あるいは成功するよりも，失敗することの方が多いものです。だから人はうまく遂行できないことに対処する必要があるのであり，だからこそ，REBTは自己受容に取り組むのです。

一次的惑乱と二次的惑乱

　REBTでは，イラショナルビリーフが2つのタイプの惑乱を生むと仮定

します。一次的感情-行動の惑乱は，具体的に生じる出来事に関するイラショナルビリーフから生じます。一方，二次的惑乱は，自身の一次的感情-行動の惑乱についてイラショナルビリーフを生み出す結果です。つまり，一次的なABCの感情的結果が，新たなABCを生み出す出来事となるのです。人は自分自身の認識，感情，および行動をじっくりと思案するものです。そのため，自分自身の思考，感情，および行動に関するイラショナルビリーフが，二次的感情の惑乱を導くことがしばしばあります。人は，自分が抑うつ的な気分に陥っていることに対して抑うつ的になり，自分が不安であることに対して不安になり，さらには腹を立てている自分自身に対して怒りを覚えることがあります。二次的感情の惑乱は，惑乱の状態を維持したり，エスカレートさせたりしてしまうのです。少なからぬ調査研究が，不安障害，とりわけパニック障害の領域における，このような二次的感情の惑乱の重要性を裏づけています。

クライエントに二次的惑乱が見られる場合，理論的にはセラピストは，第一に二次的惑乱のレベルで介入をはかるべきであり，一次的惑乱を標的とする介入は通常失敗すると仮定されます。人は，自分がどういうふうに気が動転するのか，あるいは自分の一次的惑乱を克服するためにどのような方略を用いることができるのか，ということについて考えるとき，そのような感情について破滅的な思考，すなわち欲求不満不耐性（FI）を引き出し，それを二次的惑乱へとエスカレートさせます。REBTは，セラピストがまずはその二次的惑乱に対処し，それが終わったら，その後，一次的惑乱を取りあげることを提案します[19, 35, 78]。

他にも何人かのセラピストが同様の結論に達し，クライエントは自分の問題がさらにエスカレートするのを防ぐための手段として，自分の感情の惑乱に耐えることを学ぶよう勧めています[46, 47]。Barlow[1]は，感情障害はすべて二次的障害である可能性がある，と述べています。人は，惑乱していない感情の経験をめぐる欲求不満不耐性（FI）が原因で，別に惑乱した感情を経験したわけでもないのに二次的惑乱を生み出すことがしばしばあるというのが，Barlowの考えです。

治療モデル

実践的解決策と感情的解決策

　REBTは，実践的解決策と感情的解決策を区別します[28, 78]。「実践的解決策（practical solution）」の場合は，生じる出来事をクライエントが変えるのを手助けする，問題解決またはスキル開発のアプローチが必要となります。一方「感情的解決策（emotional solution）」は，生じる出来事に対するクライエントの感情的反応を変えようと試みます。実践的解決はAを変えようとするのに対し，感情的解決はCを変えようとするのです。REBTでは，セラピストはまず感情の解決を求めることが推奨されます。その理由は先程述べたことから明らかです。しばしば，実践的な解決策が存在しないことがあります。そのためクライエントは，「歯を食いしばって耐え」，つらい現実に対処することを学ばなければなりません。冷静になってからの方が，問題解決と行動のスキルを学べる可能性がより高くなります。

　セラピストのなかには，最初に感情の解決に対処するというREBT方略を，REBTは感情の解決にしか取り組まない，と誤って解釈してしまう人がいます。そのようなセラピストは，クライエントが実践的な解決を達成するのを手助けすることは，REBTのストア哲学のルーツを裏切ることになる，と考えます。しかし，REBTの目標はクライエントがより幸せな生活をおくることができるよう手助けすることです。人は，困難に耐え，それらをうまく扱うことができたときに，この目標を最も達成できます。その必要がないのに欲求不満に耐えるべきであるというのは，この理論に沿うものではありません。クライエントが自らのAを変えるのを手助けすることは，セラピーの目標として容認できるものです。しかしREBTは，実践的な解決策が何も存在しない場合の用心のために，またクライエントは自分の感情的な惑乱を取り除いたときの方が実践的な解決策をよりうまく追究することができるという理由から，このような介入は，感情の解決の後でなされるべきであると推奨します。

哲学的／エレガントな解決策とエレガントでない解決策

　REBTによると，セラピストが感情の解決策を成し遂げるには，クライエントの知覚，あるいは自動思考を変えるのではなく，中核となるイラショナルビリーフを変えるのが最善だ，とされます。Ellisは，イラショナルビリーフにねらいを定めた介入を「エレガントな解決策（elegant solution）」と呼びます。Ellisは，哲学的な／エレガントな解決策を，より好ましいと考えます。なぜならそれは，広範囲に及ぶ，おそらくネガティブな出来事においてクライエントが用いることが可能なコーピング方略を提供するからです。哲学的な解決策は，一連のより広い状況にわたる，より一般化可能な変化を促進すると考えられています。

　REBTでは，セラピストは再帰属，またはリフレーミングを通した知覚の変容，もしくはネガティブな自動思考の修正に焦点を置いた介入を避けることが推奨されます。Ellisは，このような介入を，「エレガントでない（inelegant）」と呼びます。このような介入がエレガントでないとみなされるのは，それらが主要な哲学的な変化を求めないからです。これらの介入がコーピング方略を提供するのは特定の出来事に対してであり，広範囲に及ぶ状況に対してではありません。また，再帰属，リフレーミング，および自動思考の変容は，現実と矛盾するかもしれません。現実に関するクライエントの知覚と推論は，間違っていないかもしれないからです。

変化のプロセスに対する6つの洞察

　論理情動行動療法は，人間の変化のプロセスに対する6つの基本的な洞察力を明らかにします。認知，あるいはビリーフは，人間の惑乱の最も直接的で，明確な原因です。不合理で，非論理的で，反経験主義的なビリーフは，感情の惑乱を導きます。一方，ラショナルビリーフは，感情の調節と精神の健康を導きます。私たちの感情の惑乱を変えるための最善の方法は，私たちの思考を変えることです。人が感情の惑乱をどのように引き起こすか，また引き起こすかどうか，ということには，生まれと育ちが影響しますが，人が動揺するのは，自らのイラショナルビリーフを繰り返し唱

え，教えられたことを再度自分自身に教え込むことが理由なのです。変化するというのは難しいことです。人は，自らの非機能的な思考に異議を唱え，新しく，論理的で，適応的な思考様式を繰り返し唱える努力を繰り返すことによってしか，変わりません。REBTによると，ビリーフというのは，口頭による議論や論理的検証，経験的修正，および有効性を含めた，多くの要因によって影響されたものである，と付け加えることもできるでしょう。人は，心理教育的講義，読書，ソクラテス式問答法，および他者の思考のモデリングを通して，新たなラショナルビリーフを学ぶことができます。声に出して自己陳述し，出来事の想像上の場面を何度も繰り返しリハーサルして，新しいビリーフを適応的な，または新しい行動と組み合わせることによって，新しい，ラショナルビリーフを身につけていくことができます。イラショナルビリーフに抵抗して行動することは，新しい行動を強化するのに役立つだけでなく，そのようなイラショナルビリーフを弱め，新しいラショナルビリーフを支持することにもなります。

　REBTのプロセスにおいて，セラピストの課題には，次のことが含まれます。

1．セラピーの目標に関する同意も含め，クライエントとの治療同盟を確立する。
2．クライエントに生じる出来事と機能不全な感情を確認する。
3．クライエントの非適応的な認知（要求とその派生的な感情）を確認する。
4．クライエントの不適応／不合理な認知に，積極的に，説得力をもって反論する。
5．クライエントが，適応的なラショナルビリーフを定式化し，非適応的なイラショナルビリーフと置き換えるのを手助けする。
6．読書，リハーサル，イメージを通して，積極的にクライエントの非適応的な認知に反論し，それに代わる新たな適応的なラショナルビリーフをリハーサルすることによって，クライエントに実践の機会

を与える。
7. クライエントと共同で，クライエントが非適応的な認知を確認し，評価したり，反論して，それを置き換えたりするとともに，惑乱を起こさないよう行動するのを手助けするようなホームワークを出す。

セラピーのプロセスに関しては，以下でさらに詳しく論じます。

経験的エビデンス

　いくつかの研究領域が論理情動行動療法の裏づけに関わっています。第一の仮定は，イラショナルビリーフは，精神病理学と相互に関連するか，あるいはそれを予測するというものです。イラショナルビリーフを査定するために，いくつかの尺度が作成され，これらを精神病理学の測定基準と関連づけるために，多くの試みがなされてきました。何百というこのタイプの研究が，Ellisの理論と一致してきました（文献7参照）。イラショナルビリーフは，抑うつ[54]などの，感情の惑乱という概念と関連づけられてきました。抑うつもまた，一見健康な個人の内部で進行する症状についての，自己報告と生理的指標によって測定されます[63]。この領域の調査研究の大多数が，自己報告式の質問紙によってイラショナルビリーフを査定します。しかしながら，これらの尺度は多くの場合同じ下位尺度を含んでいません。これは，複数の研究にわたって比較するうえで困難をもたらし，Ellisの理論が支持する内容をめぐる混乱を促進します。Ellisの理論は，イラショナルビリーフを，しばしば自覚しにくい暗黙の認知としてとらえてきましたが，ほとんどの研究者は自己報告式のアセスメント方略に頼り続けています。ただし，この方略は暗黙の認知にアクセスするのには最善ではないこともあります。暗黙の思考にアクセスするのに，自由再生法の一種である発話思考法（Articulated Thoughts in Simulated Situations procedure）といった，よりよく設計された方略が他にもあります。これ

らもまた，イラショナルビリーフと感情の惑乱との間に明確な関係を見出してきました[20]。

REBTには重要な仮説があります。それは，機能的な感情と機能不全な感情は研究によって区別が可能であり，ラショナルビリーフは機能的な感情を導くのに対し，イラショナルビリーフは機能不全な感情を導く，というものです。この仮説を検証するいくつかの研究は，ラショナルビリーフの是認が，Ellisが「適応的／機能的な感情」と名づけたものの引き金となり，一方，イラショナルビリーフが，惑乱した感情の引き金となることを実証しました[10, 11, 9]。

REBTは，過剰な要求が人間の惑乱の中核であると仮定します。この中心的な特質は，いくつかの仮説を導いてきました。第一の仮説は，過剰な要求が，欲求不満不耐性（FI），自己誹謗，および最悪だと思うといった，その他のイラショナルビリーフを引き起こす原因である，というものです。この仮説の検証を試みた研究は，ほとんどありません。もしこれが真実ならば，過剰な要求は，イラショナルビリーフ尺度の探索的因子分析で最初にあらわれるであろう，と予測できるでしょう。さらに，他のイラショナルビリーフが惑乱の測定に対する過剰な要求の影響を仲介するだろう，とも予測されるでしょう。そして最終的には，構造的均衡モデリングが最適モデルにおいて，過剰な要求がすべての他のイラショナルビリーフを導き，これらの他のビリーフが惑乱に影響を及ぼすだろうということが明らかになる，と予測されるでしょう。しかし，このように過剰な要求の中心的な特質に関するEllisの仮定を検証した研究はひとつもありません。したがって，過剰な要求が最も中心的なイラショナルビリーフであるのかどうかは，定かではありません。

もしこれが真実なら，イラショナルビリーフは，統計的に他の認知変数以上に，感情の惑乱の原因となるはずですし，さもなければ自動思考や，CBTの他の形式によって開発されたその他の構成概念を通して惑乱に影響を及ぼすはずです。イラショナルビリーフは，惑乱に対して直接的な影響を及ぼす一方で，こうしたその他の認知的構成概念を引き起こしたり，

活性化したりすることによっても影響を及ぼします。この領域では，これまでごくわずかな研究しか行われてきませんでしたが，認知的内容の構成概念や認知プロセスの基準においてこのような役割を果たすものとして，イラショナルビリーフを確認する研究もあります。SzentagotaiとFreeman[73]は，イラショナルビリーフの苦悩に対する影響が自動思考によって部分的に仲介されることを明らかにしました。このように，イラショナルビリーフは自動思考を導き，自動思考は感情の苦悩を導きます。思考抑制のプロセスは，感情の惑乱に影響を及ぼすことが明らかにされています。Szentagotai[72]は，イラショナルビリーフの苦悩に対する影響が思考抑制によって完全に仲介されることを，媒介分析を用いて証明しました。イラショナルビリーフは思考抑制の影響を仲介しませんでした。いったんイラショナルビリーフの引き金が引かれると，思考抑制は不要で邪魔になる思考と感情をコントロールする方法として介在し，苦悩に対するイラショナルビリーフの影響を仲介する可能性があります。高レベルなイラショナルビリーフ（「私は……に耐えられない」，「これはひどい」，などとして表現されます）は，思考抑制を導くことがあります。Szentagotai[72]のその他の研究所見と併せ，これらの結果は，苦悩における主要な評価メカニズムはイラショナルビリーフに基づいており，それが苦悩に対するストレスフルな出来事の影響を仲介する可能性がある，というREBTの仮説を裏付けています[59]。

　最も重要なのは，REBTの効能と効果を裏付ける研究です。心理療法の効果に関する，比較に基づいた最初のあるレビューにおいて，SmithとGlass[71]は，論理情動療法（当時はそう呼ばれていました）は，系統的脱感作法に次いで二番目に効果的な心理療法である，と結論しました。このレビュー以来，次の人らによるものも含め，REBTの効果研究に関するレビューが他に16，登場しています（文献17, 37, 40, 41, 42, 43, 44, 48, 53, 55, 57, 61, 65, 77, 70, 83）。これらのほとんどは，物語風のレビューでしたが，4つはメタ分析でした（すわなち文献37, 53, 65, 77）。ほとんどのレビューが，成人の研究と子どもの研究を対象にした一方で，成

人のみに焦点を置いたもの（文献41，83）や，子どもと青年期の若者たちに関する調査研究にのみ焦点を置いたレビューもありました（文献40，42，44，77）。査読のある科学雑誌に発表された論説と未発表の学術論文の両方を対象にしたものもありました（文献41，42）。

　これらの16のレビューには280を超える研究が登場します。しかし，レビュアーたちが同じ研究に言及することはめったにありません。5つのレビューに共通して言及されたのはわずかに13の研究だけ，6つのレビューとなると3つの研究だけでした。そして，124の研究については複数のレビューで言及されることはありませんでした。レビュアーたちは，同じ時代，同じ研究のタイプ，あるいは同じ集団のタイプを対象としていながら，どの研究を取りあげるかについてはほとんど一致していなかったのです。レビュアーのほとんどは，自分たちが選択した時代のかなりの多くの研究を無視したか，除外したか，さもなければ見つけることができませんでした。最も包括的なものは，Silvermanらによる2つのレビューでした（文献57，70）。

　このようにレビューの対象範囲にむらがあることから，Terjesenら[75]は，REBTのアウトカム研究をより徹底的に探し求めてみることにしました。現在に至るまでに，われわれは430を超える研究を発掘しました。メタ分析レビューに着手し，さまざまな特徴に関する研究をコード化し，効果量を算出しました。最終的なデータ分析は，まだ完了していませんが，研究のリストは，ウェブ上で手に入ります[75]。

　REBTの効能と効果を支持する研究は，相当な数にのぼります。しかし，これらの一群の研究には，多くの問題が存在します。というのは，研究の多くが，1つの研究に取り組む著者たちによって，学術論文として著されたものなのです。したがって，持続的に進歩していくリサーチプログラムによってREBTに関する知識を拡張してくれる研究者らによって行われた研究は，非常に少ないのです。研究の多くは古いもので，当分野が効果研究のための現在の方法論的基準を開発する以前に行われたものです。これらの研究の多くには，本質的な方法論的欠陥があります。多くの

研究は，明記された限度を上回るスコアを示し，診断上の障害の基準を満たす人を参加者に選んでいます。こういった欠陥があるとはいえ，これら多数の研究は，不安，抑うつ，人前で話すことの困難，物質乱用，怒り，行為障害，吃音を含む，多くのさまざまな問題を抱える多数のサンプルについて，REBTの有効性を強力に裏づけるものとなっています。

　心理療法を検証する最善の方法は，プラセボや非介入統制群との比較ではなく，特定の障害の最も効能のある治療と比較することです。Davidら[8]は，大うつ病性障害と診断された患者の治療において，REBTと，抑うつのための2つの確立された治療法の効能を比較するために，無作為化臨床試験を実施しました。2つの治療法とは，認知療法と，選択的セロトニン再取り込み阻害薬（SSRI；フルオキセチン）を用いた薬物療法です。患者は，14週間のREBTか，14週間の認知療法（CT），あるいは14週間の薬物療法のいずれかに無作為に割り付けられました。検査後の結果を見ると，各治療条件の間に何の相違も存在しないことがわかりました。6カ月のフォローアップでは，薬物療法よりも，REBT（有意）とCT（非有意）の方に大きな効果があることが，ハミルトンうつ病評価尺度において認められましたが，ベックうつ病調査票では認められませでした。この，十分に管理され，方法論的に洗練された研究は，REBTが抑うつに対するすぐれた介入方法と同等の効能があることを明確に実証しています。不安に対する確立された治療とREBTとの同様の比較からは，REBTが不安に対する標準的な行動治療と同等，もしくはそれ以上の効能をもつことが明らかになっています[75]。全般的にいって，少なからぬ調査研究がREBTの基本教義とその効果を裏づけています。

臨床実践

REBTの13のステップ

　Drydenら[19]は，REBTの心理療法セッションで通常行われる13のステ

第4章　論理情動行動療法　163

REBTセッションノート
クライエント：＿＿＿＿　セッション＃：＿＿＿＿　日付：＿＿＿＿
同席者：＿＿＿＿＿＿＿＿＿

ステップ1　：クライエントに問題について尋ねる。
ステップ2　：セラピーの目標を明確にし，合意する。
ステップ3　：感情的，行動的な結果を査定する。
ステップ4　：Aを査定する。
ステップ5　：二次的感情問題の存在を査定する。
ステップ6　：B−C間の結びつきを教える。
ステップ7　：イラショナルビリーフを査定する。
ステップ8　：イラショナルビリーフを惑乱した感情に結びつけ，ラショナルビリーフを惑乱していない感情に結びつける。
ステップ9　：イラショナルビリーフについて論議する：次のうち自分が行ったことすべてを丸で囲む（論理的だった，経験的現実と一致していた，発見的だった，新しい代わりのラショナルビリーフをデザインした，教訓調だった，ソクラテス式問答法を用いた，比喩的だった，ユーモアがあった）
ステップ10：クライエントが，ラショナルビリーフにおける自ら確信を深められるよう用意させる。
ステップ11：クライエントに，新しく学習したことをホームワークで実践するよう促す。
ステップ12：ホームワークを確認する。
ステップ13：プロセスの最後まで完了させるよう促す。

図4.3　セッション記録形式の論理情動行動療法の13のステップ

ップを規定しました。Ellisと密接に協力し，スーパービジョンにおける訓練生に対するDrydenら自身とEllisのアドバイスを再検証することによって，これらのステップを開発したのです。REBTに不慣れなセラピストでも，これらのステップに従うことで，誤りを避け，モデルの重要な側面を確実に実践していくことができるでしょう。訓練生のなかには，これらのステップを思い出し，セッションの最後まで自分を導いていくためにチェックリストをずっととっておく人もいます。図4.3は，13ステップをセッションノート形式にまとめたものです。これは，各ステップで明らかになった特定の情報を記録しておくのに用いることができます。

　ステップ1は，クライエントに，セッションのなかで話し合いたい問題は何かを尋ねることです。ときおりクライエントは，以前のセッションで

話し合われた話題とは関連のない問題を提示してくることもありますが，たいていは直接関連する問題の実例が示されます。クライエントがいったい何をセッションのなかで話し合いたいと思っているかを知ることは，セッションの目標について合意をはかり，治療同盟を維持していくのに役立ちます。ステップ２は，セッションの目標について正式に合意することです。クライエントは，以前のセッションで話し合われた問題とは関連のない，まったく新しい問題を提示してくることもあります。一方，セラピストは，新しい話題に移る前に，まずは，継続中の話題を続けていこうとします。その結果，セッションの最中やセッションを継続する前に何を取りあげるかについて同意されないこともあるかもしれません。もしそのようなことが起こった場合，セラピストは，各話題を追究していくことの是非について，合意に至るまで話し合います。加えてクライエントが，セッションの目標を「Ａを変えること」として表現する一方で，セラピストは，目標を，「Ｃを変えること」として考えていることがしばしばあります。REBTでは，最初に感情問題に取り組むことを推奨することから，治療同盟という面での目標に関する同意が崩れることがあります。どの問題に取り組むかについてのコンセンサスは，セッションを続けていくうえで決定的に重要です。

　ステップ３，４，５では，それぞれＣのアセスメント，Ａのアセスメント，二次的感情の惑乱についてのアセスメントを行います。ステップ６で，セラピストはクライエントにＢ-Ｃの結びつきを教えます。クライエントはＡの曖昧な例を提示することがよくあります。そのためセラピストは，クライエントにＡの具体的な例を提示してもらおうとします。これは，クライエントが変えなければならない，正確なＣとＢを生み出すのに役立ちます。Ａの具体例を提示してもらうため，クライエントに，思い出せる出来事のなかで最も動揺させる例，最も直近の例，もしくは最も原型の例を選ぶよう求めます。

　ステップ７は，クライエントのイラショナルビリーフを査定します。心に留めておいていただきたいことは，イラショナルビリーフというのは，

言葉にあらわされない，無意識の，スキーマ的概念であるということです。それらは，私たちの意識に取り入れられやすくなりますが，意識の流れのなかでは表現されません。ほとんどのセラピストは，「あなたは，気が動転したとき，何を考えていましたか？」とクライエントに尋ねますが，このような質問で引き出されるのは，自動思考であり，イラショナルビリーフではありません。DiGiuseppe[13]は，イラショナルビリーフを査定するための主な方法は2つある，と示唆しています。第一は推論の連鎖（inference chaining）です。自動思考というのは，自分が形成，また自分が抱いている中核的スキーマ，あるいはイラショナルビリーフに基づいて形成しようとしている知覚から引き出す推論です。推論の論理に従えば，中核となるイラショナルビリーフを明らかにすることができます。推論の連鎖のなかでは，自動思考に対する一連のフォローアップ質問をすることになります。クライエントは，自分の自動思考が事実であると仮定するよう求められます。そして，それが事実ならばどうなるというのですか，あるいはあなたにとってどんな意味がありますか，という質問に対し，クライエントはたいてい別の自動思考をもって応答します。セラピストは，イラショナルビリーフ，「ねばならない（must）」，最悪だとかぞっとするなどの言い方，「私はそれに耐えられない」，もしくは人間の価値に対する包括的な評価が，クライエントの口から出てくるまで，このタイプの質問を続けます。推論の連鎖は，クライエントを感情的にさせ続けます。なぜなら各質問によって，セラピストは，現実へ，そして感情的に引き金となる出来事へ，どんどん近づいていくからです。この方略でも，クライエントが各質問に対して応答する際に，かなりの自己発見が行われます。セラピーが推論の連鎖を重ねていくにつれて，感情の覚醒が高まっていくにもかかわらず，クライエントは，自分の中核的なビリーフを明るみに出すことでほっとするのです。連鎖の終わりでの「わかった！」という経験を通し，セラピストとクライエントを結ぶ絆となる経験が生まれることがよくあります。

　第二の主要な方略は，必ずしもすべてのクライエントが，自分のスキー

マティックなイラショナルビリーフを言葉にすることができるわけではないのは，このような思考が，言葉による記憶にではなく，エピソード記憶に蓄積されるからである，という自覚に基づいています。DiGiuseppe[13]は，セラピストは皆，自分のクライエントのイラショナルビリーフについて仮説を展開する，と示唆しています。セラピストはクライエントに，自分の中核的なイラショナルビリーフを自覚するよう奮闘させるのではなく，むしろ，クライエントに仮説を提供した方がいいでしょう。これを効果的に行うためにセラピストは，(1)必ず仮定の言語を用いるようにし，(2)その仮説の結果についてクライエントにフィードバックを求め，(3)自分が間違っている可能性に心の準備をし，そして(4)クライエントの応答に基づいてその仮説を修正するべきです。Dryden[18]はもう1つのアプローチを開発しました。Drydenは，クライエントの自動思考に耳を傾け，そのうえでその自動思考の結果生じる，ラショナルな思考とイラショナルな思考を構成します。これらの思考をクライエントに提示し，クライエントが考えていることに最も近いのはどちらであるか，確認するよう求めます。クライエントはたいてい，イラショナルビリーフだと答えます。その後，セラピストとクライエントは，どうしたらクライエントはそのビリーフを自分自身の言葉で表現できるかについて話し合います。

　ステップ8で，セラピストは，イラショナルビリーフをクライエントの感情の惑乱と結びつけ，イラショナルビリーフについて論駁（介入）を開始します（ステップ9）。イラショナルビリーフについて論駁（介入）することは，REBTにおいて最も困難な課題です。Ellisは常に「論駁（介入）」という用語を用いてきましたが，セラピストのなかにはこの用語に反感を抱き，無情で，敵対的である，ととらえる人もいます。重要なのは，セラピストとクライエントがビリーフの真偽の評価に取り組むことです。このプロセスを達成するためには，セラピーの目標と課題についてのはっきりとした同意とともに，良好な治療同盟が必要です。DiGiuseppe[14]は，Ellisのセラピーの何時間にも及ぶビデオテープを詳細に吟味した後，その論駁（介入）のプロセスを詳述しました。イラショナルビリーフは，

その論理に異議を唱え，その経験的正確さを検証し，さらにそのようなビリーフを抱いていることで生じる結果の機能を評価することによって，論駁（介入）することが可能です。加えてセラピストは，代わりのラショナルな考えを提案する必要もあります。これらの代わりのラショナルな考えは，REBTの哲学に基づいています。クライエントが同意する，代わりのラショナルビリーフを提案した後，セラピストは，その代わりのビリーフに対しても反論して同じ議論をし，はたしてそのほうがよりうまくいくかどうかを査定します。

　議論のタイプを調整することに加え，セラピストは，自分の論駁（介入）の修辞的なスタイルについてもさまざまに変化させた方がよい，とDiGiuseppe[14]は提案します。教訓調（直接的教授）方略，ソクラテス式問答法，メタファー，あるいはユーモアを用いてもいいでしょう。Kopecら[50]は，各セルが議論のタイプと修辞のタイプをあらわすようにした表を作成しました。そしてセラピストに，各セッションの前にその表に記入する論駁（介入）の言葉を考えることを勧めました。Kopecらのデータが示唆するように，このような活動は，訓練者の論駁（介入）における自己効力感を増大させます。論駁（介入）のテクニックを磨くためには，この活動を数人のクライエント相手に数週間続けてみるといいでしょう。論駁（介入）のもう1つの重要な構成要素は，想像力の活用です。セラピストとクライエントは，クライエントが出来事にアプローチし，新しい論理的なコーピング陳述を何度も繰り返し唱え，適応的な感情を経験し，さらに適切に行動している場面を描くことができます。

　このモデルにおけるステップ10は，自分のラショナルビリーフに対するクライエントの確信を深めることに関連します。クライエントは，イラショナルビリーフが適当でないことは自分でもわかっているのだけれどもそれを信じてしまう，と報告することがよくあります。セラピストは，クライエントが，代わりのラショナルビリーフについて理解するだけでなく，それを確信するまでに至るよう努めます。これを達成するには，論駁（介入）の継続を通し，また実際に新しいラショナルビリーフを抱いたら，ク

ライエントの行動はどのように違ってくるかを明確にし（ステップ11），目標を達成するためセッションとセッションの間にホームワークを行うことに同意する（ステップ12）ことが必要です。

ホームワークには，クライエントにREBTのホームワークシートを完成させることが含まれることがあります。このシートは，イラショナルビリーフについての論駁（介入），イメージのリハーサル，あるいは，行動的活動への従事を通してクライエントを導くものです。行動的ホームワークでは，クライエントが実際にAに向き合い，それを回避しないことが重要です。たとえば，私は最近，パニック障害を抱えるクライエントに対するあるセラピストの治療のスーパービジョンをしました。このクライエントは，ニューヨーク市の地下鉄に乗ることに対して二次的な恐怖を抱くようになっていました。地下鉄でパニック発作に襲われたことがあったからです。そのクライエントは，地下鉄に乗っていると，自分がパニック発作を起こし，醜態を晒して，人に笑われてしまう，それは最悪なことだという考えがどっと押し寄せてきました。セラピストはそのクライエントに，パニック発作は制御されており，醜態を晒すことはない，という考えを心のなかで繰り返しながら地下鉄に乗るようにさせました。これらのエクササイズは，望んでいたような効果を示しませんでした。私は，そのクライエントに，実際に自分の恐怖に向き合い，地下鉄で醜態を晒してみてはどうか，と提案しました。クライエントは，次回地下鉄に乗った際に，パニック発作に襲われたふりをしてみることに同意し，「精神異常者のように見えるでしょうね」と言いました。このホームワークはクライエントに自分の恐怖と向き合わせ，よい結果に結びつきました。Ellisは，通常フラッディング型ホームワーク課題を推奨します。徐々に課題に曝していくと，そこから生じる感情があまりにもつらく耐えられないものである，ということを意図せずしてクライエントに教えてしまうことになるとEllisは考えたのです。

最後のステップである，ステップ13は，般化を促すために，クライエントが動揺した経験のある出来事のその他の例について見直します。クライ

エントは，自分の反応を般化するために，他の状況についても同じステップを最後まで進んでいくよう促されます。

症例

　レイ・リッチは，34歳のヨーロッパ系アメリカ人男性です。前の彼女に対する愛着をなかなか吹っ切れず，デートに対し恐怖感を抱いていることからセラピーを求めました。レイは，若い頃にトゥレット症候群を発症していました。彼のチックは非常に深刻でした。中学校，高校を通じて，同級生たちからからかわれたことを思い出しました。仲間はずれにされ，つばを吐きかけられたり，ひやかされたりしました。何年にもわたる薬物療法，セラピー，さらには何度か入院もした後，20代になって，チックは軽減しました。ところがレイは，20代に強迫性障害（OCD）を発症します。そのために行動療法を受けました。それはとても効果がありました。彼は，話をするとき，いくつかの短い言い回しを3，4回繰り返しました。神経質になっていたり，ストレスを感じているときには，特にそうでした。誰に聞いても，彼のチックと強迫症状は，手に負えないほどではありませんでしたから，彼は，それを抱えたままで自分は生きていけると信じていました。

　レイは両親の助けで公務員の職を得ていました。両親にとって彼は依然としてごく身近な存在でした。彼には親しい友人がほんのひとにぎりしかいませんでした。職場では受け入れられているように感じていました。彼は社交的でしたし，気さくだったからです。週1回のOCD自助グループに参加していました。高校時代から20代初めまで，女性とデートしたことはありませんでした。女性は誰でも自分のことなんか求めないと思っている，そうレイは報告しています。彼は，自己嫌悪と役立たずという思いに耐えつつ，同級生たちからのいじめを受けながら，青年期を生き抜いてきました。25歳のときに，ナンシーという名前の女性と出会い，彼にとって唯一の恋愛関係をもちました。レイはナンシーを愛していましたが，彼の報告によると，ナンシーは彼に対してかなり冷たかったといいます。ナン

シーは，レイを床で寝させ，チックをひやかしました。彼が公務員で，肉体労働者であることをあざ笑いました。彼は，ナンシーからひどい扱いをされた出来事を多数報告しました。彼は唾液に対して極度の恐怖を抱いていたため，ナンシーにキスすることができませんでした。高校で同級生の仲間たちから唾を吐きかけられて以来ずっとその恐怖を抱いてきました。そんなレイがナンシーと別れなかったのは，彼女以外に自分と付き合ってくれる女性など誰もいないと信じていたからだと，レイは言います。結局，レイは，ナンシーが自分に対して身体的な虐待を加えるようになったとき，彼女のもとを去りました。両親のもとに戻ると，両親にナンシーから虐待を受けていたことを話しました。1年ほどして彼は，実家を出てひとり暮らしを始めます。セラピーを求めたとき，他の女性とは誰ともデートをしたことがありませんでした。彼は，仕事，社会，コミュニティの行事で既婚女性になら話しかけることができる，と報告しています。自分が既婚の女性とデートすることはない，とわかっているからでした。独身女性，あるいは独身者が集まりそうな場所は一切，避けました。彼の主要な目標は，女性と会い，デートをすることであり，願いは，結婚して家族をもつことでした。

レイは，セラピーのかなりの時間を，ナンシーと自分の関係について話し合うことに費やし，女性と会うという話題は避けました。初期のあるセッションで，私たちは，Aを新しい女性と会うこと，Cを恐怖と定義しました。女性と会うことについて考えたことが引き金となってどのような考えが浮かんだかと尋ねると，レイは「女性は，ぼくのことなど拒絶するでしょう」と言いました。推論の連鎖のテクニックを用いながら，もしすべての女性が彼のことを拒絶したら，どうなるだろうか，と尋ねました。彼は「ナンシーのところへ戻ります」と答えました。レイは，ナンシーとよりを戻すことを秘かに願っていました。虐待的な扱いをされたにもかかわらず，依然としてナンシーのことを愛しており，他の女性を求めるのは，彼女に隠れて浮気をするようなものだろうと考えていました。私は彼に，もしナンシーに会ったらどうなるだろうか，また，そのような幻想を思い

描いているときどのような感情が湧き起こるかについて，話してくれるよう促しました。

　どっと感情があふれ出してきました。第一に，レイは羞恥を感じました。ナンシーについて彼が明らかにしたおぞましい話をすべて聞いた後，私は，彼が今でも彼女のことを愛しているということについて，どう考えたらいいのでしょうか？　加えて彼が，自分をあざ笑い，さんざん痛めつけた人をそれでもなお愛せるということで，彼についての何が明らかになったのでしょうか？　第二に，彼は恐怖を感じました。ナンシーのもとを去って以来，レイは彼女との関係について自分の両親に詳しく話をしてきました。両親はもちろん彼女のことを最悪と思っています。私たちはただちに，これらの感情的な問題点のそれぞれについて，彼が抱いているビリーフを注意して見ていくことにしました。私は1つ選択をしなければなりませんでした。彼に対し，たとえ彼がナンシーのことを愛していても，私は彼のことを受け入れると言うこともできたでしょう。しかし，それではエレガントな解決策とはならなかったでしょう。そこで私は，彼に最悪のことを想像するよう求めました。彼が自分を虐待する人物を愛し続けていることで，セラピストまでが彼のことを悪く考えたとしたら，どうでしょう？　彼には，その他の問題について力になってくれたよいセラピストが過去に何人かいました。彼はこの1つの問題を除けば自分の人生に満足していましたし，たとえこの問題を克服しなかったとしても，何とかなったでしょう。私は，たとえ彼の周囲の人びとが，私さえも，彼のことを愚かだと考えたとしても，彼が自分自身を受け入れられるよう手助けしました。

　次に私たちは，今でもナンシーを愛していることをめぐるレイの羞恥に取り組みました。彼は，ナンシーのことを定期的に考えていました。週に1回電話で連絡をとり続けていることを明かしました。彼は，決して彼女に会うつもりはありませんでした。そんなことをしたら自分は気が狂ってしまう，と思ったからです。ナンシーを愛していることをめぐる羞恥ゆえに，彼が積極的な行動に出られないことは明らかでした。ここには，二次

的感情問題（secondary emotional problem）の典型例がありました。彼は，ナンシーのことを考えるといつも，こんな虐待的な人物を愛しているなんて，自分は何て病的で役立たずなのだろう，という考えが浮かんできます。そのために彼は，ナンシーや2人の関係について評価を下すことができません。愛にまつわる羞恥が，その愛を持続させているようでした。そのため私は，レイにナンシーに対する彼の愛を体験してみるよう促しました。ナンシーは自分を虐待するけれども，2人の関係についてよい思い出をたくさんもっていると彼は報告しました。私は，彼が彼女を確かに愛しているということ，そしてこの感情は本物であるという事実を受け入れるよう手助けしました。それは，よいとか悪いとかではなく，単なる事実です。さらに，もしそれが，彼がまともでない関係をもっていたとか，あるいは常に報われない愛情をもっていたことを意味したとしても，それならそれでいいのです。彼は，それを受け入れ，自分の人生を大いに生かしていくでしょう。

　次にレイは，ナンシーに会いたいと思っていることを明かしました。彼女を愛していることを受け入れた以上，実行してもいいのではないでしょうか。そこで私たちは，週1回の電話友達から一歩進んで，面と向かって会うことのできる恋愛へと進む計画を立てました。彼は，ナンシーに会いに行くための電話をすることができませんでした。両親が自分を拒絶するのではないかと恐れました。両親は，レイの人生を左右する大きな要因でした。トゥレット症候群による苦しい体験の間，ずっと模範的な両親でした。世間が彼をひやかし，あざけっていたときでも，両親は彼を愛し，支えるためにあらゆることをしてくれました。ナンシーとよりを戻すことに両親はきっと難色を示すに違いない，と彼は確信していました。両親は彼のナンシーとの関係における悪いことをすべて知っていましたから，このような自虐的な愛について知ったら彼を見捨ててしまうのではないか，と彼は考えたのです。

　ここでもまた，私はあの選択をしました。あらゆる情報をもとに，レイは，自分の両親について，支援的で愛情豊かな人たちであることを私に明

かしてくれましたし，それについて私には何も疑う理由がありませんでした。私は，彼がこれからも引き続き両親の愛情と支持を期待できることを示す十分な根拠を難なく集めることができました。しかし私は，そうではなくエレガントな解決策を選びました。私は彼に，その最悪の悪夢が現実となるところをイメージしてみてくれるよう求めました。はたして彼は，両親がひどく嫌っていたナンシーを愛するという選択をしたことで，両親が彼を拒絶するのをイメージできたのでしょうか？　これは，彼のなかに強烈でネガティブな感情を引き起こしました。はたして自分は両親から自立できるのだろうか，という疑いが湧き起こりました。彼には自分が頼るための両親が必要であるとする彼のビリーフを詳しく解明していくうちに，他の情報があらわれてきました。両親が反対するのではないかと恐れて，他にも避けていることがあったのです。それは政治候補者の選択について口にすることから，食べ物の好みを共有することにまで及びました。もし両親がそれを知って，賛成しなかったら，どうなるのでしょう？　私たちは，両親が年をとったという問題についても話し合いました。彼らは，残念ながら，死すべき運命にあります。永遠に生きているわけではありません。両親が今，彼に反対するのか，あるいは後々，死んでしまうのか，いずれにせよ彼は，両親のいない人生を受け入れていかなければならないでしょう。レイはついに，2つの新しい論理的な哲学を受け入れました。第一に，たとえ両親やセラピストといった重要な他者が賛成しなかったとしても，彼は彼自身として，自分の生き方をしていくということです。誰か他の人物であるふりをする方が悪いことであり，拒絶されるというのはそれほど恐ろしいことではありませんでした。レイは，自分の人生のなかでそれまで随分と拒絶されることに耐えてきました。子ども時代のあざけりを生き抜いたことを，いくじなしなのではなく，強い生存者であることを示す根拠へと変えたのです。第二に彼は，我が道を進み，両親のいつかは訪れる死に向き合わなければならないことを認めました。人生にはいくばくかの危険がつきものであり，恐怖は人生の一部であることを受け入れました。それを避けることは，人生を停滞させることでした。

レイは，認知的介入はもう十分に受けたと判断し，行動する決心をしました。彼はナンシーと会いました。数回会った後，それを両親に話しました。2つのことが起きました。これはおまえの人生なのだから，どうしたら自分が幸せになれるのか，おまえが決めなければならないんだよ，レイの両親はそう言いました。私は正しかったのです。両親は，何があろうとレイを受け入れるつもりでした。それでも彼は，より自由になったように感じました。彼は両親を愛していましたし，感謝もしていましたが，彼らの愛情の虜になったようには感じませんでした。たとえ両親が彼の行動に賛成してくれなかったとしても，自分の人生を生きることができる。彼はいったんそう結論すると，よりいっそう熱烈にナンシーを追いかけました。そこで私たちは，関心の矛先を2つの問題へと転じました。第一に彼は，たとえこれらの感情が受け入れられないものと気づいたとしても，彼女を愛することを許されるのでしょうか？　第二に彼は，愛情豊かな人生をおくるためにナンシーを手に入れる必要があるのでしょうか？　彼は，たちまち彼女に対する自分の感情を受け入れることができるようになりました。人は，誰かを必要とし，誰かを手に入れる必要があるとき，選択の余地はありません。レイは，いったんナンシーに対する自分の感情を自由に受け入れ，自分が彼女を必要としているかどうか検証すると，自分は彼女を必要としていないと判断しました。彼は，ナンシーを要求が過剰で，批判的で，身勝手であり，気難しいと思いました。そして，たとえ自分が彼女のことを愛していたとしても，自分にとって彼女は必要ない，と決断しました。彼女に会うようになって1カ月以内に，彼女に対するレイの愛情は，消えました。私は，Irving Yalom[82]のように，恋の死刑執行人になってしまったのです。

　レイは，1カ月ほどセラピーを休みました。彼は，女性から拒絶されることに対する自分の恐怖に取り組むための努力を復活させて，戻ってきました。再び，選択です。はたして私は，彼がもっとうまく女性を追い求められるようになるよう，よりすぐれたソーシャルスキルを彼に教えた方がいいのでしょうか？　それとも，愛へと至る道筋では，あちこちで拒絶に

遭遇するものだということを彼が受け入れられるよう，手助けした方がいいのでしょうか？　ここでも私は，後者を選択し，レイが拒絶される経験を重ねていくのを手助けすることに取り組みました。目標は，少なくとも1年で100回に到達することでした。この取り組みを続けながら，私たちは，レイが女性と会うのに必要なソーシャルスキルについてとことん話し合いました。数カ月後，彼はある医師とデートをしました。何度かデートした後，彼は，自分が彼女のことを好きではないと判断しました。それでも彼は，自分よりもはるかに教育がある女性が自分とたびたびデートをしてくれたことを誇りに思いました。彼は他の女性と会い始めました。彼は，前進していました。もう1つ，変化したことがありました。彼はもはや両親の賛成を必要としなくなったことから，安定した公務員の職を辞し，自分自身で事業を立ち上げたいと思ったのです。彼は，両親が賛成しないことを確信していました。しかしいずれにしてもそうするつもりでした。もちろん，レイの選択を両親は喜びませんでしたが，それでもレイを支持しました。彼は，現在，ひと月に1回，私と連絡をとっています。彼はまだ，これぞという女性に出会っていません。しかし，彼は，必修である100回の拒絶経験を積み重ねることを楽しんでいます。

まとめと結論

　Albert Ellisの死は，REBTの発展に取り組む人びとと，彼をよく知る何百という実践家たちの心に深い悲しみを与えました。どの理論でも創立者の死後に問題となるのは，その最も影響力のある主唱者がいなくなったなか，その理論はいったいどうなるのだろうか，ということです。REBTは存続し，ますます盛んになっているようです。理論の教義と，Ellisが死に至るまでの数年間にわたる病床期に開発されたセラピーの効能を検証することに，再び新たな関心が寄せられてきています。

　今なおREBTの前には，具体的に大きな挑戦が立ちふさがっています。Ellisは主として臨床家でした。Ellisは，自分の考えを検証するのに必要

とされる特殊性を考慮せずに，理論的な陳述をすることがよくありました。依然として取り残されている主な研究は，過剰な要求が中核となるイラショナルビリーフであるという仮定を検証するための研究です。Ellis は，その他のイラショナルビリーフはすべて，当人の過剰な要求から派生していると提唱しました。この仮説の一部は，精神病理学と心理療法の他の認知モデルにおいて確認される認知的な構成概念は，過剰な要求から心理学的に引き出されたものである，というものです。Ellis のモデルによれば，過剰な要求が，その後，欲求不満不耐性（FI），自己と他者の価値に対する包括的評価，最悪だと思うことといった，その他のイラショナルビリーフを生みます。加えて，過剰な要求はネガティブな自動思考，問題解決能力の低さ，ネガティブなつぶやきを生み，失敗の原因をすべてひっくるめて一貫して自分の内側に求めるようにさせます。たとえば，最近面接を受けたが仕事を手に入れられなかった，ある人物の例を見てみましょう。もしその人物が，自分はその仕事を手に入れなければならないというイラショナルビリーフをもっていたとしたら，それを獲得できなかった場合，次のようなものを生み出してしまっていたでしょう。(1)自動思考：「私は，自分が必要とするものを決して手に入れることができない」，「私は，いつでも失敗者となるだろう」，「私は，何ひとつとして正しくできない」，「もしこの仕事を手に入れることができなかったら，私は仕事を何も手に入れることができないだろう」など。(2)失敗の原因をすべてひっくるめて，一貫して，自分の内側に求める考え。(3)その他のイラショナルビリーフ：「この仕事を手に入れられなかったなんて，ひどい。これは，私が価値がない人間であることを証明している」あるいは「仕事をもっていないなどということに，私は耐えられない」，など。(4)状況を絶望的ととらえ，別の仕事を得るための問題解決に取り組もうとしない。

　先にも触れたように，この仮定を検証するための研究方略は，すぐにどうこうできるといったものではありません。検証のためには大規模な臨床サンプルのなかでこれらの構成概念のすべてについて検討する，多変量解析研究が必要なのです。REBT を支持する人らは，Ellis の理論が確固たる

根拠に基づいていると主張する前に，もっとこのような研究をする必要があるでしょう。

　REBTの効能を裏づけるには，より多くのアウトカム研究が必要です。数多くの研究がこのセラピーを支持していることは確かですが，その大多数はアウトカム研究のための現代の方法論的基準が成立する以前のものです。このような研究には，障害をもつと診断されたクライエントが含まれていること，そして確立された介入方法と比較されることが必要です。REBTの効能を実際に検証するには，持続してセラピーの効果が得られていること，再発がないこと，または幸せが芽生えつつあること，そしてセラピーの目標が達成された後もウェルビーイングが増大していること，を確認することが必要です。Ellisは，CBTの他の形式がうまく機能していることを常に理解していました。その他の，CBT以外の形式の心理療法が，能率はよくないとしても，うまく機能していることさえも認めていました。しかしEllisは，現実を受け入れ，自分がより好ましいと思うものを手に入れるために懸命に努力するという，深い，哲学的な変化が，調整の重要な鍵であると考えました。このアイデアを検証するためには，縦断的デザインが必要です。REBTを受ける人は，結局，最後にはより多くの利益を得ることになるでしょう。改善されたアウトカムを実証するフォローアップデザインは，Ellisの哲学的モデルを真に検証するものです。

　長年にわたり，REBTは，Ellisの人格を体現したものであるかのようにとらえられてきました。なかには，Ellisのスタイルと指導的な態度を不快に思う人もいました。治療関係の本質に関する1959年のEllisとCarl Rogersの討論以来，EllisとREBTが治療関係をほとんど重視しないと誤解されてきました。セラピストがクライエントを無条件で受け入れることが，心理療法的変化の必要十分条件である，とRogers[68]が仮定したことを思い出してください。Ellis[27]は，これに反対でした。無条件に受け入れることは必要ではなく，人間は多岐にわたる条件のもとで改善する，とEllisは言いました。また，自らの性質に忠実に，過度に一般化されたルールや結論にはいかなるものに対しても反対しました。しかし，無条件の

受け入れが非常に望ましいものであり，クライエントがセラピストを信頼し，好きになり，また尊敬するのにそれが大いに役立つものであること，それによって他のあらゆる治療介入がうまく機能する可能性が非常に高まるだろうということを，Ellisは強く信じていました。

　Ellisは，自分のクライエントをたいへん尊重していました。REBTがEllisや研究所の他の人によって実践されると，強力な治療関係を生む結果となることが実証されています[16]。最近では，REBTに関する書籍やトレーニングマニュアルが，REBTにおける治療同盟の重要性を正式に裏づけるようになっています[19, 35]。実際，この形式のセラピーの積極的で指示的な性質を考慮すると，治療関係の構成要素であるクライエントの話に注意深く耳を傾けることを怠った場合，脱落か，さもなければセラピーの失敗を招くことになるでしょう。REBTこの側面に関しては，さらなる研究が必要です。

　こうした限界があるとはいえ，REBTは，古典哲学，近代哲学，そしてアジア哲学に深い根源をもつ心理療法の哲学的形式であることに変わりはありません。Ellisは，REBTを引き出すために，苦しむクライエントとともに何千時間も過ごしました。この形式のセラピーの理論と実践は，十分に一般的なものであり，幅広い障害と問題を提示しているクライエントを治療するための足場として役立ちます。その一方で，このモデルの実践は，クライエントを手助けするうえで，他のテクニックに価値がある場合には，それらを組み入れることも許すほど，非常に柔軟なものでもありました。哲学的な基盤，適用の幅広さ，テクニックの柔軟性は，現在に至るまでREBTの優良さを証明するものであり続けています。

第5章

アクセプタンス&コミットメント・セラピー

Thomas J. Waltz
Steven C. Hayes

（私たちはまるで）巨人の肩にちょこんと腰かけた小人のようなもの……先人たちよりも，もっとたくさん，もっと遠くまで見渡すことができます。でもそれは，私たちの方が目がよいからでも，背が高いからでもありません。それは，これまでに成し遂げられてきた膨大な達成の上に高く，担ぎ上げられているからなのです。
——JOHN of SALISBURY（1159）

導入と歴史的背景

アクセプタンス&コミットメント・セラピー（acceptance and commitment therapy：ACT——「アクト」と読みます）は，哲学的伝統に基づいたトリートメントであり，それがACTを多くの他の認知行動療法（cognitive-behavioral therapiy：CBT）と区別している点です。どの治療アプローチも，何が臨床的現象を説明するのに重要か，暗黙的または明示的な仮説を有しているものです。これらの仮説が臨床実践と科学的方法の指針となり，臨床実践で採用されるトリートメントを発展，検証するために用いられることになります。ACTの発展に関する，より直接的な影響について述べる前に，このアプローチをその適切な歴史的文脈のなかで見てみることが有効でしょう。

CBTにおける理論の役割に関する概観

　初期の行動療法は，動物に対する基礎的な研究に基づいた学習理論の一般化の可能性について検証していました[28]。この時代の学習理論は，あらゆる行動の分析に適した科学的な原理を収集しようとしていました[70]。さまざまな学習理論が独自の原理や概念を発展させていくなか，異なるアプローチ間で絶えず議論が交わされていました。このように初期の行動療法は，単一のアプローチではなく，応用学習理論が連合したものでした。これらを結びつけていた一部として，治療的介入に対する科学的評価と，実証的に不十分な側面を持っていた臨床的伝統に対する強い抵抗がありました[23]。しかし，徐々にこういった関心は，とりわけ，より複雑な現象についての説明を求める圧力が強まるなかで，理論が果たす役割に対する興味とともに減弱していきました。先達の行動療法家たちは，臨床実践に関する指針としての理論を放棄するよう主張し，代わりに，そのテクニックが意義のある行動変化を生み出す限りにおいて，自らの起源，基盤にある理論的根拠，理論的明解さに依存しない，経験的に支持されたテクニックを採用し始めました（文献69など）。

　現在，CBTの伝統は主に，「有効な効果が証明されている方法を用いて，人の苦しみを取り除くこと」を共通目的としています[1]。CBTの最も際立った中心的特徴として，「無作為割り付け比較試験およびその他の対照試験によって，方法の効果を実証することを重視する」ということが提唱されてきたといえます（文献95のp.225）。

　重視される点が変化するのは無理からぬことです。しかし，長い目で見れば結局，進歩的なこととはいえないでしょう。科学の歴史を振り返ってみれば，科学の進歩のためには経験主義だけでは不十分であることがわかります。この50年間，CBTにおいて理論の役割を強調する傾向が減弱したことを考えると，本書が正しい方向に向かうための一歩になるものとわれわれは考えています。

セラピー実践における理論と哲学の重要性

　「科学の哲学」とは，分析目標のために採用された仮説についての理解と体系化を意味します。「理論」は，事象とそれらの相互関連性について説明した概念を構成，体系化したものです。このように定義した場合，理論と哲学は，明示的もしくは暗示的に，セラピストの行動に影響を与えるものになります。精神的健康と苦痛がどのように特徴づけられるのか，どのようなセラピーの過程とテクニックが必要となるのか，ある一群のためのテクニックに関する研究が別の一群に対しても有効となる可能性は高いのか，あるテクニックの使用をやめて別のテクニックの使用を試みるのはなぜか，アウトカムはどのように測定したらいいのか，といった，セラピーのプロセスすべての側面に対して，理論と哲学の影響は及びます。理論と哲学の究極的な目的は新たな領域にセラピストの行動を導いていくことです。理論による導きがなければ，セラピストは指針となる原理なくテクニックを適用しなければならなくなります。個人的な経験と直観は，臨床実践においてある一定の役割を果たしてはいます。しかし，それらがセラピストにとって頼りになる指針にはならないことは，これまでの研究から明らかになっています[21]。

　「科学のゴールとは，しだいに組織化されていく言語ルールについてのシステムを構築することであり，その言語ルールは，分析のゴールに正確性（precision），視野（scope），深度（depth）を伴わせることによって達成され，かつ，検証可能な知識（verifiable experience）に基礎づけられる」と私たちは理解しています（文献44のp.36）。つまり，科学とは理論とともに発展するものであり，これらの理論には各々に特有の特徴があるといえます。

　「正確性とは，ある特定の分析ゴール内において，ある有限の概念と，ある現象との関連性がみとめられることを意味します」（文献8のp.252）。正確な理論は，特定の問題を評価し，それらに取り組むよう，セラピストを効果的に導くことができます。

「視野とは，広範な現象がある有限の概念によって分析されうることを意味します」(文献8のp.252)。視野のある理論は，セラピストがその理論を効果的に新しい問題もしくは領域に適用できるよう導くものです。これによりセラピストは，新しい問題に直面するたびに，毎回，別の理論に頼る必要がなくなります。異種のテクニックにある概念的な関連性を指針としたり臨機応変に対応する能力が限られている単なる技術家としての実践家と，視野をもってある理論を適用できるセラピストとは一線を画します。

　「深度」とは，さまざまな分析的概念が，分析の別のレベルで発展した科学知識と適合することを意味します。たとえば，心理学のレベルで確立されたことが，神経生物学のレベルでよく知られていることと矛盾すべきではないのです。

　「検証可能な知識」とは，再現可能な系統的観察を意味します。検証可能な理論は，以下の3点についてセラピストが評価する方法を特定することを可能にします。(1)特定のクライエントや問題領域とその理論の関連性，(2)その理論が臨床的に関連するアウトカムにとって重要であると仮定する変数の変化，(3)その理論にとって重要であると考えられるアウトカム。

　最後に，ゴールという鍵となる論点が残っています。ゴールを何に特定するかに，心理学のアプローチの差異が示されます。行動を予測し，それに影響を及ぼすことが治療実践の中心であり，これが，ACTの基盤にある科学哲学である「機能的文脈主義 (functional contextualism)」の主たる分析ゴールです[9,41]。実践的な観点では，それらはたいていのCBTに共通するものです。しかしCBTのなかには，モデルがどの程度事象と合致しうるかによって知識の適切さを測るといった，科学的仮定を採用するグループもあります。このアプローチでは，比較的，予測を重視しており，影響については，知識を測る不可欠な手段というよりも，むしろ適切な知識から自ずと生じてくるものであると考えられています。応用の場においては，影響を見込まない予測には，人間の状態を確実に改善するための最

低限の有用性しかありません。効果的に実践するためには，予測と影響の両方が必要であり，双方を導く科学的理論には比類ない価値があります。

歴史的ルーツ

CBTの発展に影響を与えた壮大な学習理論には，科学に対する2つの明確に異なったアプローチがあります。これらの異なるアプローチが重要なのは，ACTやその他のいくつかのアプローチ（機能分析的心理療法，行動活性化，弁証法的行動療法のかなりの部分）が，それ以外のCBTによっては完全には採用されているわけではない，ある1つのアプローチに基づいているからです。ACTアプローチの仮説は非常に異なっており，その他のCBTと異なる程度を理解することなくACTを理解することは不可能です。両アプローチ間にある隔たりは「実証主義（positivism）」と呼ばれる，科学に対するアプローチにおける区分に端を発しています。この実証主義のアプローチでは，科学というのは客観的に定量化と観察が可能な事象に限定されると考えます。

哲学的，理論的基盤

より大きなCBTの伝統の基盤

実証主義は，本来，数学の用語で世界を記述しようとする試みでした。感覚を通じての観察は，（標準化された評価尺度を用いるなどして）量的に記述され，特に形而上学的な説明は避けられました。論理実証主義（logical positivism）は，実証主義のように単に数学用語によって世界を記述するだけでなく，実証主義を超えるものにするために発達しました。この観点における科学の基盤は，依然として，客観的に定量化可能な観察にあるということになりますが，理論的な説明用語を伴うこともあります。観察と理論的用語との関係を調整するために，論理学における正式な法則が用いられました。これが心理学に導入されると，科学者がお互いの

観察を信頼できる形で再現できるようにするという目標から，理論的用語は感覚を通して得られたデータ（観察）の最も重要な特徴を記述したものと推定される，操作的定義[14]に基礎づけられました。適切な記述が与えられれば，これにより，合意または同意を通じて理論的用語の真実を確立することができると期待されました。合意によって，認識論に対する心理学的アプローチに伴う個別の歴史や背景の問題は軽減されるだろうということが，当然の帰結として考えられていたのです。言い換えれば，真実を定めるための論理的基準が，実用主義（pragmatism）よりも優先されたということです。

論理実証主義と操作主義（operationism）は，現在のCBTのほとんどの基盤となる多くの行動科学を形成するツールになりました。その影響がもたらした反響は，単なる「定義」ではなく「操作的」定義を必要とする伝統に見ることができます。この慣習から，どの用語も，「操作され」うるならば，という条件のもとで，科学での使用が可能となりました。動機づけに関する構成概念が「操作され」たように，かつては観察できなかったこれらの構成概念は，これらを研究することを目的に行う操作を記述したものと同等とみなされるようになりました（たとえば，摂食機会のはく奪期間の長さに比例して飢餓衝動が増すなど）。後にこの方略は，認知に関連した理論的用語を科学的調査に含めるために採用されることになりました。

心理学においては，この一般的な方略は，刺激−媒体−反応（stimulus−mediator−response：S−M−R）アプローチに反映されています。「媒体」は，刺激や外的環境がどのように反応を生じさせているかについて説明する，媒介変数として扱われます。研究者は一般に，自らの媒介変数（たとえば衝動，認知）を，最終的には生理的プロセス（たとえば，脳の活動）として概念化することによって，二元論を回避します。しかしそれらの媒介変数は，このレベルで直接測定されるわけではありません。むしろ生理的指標は，推論上の事象に明確な自然主義的基盤を与えるために用いられます。たとえば，特定の「認知」課題で用いられるさまざまなレベルの神

経の活性化に言及することで，研究者は，反応時間のデータを推論上の認知の指標として利用することができます。これは，認知プロセスが脳のプロセスと同じことを意味すると考えられる場合，安定的な推論と言えます。このアプローチで明白に示されている還元主義（reductionism）は，通常憂慮すべきこととは認識されません。なぜなら，S-M-R分析では，科学的理解という仕事は，どのように部分，関係，力が組み合わさって複雑なものを作り上げているかに関するモデルを示すことである，という考えに最も一般的に基づいているからです。媒介変数とは，おそらく，行動を生起させるものとしてより簡略化された要素といえるでしょう。したがって，たとえばスキーマというのは，究極のところ，行動を生起させる脳のプロセスということになります。ここでは，良好なアウトカムとはこれらの媒介変数の変容にかかっていると考えられています。

ACTの基盤

　物理学者であり，数学者，科学哲学者でもあるErnst Mach（1838～1916）は，実証主義を別の方向に差し向けました。「Machにとって，完全な記述とは，人間が科学について尋ねうるすべてのことであり，記述できないものの説明に対する試みは，形而上学的なものとして意図的に避けられます」（文献103のp.35）。Machが反対した科学的前提の多くは，科学者が感覚的に体験している時間的あるいは空間的ギャップを埋めるために論理的に推論されたものでした。たとえば科学者らは，光が光源（たとえば，キャンドル）から対象（たとえば，壁の絵画）へと移動するのを容易に観察することができます。しかし，その光がキャンドルからどのようにして壁の絵画に到達したかについては観察できません。すべてのものはある地点から別の地点へ何らかの手段によって到達することが了解されているため，キャンドルの光が何らかの媒体を介して移動し，その絵画へ到達したに違いないということは論理的に推論されます（たとえば，発光性エーテル[訳注1]）。Machはこのように，ある結果を得るために実体を因果論的に押したり引いたりする仮説的な材料を含んだ説明への欲求のことを，原

因と結果の相互関係を説明するときに，空間的あるいは時間的に何のギャップも存在していないとみなしたいという，恣意的な要件によって引き起こされた疑似的な問題とみなしました。

　Machの徹底的な実証主義は，こういったタイプの原因には関心がありませんでしたし，たとえ感覚的観察をめぐって大衆の同意を得られたとしても，それで真実が確証されうるとは考えませんでした（つまりMachは，錯覚という現象によく精通していた，ということです）。代わりに，観察可能な現象のなかで繰り返し生じるパターンを同定するための記述を用いることを主張しました。所定の現象と確かに共変動する事象と観察のパターンは，「機能的関係（functional relations）」と呼ばれました。そして，これらの機能的関係を，極力無駄なく記述することが，科学者の務めであると考えました[90]。Machにとって，機能的関係は適応的な目的を達成するのに適していました。科学者が適応的に事象を予測し，それに影響を及ぼすことができるという点で有用だったのです。彼は，客観的な「真理（Truth）」を追求することは，知識の基盤をなしているデータ以上の説明を追い求めるように科学者をそそのかす形而上学的な罪であると考えました[70]。この観点からすると，観察された事象のなかで，科学が必要としている真実とは，機能的記述の有用性のみである，ということになります。

　行動の研究に対するSkinnerのアプローチは，同時期の行動主義者らの多くが採用した論理実証主義とは異なり，行動の研究においてMachの徹底的実証主義を採用しました。Skinner[101]はOperational Analysis of Psychological Termsのなかで，自らのアプローチは操作主義に代わる形式であることを明確にしました。その形式は，心理主義的な構成概念や媒介事象に訴えることなく，機能的に行動に影響を及ぼすものとして，世界を効率的に特徴づけるものです[64]。Machと同様にSkinnerも，原因ではなく機能的関係の同定を強調しました。Skinnerの説明は，因果によるも

訳注1）宇宙空間に存在し光を伝える働きをすると考えられていた化学物質

のではなく，歴史的，文脈的なものでした。論理実証主義の伝統に立つ人たちは，思考や感情をS-M-Rの因果連鎖における媒体とみなしました。一方の徹底的行動主義者は，思考や感情を先行事象と結果の機能的関係（先行事象〈antecedent〉-行動〈behavior〉-結果〈consequence〉：A-B-C）によって影響を受ける行為（activities）とみなしました。思考と感情は，個体のその他の行為（actions）の原因として概念化するよりも，行動（behaviors；筋肉運動という意味の「行動」ではなく，有機体の行為という意味）ととらえる方が，うまく概念化されます。

　A-B-Cアプローチに関する基礎研究では，厳密に統制された条件下で（必然というわけではありませんが，多くの場合，人間以外の対象に対して），環境-行動間の機能的関係を予測し，それらに影響を及ぼすことが伴います。信頼性の高い関係性が同定されると，徐々に制限を緩めた状況下で検証されることになります。行動分析家が複雑な人間行動の分析を支持する基礎研究について語る際，複雑な行動を説明するために採用された機能的関係は，厳密に統制された研究を実施し，機能的関係を同定することによって精緻化された，同様の理論的用語が含まれることを特に意味します。S-M-Rの伝統において媒体を因果論的にとらえていたのとは対照的に，機能的関係においては，行動パターンを予測することと影響を与えることの双方にとっての有効性が実証される必要があります。これらの機能的関係を特徴づけるために用いられる理論的用語は，理論に基づいたアプローチ全体と統合した正確性，視野，深度が最大化するように注意深い精緻化の過程を経ます。

　このアプローチの分析的基盤を提供する概念と原理は，75年にわたる基礎と応用研究を経て生まれました。追加的な研究により，さらなる有効な行動-環境間における機能的関係が示唆されるようになり，それとともに，（多くの場合，さまざまなタイムスケールで観察された順序によって）これらがアプローチに組み込まれるようになります。Skinnerの行動分析は，統合科学（integrated science）であり，さまざまな機能的関係を記述するために用いられる用語は，常に発展していく理論の一部として相互

に補完し合うものです。

　ACTは，言語に関連した行動-環境間の機能的関係についての現代の行動分析的理解を基盤としています。最も複雑なレベルでの分析は，関係フレーム理論（Rerational Frame Theory：RFT）[10,45]と，ルール支配行動（rule-governed behavior）[11,50,100,123]における機能分析に基づいています。しかし，認知と感情に焦点は当てられたものの，それらは心理主義的，あるいは媒体を想定したものとして扱われたのではなく，認知と感情は行為とみなされました。顕在的な行動とこれらの行為の関係は，直接的な原因として扱われるのではなく，文脈的に規定されたものとして論じられました[48]。このアプローチは，心理的苦痛と行動変容に関する社会的文脈に関する機能分析[98]と，行動分析の基礎研究から導き出された基礎行動原理とモル行動力学[22,55]訳注2)によって経験的に支持されています。

　これまで多くの場で，ACTのトリートメントモデルの基底にある，現代の行動分析に関する哲学的，理論的基盤が記述されてきました[38,41,43,48,51]。「機能的文脈主義」という用語は，現代の行動分析の哲学を明確に説明するために用いられますが，そもそもこの用語は，世界観（worldviews）に関するStephen Pepper[94]の分析から借用されました[51]。これは，ある部分，「徹底的行動主義（radical behaviorism）」という用語に伴う誤解を避けるためでした。多くの「非」行動分析家は，「徹底的（radical）」という言葉を，Machが行動研究に機能主義を徹底的に拡張したことを意味するというのではなく，Watsonの行動主義を極端にしたものを意味していると解釈します。さらにいうならば，このアプローチは，Watsonの哲学的見解の多くを覆し，科学者の行動と科学的認識そのものにまで，行動分析を拡張したという点においても徹底的です[101]。また，このアプローチは，さまざまな文脈下でのさまざまな目的のためにさまざまな用語を柔軟に使用することに対して理論的説明を提供するだけでな

訳注2) ある行動を固有の特性を有する1つの全体的行動として，行動を巨視的に捉える学問

く[41]，分析のゴールを特定することの重要性をよりいっそう明確にします[37]。これらはいずれもACTの重要な特徴です。

ACTの発展に関与した直接的影響

　ACTは，言語と認知に対して行動学的思考を応用するための新たな道を見つけたいという願いから生まれました。しかし，もし仮に，行動的／認知的療法における認知に対する既存のアプローチが，機能的文脈的ゴールに照らして査定されたときに，すでに十分に成功していたのであれば，ACTを開発することに意味はなかったでしょう。われわれは，認知療法（cognitive therapy：CT）[6]に対して高い関心をもっていましたが，その一方では，その理論的アプローチについては不満を抱いていました。われわれはCTの概念的分析と経験的分析の両方を行い[52,126]，とりわけCTの1つの治療構成要素である，認知的距離化（cognitive distancing）にフォーカスしました。興味深かったのは，認知的距離化が，より東洋の伝統のある側面と重なっているようであり，それが機能的-行動的な考え方と共振しているように感じられたことです。「思考を客観的にとらえるプロセスは『距離化（distancing）』と呼ばれます」（文献5のp.243）。思考を，字義どおりの真実を示したものととらえるのではなく，仮説として（距離をおいて）考えられるよう，クライエントの能力を促進するテクニックは，どのようなものもCTにおいて有効と仮定されます。これらのテクニックの例を以下に挙げます。再帰属化，代替思考の概念化，同様の状況が友人に起こったと想像すること，メタファーを用いて中核信念にチャレンジすること，時間的間隔をおいて実際の苦痛度をイメージすること[6,7]。CTにおける距離化で強調されるのは，思考を評価する際により客観的になるというところです。

　認知的距離化を概念として機能分析したところ[38]，このモデルは不必要に限定的であることが示唆されました。CTのテクニックとしての認知的距離化は，非機能的思考が生じたときにその思考に対して適用されます（たとえば，「あなたはその思考を事実としてではなく，仮説としてとらえ

ることができますか？」）。言語の行動分析からは，各々の特定の非機能的思考は何ら特別なものではなく，思考それ自体が単独では心理的苦痛や効果的でない行動の直接的な原因にはなりえないことを示しています。ACTモデル，あるいはより一般的には行動分析においては，思考と感情は原因としてではなく，文脈の影響を受けた行動として扱われます。これは，思考と感情の影響を変化させるためには，それらの文脈を変える必要があるということを意味しています。機能的文脈主義の視点では，距離化のテクニックを用いることで，字義性の程度が低い文脈が確立され，それにより，言語による行動規制的な影響を弱めることを可能にすると考えます。

　これは，行動分析家が当時，言語ルールのネガティブな影響について学んでいたことと一致します。ルールというのは，レパートリーの幅を狭める影響をもち，行動の感受性を鈍くし，プログラムに随伴させる傾向があります（詳しくは，文献40を参照）。言語ルールによる過度な規制を緩め，長期にわたる随伴性の影響力を強化するための方法を構築することが，核となる考え方です。われわれは，距離化を拡大するとともに，体験の回避をすることで私的な体験の行動規制的影響を人為的に維持しているとみなされる，役に立たないルールに焦点を当てることで，これを行いました。

　このモデルを検証するために，1つの治療法（現在ではACTと呼ばれていますが，かつては「包括的距離化（Comprehensive Distancing）」と呼ばれていました）が開発され，小規模な無作為化試験[125]においてCTとの比較検討が行われました。ACTはCTと比較して，よりよいアウトカムをもたらし，抑うつ的思考に対する確信度を低下させる一方で，その思考が生じる頻度は減らしませんでした。集団を対象とした次の研究では[127]，ベック抑うつ質問票（BDI）において，わずかに有意な差が示されました。しかし，CT群では抑うつの低下に伴って非機能的態度の頻度も低減したのに対し，ACT群での改善には，非機能的態度の低減はみられませんでした。痛みに関する研究において，ACTをCBTと比較検討したところ[125]，よりよいアウトカムがみとめられました。しかし，この研究は

顧みられることなく，17年が過ぎてからようやく発表されることになったのです[46]。

　この研究がすぐに発表されなかった理由は，アプローチの有効性が明らかになった時点で，アウトカム研究を中止し，これらの方法をより広く理解するために必要な原理を追求する方向に転換したためでした。われわれは，言語のルールとは何であり，その知識を臨床現場にどのようにして持ち込んだらいいのか理解しようという試みのなか，モデルの発展，測定，言語の機能分析に関する研究に10年以上の歳月を費やしました。これがRFTを導き，ついには，ACTを現在の形で記述するに至ったのです[59]。

　こういった開発に対するアプローチは，経験的な臨床心理学の領域では一般的には行われませんが，行動分析学で特徴的なアプローチになります。行動分析には，基礎となる原理と応用の間で継続的な相互作用が生じているからです。これについては，より最近では「文脈的行動科学（contextual behavioral science）」，という名称のもとで議論が交わされています。これは，行動分析的開発方略（behavior analytic development strategy）を詳細に説明，近代化したものです[53, 111]。

ACTの開発者に与えた影響

開発初期

　本書の構成上，各章で取りあげられた方法の開発者に与えたさまざまな影響について触れておく必要があります。ACTの開発には多くの人が携わっています。最初に書籍1冊分に相当する長さで治療について執筆したのは，Kirk StrosahlとKelly Wilsonでしたが，そのもとになる研究は，Steven C. Hayesにさかのぼることができます。ここでは，開発者に与えた影響について述べますが，ACTの最初の開発者が本章の共著者ですが，紛らわしい表現になるのを避けるため，あえて3人称で記していくことにします。

　Steven C. Hayesは，南カリフォルニアで育ち，1960年代に地元の高校，大学に進学しました。そして，全盛期であったヒッピーの反体制文化

の影響を受けました。Maslowの自己実現アプローチで説明されているような，人間の成長とウェルビーイングに対する心理的影響に興味をもったことから心理学に到達しました。Hayesは，B.F. Skinner[102]のユートピア小説Walden Twoのなかに，自分が抱いたその興味と科学とを結びつける方法を見出しました。反体制文化における多くの人たちと同様，Hayesも東洋哲学に対する関心を強め，数カ月の間，カリフォルニアのGrass Valleyの東洋宗教コミューンで生活しました。

1966年，ロサンゼルスにあるロヨラ・メリーマウント大学の学生として行動療法に触れ，ひきつけられることになりました。最初の学部時代の論文のテーマは，曝露法を状況に対して適用するだけでなく，感情に対しても適用する可能性に関するものでした。Hayesは，ラットに対して行った反応妨害，シェイピング，回避行動による低減効果を比較するという内容で卒業論文を完成させました。ところが，彼のヒッピーのような外見を快く思っていなかった大学の教授陣から無理解な文書が寄せられ，大学院への進学が予想外に困難であることが判明しました。しかし，2年の失敗を経て，ウェストバージニア州立大学（WVU）の臨床心理学の博士課程に受け入れられました。

WVUの心理学部は，（現在に至ってもそうですが）行動分析学の拠点の1つでした。Hayesがともに取り組んだ教授陣は，行動分析家または認知行動療法家であり，そのなかにはJohn Cone, Rob Hawkins, Andy Lattal, Nathan Cavior, John Krapfl, Hayne Reeseがいました。Hayesは大学院生時代に，人間と動物に関する研究を発表しています。

行動分析における学問的系譜の詳細

Skinner以外にHayesに最も大きな影響を与えたのは，学部生時代の指導教授であったIrving Kessler, WVUでの主任指導教授のJohn D. Cone, ブラウン大学でのインターンシップ時のアドバイザーであったDavid Barlow, ノースカロライナ大学グリーンズボロ校（UNC–G）で早期の同僚のRosemery O. NelsonとAaron J. Brownstein, サバティカルをともに

過ごしたA. Charles Catania，同僚のDermot Barnes-Holmesでした。これらの人たち全員が，機能的行動という考え方と関係しているといえるでしょう。Kesslerは初期の行動療法家であり，1966年に南カリフォルニア大学でまばたきの条件づけに関する学術論文を完成させました。John D. Coneは，Behavioral Assessmentというジャーナルを創刊し，心理統計学者であるAllen Edwardsに師事しました。このAllen Edwardsは，A.R. Gillilandに師事し，さらに，A.R. Glililandはシカゴ大学で学位を取得したのですが，シカゴ大学は，James Rowland AngellやJ.R. Kantor，John Deweyといった教授陣による機能主義や文脈的な考え方の影響を，その頃も色濃く受けていました。Gillilandは著名な心理統計学者でもありましたが，1930年代に効果の法則に関するより早期の発展的な研究をいくつか発表していました。Hayesは，臨床インターシップをDavid Barlowのもとで終えました。Barlowが師事したのは，Harold Leitenbergでしたが，そのLeitenbergは基礎行動分析学者であるJames Dinsmoorに師事しました。そしてそのDinsmoorが師事したのが，William Nathan（"Nate"）Schoenfeldです。Schoenfeldは，（ハーバードでB.F. Skinnerのルームメートであり，同期の大学院生であり，親友であった）Fred S. Kellerとともに，1950年代に行動分析で最初の主要な教科書を共著しました。Rosemery Nelsonは，1960年代後半にニューヨーク州立大学ストーニーブルック校で行動療法の訓練を受けています。同様に，Aaron Brownsteinは，1950年代後半にミズーリ州で基礎行動分析の訓練を，またA. Charles Cataniaは，SkinnerとRichard Herrnsteinとともにハーバードで行動分析の訓練を受けました。Barnes-Holmesは，Michael Keenanから訓練を受けました。Keenanの系統は，Julian LeslieとJock Millensonを経由し，Fred KellerとNate Schoenfeldにまでさかのぼります。

これまでの主要な業績

Hayesは多数の賞を受賞しています。アメリカ心理学会（American Psychological Associations）の第25部会（行動分析）からDon F. Hake

Award for Exemplary Contributions to Basic Behavioral Research and Its Applicationが，Society for the Advancement of Behavior Analysisからは，応用心理学における基礎研究としての貢献に対する賞としてImpact of Science on Application Awardが，そしてABCTからはLifetime Achievement Awardが授与されました。

また，第25部会（実験的行動分析），Association for Applied and Preventive Psychology, Association for the Advancement of Behavior Therapy, Association for Contextual Behavioral Scienceで理事長の任務を果たしてきました。

Hayesは400を超える学術論文と32冊の書籍を執筆しています。また，1992年にInstitute for Scientific Informationによって，1986～1990年の間で世界で30番目に大きな影響を及ぼした心理学者として，そして2007年には，2000～2004年の間で米国で最も生産的であった心理学者として，彼の名が挙がっています。

精神病理理論

多くの精神的症候群の中核には，たとえそうすることが行動上の問題を引き起こすことになる場合でさえ，望まない私的事象（思考や感情など）の強度，形態，頻度，持続時間を，変えようとする個人的な必死の努力がみとめられます。このような努力は「体験の回避（experiential avoidance）」と呼ばれ，行動の機能的クラス[訳注3]として概念化されてきました[61]。体験の回避は，2つの理由から持続する傾向があります。第一に，過去の経験によって生み出された私的事象から自分の気をそらしたり，変容しようとする即時的な試みをしたことで，即座にその私的事象を減らせることが多いことから，体験の回避というプロセスを負の方向に強化してしまうからです。残念ながら，これらの努力は，私的事象の重要性，特徴，行動制御

訳注3）クラス（class）とは共通の機能を持った刺激や反応の「まとまり」あるいは「枠組み」を意味する

による影響力を強めるとともに，それらの事象に関連した回避を基盤としたルールをますます強化してしまう傾向があります。このように，即時的な苦痛の軽減は一時的なものにすぎないことが多いのです（レビューについては文献116を参照）。

体験の回避が持続しやすい第二の理由は，言語と文化に関係しています。文化（特に西洋文化）は，望まない思考や感情を避けるための継続的な努力を助長しうる言語的文脈を支持することが多いためです。字義的な言語事象に関する流れは，技術の進歩に合わせて加速します。気分よく感じることは，商業文化によって，人生の目標として掲げられます。理由づけ（reason giving）はたえず求められ，思考や感情といった私的事象（たとえば，「私がそれをしたのは，そのときそうするのがよいと感じたからです」，「私がベッドを離れなかったのは，あまりにも気分が沈んでしまって，起き上がれなかったからです」）は，因果を述べた妥当な言説として，文化的に受け入れられることが多いのです。

これらの文脈的特徴の結果が「認知的フュージョン（cognitive fusion）」です。認知的フュージョンとは，字義どおりに受け取られることを支持する文脈があるなかで，言語事象が行動を支配することを意味します。言語行動に関してより柔軟性を高める治療テクニックは「脱フュージョン（defusion）」を促進するものとされます。脱フュージョンとは，私的な言語事象に対して即座に行動しようとする衝動に柔軟に気づき，観察し，一時的に留保する能力を指します。

認知的フュージョンは，今，この瞬間との接触の喪失や，自己についての物語を字義的に受け取る傾向といった，さらなる領域への言語の過剰な拡張をもたらします。これには，自分の価値と一致して行動する能力を妨害する可能性があります。この視点からすると，精神的健康は心理的柔軟性の1つの形態と言えます。心理的柔軟性とはつまり，「望んだ結果を達成するために，行動を変える必要があるときには変え，行動を維持する必要があるときには，維持する」ということです（文献57のp.24）。

ACT治療の概念化に関する理論的説明を理解するためには，この概念

化の基盤となっている研究の一部を振り返ってみることが役立つでしょう。ACTモデルの大部分は，ルール支配行動に関する基礎研究から生まれました（書籍1冊分にもなるレビューとしては文献40を参照）。これらの研究には，実験協力者がコンピュータのキーボードを押して得点を得る研究（たとえば文献49，50）があります。その研究の概要を以下に示します。得点を得るための必要条件は実験の進行中に予告なく変わりました。一方の条件では，実験協力者は得点を獲得するためには，素早く反応する必要がありましたが，もう一方の条件では，ゆっくりと反応することによってしか得点を得ることができませんでした。実験協力者はルールが与えられた場合，たとえその課題の必要条件が（予告なく）変わり，得点を稼ぐのを止めた後でさえ，そのルールに従う傾向があることに研究者たちは気づきました。より柔軟な教示（「そのときどきによって，得点を稼ぐのに素早く反応しなければならないこともあれば，ゆっくりと反応しなければならないこともあります」という教示を与えられた実験協力者）の方が，得点獲得のための条件が変化したときに，自分の行動を変える傾向をより高めました。

　この研究は，言語行動がいかに臨床的表出に寄与しうるかを概念化するにあたり，直接関わってくるものであるとみなされました。この基礎研究においては，そのルール（たとえば，キーボードを速く押す）は，最高得点を得るために何をすべきかを効率的に示したという点で，実験協力者にとって当初は信頼できるものでした。しかし，条件が変わっても，実験協力者はそのルールによって示された条件が，あたかもまだ有効であるかのように行動しました。人は，言語行動の字義どおりの内容にフュージョンすればするほど，状況によって変化していく要求に応じて反応する傾向が弱まります。ACT治療の概念化において繰り返しあらわれるテーマは，フュージョンを弱め，機能的柔軟性を高める必要性に関連しています。

治療の概念化

　ACTは，有意味な生活を追究することを妨げる言語的バリアに取り組

むために開発されました。そのためACTは，体験の回避とフュージョンに関連した心理的苦痛を標的にします。ACTの背後にある行動分析理論では，フュージョンと体験の回避に関わる行動を変えるために，それらの行動の——より一般的には言語行動の——文脈を変えることがセラピストのタスクであると考えます。前節では，言語行動のパターンを支持する文化的文脈を概観しましたが，ACTで用いられるテクニックはいずれも，フュージョンと体験の回避を支持する文脈的変数を弱める目的のために用いられます。

　理論は，臨床活動のあらゆる側面においてセラピストを導いていく中心的な役割を担っています。ただ，1つの難点として，ACTは基礎行動原理，モル行動力学，ルールに支配された社会的行動の機能分析，RFTに基づいていることが指摘できます。つまり，伝統に新たに加わった新人であるACTを基礎づけている理論を十分に活用しようとするならば，徐々に精緻化して現在の使用に至った理論的用語の機能的かつ柔軟な理解を促進するために，75年にわたる基礎と応用の行動研究に精通する必要があることを意味しています。このことは，ACTの活動に知的な奥行きを与える一方で，重荷にもなります。

　ACTはこれらの問題を克服するために，実用的ですがリスクを伴う普及のための方略を採用してきました。「アクセプタンス」，「脱フュージョン」，「『今，この瞬間』への焦点化（present moment focus）」，「視点としての自己（self as perspective）」，「価値（values）」，「コミットされた行為（committed action）」といった，応用場面で利用しやすい「ミドル・レベル（middle level）」の用語を用いて，介入の理論を発展させてきました。比喩的にいうならば，ACTの治療モデルは，基礎的行動原理とRFTのプログラミング言語の頂上に立つ，一種のOS（オペレーティング・システム）といえます。このOSは，セラピストが治療を提供する際に機能的に柔軟な行動がとれるように，いくぶん抽象的なルール（つまり，6つのコア・プロセスとそれらのゴールである心理的柔軟性）をセラピストに提供することに重点を置いているという意味で実用的です。この

方略は，効果的なACTセラピストを生むように思われます[68, 105]。同時に，ミドル・レベルの用語が，それらの基礎となっている機能的プロセスと同等物であると受け取られてしまう危険性について特筆しておくことも必要です。

アクセプタンス，脱フュージョン，視点としての自己，「今，この瞬間」との接触という4つのコア・プロセスは，マインドフルネスとアクセプタンスのプロセスとして概念化されます。視点としての自己，「今，この瞬間」との接触，価値，コミットされた行為のプロセスは，コミットメントと行動変容のプロセスとして概念化されます[57]。

これらは「ミドル・レベル」のプロセスとみなされますが，セラピストの行動を導くとともに，臨床的に関連があるクライエントの行動パターンをセラピストが評価できるよう，機能的に柔軟なルールを提供すると考えられます。これらの6つのプロセスは，広範で機能的に柔軟なテクニックの適用を促進する（視野）一方で，実践のためのより具体的なルール（たとえば，問題Xを観察する，テクニックZを施行する）に付随して生じうる，行き過ぎた（あるいは，見当違いの）正確性によって引き起こされる危険性を減らすことを意図しています。6つのプロセスは重なり合い，相互に関連していますが，以下のようにそれぞれを個別に強調することが有効でしょう。

アクセプタンス

アクセプタンスに基づいたテクニックの目的は，あたかも私的事象が行動の原因であり，これらを制御してからでないと有意義な生活目標を追究できないという行動が，社会的に支持されてしまうことを阻止することです。セラピストは，クライエントが私的事象を制御しようとするいかなる行動もとらず，私的事象を経験する機会が得られるような文脈を積極的に作り出します。私的事象を制御しようとする悪戦苦闘を意図的にやめることは，「ウィリングネス（willingness）」という名称において説明されます。ウィリングネスという用語を用いることで，アクセプタンスには目的

に向かった積極的なプロセスが伴うことを強調するのに役立ちます。私的事象を制御しようと悪戦苦闘していると，概して個人のレパートリーの幅が狭まり，もっぱらその闘いにばかり集中するようになってしまうのに対し，ウィリングネスは（制御しようとする闘いからの撤退を繰り返し選択することを通して），別の反応の幅が広がり，脇におかれていた目的に向かって進むようになる可能性があります。

　ウィリングネスは，服従や禁欲主義とは別のものとして考えられるべきでしょう。「服従（resignation）」は，何もせずに屈服することを意味します。これは，私的事象との奮闘をやめるという重要な側面をとらえているように思われるかもしれません。しかし，これでは次の重要なステップである，望まない私的事象が存在しながら同時に行動を起こす，ということができません。「禁欲主義（stoicism）」は，いかにも私的事象にとらわれることなく，そこから独立して行動を起こす重要性をとらえているように思われるかもしれません。しかし禁欲主義では，望まない私的事象から完全に撤退しようとする努力を不必要に重んじます。アクセプタンスには，私的事象に対する不可知論的な姿勢が求められます。私的事象は軽蔑されるものでも，高く評価されるものでもありません。それはただそれだけのものであり，それ以下でもそれ以上でもありません。

脱フュージョン

　アクセプタンスに基づいたテクニックが，私的事象は行動の原因であるとする社会的慣習の力を弱めるのに対して，脱フュージョンのテクニックは，思考を行動の原因として扱うことを支持する社会的あるいはその他の文脈的要因を弱めることに特に焦点を当てています。ACTの核心的な目標の1つは，言語が機能的柔軟性の障害物になるときに，言語の力を弱めることです。「脱フュージョンとは，進行中の思考プロセスがより明確になり，思考の産物がもたらす通常の機能の幅が広がるように，言語と認知の標準的な使用方法を変えることを意味します」（文献79のp.71）。字義的なルールに追随した場合，いかに環境に内在する条件の変化に対する感受性

が制限されるかに関する先述の説明を思い出してください。脱フュージョンを促進するエクササイズでは，字義どおりではないさまざまなやり方で，言語と相互作用する機会を得て，より広範に言語の文脈が広がることを目的としています。慣例にとらわれないこうした機会は，言語の字義どおりの使用を支持している社会的共同体による優先的な支持の力を弱めます（つまり，フュージョンを弱めるということです）。このようなより広範で字義どおりでない言語の文脈により，言語に関してより機能的に柔軟になり，環境的条件の変化に対する感受性を高めることができるのです。

　Strosahlら[106]は，字義どおりの言語の使用について，4つの異なったレベルに着目し，フュージョンが弱まる可能性を指摘しています。第1のレベルでは，言語の基本的な特性を強調し，個々の言葉の字義的意味を弱めること，第2のレベルでは，理由づけに伴う字義的意味を弱めること，第3のレベルでは，理由づけに伴う評価に関する字義的意味を弱めることに，各々焦点を当てます。最後の第4のレベルでは，より広範に思考のプロセスと進行中の言語プロセスを冷静に観察する能力に着目します。言語による字義的意味は，これらレベルで非常に広く浸透しているため，すべてのクライエントに対し4つのレベル各々への取り組みに一定の時間を費やすことが有効です。言語の字義性に関連した，より確立した領域の1つとして，自己の概念化に関係する領域が挙げられます。

視点としての自己

　概念としての自己とのフュージョンは，機能的柔軟性の妨げになる可能性があります。「私は_____です」は，字義どおりにとらえられると，人がとりうる行為の可能性の幅を狭めてしまう危険性があります。このような状態であると，たとえ志の高い行政官であってもよい親やよい夫・妻にはなれないかもしれませんし，トラウマのサバイバーも，活力に満ちた生活を送ることができないかもしれません。または，「これ以上の喪失は私の手に負えない」という自己陳述によって，体験の回避に関与せざるをえなくなるかもしれません。そのような自己言及に関する字義どおりの内容

に固定して自己を概念化するような柔軟性のなさには危険が潜んでいます。ポジティブな自己の概念化でさえ，反応の柔軟性を有害な形で制限してしまう可能性があります[42]。たとえば，自分を聖人として概念化している人は，他者に対してその他者にとって好ましくない意見を言えないなどが挙げられます。たとえその意見が，実際にはその聖人自身あるいはその他者，あるいは両者にとって，ためになるかもしれなくても，言えないわけです。

それとは別の概念化として，意見や見解という意味ではなく，「私‐ここ‐今（I-here-now）」から事象をとらえるという意味で，自己を視点の対象としてとらえる見方があります。特定の役割や思考，情動，行動，経験は時間とともに変化するものの（たとえば，子ども‐大人，生徒‐教師，親しい人‐疎遠な人），この概念化を培うために，自己が視点の場あるいは地点として一貫したままでいる方法を明確にするために，さまざまなエクササイズが行われます。視点は，あらゆるラベルの字義どおりの側面を超えて，自己に関する概念化を広げます[37]。その自己は，人生の事象が展開する文脈であり，特定のラベルや体験と同一と考えられている自己とは対照をなしています。したがって，もう1つのこの様式におけるこの側面の通称は，「文脈としての自己」（self-as-context）と呼ばれます。RFTにおける基礎研究において，自己のこの側面が，「私‐あなた」，「ここ‐あそこ」，「今‐あのとき」という関係フレーム（relational frame）[訳注4]の流暢さに基づいている，ということがますます明らかになりつつあります[89, 117]。

「今，この瞬間」との接触

言語の有益な役割の1つは，過去を記述，評価し，未来を計画する私たちの能力を拡大することです。この役割のために，私たちの現在の行動

訳注4）フレームと呼ばれる般化オペラントのうち，〈刺激‐刺激〉間の関係性に関するものを指します。また，この「フレーム」という名称は，認知的構造のように誤解される危険性があるため，それを避けるためにフレーミングと呼ばれることもあります。

は，過去や未来を重視したルールによって不釣合いなほどに多大な影響を受け，現在の文脈からはさほどの影響を受けないということになりがちです。ACTでは，個人を現在の文脈に向け直すよう機能するさまざまなテクニックを用います。エクササイズの多くは，言語によって過去と未来がいかに現在に持ち込まれているのかを明らかにします。言語の字義的な側面が，現在の文脈に注意を向ける際の妨げとなる場合には，現在の状況に基づいた制御が増すように，脱フュージョンのテクニックが用いられます。

「今，この瞬間」は，終わりのない瞬間の連続であると誤ってとらえられる可能性があります。ACTの基盤にある哲学では，文脈と進行中のパターンを，孤立した瞬間瞬間よりも重視します。言語は，特定の思考，評価，記述に対して注意の焦点を狭め，環境におけるその他の可能性を含んだ重要な側面を排除してしまう傾向があります。そのため，状況によっては特定の言語的なバリアが，行動のための支配的な文脈となってしまうことがあるのです。「今，この瞬間」との接触を促すエクササイズにより，どのような言語によるバリアの内容をも超えて，行動の文脈を広げることができます。したがって，言語プロセスから脱フュージョンする能力は，行動に影響を及ぼす付加的な文脈変数への扉を開くことによって，機能的柔軟性を促進することができるのです。しかし，柔軟性それ自体が，それ単独で価値があるわけではないということを心に留めておくことが重要です。柔軟性は，何らかの好ましい種類のアウトカムを得るのに役立てられる必要があり，ACTが価値の同定と明確化に焦点を当ててきたのもこのためです。

価値の同定と明確化

今日に至るまで，ACTのコア・プロセスは，主に言語の字義性を弱めることに焦点を当ててきました。ACTにおける価値の同定と明確化では，字義性による言語的バリアがいったん弱められた直後に，行動を導くために用いることが可能な抽象的なアウトカムの探索が必要になります。価値

というのは，字義的に解釈するのが困難で，広範で抽象的なルールのようなものであり，だからこそ特定の具体的な目標よりも，より機能的柔軟性が高いのです。このような抽象的な価値は，いったん手に入れたら，あるいは達成したら，それで終わりという類のものではありません。それよりもむしろ，価値とは時間的な含みをもった副詞と動名詞で構成されたものであるといえます。たとえば，たった1回，何らかの行動をしただけで「愛情豊かなパートナー」になれるわけではありません。それには，多種多様で継続的な行動パターンが必要であり，それらの行動のどれもが，その価値に関連した具体例になります。しかも，そのパターンのどれか1つ（たとえば，毎週末にデートをする）にだけ特化してコミットしないということも必要です。クライエントは，価値を置いているある特定の生活パターンの一部として，自分が考える活動の種類に関しては，きわめて包括的であることが求められます（たとえば，自分が勤め先で秀でていることは，経済的な安定感を増大させ，それは結婚生活に望ましい安定感をもたらすものである，とフレーミング可能です）。価値に関連した複数の具体的なゴールを箇条書きにするのを援助することが役立ちます。しかし，機能的柔軟性を維持するためには，これらのゴールは，常に抽象的な価値に従属するものとしてフレーミングされるべきです。

　それでもなお，言語の字義性には，価値とゴールが柔軟なガイドラインに従うのではなく，ルールに強固に従わせようとする危険が潜んでいます。加えて，クライエントが，セラピストやその他クライエントにとって重要な人たちにとって「聞こえがよい」価値を挙げ，それに沿って取り組んでしまう危険性が常に存在しています。何であれ価値に関連した特定の活動へのコミットメントを評価する際には，常に「長期的効果性（workability）」を基準として取り組むようクライエントを導くことが重要です（たとえば，料理と掃除をすべて行うことは，パートナーに愛情を示す方法として受けとられるでしょうか？　それとも，そのようなことをすると，パートナーは自宅にいながら客人として扱われるような気分になってしまうでしょうか？）。重要なのは，価値をおいた生活パターンが当

のクライエントに実際に影響を与えるということであって，ある特定の活動がある特定の影響を及ぼすべきであるかどうかということではありません。

　治療のなかでマインドフルネスとアクセプタンスに基づいたプロセスがすでにある程度取り組まれた後に，価値の領域に取り組むことが最も多いのですが，治療の比較的早い段階で価値に取り組むことで，マインドフルネスとアクセプタンスに基づいたワークを行う際の目的意識を高めることができるという理由から，セラピストによっては，早々に価値の領域に取り組むことを選択する場合もあります。この後者のルートをとる場合は，価値が，マインドフルネスとアクセプタンスに基づいたプロセスにも通じる，多くの言語内容を提供することがよくあります。

コミットされた行為

　ACTの全体的な目標は，人がそれぞれ，たとえ望ましくない私的事象がその道のりを困難にしたとしても，価値と一致した行動に関与し，そのまま携わっていられるよう支援することです。このように，コミットされた行為は，いかにも1つのセラピーの終点であるかのように見えますが，実際それは単なるスタートにすぎない場合が多いのです。一連の行為へのコミットメントには，上述したような言語がもたらす障害が伴います。コミットされた行為には，望まない私的事象を自ら進んで経験しようとする積極的なウィリングネスが必要になります。また，機能的に柔軟なやり方で行動するのに必要な，あらゆるマインドフルネス，脱フュージョンのスキルを用いることも前提としています。これが生じるためには，行為とは，実行するか，あるいは実行しないかのどちらかでしかありません。行動が伴わずに「やってみる」というのは，そうではないにもかかわらず，実際にその行動が生じているという錯覚を抱かせる，言語が備えている1つの様式です。

　理由づけもまた，行動を起こす際の妨げとなりえます。先述したように，広範な言語の共同体が，理由を行動の原因とすることを支持し，ま

た，こうした歴史が現在の行動に影響を与えます。同様に，理由は行動に関与しない根拠にもなりえます。行動することで，価値づけした目標に関連した現在の状況と接触する機会が得られるのです。ACTでは，理由づけのために（for）ではなく，理由づけをしながら同時に（with）行動を起こす選択をするようクライエントに教えます。何らかの理由づけのために行動がとられたとしたら，それらの理由づけが危うくなるたびに行動も変える必要が出てくることは明らかです。対照的に，何らかの理由づけをしつつ，それと同時に行動がとられたならば，行動はそれらの理由づけとは独立して存続できます。関連の価値が「重要ではない」という意味合いではなく，必要なときは，行動の進行を途中で止められるということも等しく重要です。この領域における困難は，クライエントがよりよく生きる代わりに，より気分がよくなることを願って，マインドフルネスとアクセプタンスのワークに従事するときにしばしば生じます。

　コミットされた行為におけるセラピストの役割は非常に重要です。人はある行動にコミットする際に，それが公になることで，それを最後までやり抜く可能性がより高くなります[56, 62, 98, 124]。セラピストというのは，クライエントが価値と一致した行動パターンに対する責任を負うような状態に保つ重要な観客なのです。コミットされた行為に従事していたかどうかに関してセラピストが質問をし，それに応じてクライエントが報告することで，価値と一致した行動が生じる可能性が高まるのならば，一般的には質問するだけで十分です。セラピストは，一段上位の立場や法執行者のような立場に立ったりすべきではありません。クライエントのなかには，自分の行動に対する何らかの社会的責任をもつことに居心地の悪さを感じる人もいます。そのため，セラピストに報告するということが，治療関係を緊張させてしまうこともあります。セラピストは，コミットメントとはプロセスに関与することが主題であり，特定の目標や結果に到達するということではないという点を強調する必要があります。また，特定の結果を生み出さなくてはならない，というセラピスト側のニーズとセラピスト自身がフュージョンしてしまうと，狭く規定された他の役割のいずれもがまさし

くそうであるように，機能的柔軟性を妨げることになりかねません。コミットされた行為への関与を妨げるものはすべて，セラピーのより初期の段階で取りあげられる他の5つのプロセスを用いて取り組んでおいた方がいいでしょう。

　長期的効果性という概念は，コミットメントとともに問題点を話し合う突破口になります。一連の行動に関する特定のルートが事前に考えていたほど価値と一致していなかったり，あるいは別の価値と予想外に矛盾していたりした場合，そのルートを進むのはやめて，別のルートをとることになります。価値の同定や明確化，コミットされた行為には，それを通じて予測した価値が，コミットされた行為を導くものであるかどうかを考えるプロセスが必要となります。コミットされた行為の同定に関する方針は，多かれ少なかれ方針に関連した価値と一致します。行動と価値との関係が，従事することへの個人的な障害ではなく，何らかの理由のために機能しないことが明らかになった場合には，その行動の進行は何らかの他の理論的説明のためというよりも，むしろ長期的効果性による理由のために断念される可能性があります。このように，長期的効果性とは，価値と一致した行動を実際にとる必要性を捨てることなく，柔軟性を強調するのに用いることができます。

　長期的効果性は，セラピーの早期においては，基準とするには評価が難しい可能性があります。セラピーの早期においては，価値に関連したより直接的な目標に対して，行動はより敏感に反応することがあるからです。ACTは，クライエントがコミットされた行為のパターンを築くのを助けます。ACTでは，クライエントが多くの場合，まずは最も小さな目標と，行動を起こすことを最初に試みる際に生じるバリアに対して，マインドフルネスとアクセプタンスのプロセスを適用するようコミットすることから始めていくのを援助します。クライエントは「コミットしては誤り」ますが，そのプロセスの犠牲になるのではなく，むしろそのプロセスに対して責任をもつことが期待されます。セラピーのこの側面は，この道のりを進んでいくなかであらわれるどのような進展にも着目するよう，セラピスト

がクライエントを促すという点で，行動療法一般と多くの共通点を有しています。ゴールは，その道すがら必然的に生じてくるバリアに対応するために，アクセプタンスとマインドフルネスのプロセスを用いながら，価値に関連したコミットされた行為という，より大きなパターンを築くことです。

　ACTの6つのプロセスは相補的です。特にコミットされた行為においてこの点は顕著です。コミットされた行為は，他のすべてのプロセスに関連したスキルを実践する機会を提供します。これは，私的事象（思考，感情，これらに関する評価）が価値と一致した行動への関与を妨げるバリアとして作用していることに気づいたときには，いつでもこれらの6つのプロセスに方向性を定めるよう，生涯にわたって実践していく必要があることを意味します。

ACT治療の概念化への継続的チャレンジ

　ACTは，効果的な行動に関与する際の言語的バリアに特に取り組むものであることをよく覚えておくことが重要です。クライエントには，スキルの不足がしばしばみとめられます。この場合，価値と一致したコミットされた行為に効果的に関与するためには，スキルのトレーニングが必要になります。ACTは行動療法をどのように行うかに関するモデルです。行動的手法ですでに理解されていることで除外すべきことなどまさに何もなく，すべて考慮すべきです。効果的な行動の妨げになる可能性のある，クライエントの唯一のバリアが，フュージョン，あるいは体験の回避に基づいている，とセラピストが常に仮定するのは大きな誤りです。個人がある種の状況下で効果的に行動するためのスキルを，これまで一度も使ったことがなかったという可能性もあるからです。おそらく，これを査定する最善の方法は，セラピストがいる場でクライエントにロールプレイかその他の *in vivo* エクササイズを行うことです。ACTの基盤にある，より広範な理論は，こういったより実用的なスキルの不足を査定し，それを改善するための効果的なガイドとなりうるものですが，このようなより広範なアプ

ローチ（行動分析）についてレビューすることは本章の範囲を超えています。基礎的な行動原理，行動力学，ACTの基盤にあるより複雑な文化や言語行動に関する機能分析について，より包括的に理解しようとする人であれば，スキル不足に対するトリートメントの指針となりうる本理論を非常に価値あるものと感じるでしょう。

実証的エビデンス

アウトカム（効果）研究

　ACTは，典型的なDSMのカテゴリーを越えたプロセスを標的とすることから，心理的苦痛の広範で多様な健康状態に適用されてきました。本格的にACT関連の研究が始まったのは，ACTの最初の書籍が出版されてからであり，まだ10年も経過していませんが[59]，以来，20を超える対照試験が発表され，さらにいくつかの研究が現在査読中です。ACTは，経験的に支持された治療法（empirically supported treatment：EST；ESTの定義的特徴については文献18を参照）の動向の一部であり，少なくとも，不安障害，慢性疼痛，うつ病，習慣障害，精神病性障害の症状，物質使用に対して，「おそらく効果がある治療法（Probably Efficacious Treatment）」の基準を満たしていると考えられます。現在査読中の研究が受理されれば，ACTは，不安障害，慢性疼痛，うつ病，習慣障害，精神病性障害の症状，物質使用の領域において，「十分に確立された治療法（Well-Established Treatment）」として位置づけられるでしょう。表5.1に，ACTがこれらの領域でESTというステータスを受けている研究を示しました。これらの研究の方法論的側面に対して疑義を呈す研究者もいるでしょう（たとえば文献92）。ESTのステータスは，適切に設立された委員会によって初めて正式に認められるものであり，したがって表5.1は私たちの研究に対する判定の結果になります。とはいえ，特筆すべきは，ChamblessとHollon[18]による方法論的勧告の主眼が，実験の結果は，治療

表5.1 疾患別ACTにおける経験的支持ステータスリスト

対象―ステータス(Chambless & Hollon, 1998)基準	支持された研究	アウトカム
不安障害―十分に確立された治療	**ACTと他治療法との比較：**	
	Forman, Herbert, Moitra, Yeomans, & Geller (2007)	効果性 (effectiveness) RCT (randomized controlled trial)：ACTは認知療法（CT）と同等
	Lappalainen et al. (2007)	効果性RCT：不安障害および気分障害に対して，ACTは伝統的CBTよりも優れている
	Paez et al. (2007)	小規模RCT：乳がんと診断された女性に対して，ACTは，介入後でCTと同等，1年後フォローアップでCTを上回る
	Campbell-Sills, Barlow, Brown, & Hofmann (2006)	不安障害と気分障害の患者に対する構成要素RCT。コントロール方略に基づいた介入よりも，ACTによる介入の方が不安喚起対象に対する反応が良い
	Levitt et al. (2004)	パニック障害のある患者に対する構成要素RCT。コントロール方略に基づいた介入よりも，ACTによる介入の方がエクスポージャーに対する反応が良い
	Zettle (2003)	RCT：数学不安に対してACTと系統的脱感作の間に有意な差はなく，体験の回避の程度が高い者に対して，ACTの方が良好
	Roemer, Orsillo, & Salters-Pedneault (2008)	全般性不安障害に対する小規模RCT：ACTの約70%に準じた介入および完全なACTによる介入において，大きい効果量
	ACTの積極的プリ・ポスト比較なし：	
	Dalrymple & Herbert (2007)	社交不安に対する非盲検試験：大きな効果量
	Ossman, Wilson, Storaasli, & McNeill (2006)	大きな効果量

	ACT前後比較デザイン：	
	Twohig, Hayes, & Masuda（2006a）	強迫性障害に対する多層ベースライン法：顕著な改善
	Zaldivar Basurto & Hernández López（2001）	改善
	Huerta, Gomez, Molina, & Luciano（1998）	改善
	Hayes（1987）	改善
慢性疼痛—十分に確立された治療	ACTと他治療法との比較：	
	McCracken, MacKichan, & Eccleston（2007）	通常の患者に対する標準的な治療よりも，重篤な患者に対するACTの方が効果あり
	Vowles, McNeil et al.（2007）	腰痛に対するRCT：アクセプタンス，痛みのコントロール，継続治療を比較。ACTに基づいた介入の方が効果あり
	Dahl, Wilson, & Nilsson（2004）	小規模RCT：通常の処置（treatment as usual: TAU）単独より，ACTの方が優る
	Wicksell, Ahlqvist, Bring, Melin, & Olsson（2008）	小規模RCT：むち打ち症に対してACTとTAUを比較した結果，ACTの方が良いアウトカム
	積極的なプリ・ポスト比較なし：	
	Vowles & McCracken（2008）	大規模効果性試験：大きな効果量およびプロセス—アウトカム間の強い関係性
	Vowles, McCracken, & Eccleston（2007）	大規模効果性試験の結果，大きな効果量
	Wicksell, Melin, & Olsson（2007）	大きな効果量
	McCracken, Vowles, & Eccleston（2005）	大きな効果量
	前後比較デザイン：	

うつ病―十分に確立された治療	Luciano, Visdomine, Gutiérrez, & Montesinos（2001）	改善
	ACTと他治療法との比較：	
	Forman, Herbert, Moitra, Yeomans, & Geller（2007）	効果性RCT：ACTはCTと同等
	Lappalainen et al.（2007）	効果性RCT：不安障害と気分障害においてACTは伝統的CBTよりも優る
	Paez et al.（2007）	小規模RCT：乳がんと診断された女性に対して，ACTは，介入後でCTと同等，1年後フォローアップでCTを上回る
	Zettle & Raines（1989）	小規模RCT：ACTは，後でCTと有意な差はないが，8週後フォローアップではCTに優る
	Zettle & Hayes（1986）	小規模RCT：ACTは，介入後と8週後フォローアップでCTよりも有意に効果あり
	Petersen & Zettle（2008）	小規模RCT：うつ病とアルコール使用障害の併存疾患のある入院患者に対してACTとTAUを比較。ACTの方がうつ病がより軽く，退院が早い
	前後比較デザイン：	
	Blackledge & Hayes（2006）	改善
	Lopez Ortega & Arco Tirado（2002）	CTによる介入の失敗後，改善
	Luciano & Cabello（2001）	改善
習慣障害―おそらく効果がある治療	積極的なプリ・ポスト比較なし：	
	Woods, Wetterneck, & Flessner（2006）	大きな効果量
	前後比較デザイン：	
	Flessner, Busch, Heidemann, & Woods（2008）	改善

	Twohig, Hayes, & Masuda (2006a)	改善
	Twohig, Hayes, & Masuda (2006b)	改善
	Twohig & Woods (2004)	改善
	Hayes (1987)	改善
精神病性障害症状—十分に確立された治療	ACTと他治療法との比較：	
	Gaudiano & Herbert (2006)	小規模RCT：ACTは，補強されたTAUよりも効果あり（中程度の効果量）
	Bach & Hayes (2002)	RCT：ACTはTAUよりも効果あり（中程度の効果量）
	前後比較デザイン：	
	García Montes & Perez Alvarez (2001)	改善
物質使用—十分に確立された治療	ACTと他治療法との比較：	
	Gifford et al. (2004)	大規模RCT：ACTは，治療後で，ニコチン置換療法（nicotine replacement therapy: NRT）と同等，1年後フォローアップでは，NRTよりも効果あり
	Hayes, Wilson et al. (2004)	RCT：ACTは，治療後で，集中的12ステップ円滑化療法（intensive 12-step facilitation: ITSF）と同等，かつメタドン維持療法（methadone maintenance：MM）よりも効果あり。6ヶ月後フォローアップでは，MMとITSFよりも徐々に効果を示す傾向あり
	Gifford et al. (in press)	大規模RCT：ACT＋FAP＋ザイバン徐放錠は，治療後で，ザイバン徐放錠と同等，フォローアップでは，より優れている
	Smout et al. (2008)	RCT：ACTは，メタンフェタミン乱用に対して，CBTと同等
	積極的なプリポスト比較なし：	

Brown et al.（2008）	苦痛不耐性喫煙者に対する非盲検試験；改善
前後比較デザイン：	
Twohig, Shoenberger, & Hayes（2007）	改善
Batten & Hayes（2005）	物質乱用と心的外傷後ストレス障害の症状が改善
Luciano & Gomez（2001）	改善

法による特異的な効果（全般的な治療効果とは対照的に）によるものであると確かに解釈できるようにするべきである，という点にあります。表5.1の研究の多くが，プロセスを測定する尺度を用いていますが，これは，治療を受けている集団を定義づけているさまざまな顕在化した問題に対して，これらの研究が妥当であるかどうかを議論できる余地を残しているということです。この意味において，これらの研究の多くは，ChamblessとHollonの方法論的勧告が課題とした中心的関心事に対して，より直接的に意見を交わすことができるものです。

　ACTの効果のエビデンスは，神経性食欲不振症[63]，がん[13,93]，てんかん[78]，2型糖尿病のマネジメント[35]といった，その他の行動保健領域のいくつかにおいても明らかにされつつあります。ACTはまた，スティグマや偏見といった，社会的に重要な領域への取り組みにも適用されてきました。この領域においても，行動を妨げるバリアに私的事象が関わっていることがあります（クライエントに対するセラピストのスティグマについては文献47，物質使用に関わるセルフ・スティグマについては文献80，精神疾患に対するスティグマについては文献82を参照）。また，ACTは職場[12]や，自閉症の子どもをもつ親[11]といった，高ストレス集団の奮闘を減らすうえでも有効であることが明らかにされています。

プロセス研究

　ACTの（上述した）効果性（effectiveness）と有効性（efficacy）（文献

68, 105を参照）を明らかにすることは重要ですが，ACTの基盤となっている科学モデルの裏づけには，単なる経験主義や技法ベースの研究以上のものが求められます。このアプローチでは特に，私的事象を原因とみなす文化的な支持が治療関係のなかで弱められるにつれて，これらの私的事象が価値と一致した行動のバリアとして機能する力を弱めると考えられます。望まない私的事象がその機能（字義性など）を失っていく限り，このトリートメントモデルでは，これらの出来事の形態や頻度を変える重要性に関しては不可知論の立場をとります。

さまざまな研究が，ACTのプロセスと，関連するさまざまな尺度とアウトカムの間の関係性に注目してきました。ACTの研究で一般的に使われる尺度は，Acceptance and Action Questionnaire（AAQ）[58]です。この尺度の項目作成は，多くの心理的問題が体験の回避に関連した奮闘の結果であるという概念化により導かれました。項目には「何をするのが正しいか不確かでも，問題に対して行動することができる」，「落ち込んだり不安を感じているときは，自分自身の責任に気を配ることができない」などがあります。このような項目は，私的事象がどの程度まで行動に対するバリアとして機能するかを評価するために用いられます。一般的に，AAQによる評価で，体験の回避のレベルが高い場合，それと相関して，心理的苦痛のレベルは高く，生活の質は低くなります[57]。他の調査には，AAQを起源とした疾患別の尺度が使われています。それらには，喫煙用（Avoidance and Inflexibility Scale : AIS）[31, 33]，慢性疼痛用（Chronic Pain Acceptance Questionnaire : CPAQ）[87]，糖尿病マネジメント用（Acceptance and Action Diabetes Questionnaire : AADQ）[35]，幻聴用（Voices Acceptance and Action Scale : VAAS）[99]の尺度があります。

その他のACTに関連したプロセスを評価する尺度は，思考に対する確信度に関して問うことにより，言語の字義性に着目してきました。自動思考質問票（Automatic Thoughts Questionnaire : ATQ）[65]の未発表版は，さまざまな思考の頻度と確信度をクライエント自身が評定するものでした。発表されたATQは，思考の頻度に焦点を当てたものでしたが，ACT

の研究者らは，現在に至るまで，ATQのBelievability Scale（ATQ-B）を使用し続けてきました。その基盤にある理論により，思考に対する確信度（believability）の変化の方が，思考の頻度の変化よりもより重要とされることが示唆されたからです。ATQ-Bは，最初の包括的距離化に関する研究（Comprehensive Distancing Study）[125]で用いられました。その後の研究（文献30など）で，Stigmatizing Attitude-Believability Scale（SAB）[47]を含む，さまざまな心理的バリアに関する確信度を問う，特定の評価尺度が作成されています。

基盤にあるACTのモデルを支持する研究を包括的にレビューすることは，本章の範囲を超えています。Hayesら[54]は最近のレビューを示していますが，本章ではレビューの代わりとして，関連する研究の一部を表5.2に示します。

理論の限界

ACTは，価値と一致した行動に対するバリアとして機能する私的事象に注目します。心理的苦痛の必ずしもすべてが，このようなバリアの結果ではありません。Zettle[122]は，この問題の好例を示しています。この研究では，数学不安を抱える大学生を，6週間にわたり，ACTと系統的脱感作のいずれかで治療しました。概して，ACTと脱感作は，数学不安の低減に等しく効果がありました（しかも，脱感作の方が特性不安に対してより効果的でした）が，例外的に，体験の回避の得点が高かった実験協力者においては，ACTの方がより効果が示されました。この研究は，体験の回避が効果的な行動にとっての主要なバリアとなっていない場合には，他のアプローチによって問題を扱うべきであることを浮き彫りにしています。

しかし，セラピストは，クライエントがしばしば治療に「抵抗する」ことに長らく着目してきました。このような抵抗が変化のプロセスへの従事を妨げる言語的バリアの結果として生じたものである場合，ACTはセラピーを開始するための有効な場を提供することができますし，ACTが既

表5.2 変化のプロセスに関するエビデンス

研究	対象	結果
統計的に媒介要因が呈示されたACTに関連したプロセス研究		
Zettle & Hayes (1986)	うつ病	Automatic Thoughts Questionnaire-Believability scale （ATQ-B）と理由づけの程度において，ACTとCT間に差が示された。ATQ-Bは効果を媒介した（Hayes et al. 2006における再分析でも同様の結果）
Zettle & Rains (1989)	うつ病	ATQ-Bにおいて，ACTとCT間に差が示された。ATQ-Bは効果を媒介した（Hayes et al., 2006における再分析でも同様の結果）
Bond & Bunce (2000)	被雇用者	Acceptance and Action Questionnaire（AAQ）がGeneral Health Questionnaire（GHQ）の変化を媒介した
Gifford et al. (2004)	慢性喫煙者	Avoidance and Inflexibility Scale（AIS）が禁煙を媒介した
Hayes, Bissett et al.（2004）	セラピスト	Stigmatizing Attitudes-Believability scale（SAB）は，ACT群の治療者のバーンアウトとスティグマ付与的態度を媒介したが，多文化トレーニング群や生物学的教育群では媒介しなかった
Gaudiano & Herbert (2006)	精神病性障害	「確信度（Believability）」が幻覚とそれに関連した苦痛の頻度を媒介した
Gregg et al. (2007)	II型糖尿病	Acceptance and Action Diabetes Questionnaire（AADQ）と自己管理行動が，血中グルコース値を媒介した
Forman et al. (2007)	不安と抑うつ	探索的媒介分析を用いた結果，AAQおよびKentucky Inventory of Mindfulness Skills（KIMS）の4つの下位尺度のうち3つにおいて，ACTの効果を媒介した
Lundgren et al.（2006）; Lundgren, Dahl, & Hayes (2008)	発作性疾患	てんかん患者用AAQは発作持続時間を媒介し，また価値の程度はQOLを媒介した。両測度は，ウェルビーイングの程度を媒介した。AISは，自制（abstinence）を媒介した。治療関係の程度も自制を媒介した。さらなる分析から，アクセプタンスは治療関係に間接的な影響を及ぼすことが示唆された
Vowles, MaCracken, & Eccleston (2008)	慢性疼痛	Chronic Pain Acceptance Questionnaire（CPAQ）は，患者の機能に対する破局化の影響を媒介した

Lillis, Hayes, Bunting, & Masuda (2009)	過体重と肥満	体重の減少は体重に関連した AAQ を媒介した
Gifford et al. (印刷中)	喫煙	喫煙に関連した心理的非柔軟性が，喫煙の影響を媒介した

ACT に関連したプロセスとアウトカムが相関した研究

Bach & Hayes (2002)	精神病性障害	症状の受容度が高く，確信度が低い精神病性障害者は，ひとりも再入院しなかった
McCracken et al. (2005)	慢性疼痛	CPAQ は，抑うつ，痛みに関連した不安，身体的障害，心理社会的障害の改善，および行動的測度における改善と相関した
Woods et al. (2006)	抜毛癖	AAQ 得点は，抜毛行為における変化と相関した

実験・アナログ研究（30 人以上の学生のサンプル）

Feldner, Zvolensky, Eifert, & Spira (2003)	大学生	高濃度の二酸化炭素を含有する空気の提示に際し，AAQ 高得点者は，AAQ 低得点者よりも強い程度の不安を報告した
Gutierrez, Luciano, Rodriguez, & Fink (2004)	大学生	強い痛み状況にある調査協力者は，ACT 訓練によって介入前後の痛み耐性が上昇したのに対し，認知コントロール訓練では痛み耐性が低下。痛みに対する確信度は，ACT 群で低下した
Levitt, Brown, Orsillo, & Barlow (2004)	パニック障害	アクセプタンス方略の高い使用頻度と，2 回目の（パニック誘発性の）二酸化炭素課題に挑戦するウィリングネスの高さが相関した
McCracken et al. (2004)；McCracken & Eccleston (2005, 2006)	慢性疼痛	高いアクセプタンスは，身体的，心理的機能の高さに相関し，仕事上の地位が改善し，服薬の使用が減少した
McCracken & Vowles (2008)	慢性疼痛	痛みのアクセプタンスと価値に基づいた行動は，感情的，身体的，社会的機能の高さに相関した
Masuda & Esteve (2007)	大学生	コールドプレッサー課題において，アクセプタンス訓練群は，抑圧群および痛み教育群よりも，苦痛耐性度が増加した

| Forman, Hoffman et al. (2007) | 大学生 | アクセプタンス訓練は，食物関連の衝動性に影響を与える因子の尺度で高得点であった調査協力者に対して，主観的苦痛を減らし，食物への渇望に対する抵抗困難度を減らした。コントロール方略は，食物に関連した衝動性において低い得点を示した調査協力者に対して，効果があった |

存のモデルにさらなる力を与える，というエビデンスが存在します[71]。このように，ACTはモデルであり，単なるテクニックではありません。この方略により，セラピストとクライエントは，他の治療活動とACTが明らかに矛盾しない限り，経験的に支持されている治療活動への従事を妨害するバリアに取り組むことができます。

臨床実践

現在，さまざまな問題にACTを適用するための治療実施要綱や，セルフヘルプ本，ワークブック，セラピスト用のトレーニングガイドが多数存在します。特定の種類の問題にACTを適用することに関心がある読者の方々には，関連の情報を探されることを勧めます。ACTに関連した手引きや資料については，www.contextualpsychology.orgにて参照できます。

事例

シンディは，整った顔立ちをした28歳の白人独身女性です。体重は約100kgあり，肥満といってもいい体型です。地方銀行の中間管理職として働いています。シンディがセラピーを求めていたのは，人生に対する意欲を失っていたからでした。数年前に昔からの友人が何人か別の州へ引っ越していってしまい，それ以来ずっと落ち込んでいました。かつては社交的な人物だったのですが，今ではプライベートの時間をひとりで過ごすことがほとんどで，人との関わりがとても難しいと感じるようになっていました。シンディは自分の体重が増えたのは「感情にまかせて食べる」ように

なったことが原因であると考えています。仕事が終わった後に過食をすることで，孤独を紛らわすことができたのです。

シンディのAAQ-Ⅱ得点は32点でした。得点が48点以下の場合，アクセプタンスが低く，心理的苦痛の程度が高いことに関係があります。従来の抑うつ尺度における得点からは，中程度の抑うつがあることがうかがえました。また，ATQ-Bにおける得点から，ネガティブな思考が高頻度にあり，しかもこのような思考を非常に確信していることが明らかになりました。Five-Factor Mindfulness Questionnaire（FFMQ）[3]では中程度の得点が示され，言語プロセスが邪魔をして，今，この瞬間に十分に関与できていないことがしばしばあることがわかりました。

ACTセッションでははじめに，問題の同定にフォーカスしました。シンディは，それまで自分の抑うつと孤独に対処しようとしてきたさまざまな方法を挙げるよう促されました。この段階でセラピストは，相手の話に興味を示し，評価的でない態度で，これらの方略がどのように作用するものか尋ねました。そのなかで，フュージョンの例がいくつか観察されました。シンディは，自分はポジティブな態度を表現しなくてはならないと信じています。さもないと他の人たちは，自分のことを嫌いになってしまう，と確信しています。同様に，ネガティブな思考は非生産的であり，よくなるためにはそのような考えは排除しなければならない，とも考えていました。また，自己批判的な評価もいくつか認められました。こんなに体重のある人と友だちになりたいと思う人なんて誰もいないだろう，「本当の」シンディを好きになってくれる人なんて誰もいないだろう，といったようにです。体験の回避パターンもいくつか示されました。シンディは夕方になると，孤独感を避けるためにテレビを観ながら食べ物を口にしていました。また人とのやりとりを避けている，とも報告しています。その理由は，他人とやりとりをしていると自分自身をたえずネガティブに評価してしまうからでした。

初期のセッションを通じて，セラピストはシンディに，自己へのフュージョンと，体験の回避に基づいた方略についての説明，さらには，それら

の方略がどれほど有効だったか評価するように促しました。セラピストは長期的効果に関するセラピスト自身の先入観や考え方からではなく，シンディが自分の体験の長期的効果について経験してきたことを述べているかどうかに注意を払いました。一方で，あらゆる機会にその方略の短期的な有効性と長期的な有効性をシンディに区別するよう求めました。多くの方略（たとえば，テレビの前で食べること）が孤独からのつかの間の猶予を与えてくれましたが，それらは長期的な解決策としてというよりも，一時的な気晴らしであると考えられました。また，シンディは，人との関わりを避けることが自分のネガティブな自己評価の多くを避けるための有効な方法になっていることに気づいた一方で，これでは他者とのやりとりをする機会がなくなり，新しい友人をつくることができないため，ますます問題を悪化させていることにも気づきました。

　この最初の段階は，創造的絶望（creative hopelessness）と呼ばれます。シンディにとって，創造的絶望の目標は，行動の評価指針として長期的効果の考えを導入することでした。この段階で，彼女のなかには，自身の実行不可能な感情的・評価的コントロール方略に対する健康的な懐疑が芽生え始めていました。セラピーがアクセプタンスと脱フュージョン方略の導入に進んでいくなかで，多くの人たちは自分のコントロール方略との闘いを続けます。以下にその一例を示します。

　　セラピスト(T)：私たちのマインドは，あらゆる種類の事柄について，私たちの愛する人たち，先生，テレビ，その他多くのことによって方向づけされてきています。そして，マインドはただそれを吐き出しているだけなのです。試してみましょう。キラキラ光る，夜空の……。

　　シンディ(C)：星？

　　T：そのとおりです。では，これを覚えているということは，あなたにとって本当に重要だったのでしょうか？

　　C：いいえ，たぶん，姪が小さかったとき以来，そのことについて考え

たことはなかったと思います。

T：私が「キラキラ光る……」と言うと，「星」という言葉がパッと飛び出してきたように感じられるというのは，あなたにとって何か特別なことを意味していますか？

C：いいえ，ただ自動的に出てきた感じです。

T：そのとおりです。私たちのマインドは，あらゆる種類のことを自動的に吐き出しています。ときには，そうすることが便利なこともあります。食料品などの買い物の最中に必要なものを思い出そうとしているときがその例です。一方で，それは星のようにただ出てくることもあります。ただし，自動的に表にあらわれてくるものというのは，星のように，なかなかしっくりとは感じられないものです。あなたは星のことを考えたとき，その思考を振り払ってしまいたいと思いましたか？

C：いいえ。かなり自動的だったのでちょっと驚きましたけど……でもそれって普通のことですよね？

T：それもマインドの仕業の1つです。ただし，必ずしも常に普通と感じられるわけではありません。ちょっと試してみましょう。私が何か言いますので，その後あなたのマインドにすぐに飛び込んできたことを何でもいいですから，おっしゃってください。［クライエントはうなずく］

T：赤。

C：青。

T：5。

C：7。

T：テレビ。

C：時間の浪費。

T：お父さん。

C：働きすぎ。

T：仕事。

C：でたらめ。
T：友だち。
C：忙しすぎ。
T：孤独。
C：弱い。
T：さて，このエクササイズをやってみてどのようなことが起こりましたか？
C：こんな終わり方は好きではありません。そんなふうに考えるべきではないんです。これが創造的でないことはわかっていますから。
T：色や数から場所，人，そして感情へと移っていくにつれて何が起こりましたか？
C：そうですね，最初は，ばかばかしいゲームのように感じましたけど，その後，深刻になりました。自分が父親や友人，それに自分自身を批判しているような気持ちになりました。
T：私が色や数を述べたときには，マインドが自動的に反応することに，どのくらいたやすく気づきましたか？
C：簡単でした。でも，それらは重要には感じられませんでした。
T：では，場所や人，それに感情についてマインドが自動的に反応することに気づくのは，どのくらい簡単でしたか？
C：実際には気づかなかったんです。それらに消えてほしい，と思いました。その後，私，こんなことでくよくよするなんて，と自分を批判し始めました。
T：つまりこれらは，気づくのがつらい部分ということですね。あなたのマインドが言ったこと……あなたは弱いというような反応のことですが……その反応は，あなたが予め計画していたことですか？　それとも，自動的に発せられたことだったのでしょうか？
C：自動的です。もし私が何か計画するとしたら，ネガティブな思考が一切，起こらないようにするでしょうね。
T：今までその計画は，どれくらいうまくいっていましたか？

C：あまりうまくいっていません……ネガティブな思考は起こり続けています。

T：では，自動的に出てくる色や数に，ただ気づくというのは，どのようなことか覚えていますか？

C：はい。

T：ネガティブなことが思い浮かんできたときに，ただそれに気づくことはできますか？

C：ほんの少しの間だけなら，たぶん。でも，その後もっと多くのネガティブなことが浮かんできます。

T：ほとんど自動的に，ですね。でも，それにもただ気づくことができるでしょう。

C：たぶん，でも，普段はそれを消し去ろうとしますけど。

T：では，そのようなことをして，果たしてどれほどうまくいくのでしょうね？［皮肉っぽい口調で］

C：たいてい，ますます自分自身を批判し始めます。

T：それでは，一歩引いて，この自動的な事柄すべてに気づくようにするのはいかがですか？

C：やってみてもいいですけど，でも，たいてい，ただ反応するだけですけど。

T：そうなんです……多くのことに対しては，マインドの作用は，自動的であることで，まさにうまくいきます。でも，より感情的で，評価的な事柄に対しては，純粋な不快（clean discomfort）と呼ばれるものと，不純な不快（dirty discomfort）と呼ばれるものとの区別をすることが役立つでしょう。

C：わからないんですけど，それはそんなに悪いことなのでしょうか？

T：そうですね……ではこれはどうでしょう。孤独という言葉は，あなたにとってどのように感じられますか？

C：ぞっとします。

T：いいでしょう。しかし，それはすでに，その気分に対する評価で

す．孤独はどのように感じられ (feel) ますか？

C：えーと，自分には手に入らないものを求めているような［間］……それに，その望みは自分をヘトヘトに疲れさせるように感じます．ただ身体を丸めて，隠れて，そして物事が変わるか，あるいは違うようになるのを待っていたい，という気持ちです．でも，私……．

T：「でも」，のところで待っていてください．あなたは今，あらゆる評価とその後に続く「でも」に圧倒される前に，あなたにとって孤独がどのようなものか説明することができました．私たちは，この孤独という感情を純粋な苦痛 (clean pain) と呼びます．それは，友人がいなくなって寂しく思いながらも，新しい関係をまったく築いていないというあなたの経験から直接きているという意味で，それは純粋なのです．論理的な結論でもありませんし，正しいとか間違ったあり方ということでもありません．その瞬間，あなたは孤独を生じさせようとしていないということです．ただ単にそういうことなのです．

C：わかりました，でも，ではいったいどのようにして，私はそれを消し去らせたらいいのでしょうか？

T：あなたは，ネガティブであるとか，非生産的であるとか言って，自分自身を非難することはできたのですよね．［皮肉っぽい口調で］

C：ええ，それは私がいつもすることです．結局，ますますいやな気分になってしまいます．

T：そのように，ますますいやな気分になることを不純な苦痛と呼びます．なぜなら，私たちが純粋な苦痛を消し去らせようとするとき，純粋な苦痛の上にさらに体験する，追加的な苦しみだからです．

C：そのことについては私も以前気づいたことがあります．そうやって自分自身を批判し始めます．自分自身を批判して，ただただ挫折感を抱かせるだけです．では，私はどうすればこれをすべてやめられるのでしょうか？

T：そうですね，それをやめると言うと，力づくで無理やりあなたの思

考と感情をコントロールしようとするように聞こえます。今までそのような方略はうまくいっていましたか？
C：あまりうまくいっていません。
T：それでは，これから1週間，あなたに実験をしていただきたいと思います。何か，直感に反することにチャレンジしていただきたいのです。純粋な苦痛という感覚とともにいるようにして，そしてコントロールモードに切り替わったら，その状況に不純な苦痛を加えた瞬間に気づいていただきたいのです。
C：わかりました，でも，それは簡単なことではないのでしょうね。
T：そうですね，まったく簡単なことではありません。このホームワークで重要な点は，あなたがそれをうまくやることでも，純粋な苦痛がなんとなくよくて，不純な苦痛は悪いということでもありません。さしあたり今は，この両者の違いに気づく練習をすることが重要です。気づくことが，今後，私たちが取り組んでいくことの基盤となります。

　これに続くセッションでは，純粋な不快と不純な不快との違いに気づくことを基盤として，さらに進めていくことになるでしょう。もしシンディが，セッション外ではその違いに気づくのが難しい，と報告したならば，以降のセッションでマインドフルスキルのトレーニングに焦点を当てることになります。一方，違いにうまく気づけると報告した場合は，以降のセッションでは脱フュージョンとアクセプタンスのスキルにフォーカスするでしょう。
　結局シンディは，気づきのホームワークを上手にこなすことができました。そのためセラピーは，アクセプタンスと脱フュージョンのテクニックを通して進められることになりました。アクセプタンスの促進を意図した一般的なエクササイズ（つまり，以下に示す，形状化エクササイズ〈physicalizing〉）が用いられました。セラピストはシンディに，孤独に関する一般的ではない要素（大きさ，色，速さ，匂い，など）について説明

してもらいました。孤独の感情以外の側面について彼女に説明させたのは，そのような感情が顕著であるときに，同時に注意スキルを広げることを意図したためでした。これにより，感情が存在している最中の言語がもつ制限効果を弱めることができます。ACTの基盤にある理論は，このような私的事象が当人のレパートリーを狭めるバリアになりうることを強調します。クライエントが当該の感情とは関係のない側面を，気晴らしという形で用いていないことを確認しておくことが重要です。目標は，感情が存在しているときの行動の幅を広げることです。この理論はS-M-R仮説と対照的です。S-M-R仮説の場合は，感情，あるいは感情に関係した思考の合理性に取り組むよう提唱しているからです。また，ACT理論は体験過程療法（Experiential Therapy）の仮説とも対照的です。体験過程療法では，適応的で統合的な自己組織化を促進することを目標としているためです[34]。この2つの仮説のいずれもが，問題のある私的事象を制限，リフレーミング，さもなければそれらを直接制御することで利用できなくしたり，特定の仕方で言語を用いたりすることで，言語の1つの側面を扱います。一方ACTのねらいは言語の制御力をより全体的に緩めることです。

　セラピストがこの形状化エクササイズを実施し，シンディからその感想を報告してもらっているとき，シンディは「感情の代わりに，孤独の形状という次元について考えようとすることがコツなのでしょうか？」と尋ねました。クライエントが，望まない思考と感情を制御するためにエクササイズを利用しようとすることは，非常によく見られることです。たいていのクライエントと同様に，シンディも，アクセプタンスと脱フュージョンのエクササイズを複数回経験した後に，ACTのスタンスは思考や感情の制御というワークとはまったく別物であることをようやく理解し始めました。

　シンディがとりわけ行き詰まってしまったのは，視点としての自己を発達させる領域でした。彼女は，自分の体重について深刻なまでにネガティブな評価をしていました。そのせいで，他者と社会的に関わり合うことが

できなくなっていました。彼女は他者と関わる際，自分の体重が過剰なせいで他の人たちが自分を辛辣に評価していると思い込んでおり，ほとんど関わりをもちませんでした。何かイベントに招かれても，出席すると返事をしながらも実際には出席しませんでした。その人たちは社交辞令で自分に招待状を出しているだけだと，シンディは常に考えていたのです。

シンディはまた，自分自身の評価とのフュージョンに代わる方法として，視点としての自己に関連したいくつかのエクササイズを有益とも感じました。シンディが初めて視点としての自己を探求し始めたとき，この視点が彼女の「本当の自分」であると考えてしまうといった，よく見られる間違いを犯しました。この姿勢が問題になるのは，その他すべての自分の経験を，間違っているか，さもなければ欠陥があると暗黙裡に評価することになり，それが言語の字義性と，それらの経験を制御しようとする闘いを支持してしまうことにつながるからです。視点としての自己は，私的事象が価値に関連した活動に従事する際にバリアとして機能している場合に，とるべき有益なスタンスとして提供されます。価値に関連した行動に関与する代わりに，逃避し，そのまま留まる場所ではありません。ACTで用いられるすべてのエクササイズと同様に，体験に関する機能は，体験それ自体よりも重要です。

セラピーの後半では価値とコミットメントに取り組みました。シンディは，価値の明確化のプロセスを楽しんで行い，ほとんど自力で，個別のゴールではなく，プロセスの項目を挙げ，自分の価値について項目リストを再構成しました。たとえばシンディは，ユーモアがあり，相互に尊敬し合ういたわりの関係を育てることを大切にしていると述べました。同時に，その価値に関連したいくつかの目標を特定しました。それは，招待されたイベントに出席すること，自分がもっとよく知りたいと思う人たちに，少なくとも週に2回誘いの連絡をするというものでした。また，週に3回運動することも大事であることを挙げました。この最後の目標は，4つの点で，彼女の人間関係に関する目標に関連しています。第一に，シンディはどちらかというとジムでクラスに参加するのを好んでおり，そうすること

で，人と出会う機会が生まれます。第二に，体重が軽いときの方がよりエネルギーがあり，そのエネルギーを（抑うつ状態のときと比べて）友情関係により多くを注ぐことを望んでいます。第三に，かつてはダンスやハイキングに行くことを楽しんでいましたが，現在の体重のせいでこれらの活動に参加することが難しくなりました。第四に，体重が軽くなることで，彼女が育もうとしている人間関係についても高い自尊心をもてるようになる可能性があります。

　価値の明確化とコミットメントが開始されると同時に，セラピーのなかですでに取り組まれた初期のプロセスをもう一度すべて見直さなければならないことがよくあります。シンディとのセラピーではこの段階に至るまで，日常の生活で必要とされた行動変化の量は，全体的に見て，比較的わずかでした。ここで，セラピストとシンディの間で交わされた対話に戻りましょう。

T：それでは，第1週目のコミットされた行為についてのホームワークはいかがでしたか？

C：そうですね，先生とお会いした翌日は，すごくうまくいきました。ジムに行って，本当にハードなキックボクシングのクラスに参加したんです。そのあと，階段マシーンを使って30分間歩きました。

T：ほう，それは，しばらくトレーニングをしてなかった人にとっては，すごい初日になりましたね。

C：それが大変だったんですよ！　次の日に起きたら，体がずきずき痛くて，ほとんど動けなくなったんですから。それでその週の残りはジムに行けませんでした。

T：他の目標については，どうでしたか？

C：ええっと，誰も私を招待してくれませんでしたし，私も誰かのところに出かけていくということをしませんでした。でも，テレビを観る代わりに，ソーシャルネットワーキングのサイトにプロフィールを載せました。たとえ私が出かけなくても，昔の友人たちとつなが

ろうとすることはできるとわかりました。高校時代の友人のマルネとネット上でやりとりしたんです。お互いのページを何回か行き来しました。楽しかったです。

T：すごくいい考えですね……では，今，ネット上でのやりとりは，直接人とやりとりすることに関わるあなたの他の目標よりも，より優先するということでしょうか？

C：うーん，そうですね……やっぱり直接人と会うことに取り組むべきだと思います。

T：その「べき」というのは，あなたがこのセッションで，自分をよく見せようとすることと関連がありますか？ それとも何か他のことに関わっていますか？

C：私がどういう意味でそうしたかについて先生が尋ねようとしているのは，わかります。でも，私は本当に友だちと直接的なやりとりをしたいんです。

T：わかりました。私はただ，あなたが実際に物事にチャレンジし続けていく過程で，目標と価値を見直していくのは，まったくかまわないということをあなたに知ってほしいだけなのです。これは，学習のプロセスです。自分の目標と価値を探求する過程で，自分が学んだことに驚く人は多いのです。物事を切り替えていくことが唯一問題になるのは，毎週切り替えをしているように見える場合だけです。いずれかの時点で，数週間にわたって１つのことを粘り強く進めていくようコミットし，それにチャンスを与えてみることが重要になるときがあるのです。チャンスを与えるといえば，ジムでのトレーニングについてはいかがでしょうか？

C：あの初日は，すごく頑張りました。でも，本当に，あまりの痛さに，あれからジムには行けませんでした。脚がガクガクして，４日もの間，歩くのがつらかったんです。

T：その痛みは，新しいエクササイズの日課を始めるにあたって当然感じる種類のものだったでしょうか？ それとも痛めつけてしまっ

のでしょうか？
C：今はもう調子がよくなりましたから，たぶんあれはやりすぎによる当然の痛みだったのだと思います。
T：あなたは今までに，長い間トレーニングをしていない期間の後に，元の体重に戻そうとした経験がありますか？
C：いいえ。以前ジムでクラスに参加していたときはいつも，もっとずっと活発でした。でも，あの頃を振り返ってみると，当時はただその気になったときに行っていただけでした。だから，本当の日課になっていたとはいえません。今回は，3年ぶりのトレーニングでした。
T：おそらく，インストラクターとか個人トレーナーに，エクササイズの所定の手順を安全に進んでいくにはどうしたらいいか，アドバイスを求めた方がいいかもしれませんね。あなたが初心者用の安全な手順を踏んでいるのなら，その場合は，通常の痛みやつらさについて私たちがこれまで学んできた，アクセプタンスとコミットメントのテクニックを活用できます。もしそういったテクニックのせいであなたが怪我をしてしまうのであれば，私はそのテクニックを使いたいとはまったく思いません。専門家なら，どういう痛みなら安全で，どういう種類の痛みが怪我のサインなのかをわかりやすく教えてくれるはずです。
C：私のジムでは，ひと月に2回，30分間，トレーナーに相談することができます。自分が安全に行っているかを確認するためにその機会を利用できると思います。
T：では，そのトレーナーとの相談の予約をとるために，いつ電話をかけましょうか？
C：明日のお昼休みにします。
T：それでは，今週は他にどのような目標に取り組む予定でしょうか？
C：ネットとかではなく，直接人と会うことです。
T：何か計画とか，見通しはありますか？

C：そうですね，職場の人たちで，毎週木曜日にビールを飲みに行く人たちがいます。以前は，一緒に行こうとよく誘ってくれたんですけど，何度か私が参加しなかったら，それっきり声をかけてくれなくなってしまいました。今週，自分から行ってみてもいいかな，と思います。

T：では，その目標を邪魔する可能性のあるバリアは何かありますか？

このセッションの残りの時間は，これまでに対人的なやりとりの妨げとなった言語的，感情的なバリアに焦点を当てました。アクセプタンス，脱フュージョン，視点としての自己を，この特定のゴールのために行動を生起させることと関連させて見直しました。今週はそのグループが集まる予定になっていなかった場合を想定し，その場合は何か別の行動を選択できるよう，追加的な行動の選択肢を探索しました。

シンディが社交的な状況で他者との交流を確実にアレンジできるようになるまで，数週間を要しました。新しい「親友」はできませんでしたが，他者とのやりとりを楽しみましたし，その人たちもまた彼女とのやりとりを楽しんでいるように思われました。シンディの豊かなユーモアのセンスは，新しい社会的関係を築いていくうえで強みとなりました。シンディのフュージョンとの奮闘は，自己批判的な思考という形で続いていましたが，これらの思考を受け入れることが上手になってきてもいました。もはやそれらの思考のせいで他者から孤立するということはなくなりました。それらの思考を抱えながらも，他者と有意義なやりとりができるようになりました。

シンディとの後半のセラピーでは，いくつかの注目すべき点を指摘できます。シンディは当初，目標の1つ（他者を外出に誘うこと）を実行することができませんでしたが，インターネットを通じて社会的な活動に乗り出したことは確かです。ただし，ソーシャルネットワーキングでは直接的な対人的やりとりが伴わないことから，セラピストは，シンディにとって自分の本来の目標を回避するための潜在的な逃げ道になりかねないものと

して，取りあげることもできたでしょう。しかしセラピストは，そのような方法はとりませんでした。インターネットが価値に関連した柔軟性を促す機会となっていたからです。もし仮に，対人的なやりとりを含まない活動を選択するというパターンが，それ以降の2，3回のセッションにわたって展開していったならば，これらの活動の潜在的な回避機能を詳しく検討することになったでしょう。

　シンディの場合，問題のいくつかにスキル不足が原因と思われるものもありました。上述の対話のなかで取りあげられたスキルの不足には，トレーニングによる通常の痛みと，怪我を原因とする痛みとの違いを知る経験がなかったことが関係していました。また，シンディには現実的なトレーニングの目標を自分自身で選択する力がないことも明らかでした。そのため，個人トレーナーに相談するようアドバイスされました。

　他のスキル不足についても同様に，シンディとともに取り組みました。彼女は，他者との会話を自分から始めることが苦手でした。ネガティブな自己評価が集中豪雨のように押し寄せてくることが原因の一部にありました。セラピストとの in vivo での会話で練習する際にも，ぎこちなさがありました。普段シンディは，リラックスした淀みのない話し方をするのですが，in vivo での練習の最中は，声は緊張し言葉もしどろもどろになってしまうのです。セラピストは，彼女の話し方を改善するために，行動モデリングと反応随伴性フィードバック（response-contingent feed-back）[訳注5] を用いました。

　機能的文脈的（すなわち，行動分析的）セラピーであるACTには，スキルに基づいた介入をACTに組み込むことは容易です。ACTのセラピストは，クライエントとともにこの両面作戦[訳注6]で取り組むことはよくあります。このことは，それまでシンディが自分から会話を始めるうえで障害となってきたネガティブな自己評価を和らげるために，アクセプタンス，脱フュージョン，視点としての自己が用いられた際に，シンディに説明さ

訳注5）反応に随伴して強化子を与えること

れています。この説明の後に，彼女の会話の質を向上させるために，行動的なスキルトレーニングが加えられました。

まとめと結論

　ACTで用いられるテクニックの多くは，このアプローチに興味をもつ臨床家にとって有効なツールとなるでしょう。しかし臨床家は，理論モデルを事例に適用して初めて，ACTを行っているといえます。ACTのセラピストは，幅広いさまざまなアプローチからテクニックを借用し修正してきました。しかし，これをLazarus[69]が提唱する技法折衷のタイプと混同すべきではありません。

　ACTは，行動的／認知的療法をどのように行うかに関する1つのモデルです。ACTは理論的な伝統を基盤としていますが，この基盤がACTをその他多くの現代の認知的／行動的療法とを分かつ点になっています。治療法開発のための方略において，疾患別アプローチ向けの伝統的なマニュアル化されたパッケージとも大きく異なります。ACTの哲学的伝統には，その分析的概念の有用性を支持する，75年以上にわたる基礎と応用の研究があります。

　本章では，正確性と深度よりも，（特にセラピストの行動を導くための）視野と機能を強調するミドル・レベルの理論的プロセスの概観に焦点を当ててきました。しかし，当アプローチの基盤は，行動についての高い正確性と広い視野をもった原理を発展させるため，帰納的かつ機能的な方法を用いることにあります。ACTの根底にある概念は機能です。その概念は使用される必要性に合わせて柔軟に使われます。このことは，基本の行動原理を理解していなくても，ある程度までは実行可能であり，それがミドル・レベルの概念を用いた目的でもありました。この理論はまた，体験の

訳注6）制御のためのスキル訓練と制御の放棄のためのスキル訓練といった，一見相反するアプローチを両方とも使うという意味

回避，あるいは認知的フュージョンに関連した顕在化している問題を評価するための具体的な方法についても呈示しています。クライエントに見られるポジティブなアウトカムを媒介する変化のプロセスについて，セラピストがモニターできる評価尺度も利用可能です（プロセス研究の節を参照）。しかし，これらの概念と方法は，今のところ，特定の事例での適用に留まっています。行動分析，モル行動力学，RFTにおける基礎概念と原理についての研究によって，セラピストは，よりうまくこのアプローチを新たな問題に適用できるようになるでしょう。広範な概念的基盤は，治療の焦点が，トポグラフィカル（局所的）ではなく，機能的なものになるようにしてくれます。

　治療法の発展という観点では，ACTには，その他の認知的／行動的方法と比較して，いくつかの珍しい，あるいはユニークとさえいえる特徴があります。ACTの開発者は，基礎的な原理が開発されるか，哲学的により明晰な域に達するか，さもなければ効果を裏づけるエビデンスが得られるまで待つ心構えでやってきました。なぜならACTの目的は，経験的に支持された治療法のリストにその名を連ねるような，単なる別のラベルづけされたセラピーとなることではないからです。ACTのゴールは，応用および基礎心理学における先進的な研究プログラムと連結した，行動的／認知的療法のより優れたモデルを展開させることにあります。文脈的行動科学の帰納的でボトムアップのアプローチの歩みは，本質的に時間がかかるものです。しかし，臨床家，基礎科学者，学生，研究者らの参加がより広がり，増大することでそのスピードをはやめることは可能です。このような状況が実際に生起しているように感じられます。20年前，ACTとその基礎的な研究プログラムに関心がある人は，数十人ほどでした。しかし今では，数千人にもなっています。この関心がこの領域で高まる状況は，誰もが想像するところであり，それが今後どのように展開していくのかを見つめていくのは，興味深いことでしょう。

第 6 章

行動活性化療法

Christopher R. Martell
Sona Dimidjian
Peter M. Lewinsohn

導入と歴史的背景

　抑うつに対する行動活性化療法（behavioral activation therapy：BA）の歴史は，プラグマティズム（実用主義）はもちろんのこと，アメリカのアカデミック心理学における早期の行動主義にまでさかのぼります。人間の精神病理学を直接的に考慮したというわけではありませんが，Thorndikeは，BAと密接に関連するようになった理論を最初に提唱したといえるでしょう。Bollesが述べているように「Thorndike以前，人間の学習は単に経験の集合からなる」（文献5のp.18）と考えられていました。1911年に，影響の法則を明らかにしたのがThorndikeです。影響の法則は「学習とは刺激と反応の連合を強めることから構成され，反応が個体に及ぼす影響は，その連合を強めるか，あるいは弱める」とします（Thorndike, 1911，文献5において引用）。

　Thorndikeの研究は，後にSkinnerたちの基盤となり，徹底的行動主義の主要なフォーカスとなりました。行動を維持する，あるいは消去させる強化の随伴性は，それ以前は「心（mind）」によって主に説明されてきたさまざまな行動と感情状態に倹約的な説明を与えました。実用主義の哲学

者であるJohn Deweyと同様，Thorndike，および後のSkinnerによる行動の説明は，デカルトの世界観の心と身体の二元論を打ち破りました。身体的なものと精神的なものに対するデカルト哲学の区別には，実用主義者も，行動主義者も反対しました。生きている（したがって「心 (mind)」をもつと考えられる）ものと，生きていない，物質的なものとの区別について，Deweyは次のように述べました。

　経験的にいって，生きているものと，生きていないものとの最も明確な区別は，前者の活動が，ニーズと，ニーズを満たそうとする積極的な要求である努力，および満足に特徴づけられるということです。ニーズ，努力，および満足は，主に生物学的な意味で用いています。ニーズとは，身体が不安，不快，または不安定な均衡状態にあるといったような，エネルギーが緊張を伴って分配されている状態を意味します。要求，または努力とは，この状態が，周囲の環境を修正しようとする動きとしてあらわれ，その結果，環境が身体に影響することで，能動的な均衡状態の特徴的なパターンが回復することを意味します。(Dewey, 1925, 文献18のp.136に引用)

Skinnerのオペラント条件づけ理論も，同様のロジックです。Deweyによれば，個体の「ニーズ」を「満たす」行動の結果，似たような環境で再びその行動が生じる可能性が増す，といったように，個体の行動は個体と環境との相互作用によって決定されます。特定の環境における生体活動の背後にある全体的な文脈は，オペラントプロセスはもちろん，古典的条件づけのプロセスを通して発達した条件をも決定します。古典的条件づけ，つまりPavlovの条件づけ理論では，ペアとなった刺激はよく似た機能を担うと想定します。たとえば病院の建物という中性刺激は，病院で愛する人の死に立ち会っている人によって経験される悲嘆と対になることで，悲嘆と結びつくようになります。このようなペアリングの後は，病院の建物はもはや中性刺激ではなくなり，悲嘆反応を引き起こす条件刺激となりま

す。Joseph Wolpe[46]は，古典的条件づけの構成概念を精神病理学へと拡大した最初の人物です。ネガティブな感情は環境刺激に対する条件反応として作用するというWolpeの理解は，今でも抑うつに対する行動学的理解の核心にあります。オペラント理論は，個体と環境が作用することで，特定環境下で特定の行動が維持もしくは消去されることを想定します。つまり，オペラントには，特定の行動を引き出す先行刺激が必要であり，その行動は，行動によって生じた結果によって，将来，同様の刺激のもとで多かれ少なかれ生じます。

　とりわけ抑うつに関して，Skinnerは，さまざまな強化スケジュールに対する個人の反応を強調し，次のように述べます。「もはや強化が起こらなくなると，行動は『消去』の手続きを経て，めったにあらわれなくなる……人はそのとき，自信，確信，あるいは力の感覚などの喪失に苦しむといわれ，その代わり，興味の喪失から……おそらく深い抑うつに至るまで，さまざまな感情を抱くようになる」（文献43のp.64）。Skinnerはまた，行動が将来生起する確率を減らすことへの罰の影響と，強化の喪失に結びついた感情にも着目し，次のように述べています。「過度の罰は，正の強化の不足を深刻にし，人を『重篤な抑うつ状態と，絶望や諦めに，ますます陥りやすくさせる』といわれる。私たちは，その感情を変えるのではなく，その随伴性を変えることによって，感情に対処する。たとえば，罰を伴わない行動を活性化する」（文献43のp.70～71）。C.B. Ferster[11]はまた，徹底的行動主義の立場からも抑うつを説明しています。Fersterによると，抑うつ状態の人が示す行動の欠如は，消去のプロセスが生じたことを示しているとされます。さらにFersterは，抑うつ状態の人が示す行動の多くを，自らの苦悩を報告することも含め，回避行動として概念化しました。Fersterの理論は，オペラントモデルに基づいており，強化スケジュールと随伴性によって，抑うつ状態のクライエントに見られる，不安や抑うつ気分，無力感，悲観的な態度を説明するものでした。高いレベルの活動は，最小限の報酬しか得られなければ，活動率は低下します。同様に，順向行動に対して反応がないとき（すなわち，強化されないとき），あるい

は罰せられるとき，その人は，ニーズを満たすため積極的に環境に働きかけるのではなく，むしろ嫌悪的条件を避けるか回避する機能しかない行動に従事することがあります。

　Fersterの記述は，行動主義の原則を臨床心理学に応用したその他の伝統の流れをくんでいます。当時の臨床心理学は，もっぱら精神分析的な観点から理解されていました。その筋で仕事をしていた人物に，DollardとMiller[9]がいます。彼らは，Hullの行動理論を心理療法の理解と治療に応用しました。Hullは，人間の本能的欲求と習慣がともに行動の強さを決定し，行動の究極的機能とは，栄養分のニーズといった生物学的問題を解決することである，と提唱しました。行動の強さは，習慣によるところが大きく，習慣は，特定の環境における特定の行動に対する，さまざまな強化の結果なのです[5]。DollardとMiller[9]は次の点に特に言及しています。「神経症の苦痛は，現実であり，想像したものではない。観察者は……しばしば神経症の人たちの苦しみを過小評価し，詐病と混同する……ときにその苦痛の深さは……当人の症状によって隠されてしまうことがある……患者は，近づくよう強く駆り立てられると同時に，逃げるようにも強く駆り立てられ，その相反する欲求のいずれも弱めることができない」(文献9のpp.12~13)。「神経症」という用語は，もはや診断としては用いられていません。しかし現在なら，DSMのⅠ軸障害と診断される人の苦しみについてDollardとMillerが述べたことは，生活の現実的な苦しみと，相反する目標（すなわち，本能的欲求もしくはニーズ）から結果的に生じる，抑うつと絶望感についてのBAの概念化とぴったり一致します。

　Peter Lewinsohnは，BAを抑うつに対する治療として開発した最初の行動療法家とみなされています。Lewinsohnら[33]は，臨床的前提として，反応随伴性の正の強化（resconposre[30]）の割合が少ないことが抑うつに先行すると考えました。当モデルは，このような反応随伴性の正の強化が低比率になる理由として，次の3つの可能性を考えました[31]。

1．行動に左右される出来事では強化にはならない可能性があり，したが

ってその行動は，消滅することになる。たとえば，ある人は地元の図書館へ本を読みに行くことを退屈で眠気を誘うと感じたとする。するとその人は，将来，本を読みに図書館に行く可能性はおそらく低下するだろう。

2. 強化する出来事（reinforcing events）が，利用不可能になることがある。愛する人が遠方での仕事や軍の任務などで一時的に，あるいは死によって永遠に去ってしまう場合である。
3. 人は，必要なスキルが欠けているために，利用可能な強化子を引き出せないことがある。たとえば，子どもの頃ずっと恥ずかしがり屋で，同世代の子どもたちとのやりとりにためらいを感じてきた人が，大学生になって社交的な出来事への参加に興味をひかれるが，優雅な社交的談話を滞りなく行うためのちょっとしたおしゃべりをする行動レパートリーを学んできていないことに気づく，といったことがあります。

　Lewinsohnらはまた，抑うつ的な行動が，他者からの同情や関心といった環境における反応を通じて，よりいっそう強化される可能性があるとも仮定しました。「抑うつ的な人は，より敏感で，より多くの嫌悪的な出来事を経験するが……嫌悪的な出来事を終わらせるスキルがより未熟でもある」としています (Lewinsohn, 2001, p.442)。この当初のモデルは，認知を考慮しなかったことから，しばしばBeckの認知モデルといったアプローチとは相いれないものとみなされました[2]。

　1985年に開発された融合モデル[32]は，抑うつを，環境要因と気質要因の産物であるととらえました。特に，その前提として次のように仮定します。「展開する出来事の影響を元に戻すことができないと，自己認識が高まった状態へと至ると仮定される……すなわち，注意が自分自身の内側へと向けられ，その結果，人が自分の思考，感情，価値，および標準を自覚するようになる状態となる。自己認識が高まると，人はますます自己批判的になることが明らかにされている」（文献31のp.526）。このモデルでは，

抑うつに対する理解全体に認知を融合させましたが，治療には認知的変化が不可欠であると仮定したわけではありませんでした。対照的に，フィードバックループを考慮しました。抑うつ的になり，抑うつ的なスタイルで考え，行動することが問題解決の妨げとなります。さらにこれが，環境の混乱を元に戻そうとする，人の能力を損なわせてしまいます。したがって，このサイクルの構成要素を，どの要素であれ，元に戻す介入を図ることにより，抑うつの改善を導くことになります (Lewinsohn, 2001)。

Lewinsohnのモデルは，Lynn RehmとCarilyn Fuchs[13,40]が仮定した自己強化と自己コントロールを活用しました。RehmとFuchsは，クライエントが自らの行動の先行事象と結果を結びつけることを教える重要性を強調しました。認知アプローチの方向へとより進んでいくなか，RehmとFuchsは，強化の理論に確固として基づいたモデルを発達させました。

Neil S. Jacobsonは本来，Gayla Margolinと共著でそれぞれの博士研究[28]に基づいた書籍を出版して以来，行動的夫婦療法と結びつけて考えられてきました。しかし，その生涯にわたりJacobsonは，3つの独立した研究プログラムを行いました。結婚療法，家庭内暴力調査研究，抑うつ治療です[41]。Jacobsonの研究からは，夫婦間の不和と抑うつとの間に強い関係があることがわかりました。彼は，抑うつの対人的結果に基づき，研究を実施しました[12,27,41]。Jacobsonら[24]は，認知行動療法を行動的夫婦療法および両療法を組み合わせた治療法と比較しました。結果変数は，妻の抑うつの緩和と結婚満足度の向上でした。夫婦間に有意な問題を報告していない夫婦の場合，行動的夫婦療法は，妻の抑うつにほとんど影響を与えませんでした。一方，未治療の夫婦間の問題を報告する夫婦に対しては，行動的夫婦療法は認知行動療法と比較して妻の抑うつの緩和に有効に作用しました。認知行動療法と行動的夫婦療法の両者を組み合わせた治療法は，その構成要素である治療法のそれぞれと比べ，より効果があるわけではありませんでした。フォローアップデータでは，夫婦療法が認知行動療法と比べて再発をより大きく減少させるわけではないことが明らかになりました[26]。抑うつに対する夫婦療法に関してのJacobsonの研究は，抑うつは

個人の「内部」に存在するものではない，という彼自身の確信に基づいていました。徹底的行動主義の視点からは，個体の外部にある要因が行動に影響するとされます。したがって，抑うつは当人の生活の文脈のなかにあると考えられなければならないのです。「文脈」とは，家族歴，社会システム，および政治構造といった，当人に影響を及ぼす要因を意味します[23]。Jacobsonはこれを念頭に抑うつに対する認知療法の有効成分を研究し，抑うつに対する文脈的治療として，行動療法，特にBAについて，詳しく調査するための研究を開始しました。

哲学的，理論的基盤

モデルの哲学的基盤

BAは，いわゆる「第3世代」の行動主義に含まれます[38]。BAは，何十年もの間抑うつに対する認知行動療法でとりわけ用いられてきました。認知行動療法の台頭は，O'Donohueにより，「第2世代」行動療法の一部として定義されてきました。第2世代では，学習原理よりも，情報の処理に関する社会心理学の文献と研究が中心になっていました。なかには現在の「第3世代」の行動療法が，機械論的ではなく文脈的である，という点で，それを伝統的な行動療法と区別する人もいます[17]。機械論的アプローチは，当人の問題点を決定し（社会的スキルが劣っているなど），それを修正するよう努めます。文脈的アプローチでは，個人の外部にあって行動を支配する変数に着目し，随伴性を変化させることにフォーカスを当てます。理論としてのBAは，文脈主義の領域にまさしく一致します。BAの主要な哲学的基盤は文脈的であり，その理論と治療は指針として実用主義的な真実の基準[39]に大きく依存しています。それは，次のMartellら（文献34のp.40）が述べています。

「BAにおいて，私たちはかなりのところ，実用主義的な真実の基

準に従う。文脈主義が事実上，抑うつをとらえるための正しい見方であると主張するわけではない。むしろ私たちは，行為と文脈を変えることにフォーカスをおくことが有益だと感じている……実用主義的な真実の基準に従うと，私たちは常にクライエントや私たち自身に対して次のように問うことになる。『この特定の方法で考え／話し／行動したら，どのような結果となるだろうか？』」

精神病理学の理論

　BAの土台となる精神病理学の理論は，抑うつの脆弱性を増大させるような生物学的および気質的な変数の役割を認めています。しかし，強調されているのは，その人のおかれた環境で強化される可能性が高い活動を増やすことです。生物学は文脈の一部であり，どの要素であれ，構成要素が変化すればその文脈も変化します。したがって，行動的と考えられる変化もまた，生物学的レベルにも影響します。またしても，デカルト的な精神と身体の分離はあてはまりません。抑うつは反応随伴性の正の強化の頻度が低いか，罰の頻度が高いか，あるいはその両方に起因するとする，Lewinsohnによる初期の定式化と一致し，行動活性化の基盤にある理論は，強化スケジュールと随伴性に対する個人の反応を強調します。このようにアプローチはかなり文脈的です。言い換えると，抑うつとはもっぱら当人の内側に存在するわけではないということです。抑うつを，反応随伴性の正の強化の頻度の低下と不快な気分状態を引き出すその他の変数との組み合わせを含む症候群とみなすことには効用があります。結果として生じる逃避と回避行動には，ネガティブな気分を増悪させる働きがあります。このように，認知理論におけるのと同様，生活状況とその状況に対するクライエントの反応，それに従う行動パターンからなる，下向きのスパイラルが考慮されています。

　BAの基盤にある精神病理学モデルは，抑うつを引き起こす要因，抑うつを維持する行動について，先験的に想定しません。あらゆるライフイベントが，その人を抑うつになりやすくする可能性をもっています。古典的

に条件づけられてきた感情反応の多くは，どのような条件下でその反応がもともと発達したのか，当人はもう思い出せないでしょう。さらに，低頻度の反応随伴性の正の強化，または高頻度の罰を伴ったライフイベントは，その人からある反応を引き出します。その人は，これらの反応をつらいものとして体験し，その苦痛を和らげるために特定の行動をします。一例が，疲れを感じるために1日中，もしくは1日の大半をベッドで過ごしているクライエントです。この理論によると，疲労は，強化随伴性に対する自然な反応であり，ベッドから出ないのは，疲労に対する自然な反応です。もし，ベッドでうつらうつらして，その他の嫌な体験（悲しい気持ち，人生の不幸を反芻するなど）も避けることができれば，ベッドから出ないことは負に強化され，疲れを感じるたびに生じる可能性がますます高まるでしょう。抑うつ的な行動はまた，正の強化を通しても維持される可能性があることから，BAでも回避行動とネガティブな随伴性だけにフォーカスするわけではありません。抑うつ状態のクライエントは，（友人や家族など）心配してくれる人たちから多くの注目を受けることがあるため，長期的には，そのような行動が抑うつを維持させてしまうことになります。

哲学と理論を症例の概念化に翻訳して治療の指針とする

　BAにおいても，他の徹底的行動アプローチと同様，たとえ思考している当人にしか観察できない個人的な行動であるとしても，認知は行動とみなされます。個人的な行動がセラピストとの対話のなかで他人に知られる限りにおいて，認知は評価されますが，認知を再構成しようとはしません。BAにおいて，認知は直接的に扱われません。臨床的なアウトカム研究に携わるリサーチセラピストは，認知的介入の利用が禁じられています。地域で実践しているセラピストは，このように束縛されることはありませんが，BAが自動思考記録やスキーマにフォーカスを置いたアプローチの使用といった，標準的な認知的技法を用いなくとも有効な治療であることは，データが示しています。BAでは思考の内容と思考の過程を区別

します。思考の内容というとき，それは，自分が考えていることを当人が報告することを指します。したがって，自己，世界，および未来についてのネガティブな見方というBeckのネガティブなトリアード[2]が登場します。認知療法においては，特定のネガティブな思考における信念の固さが変化することで，抑うつ症状が低下するだろうと期待されます。

　感情のシフトもしくは行動の変化に先立つ信念の変化は，BAでは必要不可欠ではありません。BA理論では，認知を第一義とする考えを避けます。環境的な刺激に対して古典的に条件づけられたにすぎない反応もあることから，クライエントが思考を特定できるときでさえ，思考が感情を引き起こしていると仮定することは一切ありません。音楽の感情に訴える力は多くの人が経験します。青年期に苦しい経験をした人がいたとして，当時ある音楽が人気で，ラジオで頻繁に流れていたとします。その人は，それから何年も経った後，生活環境が青年時代の苦悩から著しく変化している場合でも，その音楽を聴くとネガティブな反応をすることがあります。悲しい感情が，青年期における特定の出来事（恋人との別れなど）の記憶，もしくは歌詞と結びついているのかもしれません。あるいは，その歌を聞くことと悲しく感じることが同時に起こっても，両者に関連が何もないこともあります。

　思考の内容が治療のフォーカスではないとすると，どうしたらいいのでしょうか？　BAでは，思考の過程または文脈がフォーカスとなります。問題は，クライエントのネガティブで自罰的で絶望的な思考ではありません。クライエントがこれらのネガティブな思考をあれこれ反芻して時間を費やすことが問題なのです。思考と感情の結びつきは仮定しませんが，不幸について反芻するという個人的な行動に没頭することが社会的な行動がもたらす喜びを妨げるというのは，よくあるケースです。例として，よく晴れたすばらしい日に散歩に行く，としてみましょう。抑うつ状態のクライエントが，やろうとしたが楽しめなかった，と報告する行動です。このような散歩は楽しめる要素をいくつももっています。明るい太陽の光で植物や家々の色はいっそうあざやかさを増します。空は美しい青色です。暖

かい陽ざしを感じます。空気はいい香りがするかもしれません。身体を動かすと，心地よく感じられるでしょう。幸福感があるかもしれません。あるいは，すばらしい散歩の他の記憶がよみがえることもあります。しかし，これらの楽しい要素のいずれも，楽しむためには，それらに注意を傾けることが必要です。さもないと，気づかずに過ぎ去ってしまいます。自分は不幸で身動きできない，はてしなく流れてくる考えに没頭しながら，自分はもういちど本当に元気になれるのかと考えていると，最高に晴れた日に花々が豊かに咲いた野原の色あざやかさに気づかず通り過ぎてしまいます。反芻というのは，当人が注意を向けて行う行動です。散歩の最中に気分がよくならず，絶望感を確かなものにし，反芻することがますます増えるという，ネガティブな悪循環が生じるのです。

近年の理論的発達

　BAにおける最近の発展から，実際には，治療の歴史的ルーツへ戻っていることがわかります。BAはより大きな認知行動療法（cognitive-behavioral therapy：CBT）の1つの要素でしたが，再び元に戻り，独立した治療法として用いられるようになりました。新しい理論が生み出されたわけではなく，数十年前に提唱されていたにもかかわらず臨床的な応用に最大限活用されてこなかった理論に対して，成分分析の結果によって，再び関心が寄せられたのです。現在の理論では，回避が抑うつ状態の維持に重要な役割を担うとされ，BAセラピストは，そのクライエントにとって回避として機能する行動に注意を払います。もちろん，行動の機能に関しては，行動分析に即して結論づけます。回避行動は，ほとんどの行動障害において，重要な要素として考えられていました[46]が，今再び，多くの心理的障害に対する治療の一部として，回避行動が強調されるようになりました[1]。

BAの理論に対する今日の課題

　BA理論に対する今日の課題は，1970年代以来ずっと変わらず，信念体

系を変える必要があるのか，それとも行動それ自体を変える必要があるのかをめぐる疑問もそのままです。心理療法のアウトカムにおける，変化のメカニズムに関してのデータが十分ではないため，臨床試験でのアウトカムは，さまざまに説明することができます。文脈を変化させ，反応随伴性の正の強化を増大させる活動に従事するよう援助することが，変化にとって鍵になるというのがわれわれの提案ですが，他にも，行動を変化させることで，実際，信念もしくは態度に変化をもたらす結果となり，それが改善にとって必要であるという，同様に妥当な仮説を立てる人もいます[19]。その他，BAの有効性は，行動の変化が究極的には抗うつ的な作用となる生物学的変化を導くと，アウトカム研究の結果を解釈する人もいます。理論について確信を得るためには，まず変化のメカニズムに関する研究が必要です。

経験的エビデンス

理論モデルの研究状況

　複数の研究領域が，BAで提唱される理論を強化しています。消去試行がうつ病に似た行動をもたらす可能性を，動物の基礎研究が裏づけています。Schulzら[42]は，水中の迷路での消去試行の間，静止状態が着実に増大することを，成長したラットと老齢のラットが実証することを報告しました。Schulzらは，静止状態が「絶望」によく似ており，ラットにおけるこのような行動が老齢化しつつある人たちにおいて若さの喪失，近親者との死別，社会的孤立，身体的障害など強化を失うことへの反応として見られる抑うつ反応に類似していると提唱します。

　BAモデルで提唱されるように，個人の外側にある，抑うつのより大きな文脈的要因に目を向ける必要があると主張する人もいます。Cutronaら[7]は，どんな人にとっても近隣の劣悪な環境は，ネガティブなライフイベントを統制したうえでも抑うつ症状の発症に貢献すると示唆し，健康と

幸福における，文脈的要因の影響にもっと大きな関心を払うよう，心理学者を促しています。

現在のBAの概念化は，抑うつ治療のなかで回避行動を修正することを強調します。Ferster[11]は，抑うつ状態の人が示す行動の多くが回避として機能すると仮定しましたが，回避をターゲットにすることは，現在に至るまで，抑うつ治療においてCBTのプロトコルの有効成分ではありませんでした。ただし不安障害の治療においては，回避の修正は重要な役割を担ってきました。対処方略の評価における最近の研究は，抑うつにおける回避の影響を裏づけています。Vollman[45]は，心不全の診断を受けており，逃避／回避をより多く用いて能動的な問題解決方略をあまり用いない成人は，より抑うつ症状を抱えていると主張します。

治療の全体的な効果を支持するエビデンス

BAは，純粋に認知的なアプローチに代わる方法として脚光を浴びていますが，変化のメカニズムを明らかにすることは経験的な研究にとって依然として重要な課題です。抑うつには，非特異的な側面があります。治療の構成要素についての研究は，抑うつの治療にさまざまな構成要素が等しく効果をもつことを長年にわたり実証してきました。Zeissら[47]は，対人スキル訓練，認知再構築，楽しい出来事の計画のいずれかにフォーカスした治療に，無作為に割り付ける研究を行いました。この3つの治療手続きは，どんな問題をターゲットにしたかにかかわらず，抑うつに等しく効果的でした。これらの治療法は非特異的に効果があったのです。

1990年代にJacobsonら[25]は，抑うつに対する認知療法の成分分析を行い，大きな関心を駆り立てました。認知行動アプローチは，さまざまな臨床問題に対して多くの試験において効果を示したのに対し，純粋に行動的なアプローチは，臨床実践においてほとんど捨て去られていました。1980年代半ばまで，臨床的問題への行動的分析的アプローチは発達障害がある人たちの治療，および夜尿症，抜毛症，その他の解離性障害などの特定の問題行動の修正に追いやられていました。抑うつといった症候群のために

はより広い認知行動的アプローチが必要だろうと考えられていましたし，認知療法はより高機能な人たちにとって適切な選択肢であるようにも見えました。成分分析研究で，抑うつに対するCBTの有効成分を見つけだす試みが始まりました。この分解作業では，3つの治療条件が定められました。参加者は3つの条件のうちの1つに無作為に割り付けられました。第一の条件は，Beckら[2]に基づいた認知療法（cognitive therapy：CT）を最大限に活用し，行動活性化と，背後にある想定と中核信念についての評価を含めた認知的技法の完全なプロトコルを用いるものでした。第二の条件では，セラピストが活動を増大させて非機能的な思考を修正するため，BAと自動思考の評価だけを用いました。第三の条件では，BAのみの使用が認められました。驚いたことに，3つの条件でアウトカムに有意な違いはまったくありませんでした。治療の成果はフォローアップでも維持されていました。この研究は，抑うつを改善し再発を防止するには合理的な再構築を通して認知の変化が必要であるという仮説に疑問を投げかけました。

2年目のフォローアップデータの分析[15]からは，フルバージョンのCT，BAに自動思考の評価を加えたもの，およびBAのみで，長期のアウトカムに有意な違いはありませんでした。Gortnerらは「認知的介入を含めたところで，急性の治療への反応，再発の防止のいずれにおいても，ポジティブな追加的効果はない」と結論しました（文献15のp.381）。

このような賛否両論をよぶ研究の後には，追試研究が必要でした。成分分析研究の明らかな限界は，対照条件がないことでした。Jacobsonら（文献8参照）は，以前にTreatment on Depression Collaborative Research Program（TDCRP）[10]で用いられた方法で，先の所見を追試，拡張する研究をデザインしました。Treatments for Depression Study[8]では，TDCRPで用いられた薬物療法プロトコルが用いられましたが，抗うつ薬はパロキセチンでした。Treatment for Depression Studyでは，TDCRPのようにCBTを対人関係療法と比較したのではなく，Beckら[2]のマニュアル，J.S. Beck[4]の研究，そしてBAが，心理療法の条件として比較されました。BA

治療は，回避行動の修正を強調しながら抑うつに対するCBTの行動的要素を用い，認知的技法を一切用いない，独立した治療へと拡張されました[34]。

参加者は，さまざまな条件に無作為に割り付けられました。心理療法の条件では，最大16週間の治療が認められ，その間にセッションを24回まで利用可能でした。最初の8週間，参加者には週2回のセッションが組まれ，その後の8週間は週1回となりました。参加者は前半8週間にセッションを欠席した場合，後半8週間で埋め合わせることができました。しかしいかなる状況でも，CTまたはBAのセッション数は24回が最大でした。この研究の結果は，成分分析の結果とよく似ていました。比較的軽症の参加者の場合，3つのセラピーで統計的な有意差は見られませんでした。一方，重篤な参加者の場合，BAとパロキセチンではアウトカムに違いがなく，両者ともCTよりも有意に有効でした。3つの積極的治療はすべて，プラセボよりも優れた効果を発揮しました[8]。BAとCTの条件で得られた効果は，1年目のフォローアップで維持されていました。一方，薬物療法群における効果は，薬物療法を続けていた参加者にのみ維持されていました。BAまたはCTによる治療を受けた参加者は，治療後2年間にわたり再発のない状態を維持していました。

さまざまな障害に対するBAの全体的な効果を支持するエビデンス

BAは，抑うつに対する治療として検証されてきました。しかし，いくつかの小規模の研究からは，BAのある種のバージョンがその他の障害の治療にも役立つ可能性が明らかにされています。BAは，心的外傷後ストレス障害（PTSD）を抱える退役軍人の治療としても見込みがあります[29]。Hopkoらは，行動を計画し，一週間にわたりさまざまな活動の目標設定をするという，行動活性化の一形態を詳しく検証しました。そして，境界性パーソナリティ障害（BPD）を抱える患者の自殺行動の治療[22]，入院患者における抑うつの治療[21]，および癌患者における抑うつの治療[20]を支持することを発見しました。現在進行中の研究では，退役軍人のPTSDや青

年期の抑うつに対する治療として，BAの検証が行われています。

特定のプロセスと介入の使用を支持するエビデンス

BAに関しては思弁的ではありますが，Gray[16]は，動物研究を行い，欲求動機と嫌悪動機のシステムに対応する2つの独立した神経生物学的メカニズムを提唱しました。欲求動機——行動活性化系（BAS）——は，報酬と罰のシグナルに反応して活性化します。嫌悪動機——行動抑制系（BIS）——は，罰，無報酬，および目新しさのシグナルに反応して行動を抑制します。Gableら[14]は，BISがより高い人はネガティブな出来事に対しより強く反応することを発見しました。日常のネガティブな出来事はネガティブな感情を予測し，ポジティブな出来事はポジティブな感情を予測しました。この方向性の研究は，自らの環境における強化子と接触する能力を妨げるネガティブなライフイベントの影響を説明するかもしれません。ネガティブなライフイベントとBISの活性化との相互作用は，抑うつ状態にあるクライエントが，ポジティブな変化をもたらすため，自らの環境に積極的に働きかけることを困難にする可能性があります。

反芻に関するモデルをさらに裏づけるのが，Susan Nolen-Hoeksemaの研究です。Nolen-Hoeksemaら[37]は，受動的で反芻的な思考スタイルが，ポジティブな問題解決スタイルと比較すると，抑うつ状態にある人において，より長期のより重篤な抑うつと結びつくことを明らかにしました。この研究は，反芻がより生産的な問題解決と活性化を妨げることにより，抑うつ状態のクライエントにとって問題行動となることを示唆し，BAモデルを特徴づけることになりました。Treynor[44]は，適応的な省察と不適応的にくよくよと考え込むタイプの思い悩みとを区別することを強調しました。人によっては，ストレスが引き金となって問題を省察し，それが能動的な問題解決を導くこともあります。一方，生活上のストレスから，困難についてくよくよと思い悩むようになる人もいます。このような人は，問題解決に取り組み，問題を解決するために行動を起こす可能性が低くなります。

これらの方向性は，BAに直接関係があるわけではありませんが，積極的な問題解決に取り組む技術の使用を支持しています。BAセラピストならば，クライエントの行動の機能分析を行うはずです。したがって，各クライエントは，それぞれ異なる治療を行います。なかには，活動記録表と活動計画だけでよい人もいます。抑うつの治療としてクライエントの活動を増加させることは，抑うつに対するエクササイズの効果によって検証されています（文献35，36など）。

現在の支持と適用に対する限界

　BAに関して，追試の必要性は無視できません。Component Analysis Study of Cognitive Therapy[25]とTreatments for Depression Study[8]は似た結果を示しており，後者の研究は，前者の研究を追認，拡張したものです。しかし前者でのBAは，1996年の成分分析研究ではBeckら[2]によって概説された行動的介入から作り上げられたものでした。その後のTreatments for Depression StudyでようやくBAは独立した治療法となり，背後にある理論もより注意深く明瞭に統合されました[34]。Dimidjianら[8]による興味深い結果は，さらなる検証が必要です。CTによって治療された参加者の一部（29％）は，実際，治療の終了時に，治療前よりも悪化していました。このような結果は，抑うつに対するCBTの研究ではこれまで他に見られたことがありません。Coffmanら[7]はこの現象を説明するために，一連の事後分析をし，さらなる研究デザインに向けた改善策も提案しました。改善策を提案することで，大規模なRCT研究の準備段階で，困難を明らかにできるかもしれません。そうすれば大規模なRCT研究は，最終的により多くの情報を与え，変化のメカニズムをよりよく理解することへとつながる可能性があります。

臨床実践

実践の原則としての理論の拡張

　BAの基盤にある抑うつの行動理論によると，抑うつは複数の要因から結果的に生じるとされます。生物学的脆弱性，もしくはその他の脆弱性があることは否定されませんが，それらが治療の主なターゲットになることもありません。BAでは，ネガティブなライフイベントが引き金となって生じることがある，中核概念や不適応的なスキーマといった概念の探求は行いません。一方で，ネガティブなライフイベントに対する反応の仕方が悪循環を導くと提唱します。ネガティブな感情を回避しようと行動すると，短期的には安心しますが，長期的には症状を悪化させることになります。積極的な問題解決に取り組むのではなく，抑うつ状態にある人の多くは，自分の惨めな話を何度も心のなかで繰り返したり，ひたすら願望的思考（すなわち「私はただ幸せになりたいだけなのに」）に没頭したりして，受動的な反芻が続くためです。絶望感が募ると，抑うつ的な症状を緩和したり，あるいは生活状況を改善するかもしれない行動を起こす可能性が，よりいっそう低くなります。ネガティブな感情状態に極端に注意を向けることが，気分に一致する行動を導き，それがネガティブな感情を緩和させるどころか，かえって強めることになります。BAは(1)気分に左右されず，計画に沿って行動し，目標を設定するようクライエントを励ますことで，気分に依存した行動をやめる，(2)回避行動を明らかにし，クライエントが接近行動を計画できるよう援助し，宿題で接近行動を実行することを強化する，(3)クライエントが，注意をその瞬間の体験に向けるスキルを学び，喜びの感覚を失っていた活動にもっと没頭できるようにすることで，反芻的思考の影響を減らすよう試みます。

アプローチの顕著な特徴

　抑うつに対する他の治療とBAをさらに区別する特徴がいくつかあります。Lewinsohnの初期の方法と一致しますが，活動スケジュールの作成が大部分を占めます。すべてではないにしても，ほとんどの認知行動療法では治療経過のなかで活動スケジュールを利用するものですが，BAセラピストは治療の全過程を通じて活動スケジュールの作成を行っていきます。事例によっては，用いられる技法が活動スケジュールの作成のみとなることもあります。逃避と回避は，Lewinsohnの早期の定式化では，付随的に扱われました。現在では，それらの行動は明白に定義され，BAセラピストは逃避／回避として機能する行動を探し，修正するよう促されます。BAは思考の内容よりもむしろ思考という行動を治療のターゲットと考える点で，CTとは意見が分かれます。BAセラピストは，クライエントの反芻のネガティブな評価を扱うのではなく，受動的で反芻的な行動をより積極的な方略に置き換えるためにクライエントと協働します。だからといって，クライエントが言っていることを無視するというわけではありません。セラピストは常にクライエントの思考活動を評価し，何が気にかかっているのか尋ねます。特に，反芻が自殺念慮に関わるものであるときにはそうです。それでもやはり，治療は活動にフォーカスします。反芻的で，自殺念慮を表明するクライエントの事例では，セラピストは安全を確保するための計画を立てるだけでなく，生きている理由をはっきりと述べるようクライエントに求めます。活動のための手がかりとして反芻を活用することで，クライエントとともに反芻に反作用する，代わりの行動を実行するための計画を立てます。

事例での概念化と技法の解説

　ディーンは，37歳の離婚経験がある白人男性で，中間管理職に就いています。3人の子どもの父親でもあり，現在は後妻と一緒に住み，子どもたちとは2週に1度，週末に会っていました。抑うつの発症に何らかの影響

を及ぼしたと考えられる，いくつかの重要なライフイベントが明らかになりました。ディーンは，人生のほとんどが「抑うつ状態にあった」と信じています。初めて抑うつ状態になった年齢はわかりませんでしたが，これまでの人生で大きな喜びを感じたことを思い出すこともできず，自分の問題は純粋に生物学的なものではないかと感じていました。このことはセラピストに，治療をより困難にする，嫌悪条件づけの長い歴史を連想させました。ディーンの現在の抑うつのエピソードは，治療を開始する8カ月前から続いていました。

ディーンは，離婚以来，気分が悪化しつつあると語りました。彼と元妻は，連絡をとり続けていましたが，子育ての仕方についてケンカになることが多く，これはディーンにとって不快でした。現在の妻とは，離婚の直前に出会い，6カ月の付き合いを経て，一緒に住むようになりました。ディーンの離婚が決定的になってから数カ月の間に結婚し，前妻と子どもたちの家から2，3ブロック離れたところに小さな家を購入しました。彼と現在の妻は，スポーツとアウトドア活動の趣味をいくつか共有していました。付き合っているときは，野山で自転車に乗ったりハイキングをしたりして，一緒に楽しむことができたのです。しかし結婚してまもなく，彼女は会社で昇進し，仕事の量も増え，夜遅くまで，しばしば週末にも働くことがありました。ディーンは，以前は2人でいろいろやっていたのにと嘆きました。

ディーンは，セラピストと会って，20回のBAのセッションを行いました。初めは週に2回でした。これは，抑うつ状態のクライエントに取り組む際には理想的ですが，しばしば保険会社の制限で，このような比較的高頻度のセッションを認められないことがあります。ディーンが最初に治療を始めたとき，Beck Depression Inventory (BDI)[3]スコアは，30点代前半でした。項目9に対して「はい」と答え，自殺については考えたことはあるけれど，実行する気はないと述べました。序盤のセッションでは，気分を改善させる前に，希死念慮をアセスメントすることが優先されました。ディーンの絶望の深さが，セラピストには気がかりだったのです。

BAでは，機能分析を実施するための決まった方法があるわけではありません。確かに，先行事象-行動-結果という三点の随伴性は考慮されます。しかし外来では，先にも述べたように，セラピストが作用している随伴性について理解を深める方法はクライエントの自己報告に限定されます。ディーンについて明らかになったことがありました。朝，疲れてぐったりと感じることが，仕事を休んで家から出ないという行動パターンの先行事象となり，それがさらにディーンの抑うつ気分を高めていました。しかし自宅にいることは，その後，妻に喧嘩をけしかけるといった行動の先行事象となり，それがまた，さらなる不快気分をもたらしていました。妻との言い争いは，ディーンの自己嫌悪や絶望，イライラを増大させる反芻行動の先行事象となることがしばしばありました。症例の概念化をする際，BAセラピストは，治療を計画するうえで役立つ質問をいくつかします。抑うつ状態にないとき，クライエントがどのような活動に取り組んでいたかを尋ねることでわかることがあります。クライエントが，これらの行動や活動を挙げることはできても，それらを治療の一部とは思えないということは，珍しくありません。ディーンの場合もそうでした。抑うつ状態にないときの生活はどのようであるかと尋ねたところ，次のように述べました。

「毎日仕事に行って，きちんとやり遂げます。今もそうする必要があるのですけど，大変なんですよね。それに，アメリカンフットボールの試合観戦を心から楽しみます。妻と私は，かつてはよく一緒に試合を観て楽しんだものでした。友達が遊びにくることもありましたが，今は来てほしいとは思いません。家は，あまりよい状態ではありませんから。修復を終わらせなければとわかっているのですが，壁には穴が空いていて，カーペットがはがれています。そんな家に友達が来たら，私は気まずくなるでしょう。妻と私は，そのことでもケンカになります。始めておきながらやり終えていないことで，私を責めたりするので，私たちにはいっしょに余暇を過ごす余裕が本当にないの

です」

　この短い回答から，セラピストは，治療のターゲットになりそうなことについて，ヒントを手に入れました。第一にディーンは，かつて仕事から満足感を得ていたのであり，毎日仕事をしていたときは達成感も得ていました。しかし，抑うつ的になって以来，頻繁に欠勤するようになりました。そのため，仕事から強化を受ける機会を奪われてしまいました。また，仕事から離れることは妻と言い争いになるという，罰を与えるような状況を導くことにもなりました。第二に，かつてはフットボールを，とりわけ妻といっしょに観て楽しんでいましたが，それが今はもう長い間やっていない行動となっていました。フットボールの観戦が先行事象となり，自宅で作業が終わらないことを反芻したり，奥さんとの言い争いを招いている可能性もありました。第三に，ディーンが自宅での作業から楽しみを得るかはわかりませんが，気分と一致する行動をとってしまい，作業についての目標を見失い，やる気がしてこないという理由で，作業をやめてしまっていました。最後に，ディーンは社会的に引きこもり，さらに孤立して，友人との交際から得られるものが奪われていました。これらの情報は，直截的な質問に対する短い回答から，豊富な情報が得られた例です。
　もう1つ，役に立つ質問があります。それは，クライエントが抑うつ的になってから，他の人たちがどのように反応してきたかです。なかにはクライエントが抑うつ状態に陥ったとき，愛する人が寄りつかなくなってしまったり疲労困憊したりして，クライエントにとってより大きな絶望になってしまう例もあります。ディーンの場合もそうでした。ディーンの妻は，彼が仕事を休んで自宅にいて，仕事から帰宅した自分にケンカを吹っ掛けることが苦痛でした。しかし妻は，彼のことを心配してもいました。たびたび彼の調子を聞いて，元気づけるために一緒にできることを提案しました。彼女はたいてい，多くの家事を引き受けてくれました。抑うつ状態になる前，ディーンは，自分の好きなものを料理したり，夏にバーベキューをしたりするのが好きでした。しかし，抑うつ状態になると，妻が食

事をすべて準備し，ステーキなどのディーンが楽しんで準備していたものまで，料理を引き受けるようになりました。彼女は，自らの愛情ある行動で，くしくも彼の抑うつを強化していました。

　BAセラピストは，クライエントの問題を定式化するとき，多すぎる行動と不足している行動に目を向けます。ディーンの場合，不足していた行動としては，対人活動の頻度の低下などがありました。庭仕事について近所の人たちと会話する，友人とテレビや生でスポーツを観戦する，職場で皆と冗談を言う，別の州に住んでいる家族に電話をかける，妻や子どもたちと週末に屋外での活動を続ける，といったことです。多すぎる行動には，自分の問題を反芻したり，他人にイライラすることを反芻したり，とるに足らないイライラをめぐって妻に文句を言い，結局，言い争いになることがありました。セラピストは，これらの問題に系統的に対処するため，ディーンと一緒に取り組みました。

　BAには，セッションごとのプロトコルはありません。それぞれの治療に固有性があるため，セラピーは毎回，異なる要素で構成される必要があります。BAセラピストは，提唱されるすべての技法を用いて治療することを求められたりしません（文献34も参照）。活動のモニタリングとスケジュール作成は常に用いられますが，セラピストは，クライエントが用紙にきちんと記入するかどうかはあまり気にせず，クライエントが活動に取り組み，報告できるかに関心を向けます。続いて，ディーンのセラピーでどのような介入が行われたのか，その内容を以下に紹介します。

セッション1～4

　まず始めにセラピストは，ディーンと一緒にケースフォーミュレーションを作成するため，インタビューを行いました。続いてセラピーの目標について合意しました。いうまでもなく，「気分がよくなる」といったクライエントの目標は，BAにとって有効な目標ではありません。これは「百万ドルを手に入れる」という目標に似ていて，どのように到達したらいいか計画できないようでは，ほとんど達成される可能性はないでしょう。最

終的にディーンの目標は，次のように明確に表現されました。(1)毎日仕事に行き，1日中作業を続ける，(2)休日の朝はまず，妻を喜ばせるようなことを言う，(3)毎週，子どもたちを訪ね，一緒に活動し，子どもたちとの関係を改善する，(4)問題を反芻したり，あれこれ心配したりする時間を減らし，より多くの時間を実生活に費やす。最後の目標は確かに広いものです。しかしこの目標は，後に続くセッションで治療のフォーカスとなる反芻行動をターゲットにすることに役立ちます。ディーンは，自身の現在の活動をモニターするために活動記録表を利用しました。セラピストは，活動と気分との結びつきをディーンが理解できるようにしました。その後，1週間に1つ，ないし2つの活動を共同で計画しました。

　活動のモニター観察とスケジュール作成は，セラピー全体を通じて利用されました。活動のスケジュール作成は，接近行動を増やすだけでなく，ディーンの全般的な活動量を増やすために体系的に用いられました。ディーンとセラピストは，目標達成を妨げるものについて話し合い，外的な障壁（電話をかける予定の時間に友人が留守で応答しないなど）と，内的な障壁（気分が「あまりにも落ち込んで」仕事に取り組むことができないなど）の両方に目を向けました。

セッション5〜6

　ディーンは，セッション5までBDIのスコアが少し改善していました。このセッションの前の週末に，ディーンは妻や友人たちと地元のキャンプ場へ出かけました。抑うつ状態になる前から計画されていたという義理から，行かざるを得なかったのです。キャンプ場へと車で向かう道中，彼は特に気分が憂鬱でした。妻と友人らに加わってハイキングに行かず，ひとりキャンプに留まっていました。ひとりでいるとき，自分と別れた方が妻は幸せだろうと，悶々と考え始めました。ディーンはセラピーの2週目には仕事に行くようになり，改善が見られるようになっていたのですが，このキャンプの週末以来，仕事に行かなくなってしまい，ますます絶望感を募らせていました。ディーンとセラピストは，何があろうとも毎日仕事に

行くための計画について合意しました。落ち込んだ気分で目覚め，仕事に行く気にならないときは，セラピストの留守番電話に，「仕事に行けばたぶん気分がよくなることはわかっています。でも，たとえ嫌な気分が大きくなることはわかっていても，自宅にいることに決めました」と，メッセージを残すことにしました。セッション5からセッション6までの間に，ディーンは，実際にこのようなメッセージを残し始めたのですが，メッセージを吹き込んでいる最中に，仕事に行かないなんて馬鹿げていると思い，シャワーを浴び，着替えて，仕事に出かけたのです。

セッション6～10

　セッション6～10では，妻や友人たちといっしょにできた活動を継続することにフォーカスしました。また，終わらせる必要がある自宅での作業にも取り組み始めていました。BAセラピストたちがよく口にすることですが，「活動が活動を生む」のであり，ディーンも確かにそのとおりだと気づきました。電気の配線を取り替えるためにはがれたままになっていた壁を修繕できたとき，ふと，部屋にペンキを塗ろうと「インスパイア」されました。ペンキを塗ってしまうと，新しいカーペットを敷かない手はないと思いました。気づいたときには作業はすべ終わっていました。妻や子どもたちといっしょに腰掛け，テレビを観る場所ができたのです。ときおり野球の試合をいっしょに観るようにもなり，BDIスコアは下がり続けました。

セッション10～17

　ディーンは，反芻行動の問題を抱えたままでした。主な例が2つあり，週末に子どもたちと会うこと，仕事から帰宅する途中に腹が立つことの2つでした。第一の例で，ディーンは晴れた午後に子どもたちと一緒に庭で過ごす計画をしていました。子どもたちは物置小屋の後ろに置いてあったディーンの板きれで木の家を造っていました。ところがディーンは，子どもたちの建築作業を手伝うのではなく，木の家の反対側の花畑で草むしり

を始めたのです。草むしりをしている間，ディーンは，子どもたちとずっといっしょに暮らすことができなくなったことや，いつの日か前妻が再婚して，他の男性が「お父さん」と呼ばれるようになることを，繰り返し考え込みました。その晩，日が暮れる頃，子どもたちが家のなかでゲームをしているなか，ディーンはというと，暗闇のなか，悲しみと落胆の気持ちで戸外にいたのです。彼は，悶々と思い悩むことで，まさしく彼が望んでいること——子どもたちと触れ合う時間——を得ることができなかったのです。

セラピストはディーンに，体験に注意を向ける練習を勧めました。ディーンは，何らかの活動に取り組み，目に見える光景，音，匂い，触った感覚にできるだけ詳細に注意を向けます。もし反芻が始まったら，その瞬間に自分を連れ戻し，後のセッションでセラピストに詳細な説明ができるよう，その活動に専念します。もう1つの例は，反芻によって神経が高ぶり，対人関係のトラブルを招くことを示していました。ある晩，仕事からの帰り道にディーンは，光熱費が高すぎることについて，反芻し始めました。その前日，自宅の修復をする人を雇う費用を，貯金できるか妻に相談していました。このことが，反芻の「肥やし」にもなっていました。自宅に到着し庭のライトがついているのを目にすると，イライラし，もういつでもケンカを売る用意ができていました。家のなかへと入っていくと，妻にただいまのキスもせず「そんなに真っ暗闇というほどでもないじゃないか。僕らが金持ちだとでも思っているのかい？　もっと責任をもって，電灯を消してくれないか」と言いました。妻は，書斎に入っていくとドアをぴしゃりと閉めました。これに対処するため，代替行動を用いることにしました。ディーンは，音楽を聴くことを選びました。彼は自分が歌がうまいとは思っていませんでしたが，車のなかで古いロックに合わせて歌うのが好きでした。宿題は，反芻を合図として利用し，CDを車のステレオに入れて曲に合わせて歌い，その歌詞を正確に聞き取ろうと努力し，ひどく音痴であっても，できる限りさまざまな音色を出すよう努力することでした。

セッション17〜20

　終わりのセッションは，再発防止にフォーカスしました。ディーンのBDIスコアは，3週間にわたり8以下になっていました。彼は再び抑うつ状態に陥ることを心配していました。セラピストは，子どもたちのことについて話し合うために前妻と会うといった，つらいだろうと予想される状況を特定し，対処することを一緒に計画しました。また，ディーンが楽しめる活動についても詳しく検証しました。彼は，自分が必要とされ，他人にとって何かよいことをしているときに，より幸せな気持ちになることに気づきました。その後，自分が必要とされていると感じられるような計画を一緒に立てました。これには，妻が頼りにするような家事や，さまざまな課外活動へ子どもたちを車で送っていくこと，などがありました。また，子どもサッカーチームのコーチをかってでることも考えました。彼は，自分の反芻をモニターする必要もあり，これは彼にとって依然として難しいことでした。ディーンは，休まずに仕事に行くという目標を達成していましたし，対人交流についての目標も改善していました。しかし，受身になりがちな傾向や問題を反芻することに苦労していました。ただし，治療が終わるまでには大うつ病障害の基準を満たさなくなっていました。

まとめと結論

理論，現状，課題

　治療アウトカム研究でBAの成功が実証されても，CTが間違っていることにはなりません。一方で，これらのアウトカム研究は実際，Lewinsohnのような人たちが1970年代初期から何かに気づいていたこと，より認知的なアプローチが好まれることで，行動の定式化の詳しい検証が，時機尚早に打ち切られてしまっていたことを示しています。BAは徹底的行動主義の伝統を受け継ぐ治療です。抑うつの一因となる変数を理解し，抑うつ症状を悪化させる可能性がある問題をターゲットにします。一

般的に認められているように，治療は，どのクライエントについても，当事者との協働による一連の実験として行われます。活性化の原則と，気分に行動を規定させず「外側から内側へ」作用させる必要性が，最初から最後まで適用されます。特定の活動に取り組む時間をスケジュールしたり，公約した活動を実行するといった，外部のアンカーに頼ることは，すべての事例で用いられます。

　抑うつは多面的であると理解されることから，BAではどの技法も，どの説明も，それ1つでは不十分です。言い換えると，当モデル内において，セラピストは，各クライエントにとって抑うつを維持する可能性がある随伴性を評価する責任があります。人によっては，不快な気分が引き金となって物事に取り組めなくなることもあります。身体的な活動や社会的なやりとりは，抗うつ効果をもつ可能性がありますが，そのような機会が奪われてしまい，当人の気分をますます悪化させる結果になります。一方，問題についてあれこれと反芻し，自分の内面での行動に従事するあまり，自ら行動を起こすことができなくなってしまう人もいます。BAではクライエントに対し，何かが起こってから反応するのではなく，自分が何か行動を起こしていくよう促します。計画を立て，計画にしたがっていくことは，気分に振り回されないという進歩と考えられます。クライエントは，さまざまな回避行動の引き金を認識し，実生活に再び関わり合えるよう，代替行動に取り組みます。

　BAセラピストは，文脈を変化させることが必要であるものの，それは，ほとんどすべての外来心理療法と同様，セラピストの面接室で生じ，クライエントとセラピストとの言葉のやりとりで生じると信じています。しかし，そのような文脈内において，その場でのアセスメントと介入が起こる機会があります。たとえば，イスにぐったり座り，悲しい表情で床を見つめ，ほとんど聞き取れない声で話す抑うつの女性に対し，セラピストは，試しに身体の姿勢を変えてみてはどうか，目をあげてセラピストを見て，遠くまで聞こえるよう大きな声を出してみてはどうかと，さりげなく促します。セラピストとクライエントは，その後実験結果を評価するでし

ょう。クライエントは，姿勢を変えたときにわずかでも違うように感じたでしょうか？　クライエントとセラピストが，互いの目を見て，大きなはっきりとした声で話しているとき，何か異なる情報の流れがあったでしょうか？　場合によっては，セッション中に，クライエントは応募書類に記入したり，友人に電話をかけたりといった避けていた行動をやってみることもあります。セラピストはまた，セラピーを面接室の外で行い，クライエントと一緒に近所を散歩して，エクササイズを「試しにやってみる」こともあります。こうして，抑うつの一因となる可能性のいくつかを，クライエントの生活場面でなくても，その場で扱うことができます。

将来の方向性

　BAに特有の性質は，治療が技法とアイデアの折衷的な組み合わせであることを意味しません。モデル内には，観察されない認知的な行動はもちろんのこと，観察可能な行動に対処する方法があります。臨床現場にいるセラピストは，標準的な認知的技法を禁止されるわけではありませんが，正式な認知再構成なしでもクライエントが改善することが，BAの理論と経験的エビデンスによって支持されることがわかっているならば，標準的な認知的技法を用いる理由はありません。将来の研究では，不安，物質使用障害，行為障害といった，概して抑うつが併存する障害を抱える人に対するBAの適用にフォーカスすべきです。さらに青年や高齢者と介護者に関する研究も，有益な情報を与えてくれるでしょう。

　BAがこのまま独立した治療であり続けたとしても，それとも他の包括的な治療の一部となっても，抑うつを行動分析的に定式化することには明らかに可能性が秘められています。BAは，BeckのCTの一部として提唱され，信念と態度を変容するために実施されてきました。純粋に行動を活性化するためには用いられず，独自の行動的な定式化は失われました。行動的な治療アプローチに対する関心の復活により，研究者と臨床家は変化のメカニズムについてより理解を深め，行動，思考，および感情を変化させるための方法を改良できるようになりました。なかには，Deweyの哲

学，およびThorndike，Skinner，Fersterの定式化を振り返ってみることは，先を見すえ，人間の問題や，最も理にかなった介入方法について，より深い理解へと達する手段を与えてくれます。何十年も前にLewinsohnによって開発された技法の復活は，理論と研究を建て増すための科学的方法の適切な使用であるように思われます。

===== 第7章

弁証法的行動療法

Thomas R. Lynch
Prudence Cuper

導入と歴史的背景

慢性的に自殺企図や自傷行為を繰り返すクライエントを治療するため，Marsha Linehanは，1970年代に弁証法的行動療法（dialectical behavior therapy：DBT）を開発しました。Carl Rogersが信奉する純粋性と，Linehan自身のスピリチュアルなトレーニングから選び抜かれた禅の実践を，行動療法の理論と技法に融合させました。Linehanは現在，ワシントン大学の大学教員を務め，Association for the Advancement of Behavior Therapy（AABT；現在のAssociation for Behavioral and Cognitive Therapies：ABCT）の会長，アメリカ心理学会（American Psychological Association）とAmerican Psychopathology Associationのフェロー，Academy of Cognitive Therapyの名誉創設特別会員でもあり，American Board of Behavioral Psychologyの指導医を務めてきました。以下をはじめとして，数々の賞を受賞しています。Louis I. Dublin Award for Lifetime Achievement in the Field of Suicide, American Foundation of Suicide Prevention Award for Distinguished Research in Suicide, American Association of Applied and Preventive Psychology Award for Distinguished Contributions to the Practice of Psychology, American Psychological Association, Society of Clinical Psychology の Distinguished Scientist Award および Distinguished Contributions to the Field of Psychology Award, American Psychological Association, Division 12, Section VII (Clinical Emergencies and Crisis) の Lifetime Achievement Award など。

　Linehan は,オクラホマ州タルサ出身で,5人のきょうだいがいます。父親は石油会社役員,母親は主婦で,2人とも地域のコミュニティで積極的に活動していました。Linehan は自分自身を「伝道師のようなもの」だと考え「世界の最も哀れな人たちを助けたい」人物だと（文献23のp.190）説明しています。精神医学,心理学,あるいは社会福祉のキャリアを通じて実現していこうと,若い頃に決心しました。Linehan は当初,研究はあまりに冷淡で非人間的と感じていたことを認めています。一方で,最も助けたい人たちに効果をもつ治療が,わずかしか存在しないことを実感したとき,研究に魅了されたと語っています。

　Linehan はシカゴのロヨラ大学で訓練を開始し,1971年に実験人格心理学の学位を取得しました。この訓練の後,さらにニューヨーク州バッファローの Suicide Prevention and Crisis Clinic で臨床のインターンシップを続けました。続いてニューヨーク州立大学ストーニーブルック校でポスドク研究員をし,そこで Gerald Davison といっしょに仕事をしました。ストーニーブルックでは,行動修正（behavior modification）を学び,行動療法のテクニックを難治性のクライエントに適用しようとしました。しかしまもなく,行動療法にはクライエントとセラピストの連携と協働が必要であり,クライエントたちは必ずしも行動的な介入に進んで協力するわけでなく,またそれが可能でもないことを知りました。Linehan は,純粋な行動療法とは異なるやり方でクライエントに取り組んでもらう必要性に気づき,受容（acceptance）と妥当化（validation）の方略を自身のセラピーに加えることに乗り出しました[23]。

　Linehan はその後長年にわたり治療を洗練し続け,禅の実践やキリスト教の瞑想的な祈りも含めた,いくつかの精神的訓練から引き出されたマイ

ンドフルネススキルを加えていきました．行動主義と禅の実践とに類似点を指摘し，いずれもプロセス理論であり，実践者が判断をしない立場をとる必要性があると指摘しました[23]．判断しないというのは「徹底的な純粋さ（radical genuineness）」と同様，DBTにとって決定的に重要な要素です．「徹底的な純粋さ」は，Carl Rogersや行動主義者らの著作に見出したものでした．「行動主義者は，患者を他の誰かと違っていると考えることはない．行動を連続体にあるものだと考える」とLinehanはいっています（文献23のp.186）．

　Linehanは1970年代にDBTにとりかかりました．DimeffとLinehan[7]によると，当時の標準的な認知行動療法のプロトコルが，慢性的に自殺企図を繰り返すクライエントのニーズを満たさない理由は3つありました．第一に，多くのクライエントが，プロトコルが行動の変化を強調することについて説得力も効果もないと感じ，その結果，セラピストと言い争いになるか，あるいは治療をやめてしまうのが一般的だったことです．第二に，セラピストたちが，個人精神療法のセッションで新しいスキルを教えると同時に自殺行動に取り組むのは難しいと感じていた，ということがあります．第三に，Linehanは，クライエントのあるパターンが気づかぬうちにセラピストの非効果的な行動を強化していることに気づきました．たとえば，セラピストが対話の舵をとり，困難な話題から離れていってしまうと，クライエントは愛想がよくなり，たくさん話すようになる可能性がありました．

　これらの課題を念頭におき，Linehanは，受容と変化のバランスをとり，スキル訓練と個人療法のための場所を別々に提供し，さらに難治性のクライエントと取り組む際にはセラピストを支援し，コンサルテーションを行うプロトコルを編み出しました．それから何年にもわたり，介入はテストされてきました．最初は，境界性パーソナリティ障害（borderline personality disorder：BPD）に対して通常用いられる治療と比較し[24]，後には専門家によるコミュニティ治療と比較しました[26]．その他の障害の治療についても，これまでいくつかの研究グループが，DBTの効果を検証

してきました。

哲学的,理論的背景

ここではまず,BPDの生物社会的理論を簡単に検証します。そのうえで,行動科学,弁証法哲学,および禅の実践という,治療パッケージの発達に影響を与えた3つを中心にフォーカスしていきます。

BPDの生物社会的理論

DBTの理論的基盤は,BPDの発症と維持を説明するために定式化された生物社会的理論です。その理論は,「感情的な脆弱性の生物学的／遺伝学的素質と,広範で無効化する環境が作用し,BPDに特有の不適応的な対処スタイル（感情制御の不全）を生み出す」とBPDに関連した行動の基準を説明します[22]。その理論は相互作用的であり,各要素が（生物学的,社会生物学的,および不適応的な対処）が互いに影響しあいます。生物学的要素（感情的な脆弱性）とは,感情を喚起する刺激に対する感受性と反応性を高め（つまり早くて強い反応）,高まった感情がベースラインに戻ることが遅くなるような,生物学的に基盤をもつ素因を表します。社会生物学的要素（無効化する環境）とは,自発的行動や,考えや感情を伝えることに対して,罰したり,無視したり,矮小化することを特徴とし,それには性的,身体的,感情的な虐待が含まれます[53]。BPDを抱える人が激しい感情反応を示すと,ケアをする人／親密な他者は,無効化する行動を強め,結果的にますます感情を制御できなくなります。無効化する環境と感情的に脆弱な人の相互作用は,結果的に当人の感情システム全体にわたる制御不全（すなわち不適応的な対処）をもたらします。感情的な刺激から注意をそらすことが困難であるだけでなく,生理的覚醒の起伏を制御するのが困難という特徴があります。結果として,BPDを抱える人は,感情的に高ぶると,認知,感情,行動の各体系が著しく分裂することがしばしばあります。

DBTにおいて感情とは，内的・外的な刺激に対する，複雑で，短い，不随意の，全システムの反応とみなされ，進化的に適応値をもつとされます[25]。問題行動は，制御不全な感情に続発するもの，あるいは感情体験に取って代わる不適応的な方略とみなされます。たとえば，自傷，自殺企図，あるいは異常食行動といった，衝動的で自己破滅的な行動は，制御不全な感情的反応に対する直接的な反応として起こったり，制御不全な感情反応をコントロールする機能をもったりします。このような理論的立場で，患者の感情システムの諸側面を修正することにフォーカスする治療パッケージが生まれました。治療のフォーミュレーションは，感情に関連し，反応を誘発する刺激と結果として生じる刺激，そして，「機能不全な感情と結びつく，無効な行動傾向を減らすこと」にフォーカスする方略がターゲットになります[29]。

行動科学

　DBTは，行動科学に基づくことから，行動理論の第3の波の一部といえます。第3の波では，心理的な行動は文脈的，機能的に理解されると考え，1つの行動を他の行動より主要な原因とすることは避けます[15]。たとえばDBTでは，思考活動，感覚，感情といった観察されない内潜行動を，観察される行動と質的に異なるとはみなしません。双方とも，同じ行動原則に従い，また同じ行動原則によって理解されるものだからです。加えてDBTは，行動を地形学的にではなく，機能的に検証します。問題行動は，表面的にはよく似ているように見えても，機能的にはきわめて異なっている可能性があります。たとえば，自分自身のニーズを顧みずに他人を気づかうことは，ある人にとっては対人関係を維持する機能をもち，別の人にとっては他者からの気づかいを引き出すという機能があるかもしれません。そうすることで嫌悪感情を低下させる機能や，それが自分を罰する機能をもつかもしれません。これらの機能のすべてが，同じ人の行動のなかに存在することもありえます。

　しばしばDBTの介入では，問題行動の機能を変容することにフォーカ

スし，行動の形態や頻度をいつも変えるとは限りません。標準的な行動療法や認知療法では，通常，つらい感情と出来事を変えることにフォーカスしますが，DBTでは，感情的な苦痛にうまく耐えられるよう学ぶことが強調されます。DBTのマインドフルネスと苦悩に耐えるスキルは，このアプローチを要約したものであり，評価することなく，また感情の体験，覚醒，もしくは苦痛を変えたりコントロールしたりすることなく，感情を体験し，観察する能力が含まれます。この視点からすると，望まない内潜行動（思考，感覚，感情，など）を意図的に変えたり，押さえつけたり，抑制したりしようとすると，問題をますます悪化させてしまうことがあります（文献33, 29など）。対照的にDBTの感情調節スキルでは，批判的でない温かな雰囲気のなかで主要な感情に曝露し，特定のスキルセットを用いることで，感情的なつらさを低減させることをターゲットにします。マインドフルネススキルはつらい感情への「気づき」にフォーカスし，苦悩に耐えるスキルは苦痛な感情に「耐える」ことにフォーカスしますが，感情調節スキルはつらい感情を「変える」ことにフォーカスし，対人スキルは感情の覚醒をさらに激化させる可能性がある，無効化する社会的環境を「変える」ことにフォーカスします。

　DBTのスキルはすべて，感情と，何らかの方法で感情を制御することをターゲットにしています。結果として，機能分析は感情にフォーカスする傾向があります。問題は，それが感情体験の文脈（文脈的要因）のなかで生じ，何らかのきっかけか，あるいは引き金に次いで発生し，強化するような結果（強化要因）によって習慣となる，という視点から検証されます。加えてDBTでは，感情反応の兆しが見られたら，それを弱めることを強調するだけではなく，感情がフルサイズになったら，制御のプロセスを重要視します。このためスキルは，小さな感情反応の兆しと大きな感情反応の両方をターゲットにしています。感情反応の初期段階においては制御プロセスが効果的でも，感情の覚醒が激しくなると，その効果が相当に低下する可能性があるためです[25]。最後に，同じ感情を再燃させたり，あるいは二次的な感情を引き起こしたりして新たな感情の引き金として作用

する可能性がある，感情の事後的な作用も標的とします[25]。

文脈的要因

文脈的要因には，特定の感情刺激に対する強化の感受性を一時的に高める（すなわち確立操作をする），言い換えれば，感情的な手掛かりや要因に対し，敏感になったり，反応しやすくなったりする，生物学的な脆弱性が含まれます。生物社会学的理論では，BPDを抱える人は生物学的な脆弱性があり，感情的により敏感で（感情刺激を認識する閾値が低い），感情的に反応しやすく（感情反応の振れ幅が大きい），ベースラインの覚醒レベルに戻るのが比較的遅い（感情反応の持続時間が長い）と仮定します。生物学的影響の重要性を裏づけるように，自己報告式尺度を用いた研究は，対照群に比べてBPDを抱える人は感情の強度と反応性が高いことを一貫して明らかにしています。行動学的および心理生理学的な結果は確定的ではないながらも，神経画像研究はBPDをもつ人が神経学的な脆弱性によって特徴づけられる可能性を示唆しています（文献41参照）。「確立操作」は，動機づけ要因であり，ある種の刺激を喚起する機能と，ある種の刺激に対する強化の感受性を高めること，および，そのような刺激に関連した行動が誘発される確率に影響を与えます[9, 36]。たとえば，食物を与えないことは，強化の形式として食物に対する感受性を一時的に高める確立操作です。DBTでは，確立操作は「感情的な脆弱性」の要因と考えられます。例としては，睡眠不足，最近あった口げんか，身体的な疲労，アルコール／薬物の使用，および身体的苦痛などがあります。

いったん文脈的要因が理解されると，問題行動や，問題行動と結びつく望まない結果の発生に影響する可能性をもつDBTスキルを適用することも，象形的に可能となります。それゆえDBTでは，感情の覚醒に対する脆弱性を低減することにフォーカスします。これは，生理的な反応性が不変の遺伝的基質や幼少期の体験に基づいていても，当人がコントロールできる余地があるという前提に基づいています[25]。DBTのスキルは，生物学的ホメオスタシスと，感情的反応性に影響すると知られる，さまざまな

刺激に対する強化の感受性の両方をターゲットにします。たとえば，経験的なエビデンスに基づき，DBTのPLEASEスキルは，身体疾患（Physical iLlness）を治療し[1]，栄養と食行動（Eating）のバランスをとり[44,13]，気分を変えようと非処方薬（mood-Altering drugs）には近づかず，十分で多すぎない睡眠（Sleep）をとり[4]，そして適度な運動（Exercise）をする[47]ことをターゲットにします。加えてDBTのスキルは，感情的な刺激が生じる文脈を変えることによって（ポジティブな体験を積み重ねることや，全般的な達成感を確立することを教えるなど），感情の覚醒に対する脆弱性をターゲットにします。

引き金となる要因

「引き金となる要因」には，先行する条件刺激または無条件刺激と，激しい感情状態，衝動，その他の問題行動の引き金となるか強化の可能性を示す，象形的な弁別刺激が含まれます。DBTでは，感情体験と衝動は先行刺激（すなわちレスポンデント行動）によって「制御される」とみなされます。これに対し，問題行動（解離など）に対する弁別刺激は，主に「強化が生起する確率」を合図する機能をもちます。レスポンデント行動として，感情／衝動は，先行する無条件刺激（ドンッという大きな音など），または条件刺激（実際に食べ物があるかどうかにかかわらず，特定の時間になると空腹で苦しむなど）のいずれかに引き出されます。刺激には，場所，人，物，感覚，言語的な出来事あるいは時間的な出来事が含まれます。たとえば，中性刺激（バラの花など）が自動的に恥の感情を引き出すのは，それがこれまでずっと，ネガティブな刺激（性的虐待など）と繰り返し関連づけられてきた（先行していた）からです。重要なことに，意識的な自覚なしに，古典的条件づけが（自傷衝動など）が発達する可能性があります。条件づけられた連合を引き出すのに，思考活動／評価は必要ないのです[37]。このため感情体験は，そのときの随伴性（犬が唸っているなど），時間的な先行事象（古典的に条件づけられた連合など），あるいは両者の組み合わせによって誘発されることがあります。

引き金となる要因も，行動に結果を随伴させるような刺激を提示します（刺激-反応-結果の関係）。これは，道具的条件づけまたはオペラント条件づけと呼ばれ，強化するような，あるいは罰を与えるような結果に制御された，学習された行動と定義されます。弁別刺激は，強化が生起する可能性を示す刺激です。弁別刺激も，文脈に制御されています。どのような刺激でも，文脈が強化の可能性に影響することを意味します。たとえば，子どもたちは，両親が疲れていたり，気が散っている日（弁別刺激）のほうが，両親がよく休めて子どもたちに十分な注意を向けられる日よりも，駄々をこねることで求めるもの（アメ玉，など）が手に入りやすいと学ぶことがあります。アメ玉に関連した数々の出来事が事前に起ころうとも（たとえばスーパーに出かけたこと），母親の携帯に電話がかかってきて母親の気が散っているときの方が，駄々をこねることでアメ玉をもらえる可能性が高くなることを（必ずしも意識的でないにせよ）子どもたちは識別しています。

　DBTは，古典的に条件づけられた反応や，その他の引き金となる要因を変えるため，数々の方略を活用します（文献29, 25参照）。たとえば「行動連鎖分析」は，問題行動の機能を評価するためにDBTで用いられる一般的な手段ですが，略式の行動曝露としても役立つと仮定されています[29]。先の提言と矛盾するようですが，最近の学習理論は，条件刺激（CS）に対して強化せずに繰り返し曝露しても，無条件刺激（US）とCSの結合によって形成された最初の連合を弱めることができないと提唱しています。そうではなく，曝露によってCS-USの関係が見えなくなり，消去訓練には新しいCSとの連合学習が伴います[40]。この枠組みにおいて，行動曝露では，望まれない内的体験を引き出す刺激に対する，別の反応を積極的に学習することが必要となります（条件づけられた恐怖が存在しても比較的安全であることなど）。行動連鎖分析は，感情反応とそれらを誘発する刺激について詳細に話し合うことが必要となり，思いやりのある心理療法士がセッションで付き添い，クライエントを感情に対して強化せずに曝露するよう促します。たとえばクライエントに，屈辱的な出来事，あるいは行

動を詳細に語ってもらうことで，その出来事あるいは行動と，恥ずかしいという感情反応との結びつきを穏やかにし，それにより問題解決に取り組めるよう促していきます。

強化要因

先に触れたように，DBTで用いられる機能分析は，関連の先行事象だけでなく，強化するような結果も含まれます。たとえば，自殺企図でない自傷行為は，極度に嫌悪的な感情が引き起こす離人化を減少させるか[53]，嫌悪的な覚醒を減少させた後に続く生理的・心理的安堵[14]を通して，きわめて嫌悪的な感情を回避する手段として機能することがあります。問題行動や感情に支配された行動は，他の人たちに何かを伝えたり，他の人たちの行動に影響を与えたり，出来事についての自らの知覚や解釈を妥当化する（「私がそう感じたのだから，それは真実に違いない」など）ために機能することがあります。たとえば，先行研究でひどく苦しむ行動は他者のネガティブな感情と案じる感情の双方を促進するが，敵対的な反応を抑制することが明らかにされています[2]。また，数々の研究にわたり，逸脱行動の後に続いてきまり悪さを示すと（示さない場合と比較して），結果的に他者の好意や寛容さを高め，助けてあげようという気持ちが増大しました（レビューは文献20を参照）。自分を妥当化する行為は，その人の自己概念を安定させるという点で，強化的だと解釈される可能性があります[18]。実際，研究が示すところでは，他に利用可能な強化子があっても，自己観を確証する情報に好意を示すものであり，その自己観が極端な場合は特にその傾向が顕著になります[11,38,48,49]。自己概念が確証されないと，ネガティブな感情の覚醒を体験する傾向があります[10]。自分を卑下したり，自傷したりする行為は，自己の病的な感覚を確証しつつ，二次的に覚醒が低下することで，ネガティブに強化されることがあるのです。

随伴性マネージメントと，オペラント行動変化の原則は，豊かな経験的基盤に基づいています。しかし本章では紙幅に限界があることから，レビューすることは控えます。しかし，随伴性マネージメントに関連する

DBTの原則には，独自のものがあります。たとえばDBTでは，セラピストとクライエントの双方が等しく，強化の原則に従うとし，クライエントが治療プロセスに有意な影響を与えることもあります（たとえばクライエントが，自殺について話し合うたびに敵対的になることで，セラピストが自殺について聞かないよう，セラピストをシェイピングしていく）。DBTでは，すべてのセラピストが毎週ピア・コンサルテーションに参加する必要性を強調しますが，このことがその理由の1つです。チームの主な機能は，クライエントによって治療方略がどのように影響されているかを，担当セラピストとともに観察することで，セラピストが治療遵守できるよう援助することです。もう1つの例としては，般化方略の実践例は，子どもと成人の文献や再発防止を目的とした成人の治療（たとえば文献16）にたくさんありますが，唯一DBTだけが，電話でのコンサルテーションを般化方略として顕在的に組み入れた，経験に支持された治療です。DBTの電話相談が効果的であると仮定されるのは，一部には次のような理由からです。こうした電話コーチングが，複数の文脈にわたってスキルを般化する機能をもち，現場で効果的な行動をシェイピングするための方法を提供するからであり，さらには，セッションにおける消去記憶やオペラント学習を思い出す手掛かりとして役立つからです[29]。電話でのやりとりを通し，セラピストがクライエントの実生活に存在することで，非機能的な行動の再発を阻止できるだけでなく，スキルフルな行動を引き出すことにもなります。

感情の激しさと感情の残効のマネージメント

DBTでは，治療反応の「強さ」と「タイミング」の双方を考慮します。それは，ストレスフルな体験の前や，感情がさほど激しくないときに適用した際には有効に機能する感情調節方略が，感情がフルに誘発されたり，高レベルになったりしたとたん，有効でなくなることに基づいています[25]。たとえば，しばしば激しい感情を伴う極度の生理的覚醒を制御するためにデザインされたスキルセットを提供します。これらのスキルをやり

遂げるために，高度な認知処理が必要というわけではありません[25]。たとえば，息を止めて冷たい水のなかに顔を浸すというスキルがあります。この方法は，人間の潜水反射に関する研究から導かれたもので，自律神経系の2つの支脈である，副交感神経系の活性化（徐脈）と，同時に生じる交感神経の活性化（血管収縮）の双方に影響を与えます[17]。もう1つの例として，高ぶった感情に影響を与える方法として激しいエクササイズも勧められます。エクササイズをしたからといって，直後の状態不安に違いは生じませんが，運動の30分後になると，対照条件と比べて，激しいエクササイズをした方に好ましい有意差が生じるという研究結果に基づいています[6]。もう1つ，激しい感情に影響を与えると想定される技法に「逆説的行動（opposite action）」というスキルがあります。これは，理屈抜きの直感的反応，身体の姿勢，および顔の表情も含め，感情に基づく行動傾向に伴う身体的な反応を広範囲にわたり変えることで，感情に影響を及ぼそうというものです[25]。行動を変えることが感情体験とそれに続く感情の認知的評価に影響を与えることは，治療研究（文献35など）と実験研究（文献39，46など）が一貫して実証しています。

　DBTはまた，感情体験の残効と，感情がどのように再燃され二次的な感情の引き金となるかについても検証します。注意，記憶，および推論に対する感情の残効については，十分に確証されています（レビューについては文献8参照）。残効に影響を与えるための，DBTが教える主要な方法は，「感情を観察して描写するスキル」です。これは，過度に一般化した処理あるいは不特定の処理と比較して，より特異的に感情体験を処理することで感情の制御の改善に効果が見られた研究に基づいています（文献55など）。

弁証法哲学

　弁証法哲学は，DBTに世界観を提供するだけではなく，特定の介入を行うためのスタイルや手続きの枠組みも提供します。世界観として，弁証法哲学というと，マルクスの社会経済学の原理と結びつくことが多いですが，実際に弁証法哲学は，何千年も前までさかのぼります[3, 19]。Hegelによ

ると，哲学や行動，議論が変形されるプロセスは弁証法的であり，そこには次の3つの段階が不可欠です。(1)最初の命題（テーゼ）が生じる初期の段階，(2)初期の事象を否定する段階，否定，もしくはアンチテーゼが含まれる，(3)否定の否定，またはテーゼとアンチテーゼを統合する段階。本質的にテーゼとアンチテーゼの間で緊張が生じます。そして両者の統合が次のテーゼを構成し，永久的にそのプロセスを繰り返します。弁証法的視点からは，行動は相互に関係し，文脈的に決定され，組織的なものと概念化されます。治療介入において，弁証法哲学が二極化を自然に低下させることが，このアプローチの利点の1つです。たとえば，クライエントは，気分がよくなるからという理由で，違法薬物をよしとする立場をとることがあります。弁証法によってセラピストは「正しくある」ことを諦めながらも，自分の立ち位置を失わず，統合を促すことができます。セラピストは，薬の常習的使用が望まない苦しみを招くことを指摘する一方で，気分をよくしたい気持ちを妥当化し，統合を勧めることがあります。「必ずしも薬に頼らず，気分がよくなる方法を，一緒に見つけていきませんか？」

　加えて，弁証法哲学では，現実は相互に関係した部分で構成され，それらの部分は，全体としての組織体系なしでは定義されないと仮定されます。しかもその部分とは常に，変化，もしくは流動的な状態にあり，ある部分の変化が他の変化に影響を与えています。セラピストは，クライエントがセラピストから影響を受ける一方で，セラピストにも影響を与える可能性があり，このようなやりとりは，正常な成長の過程であると理解できます。これは，協働的な関係を促進するのに役立ちます。

　弁証法的「方略」には，悪魔の賛同者法や，その他の方略を通して，緊張を拡大する（すなわち「逆説の挿入」，「誇張」），相反する意見，感情，あるいは思考を統合しようとする，比喩を使用する，患者とのやりとりのスピードや強さに幅をもたせる，セッションのなかで動作を流動的に用いることが含まれます。加えてDBTにおける弁証法的方略は，クライエントが眠らずに目を覚まし，治療に取り組んだり，わずかに不安定になったり（たとえばクライエントは，自分に関する不適応的な信念が本当かどう

かと問い始める）するためにデザインされています。「スタイル」という点では，これは揺るぎないコミュニケーションと互恵的コミュニケーションのバランスや，受容的な介入と変化を促す介入とのバランスをとることが必要となります。たとえばセラピストが揺るがない態度をとると，クライエントはセラピストの行動を予想することが困難になります。このため，セラピストの行動は，「定位反応」となるのです[29]。「定位反射」というのは，新たな刺激に対する適応的な反応であり，感覚分析が刺激の中央処理を促進するよう神経体系を調整する機能です[45, 12, 5]。定位反応が有機体を環境に対して「オープン」にし，刺激をより深く処理するよう促すことが明らかにされています（たとえば文献43, 51）。セラピーのなかで互恵的方略（「アクセプタンス」）と揺るがない方略（「変化」）のバランスがうまくはかれれば，クライエントは，自分を確認／承認する（これはクライエントが治療に取り組み続けているよう機能する）一方で，自分にチャレンジする（注意，認知処理，および学習を拡大するべく機能する）ようになります。

禅の実践

　LinehanによってDBTが開発され試行錯誤されていた時代（すなわち1970年代），行動的な治療と介入は，主に行動主義の第1の波か第2の波に基づいていました[15]。第1の波は，オペラント条件づけと古典的条件づけの原則と，Watsonの主張[54]に関連する技法に大きく影響されました。Watsonは，「精神」というものは存在せず（思考は「聞き取れない発話」でした），分析されるべき単位は唯一，目に見える行動であると主張しました。第2の波では，媒介する認知が欠如するという考えに対応し，私的事象（認知または評価など）によって行動が「引き起こされうる」という方向性を，分析の単位に追加しました。双方の波は，治療介入のフォーカスとして，問題行動の先行事象または結果を変えることの重要性を強調しました。第1の波と第2の波の行動療法は，変化と問題解決にフォーカスし，合理性とロジックを基盤として，実験的，経験的に引き出されまし

た。しかしLinehan[22]が特記しているように，このような偏りは，必ずしもうまくいったわけでなく，医原性の悪影響（頑なに変化方略にこだわることが裏目に出る）が出ることもありました。Linehanは自身の禅の実践に基づき，禅で用いられるアプローチは，第1次・第2次の行動テーゼに弁証法的なアンチテーゼを提供することに着目しました。治療としてのDBTは「行動主義と禅の実践を統合したもの」であり，DBTの弁証法的支柱によって，互いの影響を否定することなく存在することが可能です。マインドフルネススキルは，DBTにおける中核スキルですが，禅の実践の影響は，このマインドフルネススキルの文脈において最もよく観察できます。これらのスキルには，禅の瞑想と実践の行動主義的な翻訳を映し出し，観察，描写，自発的な参加，判断をしないこと，今，この瞬間にフォーカスした意識，「正しく」あることよりも効果にフォーカスすること，が含まれます。

経験的エビデンス

7つの無作為化対照試験（RCT）が，DBTの全体的な効果を支持しています（レビューは文献34参照）。最初の試験で，Linehanら[24]は，BPDを抱えており慢性的に自殺傾向のある女性をDBT（$N=24$）か，コミュニティでの通常どおりの治療（$N=23$）に無作為に割り付け，12カ月の治療期間と，その後6カ月おきに患者を評価しました。DBTを受けている患者のほうが，治療から脱落する可能性が低く，報告される自傷行為のエピソードも頻度と深刻さが低く，精神科病棟に入院した日数も少なくなりました。いずれの条件でも，抑うつ状態，絶望，希死念慮，生きがいにおいて改善が見られました。

Linehanら[28]はその後，BPDと物質使用障害を合併する患者の治療におけるDBTの有効性について調べました。DBTか，コミュニティにおける通常の治療かのいずれかに割り当てられた，28人の女性の経過について詳しく調べました。DBTに割り付けられた女性の方が，治療にとどまる可

能性が高く，社会的，全般的な適応についても，DBTを受けている患者の方がより優れ，ドラッグの使用もより減少しました。

　Linehanのグループによる最近の研究は，より厳密に対照条件と比較してDBTの有効性を示そうとしました。最初のものでは[27]，アヘン依存を合併したBPDの治療で，12ステップグループを含む包括的なバリデーション療法（CVT＋12s）とDBTを比較しました。先の所見とは対照的に，DBT群の方が，CVT＋12s群の参加者よりもセラピーから脱落する可能性が高いことが明らかになりました。他の変数については，両群とも似たような成績で，双方とも，治療後とフォローアップにおいて全体的な精神病理がかなり軽減し，フォローアップ（4カ月）の評価では，検尿による測定として，アヘンの使用についても減少していることが示されました。しかし，12カ月の治療期間全体にわたってアヘン使用の減少が維持されたのは，DBT群のみであり，CVT＋12s群では，治療の最後の4カ月間にアヘンの使用が増加しました。

　第二の研究も，厳密な対照条件を利用し[26]，BPDの基準を満たし，最近自殺企図と自傷行動が見られた女子を対象に，エキスパートによるコミュニティ治療（CBTE）とDBTを比較しました。CBTEを受けている患者と比較し，DBT群の患者は，自殺を試みたり，自殺念慮で入院したりする可能性がより低く，また自殺企図と自傷行動の医学的リスクについても低い結果となりました。加えてDBTの患者は，治療から脱落する可能性も低く，精神科救急を訪れたり，入院したりする回数も少なかったのです。先の研究におけるのと同様，両方の条件の患者が，抑うつの症状の減少，生きがいの増加，および希死念慮の減少を示しました。

　他にも，BPDの治療におけるDBTの有効性を支持する結果を，独立した研究グループが報告しています。オランダではVerheulら[52]が，DBTと通常の治療（TAU）のいずれかに割り付けられた女子58人のアウトカムを比較しました。本研究の参加者は，全員がBPDと診断された人でした。物質使用問題を併発している人もいました。結果，DBT群の方が治療からドロップアウトしないことが明らかになりました。加えてDBT群の方

が，自滅行動と自傷行動がより大きく減少しました。この効果は，ベースラインにおいて，自殺未遂行為が最も深刻だった患者たちに，最も顕著になっていました。

BPDと診断された女子退役軍人についての研究が，合衆国の退役軍人局病院で実施され，DBTの全般的な有効性を支持する結果となりました[21]。この研究は，他の研究よりも実施期間が短く，退役軍人たちはDBTか通常の治療（TAU）で6カ月間治療されました。以前の研究では，自殺未遂行動の履歴が参加の条件でしたが，本研究ではその条件は求められませんでした。その結果，希死念慮，絶望感，怒り，抑うつが，DBT群においてより大きく減少したこと，DBT群のみ，自殺未遂行動や，怒りを体験しながらも行動に出さないこと，解離状態に陥ることが著しく減少したことが明らかとなりました。

他の障害の治療におけるDBTの効能に対する支持

DBTは本来，自殺傾向と自傷行動を慢性的にもつ患者の治療を目的としたものでしたが，さまざまな精神障害の治療に用いられつつあります。最近の研究からは，抑うつ，摂食障害，および多数のパーソナリティ障害の治療において，DBTの有効性を支持するエビデンスが得られています。より新しい研究では，患者層を拡大して男子と女子を両方含めるようにしたり，以前の研究では比較的若い患者が一般的でしたが比較的高齢の患者も対象とする研究もあります。

摂食障害に対するDBTの2つの研究では，過食症と，むちゃ食い障害を抱える女性の治療におけるDBTの有用性に着目しました。過食症に対してDBTを試みた研究では[42]，ビンジパージ行動に対するDBTか待機条件のいずれかに，31人の女子を割り付けました。DBT群は，ビンジパージ行動が有意に減少しただけでなく，治療からのドロップアウトが1人もいませんでした。むちゃ食いに対するDBTの試験では[50]，44人の女子が，DBTの応用形式か，待機条件のいずれかに割り付けられました。またしても，DBT群の患者は，むちゃ食いと摂食病理の尺度で有意な改善が見

られました。ほとんどの女子（89％）が，治療が終わるまでにむちゃ食いをやめるようになり，多く（56％）が，6カ月後のフォローアップでも，むちゃ食いをやめたままでした。

　Lynchら[32]は，抑うつ状態の高齢者，すなわち60歳以上の男女を対象としたパイロット研究を実施しました。研究の参加者は全員，抗うつ薬と臨床マネージメントを受け，実験群はさらにDBTスキルグループへの参加と電話によるコーチングも受けました。抑うつスコアは，治療後，両群で改善しましたが，対照群（31％）と比較してDBT群（75％）の改善率は有意に高く，6カ月後のフォローアップでも抑うつ状態が寛解していました。

　もう1つの研究では，抑うつに加えてパーソナリティ障害をもつ高齢者を対象に，DBTと，薬物療法＋臨床管理と比較しました[34]。研究参加者は男女を含めた37人，年齢は55歳以上で，8週間の抗うつ薬治療に反応しなかった人たちでした。この研究では，治療が終了するまでに抑うつ状態が寛解（Hamilton Rating Scale for Depressionで10点以下と定義）した人数は，DBT群で有意に多くなりました。フォローアップ評価の時点には，両群の患者の大半で症状が寛解していました。加えてDBT群では，パーソナリティ障害の病理に関連した2つの基準，すなわち対人感受性と対人攻撃性において，より大きな改善が見られました。

特定のプロセスと介入を支持するエビデンス

　DBTはいくつかの要素で構成されます。個人療法，グループスキル訓練，電話コーチング，セラピストのためのコンサルテーションです。構成要素内におけるプロセスまたはメカニズムのいくつかはテスト可能である一方，より基本的なレベルにおいて，どの構成要素が治療の有効性に貢献しているか疑問に思えます。この疑問は，DBTの普及が進み，臨床家たちがDBT以外の個人療法に追加してDBTスキルを使用したり，単独の介入としてDBTを用いたりするにつれ，ますます重要なものとなります。

　今日に至るまで，治療を分解することを主な目的とした研究は発表され

ていません。しかし，BPD以外の障害に対するDBTのパイロット研究が，スキルトレーニングを主な介入として用いています。これらの研究では，先に触れたように，むちゃ食い[50]と高齢者における大うつ病[32]において，DBTスキルの有効性が検証されました。Lynchの研究でも電話コーチングを含めた点に着目することが重要です。これらの研究は，障害が比較的重篤でない場合は，個人療法が伴わなくても，スキル訓練が有効となる可能性を示しています。しかしLynchら[34]が指摘するように，DBT以外の個人療法の単独使用と，DBT以外の個人療法にDBTスキルグループを加えた場合とでは，アウトカムに違いがなかったことをLinehanの未発表の報告が示しています。このような相反するエビデンスから，DBTの構成要素それぞれの貢献について検証する研究が必要です。

　DBTの主要な構成要素をテストする研究に加え，DBTで処方された治療方略についての研究が，セラピーの重要な要素を浮き彫りにするでしょう。検証されるべき方略には，とりわけ，妥当化，徹底的な純粋さ，揺るがない態度，随伴性管理（電話コーチングや，4回欠席すると治療終了となるルールの場合など），および治療テーマの階層的順序づけが含まれるでしょう。DBTをCVT＋12sと比較した2002年の研究結果から，DBTの他の要素が不在な場合でも，少なくとも1つの方略，すなわち妥当化が，強力な治療的因子となることがうかがえます。

臨床実践

　次の事例では，クライエントは20代女性，BPDと物質使用障害の基準を満たしています。乱用している主な物質は，ヘロインです。治療には，物質使用障害に対するDBT（DBT-SUD）と，アヘン代替治療薬である，サボキソン（Saboxone）が含まれます。このセッションはDBTセラピストとの2回目のセッションで，アディクションの生物学的基盤，随伴性マネージメント方略，マインドフルネススキル，「観察」と「記述」，生理学的な要因をターゲットとする苦痛に耐えるスキルと感情制御スキルについ

て，さらに学んでいきます。セラピストは，徹底的な純粋さと揺るがない態度を示し，セッション全体を通じて連鎖分析を織り込んでいきます。

T：先週，あなたはセラピーを始めることができました。すばらしいことです。サボキソンはいかがですか？

C：とてもよいです。現在，16mgを服用していますが，耐性はよいみたいです。

T：毎日，服用しているのですか？

C：ええ，尿検査で陽性の結果は出ていません。ええと，もしかしたら1回……。

T：それはいつでしたか？

C：(笑いながら，首を振る) あれは最悪でした。2週間前の火曜日です。

T：あら。そうすると，前回のセッションの直後でしたか？ 確か私は，帰宅したら，もっている薬を処分するよう伝えましたよね？

　　　　セラピストは淡々とした口調を用いて，ノンコンプライアンスの問題を強調する。ここで用いられているDBT方略は，ターゲット化と揺るがない態度。

C：はい，そう言われましたし，私もそうしました。ただ，全部を流して捨てたわけではなかったのです。

T：では，捨てなかった分の薬を，どうしたのですか？ 使用しましたか？

C：翌朝，目が覚めたときに使いました。本当に，強い渇望があったのです。

T：朝，完全に目が覚める前，サボキソンを服用する前に，渇望を感じるのはつらいことです。もちろん，そのような状況ですべきことは，その気持ちをただじっと観察することです。あなたがこれまで学んできたマインドフルネススキルの1つです。絶望することなく，自分自身の「常習のマインド」を観察します。渇望してしまう

ことは，あなたの一部にすぎず，あなたのすべてではないのですから，絶望しなくていいのです。しかし，自分の「常習のマインド」をじっと観察しないと，それにのっとられてしまいます……。

　　セラピストは，薬なしでいることの大変さを認めながらも，渇望に対処するための新しい方略を提唱する。「常習のマインド」というのは，伝統的なDBTにおける「感情のマインド（emotion mind）」に類似するDBT-SUDのスキルである。

C：……あのようなことを？

T：そのとおりです！　そしてあなたは，「まったく私は何をしているんだろう？」と考えるでしょう。なかには，そのようなことが起こると，大失敗したと嘆く人もいます。「私はまったくダメだ，ひどい人間だ」と考えます。あなたにも当てはまりますか？

C：ときどきは。でも最近は，そういうことはありません。最近は，自分のことを思えるようになっています。

T：それはすばらしいですね。しかし，あなたが薬を服用した朝は，何が起こっていたのでしょうか？

　　セラピストは，問題行動へとフォーカスを戻し，それを機能的に分析し始める。

C：ええと，その日の後半に，そうなっていったと思います。しばらくしてから私は，大失敗したと嘆き始めました。

T：そのことについて，もう少しお聞きしたいと思います。その前に聞かなければならないことがあります。薬は，もうすべてなくなりましたか？

　　セラピストは，非機能的な思考に取り組む大切さを強調しつつも，薬がすぐ手に入る状態かどうかはっきりすることにフォーカスし続けている。

C：ええ，もうなくなってしまいました。先週，先生とお会いした後すぐに，大部分は流して捨てました。

T：ということは，大部分を流して捨てたけれども，残っていたものを

翌朝に使ったということですね。あなたのなかの一部が，「万が一のために……」と，言っていたのでしょうか？ それとも，それらを使おうと計画していましたか？

C：ええ，あの日は使えませんでした，すでにサボキソンを服用していたからです。だから思ったんです，「明日，目が覚めたらすぐ使おう，って」。

T：あなたのなかの「常習のマインド」が，「いい考えだ」とあなたを説得するため，どんなことを言っていましたか？

　　　　非機能的な思考を「常習のマインド」と呼ぶことは，自動思考から距離をおくための認知的な手段をクライエントに与えることになる。

C：「残りの薬を捨ててしまうなんて！ 使える薬が30もあるのだから，少しくらい使ってもいいじゃない？」。

T：なるほど。それがどれほど大変なことか話し合いましたよね。もし私があなたの立場だったら，トイレに近寄ったとたん，脳がおかしくなってしまうでしょう。

　　　　セラピストは，DBTの妥当化レベル3を用いている。セラピストは，クライエントがこのような状況でどのように感じるだろうかと想像し，治療的マインド・リーディングで伝えている。

C：まったくそのとおりです！ 実際，トイレに歩いていったことを覚えています（薬をトイレに投げ捨て，流す動作をする）。でも，残った薬を数えたことは覚えていません。残った薬は，最初にトイレに流したとき，すべて消えたわけではなかったのですが，トイレへ戻って，わしづかみにして取り戻すつもりもありませんでした。だって気持ち悪いですから。だからもう一度，トイレを流したところ，薬は消えていきました。その後です！ 気が狂いそうになったのは！ もう，どうしていいのか，わかりませんでした。

T：氷のようなものを使ってみるのはどうでしょうか。[両手で氷をつかむ動作をする] 役に立つでしょうか？

セラピストは，生理学によって感情を制御するようデザインされたDBTスキルを提案することで，起こったことの分析に解決策を織り込み始める。

C：そうですね，そうしたらよかったかもしれません。私はそれほどおかしくなりそうだったのです。
T：そうだったみたいですね。これまで，顔に氷をつけることを試したことはありますか？
C：いいえ。
T：ばかばかしく感じられるかもしれませんが……。

セラピストは，新しいスキルを試してみることにクライエントがどれほどコミットする気持ちがあるかを評価しながら，同時に，DBTスキルについて批判的な考えを抱くことをクライエントに認めている。

C：いいえ，そういうわけではなくて。氷を手に握ることは，ばかばかしいと思っていましたが，やってみたらうまくいったのです。その日に会った人みんなに，「氷は試す価値がありますよ。すごいですから！」と話しました。本当に感動したのです。
T：うまくいったと聞いて，私もうれしいです。では，あなたが薬をトイレに流した日に戻りましょうか。薬の一部を残しておいたときに，どんなことを考えていましたか？「自分はここから変わろうとしているのだから，最後の小さな楽しみを味わおう」と，考えていたのでしょうか？

セラピストは，DBTの妥当化のレベル3：治療的マインド・リーディングを用いる。

C：そのとおりです。「これで最後だ……」と思っていました。
T：「これで最後だ……」
C：はい，本当に，これ以上はやりたくありませんでした。だから私は，薬も器具も，何ももっていません。いちばん近くにある薬でも，元彼のところにあるので，2,000マイル離れています。先生た

ちに知られるより先に，私が薬をとりに行くことはできません。

T：確かに。しかしあなたもご存じのように，「常習のマインド」は，本当に抜け目がないんです。

　　　　　セラピストは，薬が手に入らないことは，問題が終結したということだとするクライエントの主張の対極へ進み，弁証法的な自制のDBT-SUD方略用いる。

C：わかっています。「常習のマインド」は抜け目ないです。私の元彼もそうです。彼はすでに，私を物で釣ろうとしたことがあります。もし私が彼のもとへ戻ったら猫を飼おうって言うんです。仕事のことで私に罪悪感を抱かせもします。

T：本当ですか？　あなたは，どのように抵抗したのですか？

　　　　　セラピストは，クライエントが自分自身の解決策を生み出し，それにラベルをつけるよう進めていく。

C：ただ，Noと言って，少しの間，その言葉を自分のなかに寝かせました。それからこう言いました。「あなたは何百万人もの人がいる都市に住んでいる。あなたのために働く人がきっと見つかるから，インターネットに広告を出して，誰かを見つけるといい。それに，私が今やろうとしていることをサポートしてくれないなら，もうこれ以上，あなたと話をしたくない」。

T：それはまた，大胆で，力強いですね。どうやったら，そんなことができたのでしょうかね？

　　　　　セラピストは，クライエントの勇気を妥当化する。

C：私もしばらく考えました。過去に，彼は実際，私を立ち直らせようとして時間とお金を費やしてくれたんです。今は，私は自分自身の力でやっています。だから彼は，私のために喜んでいいはずなんです。もし彼がそうでないなら，私には理解できません。本当は，理解したくないと思っているのかもしれません。彼がどうしたいのか，よくわからなくなります。

T：かなり確信に満ちた言葉ですね。

　　　　　　セラピストは，クライエントの新たに芽生えつつある自己観を
　　　妥当化する。
C：はい，今，私を助けてくれる友人が数人います。だから本当に，心配ないし，安全に感じています。ただ，同じ町に住んでいたときには，彼がそのような友人とはいえませんでした。当時，私にとって彼はすべてだったのです。
T：あなたの話は，ともに薬物依存になった人たちの関係でよく見られることです。一方がよくなったけれども，そのパートナーがよくなろうとする準備ができていない場合，一方が薬をやめようとしても，その努力を，パートナーがわざと妨害してしまいます。それは，彼が悪い人間だからではありません――あなたといっしょに薬を使った方が，気分がよいというだけのことです。でも，少し前に戻って，最後に薬を使ったときについて話しましょう。その翌日，目が覚めたとき，どのように感じましたか？
　　　　　　セラピストは，元彼の行動に対し批判的でない態度をとるモデルとなったうえで，機能分析へと戻っていく。
C：本当に薬で飛んでしまいたいような気持ちでした。自分自身が煩わしく思えて，もっと残しておくべきだった，と考えていました。
T：それであなたは，「どうしてもう少し，残しておかなかったんだろう？」と考えていたのですね。薬をトイレに流すときに「賢いマインド（wise mind）」を少し用いていたのかもしれません。もし薬をもっと残しておいたら，本当にぶっ飛んでしまい，回復する道からも大きく外れてしまっていたことでしょう。おそらく今は，もっと時間の幅を小さく，6カ月間という観点から考えてみるのが，私たちにとってベストかもしれません。連続して6カ月間，薬から離れることが私たちにできるか，考えてみましょう。もしそうできれば，あなたの脳は変わり始め，同じ引き金に対して，同じように反応しなくなると思うのです。
　　　　　　セラピストは，「私たち」という言葉を使い続けることで，こ

の取り組みの協働的な性質を強調し，最悪の場合でさえ，「賢い
　マインド」が有効になる可能性を指摘する。

C：引き金？

T：古典的な条件づけについて少し説明させてください。古典的条件づ
けは，脳が無意識に行うものです。古典的に条件づけられた結びつ
きを学習してしまうけれど，それを知ることは決してありません。
たとえば，私がニューヨークの地下鉄で危うくお金を奪われるとこ
ろだったことを，あなたに話したことがありましたでしょうか？
お金を強奪されはしませんでしたが，ものすごく恐ろしかったので
す。

　　　　行動原理を教えるため，セラピストは自己開示を用いる。

C：先生は，もう地下鉄の駅周辺をぶらぶらしたいとは思わないでしょ
うね。

T：確かにそうですね。ところが，実をいうと私は，15年から20年も
の間，そんなことを考えたことはありませんでした。その期間の大
半，ずっと郊外に住んでいたので，公共の交通機関を使う必要がな
かったのです。あのような出来事については，まったく考えません
でした。それから，2年前にボストンに行ったとき，地下鉄に乗ら
なくてはなりませんでした。まったく突然でした。うわー！っと，
恐怖の大きな波が押し寄せてきました。別の街の別の地下鉄でした
が，地下鉄のトンネルが，私の恐怖の引き金でした。つまり，あな
たも私も，気づかないうちに，たくさんの学習をしているというこ
とです。

C：先生は地下鉄に乗る前，怖くなるとは予想しなかったのですか？

T：そうなのです。同じことが，あなたの衝動についても当てはまる可
能性があります。何かが引き金となって，薬を使いたいと思うよう
になるのかもしれません。あなたが何らかの状況に入っていき，古
典的に条件づけられた引き金が周囲にすべて整っているとき，あな
たの脳は「薬がやってくる」と予期します。あなたの身体は，薬を

探し始めます。ありとあらゆるものが引き金になります。時刻，古い友人，元彼，薬の器具……。

　　　セラピストは，行動原理をクライエントの個人的状況と結びつける。

C：そういえば，糖尿病を患っていて注射器を所持している人の家を掃除していたんです。そうしたら，注射器がありました！

T：それはわかりやすい例ですね。それを見たとき，あなたの脳はおそらく，身体に薬のための準備をさせたでしょう。どのように起こるか，こんなふうに考えてみてください。あなたの脳は快調で，衝動も一切なく，すべて順調です。

C：自動運転しているように？

T：そうです，そんな感じですね。そこで突然，引き金が目に入ってきます。アヘンを用いると眠くなることがわかっているため，あなたの脳は，それを防ごうと，別の化学物質を活性化して，あなたの目を覚まさせようとします。「薬が来るぞ」と伝える引き金を目にしたとたん，脳はすぐに活性化され，薬の効果を補おうとします——これが，あなたが体験する衝動や離脱症状です。離脱は，身体が薬を受け入れる体勢になったけれど，まだ薬が入ってこないときに起こります……身体的につらいのです。もちろん，実際に薬が身体に入ってくることで，身体が正常な状態に戻ろうとします。するとあなたは，大丈夫だと感じます。このような理由で，引き金がつらい状態を作り出します……。

C：……胃がムカムカする……とか。

T：……心がかき乱されイライラするといった感じです。それは，あなたの身体が薬に対する準備をしているということです。もちろん，大切なのは，そのように感じたときに，あなたはどうするか？ということです。

　　　セラピストは，クライエントが自分自身の解決策を生み出すよう導いている。

C：きっとDBTスキルを使うでしょうね。
T：そのとおりです！　まさに，マインドフルネススキルを使えます。衝動や離脱症状を感覚として，身体が薬を欲しがっていると，観察します。それが何かを理解しながら，ただそれに気づこうとしてください。やがて，変化が訪れます。かつては薬がやってくることを意味していたものに打ち勝ち，新たな連合を手に入れることができます。これまでの連合も，まだ残ってはいますが，それが何かを認識するようになるでしょう。私が体験した地下鉄の例のように。私は，何度も地下鉄に乗らなければならなかったので，地下鉄は必ずしも悪いことが起こることを意味するわけではないと，私の脳は学習できました。今では，とんでもない恐怖にかられることなく，地下鉄に乗れるようになりました。
C：「行うは難し」にも思えます。
T：そのとおりです。しかし，よく考えると，ほとんどの地下鉄は安全ですからね。地下鉄に乗るということが，私が地下鉄の恐怖を克服した方法です。これは，あなたにも同じことが当てはまります。私たちも徐々に，引き金，つまり薬を使いたい気持ちにさせる状況に向き合い，薬を使わないようにします。しばらくすると，あなたの脳は，注射器がそこにあっても，薬が身体に入ってこないということを学びます。そうすればあなたの脳は，あなたを苦しめることをやめるでしょう。昔の学習が消えてしまうということではなく，そのような状況で薬を使わない期間が長くなるほど，新しい学習がより発達していくということです。6カ月ほどすると，強い衝動は本当に，徐々に消えていくでしょう。

　　　セラピストは，クライエントが引き続き一生懸命に取り組み，薬の使用を避けるよう励ますとともに，希望を心に根づかせる方法として，一部の行動を変えるためにかかる時間的な感覚を提供する。

C：先生の言うとおりであってほしいです。誘惑に負けないようにする

のは，まだかなり大変です。
T：そうですね。では，あの日の出来事に戻り，別の側面にも目を向けてみましょう。あなたが薬を用いた朝のことです。あなたが薬を飲んだのは，目が覚めてからどれくらい経ってからでしたか？

   セラピストは，その週の薬物使用の機能分析に戻る。

C：1時間ほど経ってからです。私は，興奮していました。
T：なるほど。脳って不思議なものですね。脳が薬に対して準備が整うと，薬が世界でいちばん大切なものになってしまい，チョコレートケーキも美しい夕日を見ることも，どうでもよくなってしまい，何ひとつとしてうれしいことがなくなってしまいます。あなたは「今日はこの薬を飲もう」と思ってしまったのでしょう。それからどうしましたか？

   セラピストは，薬を使うことで逃してしまったことをクライエントに対して強調する。これには，自制へのコミットメントを強める機能がある。

C：薬を飲む前に，コーヒーをいれました。その後，2階へ上がったのです。
T：なるほど。それからどうなりました？

   セラピストは，機能分析，あるいは行動の連鎖分析のなかで，1つひとつのつながりを明らかにしていく。クライエントが，自分の感情，思考，感覚，および行動が，どのようにして問題行動へ至るかを理解できるようにする。

C：よく思い出せないのですが。
T：わかりました。では，あなたが薬を用いた日は，物事がぼやけていたのかもしれません。では，薬を強く使いたいと感じたときに使える方略について話すのはどうでしょう？　まず使う前に，嫌悪感を思い出すようにすることです。あなたは薬を使うことで，心底怖くなったり，気持ち悪くなってしまいますね。その記憶を思い出すようにしましょう。

　　　　セラピストは，クライエントに思い出そうとするよう無理強いはしない。治療でもっと後になってから，セラピストは，人生における重要な出来事の時間的連鎖を自己報告する能力をクライエントが向上できるよう，ともに取り組むことになる。しかし，このときは2回目のセッションであることから，セラピストは解決策の分析へと進む。

C：そ，それは難しそうです！
T：そうですよね。しかし，多少なりとも気持ち悪く感じたことがありますよね？　たとえば，薬をもっと使っていた頃に，朝，目が覚めて気分が悪くなったとか，あるいは目が覚めて「いったい全体，なぜこんなことをしているんだろう？」と言っていたときはなかったでしょうか？　「もうたくさんだ，うんざり，本当にこれから抜け出したい」と感じたことはありませんでしたか？

　　　　セラピストは，クライエントに，体験を変えるために，苦痛に耐えるスキル，IMPROVEから，「正反対の感情（opposite emotion）」を用いるよう励ます。このDBTの苦悩に耐えるスキルは，「逆説的行動（opposite action）」というDBTスキルとは異なるものであることに着目することが重要である。「逆説的行動」スキルは，感情の行動傾向を変えるものであり，異なる感情的体験を意図的につくることは含まない。

C：まあ，ありますね。
T：あなたが，薬物使用に嫌悪感を抱いたとしても，不思議はありません。そうでなければ，ここにいませんからね。あなたのなかに，どこか嫌悪感を抱く部分がなかったら，あなたがここにくることは想像できません。

　　　　セラピストは，このような不快な感情に近づいていくようクライエントを励ます。

C：ええ，それはよくわかります。
T：あなたが嫌悪感を抱いたときのことを思い出してみてください。リ

ストを作ってみてはどうでしょう。あなたの「常習のマインド」が薬を欲したときにバリアを張るための，もう1つの戦略です。後悔したことも，役に立ちます。嫌悪感や後悔は，衝動を鎮めてくれるはずです。嫌悪感や後悔という感情が，興奮の感情といっしょに存在するのは，難しいですからね。このことを書き記しておきましょう。

C：そうしようと思います。このノートを小さいものにして，ポーチに入れて持ち歩けるようにします。

T：いいですね。衝動が高まったとき，いつでも取り出せますから。次のことを書き留めて，お財布に入れておいてください。薬の使用のメリットとデメリット，あなたに嫌悪感を抱かせるもの，薬を使用して非常に後悔したときのこと。

　　　　セラピストはクライエントに，新しく学んだスキルをリマインドしてくれるものを持つように励ます。

C：私は，たくさん後悔してきました。こんなくだらない人生は大嫌いです。でも，先生もおわかりのように，「常習のマインド」にのっとられそうなことがよくあります。「もう1回だけやってみれば」と言ってきます。薬を使うといつでも，あんなひどい気持ちになるのに。

T：あなたの「常習のマインド」も必死なのです。しかし，そのスキルであなたは食い止めようとしています。「常習のマインド」は，このドア，次のドアを，さらにその次のドア……と，通過していかなければなりません。ドアにはカギがあり，複雑な暗証番号が設定されています。スキルがすぐに役立たなくても，がっかりしないでください。多くのスキルには練習が必要です。しかし，しばらくすると，以前は気づかなかったことに，あなたは気づき始めます。

　　　　セラピストは，学習を定着させるためにメタファーの弁証法的スキルを用いると同時に，スキルの練習をする必要性を強調する。さらにポジティブな利益を指摘することによりクライエント

を励ます。
C：ええ，先日，そのようなことがありました。私は，本当にイライラしていました。ワインのボトルからコルクを取ることができなかったからです。でも，自分がどれほど腹を立てつつあるかに気づき，マインドフルな呼吸法を実践しました。
T：それはすばらしいですね！　マインドフルに体験した怒りやイライラは，マインドフルに体験しなかったものとは違います。だからあなたは，その感情の体験を実際，変えたのです。そして呼吸法を行うとき，あなたは自分の身体に，大丈夫だよ，と伝えているのです。何も問題ないと，自分の脳に言っているのです。その後のかすかな違いに気づきましたか？
　　　　　　　セラピストは，スキルの使用を促し，呼吸法がいかにウェルビーイングに影響を及ぼすかを教える。

　このやりとりの後しばらくして，セッションは終了しました。セラピストがクライエントに，翌週の日記カードに記入することを求め，必要なときには電話コーチングを求めることを伝え，さらにスキルグループに出席する約束をとりつけました。クライエントは，介入について前向きに感じ，セラピストの求めに応じました。ここで詳述したセッションは，DBTの中心的な方略とテクニックのよい例となっています。クライエントは治療を始めて間もないことから，治療モデルに順応できるよう，セラピストが多くのオリエンテーションを行っています。セラピストはまた，弁証法的な立場をとり，不適応的な行動に対して受容と理解を示す一方で，クライエントができる行動的変化について考えるよう促します。セラピストは，薬物使用の1つのエピソードを分析し，それを利用して，薬物使用の前にあった先行事象と弁別刺激をクライエントが理解できるようにします。さらにセラピストは，解決方法をクライエントとの話し合いに織り込み，どのDBTスキルをいつ，どのように用いたらいいかをクライエントに教えます。最後にセラピストは，自分自身の人生から例を引用し，

クライエントに対して徹底的に純粋な態度で接しています。セッションの最初から最後までクライエントを妥当化しています。

まとめと結論

　最初の治療マニュアル[22]が出版されて以来，DBTは，臨床家，患者，メンタルヘルスの支援団体に，ますます普及しています。DBTは，BPDに関連する行動的なコントロール不全に対して，どのような心理学的，薬理学的介入よりも，経験的支持を得ていますから（レビューは文献34を参照），このアプローチに対し強い興味がもたれることも自然です。しかしDBTは，しっかりとした経験的基盤があるにもかかわらず，その文献には未開分野が数多く残されています。男子や少数派のクライエントを含めた研究の不足もあります。加えて，コミュニティにおける大規模効果研究はもちろんのこと，構成要素，分解，プロセス分析研究を通して，治療反応を予測するものを理解する必要があります。BPD以外の診断に対してDBTを適用しようとする予備的な試みからも，希望のもてる結果が出ていますが，これらの分野における発見は概して，いまだ実験的であり，さらなるエビデンスを待っている状態とみなされます。加えて，治療の拡大もしくは修正，あるいはその両方の必要性も残っています。とりわけDBTが，最近では単にBPDを抱えるクライエントだけでなく，治療困難で，複数の診断をもつクライエントに対する，有効な治療として概念化されていることを考慮すると，特にその必要があります[25,29]。たとえば，LynchとCheavens[31]は，DBTにおける研究の大多数が，理解できることではあるが，二極化していると主張します。感情的に調節困難で，衝動的で，劇的で奔放な障害（たとえば，BPD，神経性過食症，むちゃ食い障害，物質乱用障害）か，さもなければ一定の集団（たとえば故意に自傷する青年たち）の治療にフォーカスする偏りが見られるというのです。しかし，より劇的な障害の弁証法的な対極に相当するものとしては，複雑で，難治性の障害（妄想性パーソナリティ障害，強迫性パーソナリティ障害など），あ

るいは一定の集団（慢性的な抑うつ状態にある高齢者など）の多くがあります。もっとも，これらの問題に対するDBTのアプローチは，未発達な状態にあることから，より幅広い，複雑な障害に十分に取り組むためには，治療を修正する必要があります。最後に，障害の発症を悪化する時間的に先行する出来事に取り組むためには，追加的な治療を開発することが有効でしょう（心的外傷や性的虐待をターゲットとする第二段階の治療）。

要するに，DBTは，禅の実践と弁証法哲学に影響された，現代の行動理論に確固たる基盤をもつ，原理原則に基づいた治療です。この治療は，自殺傾向のあるBPDクライエントに対する治療の標準とみなされるようになるほど，経験的に研究されてきました。そうして治療は，展開を続け，新しい障害や患者集団に適応されつつあります。われわれも，DBTがその基盤と関連のある強力な経験的伝統を受け継ぎ，新たな発展を続けていくことを提言します。

================ 第 8 章

認知分析療法

Anthony Ryle

導入と歴史的背景

　認知分析療法（cognitive analytic therapy：CAT）は，統合的で，時間制限のある心理療法です。他者との関係を通じて，対人的な心的過程と個人内の心的過程の形成と維持を強調する，人間の心理的発達を基盤とします。認知心理学の観点から，精神分析の対象関係理論の再解釈を試みたことが，そのそもそもの始まりでした。そのアプローチは，1980年代半ばに，初めて心理モデルとして定義され，非機能的なプロセスが変わらない理由を記述することにフォーカスしました。CATの初期では，比較的低レベルの「戦術上の」問題を象徴的に示す，3つの一般的なパターンが明らかにされました。すなわち「トラップ（traps）」，「ジレンマ（dilemma）」，「落とし穴（snags）」です。トラップとは，ネガティブな想定が，結局その想定を確証するような行動を導いてしまう場合をいいます。ジレンマは，行動の選択肢，または体験の解釈の選択肢の幅が狭まり，両極化してしまうことです。そして落とし穴の場合，不合理な罪悪感から，または他者のネガティブな反応を予想することで，適切な目標を放棄することに至ります[56]。これらのパターンは，意図的な行為のモデル，

すなわち手続きシーケンスモデル（procedural sequence model）に関連があります。このモデルでは，意図，外的な出来事や状況，認知と情動を含む評価，および行動と結果を包含する，反復的に繰り返される手続き的なシーケンスによって，活動と体験が形成されます。そして，目的と手続き的なシーケンスは，確証もしくは改訂されます[58]。

　力動的精神療法のアウトカム研究には，患者の問題を持続させている個人内・対人的な過程の，早期に共同で再定式化し記述することが必要でした。この過程は主要な治療効果をもつことがわかり，ダイアグラムで記録した共同的な初期の記述的再定式化は，（後に）CATとなるものの重要な特徴でした。行動と体験は，文脈，知覚，評価，行為，および結果を考慮したうえで，手続きの確証あるいは改訂を含む，複雑な手続き的シーケンスによって形成されると見られていました。セラピストにとって特に興味深い手続き的シーケンスとは，他からの反応を理解したり，引き出したりすることが，行為の目的となっているようなシーケンスです。このモデルは，早期の人間関係の重要性を認めており，対象関係モデルの手続き的シーケンスとして精緻化されました。役割は，他者からの相互的なモデルに反応して，あるいはそれを引き出そうとする試みのなかで演じられます。相互的役割手続き（RRP）は，早期の発達，自己管理，および治療関係も含めた他者との関係を理解するための，CATの主要な概念となりました。非機能的なプロセスも含め，自己プロセスを維持する役割は，相互性を求めることを知覚することによって，あるいは引き出すことによって，その安定性が維持されます[60,61]。刺激または文脈，認知的・情動的評価，行為，および確証または改訂を導く結果についての内省は，別個に記述されることが非常に多くなりますが，これらは手続き的シーケンスにおける諸段階として，互いに本質的に関係していると考えられます。手続き的シーケンスは階層的ですが，治療介入では，個々の精神病理のより低いレベル（行動，症状，あるいは信念など）に，主に取り組むかもしれません。しかし，価値や想定など，より高いレベルに対しても示唆をもつこと，あるいはそれらを反映することは必然です。より不安定な患者の場合，RRP

のシステムは，バラバラに崩れている可能性があります。

　CATがいくつかの精神分析の認知的解釈から生まれた一方で，子どもが成長する過程で実際に体験したことの重要性も，徐々に認識されていきました。ヴィゴツキー学派の発想を導入したことで，より高度な精神過程とパーソナリティの形成において，他者との関係が果たす役割について，より明確なモデルが生まれ，表象という概念を内在化という概念で置き換える結果になりました。内在化とは，文化的に引き出された，媒介的な概念的ツールの使用を伴うプロセスでした。

　CATは，通常16〜24回のセッションという，予め定められた時間的枠組みのなかで行われます。治療の目的は，「手続き的な変化」と定義されます。完全に発達した理論を適用することは，その患者が過去と現在に自分がいかに位置づけられているかをセラピストが記述し，対人的な手続きと個人内の手続きの織りなす構図を示すのに役立ちます。

　トレーニングとスーパービジョンは，1980年代後半，Association for Cognitive Analytic Therapy（ACAT）の設立によって定式化され，現在では，英国およびその他の国々の数多くのセンターで利用できます。

人物的な系譜と学術的な系譜

　心理学理論は，起源となった時代と場所を反映します。私は当初，CATを比較的孤立した状況で作り出そうとしていたため，そのモデルの全体的な価値，およびその形式の多くには，私の個人的な刷り込みが含まれているとともに，モデルが取り込んでいる社会的姿勢には，私の時代と生まれた場所，および私の家族の政治的，倫理的伝統が反映されています。破壊的な20世紀前半の両親の体験として，母は子どもの頃に，世界で最初の強制収容所から道一本隔てただけのところに住んでいたということがあります。当時の収容所は，南アフリカで強制退去させられたボーア人の家族[訳注1)]によって占められていました。私の両親は1914年に結婚しまし

訳注1) 南アフリカのオランダ移住民の子孫

た。父はその後，フランスで医師として4年以上を過ごし，戦闘の負傷者を処置していました。その戦闘では，1918年までに，少女時代の母が知っていた多くの若い男性たちの命が奪われました。これらの体験はほとんど語られませんでしたが，最近になって，Vera BrittainのTestament of Youth[13]を読んで，私はその記述に衝撃を受けました。Veraの兄と，友人であり彼女が愛した2人の男性らに対する，やむことのなかった悲嘆が記されていました。また最終的な解決策として，彼らの死ではなく，彼らの生を思い出し，充実した人生を送り，このような破壊が再び繰り返されることを防ぐことに，社会的，政治的に献身しようとする決意が記されていました。その叙述は，私の子ども時代の家庭の雰囲気の記憶と共鳴するものがありました。

　子ども時代の私は，ナチズムの台頭とスペイン内乱で明らかになっていった，しだいに拡大する脅威を意識させられ，第二次世界大戦がもたらす最後の破壊と荒廃を予感していました。1927年に生まれた私は，その戦争や，それ以来に起こった戦争の，参加者ではなく傍観者でした。たび重なる破壊，不正，裏切り，無関心，政府の偽善，多くの人たちの無抵抗な状態を目の当たりにして，無力で屈辱的な感覚を，多くの人たちと共有してきました。しかし私は，同国の人たちが第二次世界大戦の必要な勝利に貢献したことを誇りに思いましたし，戦争直後の数年間の社会改革に励まされました。これらの改革のなかでも，National Health Service（NHS）の設立は，最も重要でした。私はNHSの設立後2年足らずで医師としての資格を得て，直接的にまた間接的に，半世紀以上にわたって働いてきました。NHSは，自らの社会的価値，政治的価値を表現する機会を私に与えてくれたのです。

　CATの多くの特徴は，このような歴史から引き出されたものでした。特に，患者と共同で取り組むスタイルや，その経済的実用性という特徴であり，それはコストや，社会的現実に無関心なエリート主義，および当時圧倒的だった心理療法のモデルの事実を故意に曖昧にするやり方とは対照をなしていました。わが家の知的な伝統には，私がダーウィンのヒューマ

ニズムと呼んだものが含まれていました。それは，倫理的，科学的価値を，権威と確立した宗教に対する懐疑的見解と一体化したものでした。私の父が最も熟知していた本は，The Natural History of Diseaseと，Changing Disciplinesでした。前者のタイトルは，観察は実験に先立つという彼の強い信念を示していました。後者の本は，病気の個人的な原因（細菌，腫瘍，など）はもちろんのこと，究極的な原因（遺伝的，環境的）を研究することの重要性を論じたものでした。社会医学は，私たちの不平等な社会や，よりいっそう不平等な発展途上の世界における病気の多くについて，予防可能な社会的原因を明らかにします。しかし，その発見は，政治的に人気のない，優先順位の低い事項を指摘することが多く，その影響は，今日に至るまで控えめなものです。保健衛生の管理者や専門団体は，今でも，一般医療と精神医学の両方において，予防よりも治療により多くの関心と資金を注いでいます。

モデルの発展段階

　私の経歴には大きく5つの段階があり，そのそれぞれの段階がCATモデルの発展に貢献しました。(1)家庭医，(2)大学の公共医療サービスの部長，(3)非常勤の研究員，(4)コンサルタント心理療法士，(5)退職，の5つです。

家庭医（1952〜1964）

　社会のすべての層に十分な医療ケアを提供する可能性は，NHSによってすでに確立されていましたから，そのことと，生化学といった基礎科学に対する熱意が私に欠けていたことが相まって，私はより名声のあるキャリアを追究するのではなく，一般診療に入る決意をしました。私と，私と心を同じくする左派の同僚らは，ロンドンでグループ診療を開始し，当時はまだ主として労働者階級の人たちには利用できなかった，標準的なケアを提供しようとしました。臨床活動に並んで，私は若干の研究を始めました。NHSの一般診療の利用は，心理的問題を抱えている人に絞り込んで

いたわけではなかったので，博士論文[53]では，私の診察リストの患者における「神経症」（の患者）の年齢と性別の分布に関する疫学的研究を行いました。この後，精神科医（Dr.，後にProf.，D.A. Pond）とソーシャルワーカー（Madge Hamilton）と共同で，リスト上のご家族で5〜11歳の子どもをもつ家庭のすべてについて，詳細な研究を実施しました。この研究については，Ryle[54]に要約されていますが，この集団の大人にも子どもにも心理的問題が非常に高い割合で広がっていること，これらの問題が過去や現在の家族関係と関連していること，および利用できる治療資源が不足していることが実証されました。Madge Hamiltonは，私といっしょに，両親にインタビューを行いましたが，彼女の力動的精神療法の経験が貢献したことを，私は確信しています。私はまた，「自分の人生について，誰かといっしょに，じっくり考えたのはこれが初めてだった」と語った人が多かったことにも衝撃を受けました。注意を傾けた問診の力と，多くの人たちが共感してくれる他者に恵まれていないことを，私は，これまでの人生を通じて痛感してきました。

　診療を始めて2，3年後，私は，心理的な悩みを訴えている患者たちに，支援，説明，安心感を与え，生活史を考慮して現在の問題について話し合うことも含めて，診療時間外の長い予約を受け付け始めました。また，Wolpe[85]に影響され，リラクゼーションや条件づけの使用を少し体験しました。振り返ってみると，これらのさまざまなアプローチが及ぼした影響は，主として私の好奇心と，心遣いのある関心から得られたものでした。後者は，一般的であり役立つ介入に見られる要素であることが，Frank[23]によって明らかにされています。一般診療に携わって12年後，私は新しくなったサセックス大学で，大学の公共医療サービスの運営に任命されました。心理療法とそれに関連する研究に集中するチャンスを得たのです。

大学の公共医療サービスの部長（1964〜1976）

　サセックス大学が初めて大規模な学生の受け入れを行ったとき，私はこ

の仕事のスタートを切りました．最初の数年間，大学は人びとが心理学的評価とセラピーを容易に受けられるサービスに全面的な支援を提供し，有害な制度上のプレッシャーの同定と緩和に貢献してくれました．私が着任する前に，コンサルタントとしてKleinの影響を受けたフロイト派の精神分析家である，Fred Shadforthが働いていました．このサービスが発展するにつれ，新たに募集された，私や他の医師，看護師のため，Shadforthは詳細なグループスーパービジョンや個人スーパーヴィジョンをしてくれました．彼の影響を受けて私は，対象関係学派へと読書の幅を広げました．とりわけGuntripとWinnicottの著作のなかに，興味深くかつ得るものの多い，精神分析のテキストを見つけました．しかし，ひねくれて，破壊的で，ほとんど自律的な，「無意識の」力動に焦点をおく，優勢なクライン派に対して私は反対でした．私の読書には，認知や行動のテキストも含まれました．最終的にCATの定式化に貢献した著作のなかには，パーソナルコンストラクト理論とレパートリーグリッド法についてのKellyの論文[35]，想起に関するBartlett[1]の研究，Millerら[45]のアクションプランの概念，およびNeisserのCognitive Psychology[46]がありました．

　Beck[6]に従い，私は症状に関連した出来事と思考を明らかにするため，セルフモニタニングを利用しました．そして，精神分析的に葛藤にフォーカスすることを，心理的問題に関連がある思考と行動のつながりに詳細に注意を向けることに，徐々に置き換えていきました．私は，全体的に力動的で，発達的，および全人的なアプローチに共鳴しました．そしてEysenckの行動主義者の如才ない攻撃と，本格的な精神力動的な研究が欠けていることに対する自分の苛立ちに駆り立てられ，このアプローチを評価しようとしました．私は，レパートリーグリッドを利用して，治療のプロセスとアウトカムの研究を始めました．グリッドは，Kelly[35]のパーソナルコンストラクト理論に基づいています．しかし，Kellyの理論を不十分だと感じました．特に「科学者としての人間」についての概念は，私の患者たちが，結果が悲惨な場合でさえ，自分の手続きを修正することができないという点で，科学者としてうまくいっていないことを説明できな

い，という理由がありました。それでもグリッド法は，患者たちがもつ症状と対人問題に関連した認知プロセスの記述を間接的に引き出すため，簡単で，強力な方法を提供してくれました[55]。

私はこの期間に，いくつか完遂したセラピーの記録について，研究を実施しました。何が行われていたのかを明らかにすると同時に，有害な手続きが改訂されないことに，特に関心を払いました。この研究から，先に記述したジレンマ，トラップ，落とし穴の3つのパターン[56]を明らかにしました。これらの記述に患者を含めたのは，力動的変化を評価するための基盤を提供するという意図があったからです。しかし，患者とともに再定式化するプロセスは，私の実践を変えてしまうほどに強力で，ポジティブな影響をもっていました。そして非機能的なパターンをともに記述することが，無意識の葛藤の解釈に取って代わりました。小規模な研究[57]からですが，早期の記述的再定式化には価値あることが支持されました。これがCATモデルの決定的な特徴となり，現在もそれは変わりません。

アウトカムを測定するために，セラピーに先立って重要な問題に関連するグリッドメジャーを明らかにしました。たとえば，抑うつ状態にあり，過度に従順な人のグリッドでは，重要な他者（要素）が複数の記述に基づいて評価され，そのグリッドは，依存と服従という構成概念どうしの高い相関が想定され，その人物の行動の源を示すことがあります。このような構成概念どうしの相関が低下すると，セラピーがうまくいったとわかります。ダイアドグリッド[76]において要素となるのは関係性で，一般には，その人と一連の他者との関係，そして相互作用する構成概念です。たとえば，自分とメアリー，メアリーと自分，自分と母親などが，構成概念と照らし合わせて評価されます（…は〜に対して優しい，…は〜をコントロールしている，など）。グリッドの主成分分析は，要素と構成概念との関連を明らかにします。最初の2つの成分から引き出された主なパターンは，ダイアグラムを用いて表現することができ，完全なグリッドを最も利用しやすく要約したものが得られます。また，ダイアドグリッドの場合，関係の相互的な要素（自分とメアリー，メアリーと自分など）を加えて，「ダ

イアド線（dyad lines）」を引くことができます。平行ダイアド線も，よく似た相互的役割を示しました[76]。

サセックス大学非常勤研究員（1976〜1982）

1975年，大学当局は理事会において私の心理療法の役割と会員資格を不必要と判断しました。私は，早期退職と非常勤の研究員となることを受け入れました。不運な風も，やがて予期もしなかった幸運をもたらし，それからの数年間，私は研究と思考するための時間をより多くもてるようになりました。この期間に，対象関係理論と認知心理学の統合の可能性として考えていたことを要約しました[59]。新生のCATモデルをガイズ病院で教え，スーパーバイズするよう，Prof. J. Watsonから誘われました。私は精神医学においても心理療法においても，正式な訓練を受けたことがまったくありませんでした。しかし幸運にも，Royal College of Psychiatryが設立された際，私がそれまで行ってきた研究が，私が設立メンバーに選出されるという形で認められました。それから2，3年後，私はフェローになりました。私を推薦してくれた無名の同僚たちに感謝しています。おかげで私は，セントトーマス病院で上級心理療法士のポストに任命される資格を得ました。

セントトーマス病院（1982〜1992）

ここで私は10年間，最後になるフルタイムの仕事をして過ごしました。上級心理療法士のポストはそれまでずっと空席だったことから，私にはスタッフも，同僚も，ひとりもいませんでしたし，待合室のキャビネットに引き出しが1つあることを除くと，しばらくの間，専用のスペースもありませんでした。診療サービスは，すぐに年間100件を超える紹介を受けるようになり，運営のために病院の内外のさまざまな経歴の人を新規募集することにしました。集まったのはワークショップで初めてCATを学んだという人たちでしたが，スーパービジョンを受ければ患者を治療できる状態にありました。経験はあるけれども，大部分が訓練を受けていないとい

う人びとを教え，スーパーバイズすることは，このアプローチをテストすることでもあり，そのさらなる発展に貢献しました。これが最終的に，CATについて最初の書籍が出版されるに至りました[60]。心理療法に対する経営者側の全般的な無関心が，ある種の反骨的な開拓者精神をあおりました。そうして，当サービスは生き残り，今日まで続いています。

退職（1990〜現在）

NHSを退職して以来，教育，スーパーバイズ，および研究への関与はゆっくりと縮小しながら，CAT関連の活動は現在まで続いてきました。CATの組織とトレーニングが，より優秀な同僚らに受け継がれたことで，私にはその理論を発展させるための時間ができました。特に，さまざまなアプローチの統合にフォーカスしてきたことから，私は現在，独自の理論と方法としてCATの差別化に打ち込むようになりました。その過程については，1990〜2002年の間に同僚らと書いた3冊の本，および多数の論文に記録されています。クライン派による症例報告に関する詳細な評論が数多く出版され，CATの観点から，どこまで定式化できたかを明らかにしています[62〜65]。しかしこれらに対しても，待ち望んだ新しい精神分析的見解についても，それほど論争を呼ぶわけではない慎重な意見に対しても，精神分析の出版物では何のコメントも寄せられていません。

VygotskyとBakhtin[41, 61]の著作に基づいた見解をLeimanが導入したことは，包括的な理論モデルの発展に大いに貢献しました。相互的役割パターンの源は，最も初期の対人関係にあるようでした。特に顕著なのは，養育者との関係で，発達心理学の観察研究（文献78, 82など）に支持されている見解であり，乳幼児が熱心に対人関係へ参加することを実証するものでした。乳幼児と養育者との相互関係は，模倣，役割交替，共同行動のシーケンスを含み，後に確立される相互的な役割関係のパターンの先駆けとなります。この理論は，内的な自己過程が他者との外的な関係に由来すること，学習にはより体験豊かな他者との共同活動が含まれること，内面化が共有されたサインの確立と使用に基づくことについての，Vygotskyのモ

デルを組み込んでいます。発達の最近接領域（ZPD）は，より体験豊かな他者から支持された場合の個人の潜在的学習能力を示しており，セラピーとの関係は明らかでした。Bakhtinは文献と哲学に根ざした人物で，高次の精神機能は本質的に対話的な基盤をもつことについて，雄弁に説明しました。これらの影響，および進化論的で生物学的な要素との関連は，さらに発展し，自己の包括的な生物学的，社会的，心理学的モデルが示されました（文献75の第3，4章）。

現在までの成果

1982年にセントトーマス病院の心理療法のコンサルタントになったとき，私は，病院のスタッフに講義とスーパービジョンを求める要望が非常に大きいことに気づきました。その後，公開ワークショップには，文字どおり何百人という外部からの参加応募があり，多くの人にスーパービジョンを提供する代わりに患者の治療をしてもらいました。さまざまな背景をもつ参加者が当モデルの講義と発展に関わるようになり，その人らが以前からもっていたトレーニングや視点が当モデルに持ち込まれました。2，3年のうちに，組織——現在のACAT——が設立され，トレーニングと実践の適切な構造と基準が制定されました。実践者向けトレーニングは，既存の専門資格をもつ人たちを対象に提供され，講義セミナーと自習を組み合わせて行い，スーパービジョンを受けながら2年間で8症例の治療を行います。このようなトレーニングは，現在，数多くの英国内のセンターで確立され，ACATに承認されています。また，認定された大学コースとして承認されている例も数多くあります。その後，さらに2年間のスーパービジョンを受けながらの治療，数週間の合宿，および地方セミナーを含め，心理療法士として国家登録を求める人たちのための，複数の地域にまたがったトレーニングが確立されました。トレーニングには定員を超える申し込みがあり，現在ではすでに資格をもつ実践家，とりわけ，臨床心理士や一般精神科医からの申し込みも徐々に増えています。彼らは，以前のトレーニングに欠けていた，実践上の対人次元に対する理解をCATに

見つけたのです。海外では，ギリシャ，フィンランド，スペイン，アイルランド，オーストラリアでトレーニングが確立されています。

査読つきの雑誌に掲載された多数の論文，いくつかの書籍が，CATの実践および理論の起源と発展について記述しています。その最も新しいものが，RyleとKerr[75]です。さまざまな患者グループに対してCATを応用しており，子ども時代に性的虐待を受けた大人についての研究[48]，高齢者に対する取り組みへの応用[25]，および犯罪者の処遇[50]が含まれます。CATは，より重症で「支援困難な」患者の治療や，コミュニティのメンタルヘルスチーム（CMHT）において，心理療法の経験がないスタッフの訓練とスーパービジョンに，とりわけ適しています。

研究に関していうと，CATは，実践における理論の変化のプロセスと応用に関する，幅広い小規模な研究との関連のなかで確立されました。発表された研究については，以下で論じます。

哲学的，理論的基盤

心理療法の理論

人間は，進化の産物です。生物学的進化は，無作為の遺伝的多様性と適者生存の事実に依存しており，その過程はゆっくりしたものです。今日の私たちは，遺伝的に25万年前の祖先と非常によく似ています。しかし，社会的な進化の過程は加速度的であり，いったん集団生活とコミュニケーションが確立すると，新しい考えと技能は，最初は擬態によって，そしてしだいに言語によって，すぐに現代および未来のグループへと受け継がれる可能性があります[19, 20]。動物界で他に匹敵する種などないほどに，自己と，知識，価値，感情，行動の体系を含めた，物と人に対する人間の理解は，社会的に生み出された意味で満ちており，理解と意味が一緒になって，個人を世界との関係に位置づけています。現代の心理学は，文化的所産です。発達の道のりは簡単に邪魔される可能性があります。幼少期の苦

難は，不可逆的な神経生理学的な過程に影響を及ぼす可能性があります。遺伝的に決定された気質上の特徴は，パーソナリティを形成する社会的相互作用を妨げる可能があります。身体が急速に成熟する時期の，技能の発達と知識の習得は，基本的なタイムテーブルに従う一方で，子どもが実際にどのような体験をし，その体験にどのような意味が与えられるかに影響されます。

　CATの基本的な記述単位は，RRPです。対人関係に関わる役割手続きにおけるPRPの目的は，応答する気持ちを誘発される可能性がある他者，またはそうするように見える他者から反応を引き出すことです。RRPには，ひと続きの内的な精神的プロセスと外的な環境的プロセスが含まれます。標準的に発達すれば，多かれ少なかれ統合的なパーソナリティへと至ります。そのようなパーソナリティは，RRPのレパートリーという観点から，言葉とダイアグラムによって記述され，出来事と文脈に反応して動員されます。役割手続きは階級的に組織され，より低レベルの「戦術的な」手続きはより高い順序にある「方略的」手続きに関連して形成されます。標準的な人は，より高位のメタ手続きによって統合，動員される役割手続きのレパートリーをもっており，それらのレパートリー間の推移は，通常，滞りなく，理にかなっています。しかし，喪失や苦難に遭遇すると，発達途上にある子どもは批判的な，または条件つきの養育，コントロールの過剰もしくは不足，ネグレクトまたは虐待から引き出された，限定されたネガティブなパターンを内在化する可能性があります。これが，さらなるネグレクトや虐待の手がかりに対して過剰に警戒的になり，このようなネグレクトや虐待を求めたり，受け入れたり，さらには他者と自己の双方に対して，ネグレクトと虐待を追わせる結果となる可能性があります。深刻な虐待に繰り返しさらされた脆弱な子どもたちの場合，概して再び虐待を体験したり，そうなるのではないかと予測したりすると，部分的な，または完全な解離を起こし，切り離されたRRPを創造する可能性があります。切り離されたRRPは，体験と行動のためのもう1つの枠組みを提供する「自己状態」として確立されます。手続きと状態の切り替え

は，突然で，誘因がないように見えることがあります。ある状態と状態との間では，記憶がなくなっているか，損なわれている可能性があります。そのモデルは本質的に，構造的解離の1つです（文献28参照）。

個々の患者の概念化

患者の非機能的な手続きは，共同的な取り組みのなかで再定式化されます。そうした取り組みが，協力関係をスタートさせていくことになります。ジレンマ，トラップ，落とし穴，非機能的な一連の手続きは，その患者のこれまでの人間関係と，現在も続いている人間関係を詳細に検証することで明らかにされます。高レベルの「方略」パターンは，ひと続きの「戦術的」手続きにはっきりとあらわれています。RRPは，いったん明らかになると，文章やダイアグラムで記述されます。したがって，セルフ・モニタリングによって，状況，気分，症状，それらに関連した非機能的な行動を明らかにすることができます。主なパターンは，しばしば最初の臨床評価面接の最中や，当の患者の話し方や表情，セラピストが感じたなかに明白にあらわれます。したがって，その記述は，自己観察を続け，記録をつけることで修正が可能です。

最近の理論的発展とモデルの課題

CAT理論の発達が促されるには，その当初から，他のモデルからの分岐や他のモデルとの相違を考慮することが刺激となっていました。臨床活動と研究活動の過程で生じてくる考えと相まって，またVygotskyとBakhtinの考えを取り入れ，このプロセスは続いてきました。現行の他のモデルとCATの関係については，以下で検討していくことにしましょう。

構成主義者と認知主義者の考え

初期にはパーソナルコンストラクト理論から影響を受けたにもかかわら

ず，CATは，認知的な考え，構成主義的な考えとは根本的に異なる理論を発達させてきました。個別に構成され，論理的に妥当化された理論は，自己過程の形成にほとんど貢献しないとみなされました。自己と世界についての感覚を，私たちは養育者やその他の人たちとの相互作用のなかで初めて学びます。こうした相互作用が内在化されるということは，発達した自己とは，複雑で，社会的に形成された，重層的なものであり，特定の文化的文脈と歴史的瞬間に乳幼児が参入したことの結果であることを意味しています。デカルトの「我おもう，ゆえに我あり」の代わりに，成長しつつある子どもたちに対しては，「私たちは関わり合い，伝え合う。ゆえに私は成長する」[67]と提唱されるでしょう。この論文は，表象と情報の蓄積という認知的概念に対するCATの批判を言い換え，人は世界，他者，自己について学習することで，情報を他者との対話のなかで獲得された意味と統合させると論じました。この対話とは，自己との対話のなかで，意識的な思考の基盤を提供する，前言語的，言語的シンボルによって仲介されます。RRPのレパートリーは，人が新たな返報によって挑戦されることがなければ，あるいは問題のある手続きを認識し考えるための新しい手段を身につけなければ，自分の文脈のなかで，今のままであり続けると要約しています。

進化心理学

心理療法に対する進化心理学の関連性について，一部の著者らが大きく誇張してきたことに対する批判において，Ryle[69]はとりわけ，次の点に対して異論を唱えました。利己的な遺伝子だけでなく，社会的な遺伝子の進化的起源に対する理解が欠けていること，人間のシンボル作成能力とシンボル使用能力の考慮が欠けていること，さらには人間の脳の領域と可塑性が過小評価されているということです。なかでも特に，Donald[20]とTomasello[81]は，人間の認知の文化的起源を実証しました。

愛着理論

CATが発達したのは，心理療法に対する愛着理論（attachment theory : AT）の関連性が広く認められる前でした。私の見解では，初期のATモデルの生物学的，行動的パラダイムは，シンボルの使用という人間の特定の特性に対し，あまりにも注意を払っていなかったように思います。しかし，愛着パターンの伝達についての後の研究から，パーソナリティが社会的に形成されることについて，重要な根拠が提供されています。愛着パターンの分類を私が顧みなかったことについては，CATのなかで批判されてきました[30,31]。

対話モデル

CATと同様に，Hermans[26]によって提唱されたパーソナリティの対話理論も，精神状態（states of mind）に関するHorowitz[27]の影響を受け継いでいます。対話理論が提唱するのは，コミュニケーションにおいては複数の「声」が存在し，互いに競い合うというモデルです。当モデルに対するCATの批判[69]が指摘するのは，発達的視点の不在，認知主義者の表象とスキルへの焦点，正常な多様性と病的な多様性の明確な区別の欠如です。CATの見解[73]が他と区別されるのは，自己と他者の関係の起源と，内的対話の記号論的基盤にフォーカスしている点です。

精神分析

Process of Changes Study Group（ボストン）[79]は，精神分析の理論と実践の多数の理論的改訂を提唱しましたが，多くはCATにごく近いものでした。なかには対人関係を統治する，潜在的で手続き的な知識の強調や，古典的な解釈にフォーカスすることは，治療の基盤としては不十分であるという主張が含まれます。しかし，根本的に理論を見直しはしたものの，実践的な示唆は進展していません。私は，CATの実践がこれに貢献すると提案を発表しましたが，それに対する反応はまったく発表されていません。

思い至る能力に基づくセラピー (Mentalization-Based Therapy)

BatemanとFonagy[3]は，思い至る能力に基づくセラピー（mentalization-based therapy：MBT）について記述するなかで，精神分析理論を数多く改訂しています。CATとMBTとの収束と対比については，共同論文のなかで明らかにされました。これにより，両モデルの目的と，限界はあるものの，その実践における類似性が実証されましたが，理論的相違については解決できませんでした。

経験的エビデンス

理論的モデルの現状

CATは，臨床・研究活動と，既存のモデルに対する挑戦から生まれました。既存のモデルの基本的想定が間違っている，限定的である，明確に述べられていない，エビデンスが限られている，存在しないという理由でした。その目的は，個人心理学の文化的，対人関係的構造と，対話構造を強調する多くの研究をひたすら単項的に強調することに挑戦する一方で，関連の学問，特に発達心理学と認知心理学の，より確立した理論と一致するモデルを発達させることでした。実践に関してBennettは，効果的なセラピスト介入の経験的に妥当と認められたモデルを発達させるためタスク分析を利用し[10]，当モデルに忠実に従うことがよいアウトカムと結びつくことを実証しました。当モデルからわかるのは，特定のテクニック（再定式化へつなげる，など）が効果的なのは，その関係が，以下の特徴をもつ場合に限られるということです。共同的ではあるが馴れ合いではない姿勢をとっていること，セラピーの活動を達成するために良性のRRPを使用すること，有害な相互的役割を返報しないこと，情動に接近しやすくするために沈黙を利用して患者の自己観察能力を発達させること，共感的で敬意ある関係で思慮深い架け橋となる言葉を用いていること，必要な場合は，脆弱性や自己開示の側面を示す準備があることです。アウトカムが好

ましくない場合は，セラピストがモデルの多くの側面を適用し損ねたのです。BennettとParry[9]は，続いて，録音テープを評価するための信頼性の高い方法を開発しました。それはCATの一般的原則と特定の原則の双方に関係する，セラピーの質を測定する方法です。

セラピーの全般的効果

進化したモデルには，効果的な力動的セラピーを特徴づけるために，Luborsky[43]によって明らかにされた特徴があります。治療同盟，ターゲットとなる目標，およびフィードバックの強調です。パーソナリティ障害をもつ患者に関しては，BatemanとFonagy[2]によって必要不可欠とされた特徴を，当モデルは提供します。それは，明確なフォーカスと構造をもつこと，治療同盟の維持に特に注意を払うこと，およびセラピストと患者の双方にとって理解可能であることです。

混合性不安，抑うつ，身体化の混合

CATの前身は，小規模な2つのアウトカム研究で評価されました[56,57]。急性期の統合失調症と，重篤な物質乱用のある患者を除き，外来の心理療法サービスに紹介された患者の治療の事後的なRCT[14]の基本的方法論を実験的に試みた研究でした。(1)標準的な尺度，(2)個別に定義された問題の変化の評価，(3)臨床的であるとセラピー前に明らかにされた，特定のレパートリーグリッドが示す特徴の変動を用いて，変化が測定されました。対照とされたのは，焦点化力動療法の一形式で，実験的介入と同じセラピストによって提供され，どちらも時間制限がありました。標準的な尺度における変化の平均値は同じでしたが，グリッド測定において予想された変化は，実験的治療の方が有意に大きいものとなりました。

これまでCATは，摂食障害の治療において広く用いられてきました。そして，症状と，個人間，個人内の手続きとの関連性についての理解に貢献し（文献7を参照），同時に患者によって引き出される，しばしば困難な，治療者が体験する感情への対処法としても貢献してきました。現時点

では，正式な研究はまったく発表されていません。

境界性パーソナリティ障害

　CATの構造は，BPDをもつ患者に効果があることが明らかにされ，いくつかの症例においては，統合に役立ちました[71]。治療期間は24セッションまで延長され，その後1，2，3カ月後と6カ月後にフォローアップが行われました。シーケンスダイアグラムによる再定式化（sequential diagrammatic reformulation：SDR）が修正され，これらの患者の一連のRRPは，解離した「自己状態」として，すなわち，多重自己状態モデル（multiple self states model：MSSM）[66]の理論的発達を支持する，実践的な進展として記述されるようになりました。BPDをもつ27人の患者が，24回のセッションと，フォローアップを完遂しました。半数は，6カ月後のフォローアップの時点で，診断基準を満たしていませんでした[74]。Wildgooseら[84]は，BPDをもつ5人の患者に対して行われたCATの16回のセッションの影響について，次のように記述しました。BPDの重篤さについては，5人の患者全員において軽減しましたが，他の変化については，一貫していませんでした。症状の低減と自己の断片化（personal fragmentation）との関連，症状の低減と解離との関連を，さらに明確にする必要があると指摘します。Chanenら[16]は，後期青年期における大規模なRCTを完了し，CATを，マニュアル化された対照治療と，歴史的な「通常の治療」と比較しました。どちらの治療も「通常の治療」よりも優れていました。またCATは，マニュアル化された対照群よりも，外面化した症状の低減において，より効果がありました。

犯罪者の処遇

　犯罪者の処遇にCATを適用する数多くの症例研究が発表されてきました。PollockとKear-Colwell[51]は，早期の虐待の体験をもち，パートナーに対して暴力的な攻撃を行った女子に対する，レパートリーグリッド研究を発表し，それらの女子が，自らの犠牲者としての立場を受け入れることが

ひどく困難であることを明らかにするとともに，CAT的な理解が妥当であることを実証しました。また，Pollock[47]は，7例の症例についてこれを追認し，これらの女子が自分を罪深き侵略者として認識し，自分自身の被虐待体験を否認することを検証するとともに，女子らが犯罪の前，最中，後に解離を体験していたことを明らかにしました。ClarkeとPearson[17]は，性的虐待の生存者で，CATによる治療を受けた男子にも同様のパターンが見られることを明らかにしました。Pollockら[50]は，さまざまな条件や状況におけるCATの利用についての報告を含め，犯罪者の処遇に関して記したものを収集し，編集しました。

糖尿病における不十分なセルフケアへの対処

糖尿病をうまくコントロールできない患者は，糖尿病性ケトーシスのために入院が必要なうえ，積み重なっていく障害の治療もあるため，サービス運用コストのかなりの割合を占めます。インシュリン依存性の糖尿病の患者がセルフケアをうまくできない理由はさまざまです[72]。Fosburyは，一般的な自己管理と，シーケンスダイアグラムによる再定式化（SDR）が明らかにする関係手続きによって，その理由を明らかにできることを実証しました。CATの16回のセッションを，経験豊かな専門看護師との数回のセッションと比較した小規模なRCTが実施されました。主なアウトカムは，ヘモグロビンα1（HbA1）の血中濃度でした。HbA1は，管理の一般的レベルを測定するための信頼性の高い基準です。3カ月から9カ月のフォローアップで，CATグループのHbA1の平均濃度は，減少し続けたのに対し，対照グループの濃度は最初の濃度近くにまで戻りました[22]。

ぜんそくにおける不十分なセルフケア

Walshら[83]はCATの枠組みを用いて，35人の患者における十分に管理されていないぜんそくについての質的研究を報告しました。否認，回避，抑うつのパターンが明らかにされました。患者と医師との関係の重要性がCATの手続きモデルを通して調べられ，実証されました。

物質乱用問題

　Leighton[40]は，病棟で研究し，CATの再定式化がBPDをもつ人の手続きシステムの文脈のなかに，薬物使用を効果的に位置づける方法を提供することを記述しました。CATのツールのなかには，一般的な問題に組み入れられているものもありました。また，関連するパーソナリティ障害をもつ患者には，個人療法が提供されました。

その他の治療モードとの組み合わせにおけるCAT

　Hughes[29]は，CATと芸術療法がいずれも，「移行対象」（媒介ツール）の創造と使用に依拠していることに着目しました。芸術療法とCATの方法論が両立することを例証するとともに，患者によってはどちらか一方を他方の要素と組み合わせることによって，いずれかの実践が補強されることがあると提唱しました。Compton Dickinson[18]は，重篤で危険なパーソナリティ障害をもつ犯罪者の処遇において，CATと音楽療法の統合について記述しました。即興での合奏は，共同して非言語的に創造される，状態と状態のシフトに関連したシンボルのシステムを提供することができます。

スタッフの訓練とスーパービジョンへのCATの適用

　患者のケアに関わる人を支えるためにCAT的な理解を利用することは，障害がより重い患者に取り組むうえでとりわけ価値があります。Beardは，居住しているホステルで重大な迷惑を引き起こしていた青年に関してシーケンスダイアグラムを構築しました[5]。BPDをもつ非常に不安定な患者のケアをするスタッフにおいて，DunnとParry[21]は，CATの再定式化に基づいて治療計画を立てる有用性について記述しました。Kerr[36]は，病棟スタッフとともにダイアグラムを使用し，急性期後の，一連の双極性障害の事例について記述しました。そして，Kerr（2000）は，「文脈的再定式化」の有用性について説明しました。その再定式化では，患者のダイアグラムがスタッフと共有され，スタッフの反応について緻密に計画さ

れます。CMHT[37]におけるCATに基づいたスタッフ訓練が開発され[80]，現在，シェフィールドにおけるCAT治療のより大規模な試験の一部として評価されているところです[39]。

特定の介入のためのサポート

　BennetとParry[8]は，2つの確立された研究ツールを用いて，患者の自己状態のシーケンスダイアグラム（Self States Sequential Diagram：SSSD）を，早期セッションの録音テープの分析と比較しました[44, 77]。ダイアグラムから，患者の対人関係のパターンの包括的な要約が得られること，それは研究基準によって妥当と認められることを実証しました。

　「優れたCATの実践モデル」が，Bennettによって修正され，妥当化されました。この研究では，BPD患者とのセラピーセッションの録音テープを用いて，治療同盟に対する脅威を操作的に定義することにフォーカスしました。当モデルは，それ以上の改訂が必要とされなくなるまで，さらなる症例の研究に基づき，引き続いて改訂されました。結果として経験的に引き出されたモデルを見ると，CATの優れた実践とはどのようなものか，はっきりとわかります。アウトカムが良好だった患者のセラピストは当モデルに忠実にしたがっていたのに対し，アウトカムが芳しくなかった患者のセラピストがモデルに従った割合は有意に少なく，解決した割合もさらにずっと少なかったのです[10]。

　「BPD患者が自分の状態を説明する能力」は，GolynkinaとRyle[24]のレパートリーグリッド研究で検証されました。さらなる臨床研究では，状態記述法（States Description Procedure：SDP）[11, 12]という，誘導に基づく自己省察という方法が用いられました。一般的に用いられているタイトルと特徴を列挙したリストを渡され，患者は自分の状態を同定し，特徴づけます。

　録音テープの分析に基づいた「CATに特異的な技能と精神療法に一般的な技能の測定法」は，BennettとParry[9]によって開発されました。

現在の経験的支持の限界

　CATについてはこれまで，比較的少量の研究しか実施されませんでした。これは一部に，CATが急速に成長したこと，1つの中心的施設をもたないまま地理的に離れた25の地域で教えられたことに加え，時を同じくして研究助成金の募集が少なくなり，保健サービスの再編制がしばしば混乱を呈したことが理由として考えられます。それでも，異なる患者グループにおける小規模な研究，ダイアグラムの再定式化といった革新的な臨床実践の小規模な研究によって発展を続けました。貴重な研究ツールも開発され[9, 49, 70]，先述したように[16]現在では，1つの主要なRCTが発表されています。モデルの全段階において，アウトカムとプロセスに対する研究が行われましたが，大規模なRCTが行われたのはここ10年になってからです。

臨床実践

実践とCAT理論の際立った特徴との関係

　初回セッションから，CATセラピストは，モデルの説明，現病歴の聴取，その他の情報収集と併せて，収集した情報や対話のやりとりから明らかになっていく，基盤となっているパターンについての仮説を立てます。これは積極的な傾聴と探索的な姿勢を反映し，患者自身にも自らの困難の背後にある考えや行動について説明することに貢献してもらいます。個人心理学は，社会的，対話的，記号論的観点から理解されます。個人心理学が社会的なのは，非機能的なものも含めて，すべての役割手続きが他者との関係によって形成されるからです。これが対話的であるのは，関係のパターンは繰り返され，内的に再現されるためです。記号論的であるのは，対話が言語など共有のツールに依拠しているからであり，それらのツールは思考の内的対話の源となります。

治療作業は，まず「再定式化」という課題から始まり，この課題には共同的なスタイルが必要です。多くの患者にとって馴染みのない，関心をもって注意を向けるというモデルが，この課題から得られます。ほとんどの非機能的な手続きは，訓練されたセラピストにとっては最初から明らかです。記述については，通常，最初の4回のセッションまでで同意が得られます。セラピーの目的は「手続きの改訂」と「統合」として定義されます。患者はしばしば，治療の会話の内容の多くを忘れてしまいます。情緒的に取り乱すようなテーマを探索しているときには特に思い出せなくなります。このような理由から，再定式化の手紙とダイアグラムにおいて，理解した重要なことを記録しておくことが，基本的なテクニックの1つです。セラピーのこの段落では，理想化や表面的なコンプライアンス，続いて消極的な抵抗といった，無益な手続きを活性化することがあり，セラピストは目配りする必要があります。

　実践では通常，セッション4あたりで，セラピストが再定式化の手紙を書きます。その手紙は，過去の体験と，それらに対処するために作った方略，現在の症状と不適応的な手続きとをリンクする，ナラティブな再構成を提供します。セラピストはまた，初期のセッションで，シーケンスダイアグラムを下書きします。スタイルはさまざまに変化しますが，目的は，非機能的なRRPを示し，それらを実行することの結末を記述することです。ダイアグラムは，手軽に用いるには複雑になりすぎることもあるため，セラピーの中心的問題点に焦点を絞った，よりシンプルで，機能的なダイアグラムが考案されることがあります。

　I.B. Kerrが提示した例は，典型的なBPD患者においてSSSDを発達させる3つの段階を示しています。図8.1は，虐待とネグレクト体験から一般的に引き出される2つのRRPを示しています。図8.2は，これらの結果，いかにして解離した自己状態が作りあげられるかをあらわしています。図8.3は，患者のシステムのどの側面が活性化されるかに応じて，スタッフの反応が二極化される過程を示しています。

　演じられるシーケンスは通常，一連の返報性のある，実在する／想像上

第8章　認知分析療法　323

図8.1　典型的な（実在しない）BPD患者のSDR。
最初の重要な相互的役割を説明している。

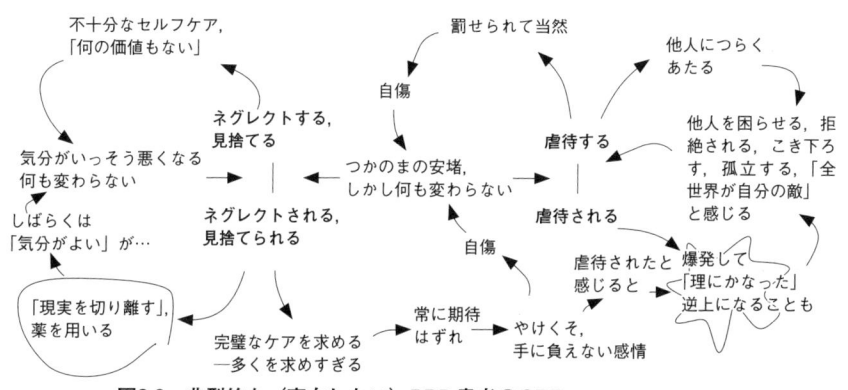

図8.2　典型的な（実在しない）BPD患者のSDR。
重要な相互的役割，自己状態，手続きの実行を描いている。

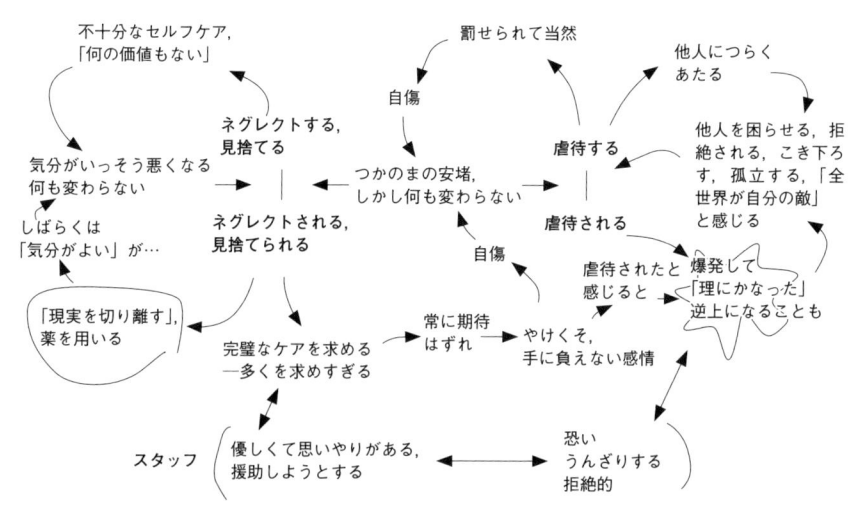

図8.3　原始的な（実在しない）BPD患者の「文脈的再定式化」。
基本的なスタッフチームの相互的反応とスプリッティングを示している。

の他者に関して生じるものであり，単独の手続きや既存のスキーマが具現化したものではありません。Leiman[42]はこれを明らかにするために，対話のシーケンス分析を開発しました。

共同的な取り組みは，次に示すような，さまざまな概念的ツールの使用によって支えられています。

1. アセスメントの一端として，患者に「心理療法ファイル」が与えられます（文献75およびそれ以前の文献において複製）。このファイルは，症状のモニタリングを描写し，トラップ，落とし穴，ジレンマを説明し，典型的な例を示します。患者は，自分に当てはまりそうな記述をチェックし，それについてさらに話し合います。

2. 8項目のPersonality Structure Questionnaire（PSQ）は，アセスメント面接で有効的に，速やかに完了できます。PSQは心理的特性が優れており[49]，高スコアの場合，患者は構造的な解離があるとされます。

3. 自己状態が解離していること，そして，解離の特徴を明らかにするには，States Description Procedure（SDP）が利用できます。そのために患者は，構造的な自己省察をする必要があります[11]。解離状態にある患者の再定式化においては特に重要です。そうした解離状態には，差し迫った脅威や，脅威に結びつく引き金を知覚すると，反応してすぐに作動するものもあれば，本質的に危険なものとして体験される世界に対する，比較的安定した，非機能的な対処として作用するものもあります。

Ryle[70]は，修正したSDPを用いて，BPD患者が体験した解離状態が症状とRRPを組み合わせることで次のように分類されることを明らかにしました。虐待または見捨てられを繰り返し受けたか，その脅威を感じた患者は，ときに解離症状を伴いながら，早期のネガティブな関係のパターンを形を変えて再現するか，別の状態に切り替わります。これらには，「ハ

イな」状態のような弱さの否認，夢想の国のような感情的安全のファンタジー，ゾンビ状態のような感情の抑圧，兵役時のような感情の平板化や憤慨した降伏といったことに分類されます．脅威がない場合，患者は大丈夫な状態になることもありますし，強大な保護者から見捨てられないよう警戒することもあります．

　再定式化の手紙は，患者の体験が事実であることを認め，ターゲット問題（TP）とターゲット問題プロセス（TPP）について記述します．それらが幼少期のパターンの再現か，あるいは対処しようと試みたことを映し出していることを示唆します．シーケンスダイアグラムは，重要なRRPについて記述し，手続き上の実行の結末を解明します．完成した再定式化は，Bruner[15]によって論じられた2つの記述スタイルを組み合わせ，手紙に記されたナラティブと，ダイアグラムにおける系列を合わせたものとなります．BPDにおけるように，ばらばらになった自己構造が存在するような場合，このようなダイアグラムは，解離した自己状態間の交代を解明します．

　ほとんどの患者は，すぐに自分のダイアグラムの使い方を覚えて，自分の特有のパターンを認識できるようになります．毎日の生活で，セラピーセッションのなかで，繰り返しダイアグラムを利用していくことで，持続的な自省能力を高めることができます．セラピストは，自分自身のRRPが患者によって引き出された際には，それらを認識する能力を発達させる必要があります．Frank[23]が効果的なセラピーに共通する要因として明らかにした，治療関係の重要性が再確認されますが，治療関係を維持していくためには，状態と状態のシフトに関する正確な「地図」が必要であるとCATは強調します．

　変化は，不安を生じさせるものです．治療的変化には，患者が，自分の体験が正確に，共感をもって理解されていると感じる必要があります．CATの再定式化の段階では，セラピストが注意深く患者の話に耳を傾け，患者の体験を理解し，文化的な相違（階級，人種，性別）を認識するとともに，非機能的なRRPが何に端を発し，どのように維持されているかを

示し，理解することによって，患者がそのように感じられるようにします。不合理な罪悪感にチャレンジし，どのような被害があったかを理解するという目的から，起こったことに対する患者の責任を詳しく解明します。セラピストは，自身の理論的理解を患者と共有し，誠実で，相手に敬意を表しながらも，そっけなく受容しない関係になります。再定式化の過程は通常，ポジティブな関係を発生させます。しかしその後，多くの場合10セッション目あたりから，よりネガティブな態度が生じることが一般的です。願っていたような魔法の変化が起こらず，セラピストの限界と失策が明らかになります。敵意はしばしば，間接的に表現されます。敵意を認識することが，それを特定し切り抜けるために重要です。敵意に応酬しないことが，しばしば変化において決定的に重要な要素です。安定した治療的変化のためには，誠実で，尊重してくれる，正確なセラピストとの関係を患者が内在化できるかどうかにかかっています。

症例研究

次の症例は，CAT Advanced Psychotherapy Courseの研修生，Barbara Venningが提示したものです。この対話が出版されることを患者は全面的に承諾しています。原病歴が示唆する相互的役割は，**太字**になっています。

スージーは，小さな動物園の技術アシスタントです。家庭医からCATに紹介されました。自分の考えを明確に表現できる，協力的な若い女性で，パートナーのマークといっしょに住んでいました。精神的に苦痛で混沌とした生活について，誰も信頼できないことを語りました。スージーは前年に自殺未遂をしています。それについては，捨て去られ，拒絶されたという，殺伐とした感情に圧倒された結果だったと説明しています。

子ども時代

スージーは，父親の虐待や暴力に怯え，自分を役立たずと感じてきたこと（**虐待的なネグレクトに関連した罪悪感，まったく恵まれない感じ**）を思

い出しました。母親は弱く，子どものような人でした。スージーは，貧しさに対して責任を感じ，支えになる人はおらず，まったく恵まれない気持ちでした。両親は彼女が5歳のときに離婚し，優しいけれども，困難に対してほとんど対処できない母親といっしょに暮らしました。スージーの幼少期において，母親の家族は重要な役割を果たしましたが，つらいものであり，クリスマスのエピソードがそのよい例でした。毎年一緒に食事をするため，家族が集まりました。毎年，誰かが批判されたと感じたことがきっかけで，ケンカとなりました。最初は口ゲンカですが，その後身体的なケンカとなりました。テーブルを挟んで争い，結局，何もかも涙に濡れて終わりました。

　この話から，子ども時代にスージーが学習した主な相互的役割は，**頼りないケアに関する恐怖とまったく恵まれない感覚**であったことがうかがえます。それがさらに，**弱くて困窮した母親に関して，まったく恵まれないが，面倒見のよい親のような子ども**，という役割へと進展したことが示唆されます。スージーは，胸が張り裂けんばかりの，子どもの頃のつらい話を語りました。完全に孤独で，打ちひしがれ，絶望した気持ちで，戸棚のなかでひとり座っていた話です。黒板にチョークで「自殺（sueside）[訳注2]」と殴り書きをしたことがありました。これを目にした唯一の人物は，彼女の兄だったのですが，兄はスペルの誤りを見て笑ったのでした。彼女は批判され，ないがしろにされたと感じましたが，彼女が心の内側で傷ついていたことに，誰も気づきませんでした。自宅でスージーのニーズが満たされていなかったことは明らかでした。スージーは学校で，自分が感じた恥辱を何とか「取り繕おう」と，「特別」になる方法を学びました。喉から手が出るほどほしかった称賛を手にしました。彼女は「優等生」でした。先生たちを喜ばせようと懸命に勉強しましたが，きりがありませんでした。仮病を使ったり，嘘をついたり，また友だちによい印象をもたれるために話をでっちあげたりしました（**条件つきの受容を求めて努力する，欺**

訳注2）suicide（自殺）のスペルの誤り

く／だます)。彼女は，自分が罰せられていることを明らかにされたとき，自分は恥ずかしいほどに価値がなく，何にも値せず，罪深いと自らの信念を確証しました。

　大人になっても，スージーにとっては，ごく普通の日常に対処していくことは難しいままでした。「私は，どうしたら親しい間柄になれるのかわかりません。誰も信頼できないからです」と言いました。一見，何の前触れも理由もなく，彼女の気分は変動しましたが，ときには絶望した状態が何日も続くこともありました。あるとき彼女は，マークのバッグを荷造りし，出ていくよう言ったかと思うと，その後恥ずかしくなって自分自身を拒絶するようになりました（**相手に対して配慮が足りないと知覚し，腹を立てて相手を拒絶したものの，自分を拒絶することになり，不安になって相手に合わせようとする**)。スージーは，何もかも自分できつくコントロールしておこうと死に物狂いでしたが，そのせいで疲労困憊していました（**混沌とした状態を恐れ，払拭しようと，必死にコントロールしすぎる**)。スージーは，自分の能力の範囲内にある仕事に就いたものの，退屈し，刺激が足りませんでした。彼女の本当の才能は——他人にも，また彼女自身からも——理解されないままでした。自分が本当は何を必要としているのか，どうしたらその必要が満たされるのか，まったくわかりませんでした。スージーは，批判的，拒絶的な人に相対して辱められることを恐れ，何も求めることができなかったのです。

セラピー：初期のセッションと再定式化

　上記の記述や日常生活に関するその他の多くの話に基づき，私が明らかにしたRRPの仮説を用いて，SDRを構築し始めました。しかし状況は，急速に混沌とし，混乱してきました。振り返ってみて私は，スージーの混沌とした世界を何とか理解しようと躍起になり，彼女が恐れていた混沌をある程度体験する一方で，必死になってコントロールしすぎていたことに気づきました。スージーにとって，私の言葉は，ほとんど意味がありませんでした。私のスーパーバイザーは，セラピーで最初にすべきことは，ネ

グレクトされた幼い少女に由来する，彼女の一部を理解し，自分の話を聞いてもらい理解されるという体験を，私が彼女に与えることであると認識しました。私はセッションで，暫定的な再定式化の手紙を読み，スージー自身の言葉や言い回しを用いることで，彼女が理解できる，シンプルなツールを作り出しました。そうすることで，この段階ではRRPという概念を導入しませんでした。手紙の一部を，以下に再現してみます。

　親愛なるスージー
　　あなたがセラピーにやってきたのは，それまでずっと，ひどい抑うつに苦しんできたからでした。まるで銃をつきつけられ身代金を要求されているかのようだと，あなたは言います。あなたは，うまく対処できないといけないからと，いつも怯え，気力だけで生きています。この手紙は，これまでに私たちがわかったことを，書き留めています。

手紙はさらに，スージーの幼い頃の振り返りへと進みます。当時の彼女の体験に由来する不健全な関係パターンを記述するとともに，幼い姪のメアリーに対する彼女の気持ちを利用して，子どもの頃の彼女自身に対する共感を喚起しました。

　　子どもの頃のあなたには，活動の出発点と帰着点となるべき安全基盤が何もありませんでした。誰ひとりとして，信頼や安全について，あなたに教えてくれる人はいませんでした。あなたが自分の気持ちをなだめ，自分について本当の感覚を振り返ることができるよう，助けてくれる人は誰もいませんでした。あなたは，もしかしたらごく普通の女の子だったのかもしれませんが，誰からも望まれない悪い子であるかのように信じるようになってしまいました。あなたは，自分の憤り，悲しみ，ねたみ，嫉妬などのつらい気持ちに対処するため，人を欺くパターン，隠し通すパターン，そして必死になってコントロール

することを学びました。あなたに不意打ちを与えて，急に気分を変えてしまうような，困難な感情に圧倒されるとき，今でもこれらのパターンは起こります。私たちの課題の1つは，何が引き金となって，抗し難い感情や気分の変化が生じるのかを理解することです。あなたは，子どもの頃に必要としていた，他者からの安心できる関心とケアを得る機会を逸してしまったのでしょう。だからあなたは，現在，人間関係に無条件のケアを求めているように感じられます——完璧な保護者によって完璧にケアされることです。ときおりあなたは，以前のセラピーで，自分に欠けていたものを見つけたように思ったこともありました。しかしそれでは「他人の家の空き部屋」でしか，自分が必要とするものを手に入れられないかのようで，長続きしませんでした。このセラピーの課題は，古いパターンを避け，人と関係するための安全な方法を見つけることです。大切なものを取り逃してしまった幼い少女を深く悲しむことから，あなたは，過去に支配されない，より確実な自己感覚を築き上げることができます。私たちは，これらのパターンを認識し，変えていくとともに，あなたが私たちの関係から，他者とともにあり，あなた自身をいたわる，より報われる方法を学んでいきます。

　私たちは，マインドマップを作り始めました。日常生活を送るうえで，行き詰まったり，つらい思いをしてしまうのは，子ども時代に端を発するものであることを，心理療法ファイルを用いて明らかにしました。私たちは，うまくいかないやり方を認識できるようになる必要があります。そのやり方にとって代わる方法を利用できるようにするためです。セラピーはハードワークです。あなたが過去で失ったものを考えると，セラピーを終結するのは難しくなりそうです。しかし，さまざまなものが入り混じった感情のすべてに向き合うことができれば，十分にそれらを取り除くことができ，すべてを願い望むこともなくなるだろうと私は信じています。

健闘を祈ります。

再定式化後のセラピー

　スージーは，自分の話を聞いてもらえたように感じたと言いました。いっしょに取り組んできたダイアグラムを整理したものを，私は示しまた。これは私の理解を深めますとスージーは言って，自宅へ持ち帰りましたが，私には，あまりに簡単すぎるような気がしました。振り返ると，私は自分の作った複雑なマップには，多くの情報が詰め込まれすぎていたことに気づきました。またしても私は，彼女の世界に引き込まれ，必死にコントロールしすぎていたのです。私はまた，スージーの，一生懸命にがんばり，**条件付きの受容に関して，自分のニーズを隠す**，という手続きを引き出そうとすらしていました。

　その後，困難で面倒なセッションが続きました。第9回目のセッションで，私は，スージーの憤りを感じ始めました。私たちの関係が難しくなっていると伝える必要がありました。部屋には重苦しい沈黙が垂れこめましたが，スージーは，促され，そのマップが好きでないと私に打ち明けました。スージーは怒っていました。そのマップは，他人のことばかりで，彼女のこととは無縁だったからです。私の予想とは異なり，SDRは共同で取り組んで作り出したものではなく，誤ったサインだったことに気づきました。

　今度はスージーが図を描き，そこから，本当に共有された最初のサインを作りました。彼女はより正直に，自分自身を表現し始めました。私たちには共通の理解がいくつか生まれました。そして共同的に取り組むことが，現実となっていきました。私は，物事を難しくせず，一度にたくさん進みすぎず，彼女のZPDの範囲内で取り組んでいく必要があることを肝に銘じました。スージーが描いた「困難なセッション」，および私の逆転移から，スージーが当初どれほど，完璧な保護者から完璧にケアされたいと望んでいたかに，私は気づきました。しかし私が，彼女の目から見て，そのような状態から「失墜」してしまったとき，彼女は私を「きちんとやってくれない，気に入らない母親」としてとらえ，怒っていました——それは彼女がすべて自分自身でやらなくてはならないことを意味していまし

た．彼女は，批判的で，攻撃的な人物になり，私は「ずきんと痛む」屈辱を感じ，彼女からの攻撃（**傷つけられ，拒絶された**）として体験しました．しかし今回は，実行することへと引き込まれず，「踏み出す」ことができました．その部屋で共有された体験を生かすことができました．私たちは話し合い，スージーの言葉を用いて，簡易化された状態マップを描き，私たちの双方が理解できるようにしました．

　私たちは理想的なケア，あるいは完璧に幸せな家族を説明するために，四角形を描きました．スージーは，そのようなケアや家族をもっている他の人たちが妬ましく，人の注意や関心を集めようと懸命になり，少しでも他者からケアや幸せを分けてもらえることを願っていました．（**彼女はこの役割を演じることができましたが，演じることに対する洞察はまったくありませんでした**）．2つの四角形がありました．上方には，拒絶的で，侮辱的で，見下す四角形，そして下方には，拒絶され，侮辱され，劣った四角形です．私たちは，四角形をさらにもう2つ描き，一方のなかには「冷たく無視する」と，そしてもう一方には，「**疎外され，孤独で，存在しないかのような**」と書き込みました．その中央には，四角形があり，それは（恐れている混乱を回避するために）コントロールすることからコントロールされるまでを象徴的に示しています．スージーはこのとき，これらの相互的役割を完全に別個の状態として体験していました．彼女が一方の状態にあるとき，もう一方の状態については一切，彼女の心から消えていました．

　スーパービジョンでは，既存のマップの外側のもっと離れた位置に立てるよう，スージーを援助することの重要性を認識するよう指摘されました．そのような位置に立てば，彼女は，CATのなかで私たちが「観察眼」と呼んでいるものを用いて，じっくりと考え，理解することができるからでした．スージーに，頭のなかで「聞こえた」つらい対話を，どんなものでも書き記すことによって，日々を見積もってもらいました．後に彼女は，そのネガティブで批判的な「声」を認識し，もっとポジティブな声で反論できるようになりました．ゆっくりと状況が変化し始めました．私た

ちは，SDRを用いて彼女の状態を明らかにし「イメージのなかで考えていきました」。

　スージーは，他のアヒルたちから攻撃された，1羽のアヒル（「ウッディ」）について話しました。ウッディは，キッチンテーブルの下に避難場所を求めていました。彼女はウッディを心配し気遣っていました。セッションのなかで私たちは，「フレッド」というトゲだらけのハリネズミのぬいぐるみをカウンセリングルームの棚から借りてきて，彼女にとってのメタファーとして用いました。彼女は，あたかも外に出て姿を見せることを恐れているかのように，「フレッド」をセラピールームのテーブルの下に置きました。私たちは，恵まれずネグレクトされた子どもであった，彼女の一部に対する共感を喚起するために，幼い少女時代のスージーの写真をテーブルの上に置きました。彼女は，子どもの自分に代わって，大人の自分から家族へあてて，力強い，洞察力のある「送られない手紙」を書きました。座りこんで，泣いて，普通に受け入れてもらいたいと彼女は言いました。私たちは2人とも，その部屋で強い感情を体験しました。彼女は，これまでの制限されたレパートリーに，**保護する　から　保護される**という新しいRRPを加えました。私たちは，うまくいったことの報酬として，ニコニコ顔とキラキラ星のシールを貼り付けました。スージーは，自分には価値があり，よいことに値することを思い出すため，財布にそのシールをいくつか貼りました。

　スージーは，自分のマップの役割を最後まですべて演じ切りました。彼女はある連鎖を理解するようになりました。人から攻撃されると常に予測し，何か自分を不快にさせるようなことが起こったり，ニーズが満たされなかったりすると，攻撃されたと受け止めてしまうのです。怒って他の人たちを攻撃し，拒絶することで反応するものの，結局泣いて，自分自身のコントロールを失い，恥ずかしく，孤独な思いに駆られました。彼女は，どのようなきっかけや誤解が引き金となって圧倒せんばかりの感情や状態の変化が生じるのか認識し，理解し始めました。あくまでスージーのペースで進めていくことが重要でしたから，私たちは，これらの修正に直接的

に取り組みましたが，ペース配分に気をつけました。
　私たちは，セラピーの最終段階に到達しつつありました。スージーの辛抱強さと懸命な取り組みにより，厳格なコントロールが息詰まるものであることがスージーにわかり始めました。絶対的に正しい，とか，絶対的に間違っている，ということは決してありませんでした。うまく立ち回る余裕をもつことは，打ち解けて話せるほどに人を信じるということを意味しました。また，助けを求めるというのは，失敗を認めるということではなく，また必ずしも彼女を攻撃にさらしやすくすることでもなかったのです。スージーが，気分が落ち込んだときにマークに抱擁を求めることは，抱き締めてもらい，自分のニーズを満たせる見込みがあることを意味していました。スージーのマップ上の状態が結びつき，互いに関係あるものとして彼女は理解しました。このような理解に照らし合わせ，私たちは，彼女のSDRを再形成し，崩す必要がある一連の手続きについて記述しました。彼女が新しく理解したことを活用するとともに，過去に彼女が屈辱的に感じてきた感情を体験し，受け入れることも含めたプロセスとなったのです。

終結
　毎週やってきたセッションを終えることは，トラウマティックで，非常につらいものでした。私たちは話し合い，「安心させ，支持し，励ます」から，「安心し，励まされる」という私たちのSDRに「出口」の相互的役割を加えました。この頃までに，スージーの職場での人間関係と，マークとの関係も，このパターンに特徴づけられるようになっていました。予想できたことですが，セラピーの終結は，スージーの非機能的な手続きをすべて動員させてしまいました。私は，さよならの手紙のなかで，セラピーの進展を表にし，彼女が達成したことをはっきりと示しました。終結にあたっての気持ちについて，最後のパラグラフには，次のように記しました。

あなたは洞察力の鋭い知性をもっています。しかし，最も重要なことは，自分がとても愛すべき人であるということに，あなたは耳を傾ける必要があるということです。あなたは，他人だけでなく，あなた自身にも愛されるべき存在です。これまで学んできたことをすべて抱えて，世界へ，そして特にマークのもとへと出ていくとき，私は，あなたのことを忘れないでしょう。この手紙は，ただあなたに送る，心から温かい気持ちのさよならです。

彼女のお別れの手紙は，感謝の気持ちのこもった，温かいものでした。スージーは，自分の恐怖について正直であり，一緒に過ごす時間がこれでもう終わることを悲しんでいましたが，自分の将来については楽観的でした。彼女は大丈夫なように振る舞っていましたが，別れの本当のつらさを避けようとしているようにも感じられました。別れは，私たちどちらにとっても，直面するのがつらいことでした。私たちは，1カ月に1回のフォローアップを予定しました。社会的孤立のことを考えて，地元地域の交流サークルを紹介しました。

フォローアップ

スージーが思っていた以上に，終結はきついものとなりました。彼女は，打ちのめされ，どうすることもできないと感じました。私は不安になり，治療契約を延長すべきだったのではと心配になりました。しかし，スーパービジョンもふまえ，治療契約は変えませんでした。スージーは，何とか切り抜け，つらかったものの，重要な学習期間となりました。フォローアップの期間，私たちは，彼女の感情と，それに伴う思考に取り組み続けました。彼女は，孤独ではなく，SDRのシーケンスを断ち切る練習をしました。セラピーを内在化させたことで，今度は自分でやってみる必要がありました。彼女にはそれができるという証拠が，ある朝見つかりました。その朝スージーは不安な気持ちで目覚めました。自分には手に負えないだろうと思った課題のプレッシャーに圧倒され，屈辱的な失敗を恐れ

て，絶望感と無力感に陥ったのです。涙にむせびながら，彼女は，ベッドから出ずに諦めようとも思いましたが，その後，SDRについて考えました。彼女はそれを冷蔵庫のドアに貼っていました。キッチンへと慎重に移動し，ドサッと，床に崩れるように倒れ込むと，自分のマップをじっと見つめ，自分の気持ちを認識し，次々につながっていく状態をたどりました。彼女は，自分がそのルートをこのまま進みたくはないことを理解しました。彼女は自分の手続きを修正することができました。そして，自分の計画をキャンセルする代わりに，自分を励ましたのです。「少なくともやってみなさい，スージー――小さな1歩でいい，ちょっとずつでいい」。スージーは，自分自身との対話を変えることにより，その日の始めは，とてもではないが無理だと思われたことを，何とかすべてやり遂げました。彼女にとって，それは本当の達成でした。SDRの，私たちが共有したサインが，優しく励ます声を伝え，理解されているという気持ちへ橋渡しをするとともに，スージーに，セラピーでやったことを思い出させました。

　おそらく，最終的な判断は，スージーに委ねるべきでしょう。このセラピーの何が役立ったか尋ねると，以前に受けたセラピーも役に立ったと思うし，先に進む準備が整ったように感じた，と彼女は言いました。しかし，意識が変化する兆しがあらわれたのは，最初のマップについて彼女が自分の思考と感情を表現したときでした。彼女は，話を聞いてもらえると感じ，自分の怒りが受け入れられるように感じました。その結果，私たちは一緒に，新しいダイアグラムを作成することができました。彼女が成長し，成熟し続けるにつれて，自信も高まっていきました。私たちは，もう4回のフォローアップを，夏，冬，秋，春の季節ごとの試金石として計画しました。

まとめと結論

　過去25年間にわたり，CATは，統合，分化，新しいアイディアの統合，強化を経てきました。それは現在，心理療法と，少なくとも潜在的には，

精神医学，医学，および教育における人間の相互作用と関連がある，人間の心理の諸側面の包括的なモデルのエッセンスを映し出しています。CATの実践は，心理療法のバベルの塔の内部からと，より広い分野との両方から引き出された，包括的な理論にしっかりと基づいています。その理論は，人間の一般的なポテンシャルと特定の変異が遺伝的に決定されている点で「生物学的」です。パーソナリティは，その人が生まれた歴史的，文化的文脈によって形成されるという点で，社会的でもあります。より広い文脈の内での，他者との初期の関係が，その後の他者との関係，自己についての思考，ケア，およびコントロールのスタイルの基礎となるという点で，「対話的」でもあります。これらの影響の伝達と内在化には，体験に意味を付与する媒介記号の使用が必要であり，意識的な思考の基盤となるという点で「記号論的」でもあります。

　当理論は，認知的，情緒的，および行動的なプロセスを相互に分離するわけではなく，また，それらのプロセスが含む人間の意味や価値から分離するわけでもありません。CATは，正常な心理構造とその病的な逸脱を記述するため，その不可欠な基盤として発達を強調する点と，個人のプロセスは社会的な関係と，それらを形成し，維持している社会的に引き出された媒介ツールとの関係からしか理解されえないと強く主張する点において，多くの認知モデルとは異なります。確かに，理解が不十分であっても，有効な介入が導かれることはあります。しかし，生きることに困難を抱える人たちを助けようと志すセラピストには，このような複雑なモデルが必要でしょう。

　CATは，プロセスとアウトカムに対する研究から発展してきた，比較的新しい，急速に発達しつつあるセラピーですが，その根拠となる広範なエビデンスは，まだ十分に集まっていません。治療プロセスと対話が，2人の参加者によって創造され，治療反応に影響を与える他者との関係のネットワークのなかで，患者は生活し，そのネットワークの影響を受けるという事実を含め，心理療法の特定の特徴に対し，RCTがデザインする「ゴールドスタンダード」が十分な注意を払ってこなかったことは，より

広く認識されるようになっています。料金を払う者は，治療のエビデンスを考慮せざるをえないものですが，心理療法の研究においてRCTが優勢を占めているということは，RCTの質や解釈よりも，RCTが行われたという主張によって，説得されてきたことになります。光るものがすべて金であるというわけではありません。その他の形式のエビデンスと判断は，ほとんど重視されず，結果としてセラピーは，測定可能なものにフォーカスするよう強いられることになり，その一方で，人間的見地から見て重要な目的と価値は，顧みられなくなってしまうことがあります。Jensenら[32]は，56の研究について詳しく考察し，「『根拠に基づいている』あるいは『経験的に支持される』とされるものは，実際のところ，非常に低いハードルを越えたにすぎない」と結論しました。British Association of Behavioral and Cognitive Psychotherapyのチェアマンであった，Richards[52]は，次のように特筆しています。「ほとんどのCBT（認知行動療法）の臨床試験は，小規模であり，方法論も洗練されていない。NICE（National Institute for Clinical Excellence）のガイドラインにおけるRCTの質のハードルは，悪名高いほどに低く，小規模な，質の劣る研究のメタ分析が方針を左右することを認めてしまっている」。CATは，十分なエビデンスが集まっていないという理由で，しばしば顧みられませんが，現在では，Chanenら[16]のよくデザインされた大規模なRCTから，それを裏づけるエビデンスが得られており，他にも同様の研究が進行中です。先に要約したような，実践のプロセスとその特定の側面に対する研究が，治療モデルを支持し，修正してきました。1事例実験デザイン研究では，セラピストと患者から詳細な量的エビデンスを反復的に収集しますが，これらの研究には，Kellett[33,34]が示すように，臨床的に参考になることが多くあります。このようなアプローチは，現在，BPDにおけるCATの多施設研究で用いられています。

多くの認知療法の理論的でないアプローチとは対照的に，CATは理論に基づいた治療として発展し続けるでしょう。両アプローチ間の比較をするためには，それらの異なる目的と意図，暗に含まれた価値を考慮する必

要があります。人間の行動と体験の簡略化したモデルならば，多くの患者にとって受け入れ可能かもしれませんが，それでは不十分なことが多いのです。人生で複雑な失敗やつらさを体験している人の場合，CBTの実践を導いている想定が，自分たちの体験には不適切であり，自らの人間的成長を縮小させてしまうように感じられることがあるため，このような制限によって，有能なセラピストの活動を妨げてはなりません。その一方で，言語化された問題を抱える患者にとっては，CATの広い視野は，まったく関心のないものになることがあります。全面的なアプローチは，一部の患者と実践家にとっては，込み入りすぎていることがあります。特定的で複雑なCBTのテクニックは，治療関係を決定的に重要視し，症状と，より一般的な個人内心理と個人間心理を結ぼうとするCATの枠組みのなかで用いられるのが最善なのかもしれません。

　これからの数年間にわたる研究では，有益でかつ倫理的なRCTを考案する試みも含まれるでしょう。しかし，複数の1事例実験デザイン研究など，治療を構成するさまざまな要素の有効性をアセスメントする他の方法が，よりモデルを発展させる可能性が大きいと思われます。さまざまな治療状況でCATを用いていくことで，CATはテストされ，改良されていくことでしょう。正式な心理療法の外側で，BPDおよび，その他の「支援が困難な」患者に取り組むチームを支援するために，当モデルの使用は，さらに拡大し，評価されていくでしょう。これは，公共部門において非常に重要な領域であり，多くの精神医学における精神薬理学への狭いフォーカスのバランスをとるのに役立つはずです。幼少期の発達に対する学問的研究が増えることで，他者と子どもの関係に関する知識が広がり，理論の洗練に貢献することは疑いようがないでしょう。CATのより強固な学問的基盤の確立は，「期限切れ」だと私は思っていますが，イデオロギー的，政治的な抵抗に直面しながらの確立には時間が必要でしょう。臨床分野では，家庭における早期介入や予防プログラムを提供するサービスとの密接な関わり合いが適切となるでしょう。乳幼児への影響を防止するために，ストレスの強い妊婦に対してCATがどのような効果を示すかについて

は，現在，研究中です。

　統合的なモデルの究極的な目的とは，たとえば，大部分の医療実践の指針となるような一般的に共有された理解のなかに，その他の影響も取り入れることです。しかし，心理療法のための共通の言語は，いまだ達成されたとはとうていいえないうえ，当分野のほとんどの著者は，他のモデルについてほとんど言及していないことを考えると，そのような目的の達成は，まだまだかなり先のことに思われます。心理療法には，ある意味，特定の理論と実践を固守するためだけに，さまざまな異なる学派が存在します。それらの学派は，それぞれ異なる価値を表明し，心理療法士の社会的構成を生み出す力となります。しばしば友好的でない社会において，自分たちの利益を守っています。これらの学派は，エビデンスとはほとんど関係のない理由から，人びとの忠誠を得ることになります。この点CATは，人間を構成する社会的要因を強調し，ケアを公的に提供する一環としてセラピーに取り組むことから，優勢となっている消費主義社会や，よりテクニカルな治療アプローチとは相いれない人たちを魅了します。CATもいくつかの有効なテクニックを発達させてきました。しかし，これらのテクニックの主要なインパクトは，セラピストが人間的に深いレベルで患者を理解する必要があり，あくまでテクニックはそうした治療関係をサポートするという事実に由来するものでしょう。

第 9 章

ポジティブ心理学とポジティブセラピー

Nansook Park
Christopher Peterson
Steven M. Brunwasser

導入と歴史的背景

概観

　ポジティブ心理学（positive psychology）は，人が生まれてから死ぬまで，よい人生を送ることについて科学的に研究する学問です[104]。自らの最高の状態で，最善を尽くしている人たちの，最上の経験についての研究です。ポジティブ心理学は，心理学の世界へ新たに仲間入りしたアプローチであり，人生を最も生きるに値するものとするような事柄を，主題として真剣に取りあげます。どんな人の人生にも，山もあれば谷もあります。ポジティブ心理学は低迷期を否定しません。ポジティブ心理学を特徴づける最も基本的な前提は，ニュアンスに富んだ言葉で表現されます。それは，「人生に関するよいことは，悪いことと等しく正真正銘の真実であり，したがって心理学者から等しく注目される価値がある」というものです[86]。人生は，問題を避けたり，修復したりするだけですむものではなく，問題の原因にさかのぼるよりも，よい人生とは何かについて説明する方がより有益である，これがポジティブ心理学の前提です。

歴史

　ポジティブ心理学には，非常に長い過去がありますが，非常に短い歴史しかありません[83]。ポジティブ心理学は，アメリカ心理学会（American Psychological Association）会長であったMartin Seligman[103]の発議により，1998年に命名されました。ポジティブ心理学のきっかけとなったのは，第二次世界大戦以来の心理学が，人間の問題とその治療方法に焦点を定め，その努力の多くをそこに集中させてきたことに，Seligmanが気づいたことでした。

　人間の病理にフォーカスしたことで得たものはかなり大きかった一方，犠牲もありました。科学的心理学の多くは，人びとがよい生き方をすることについての研究をないがしろにしてきました。心理学的なよい人生については，しばしば何もいってこなかったのです。より微妙ないい方をするなら，心理学の基盤をなす仮説として，疾患モデルを取り入れる方向へと方針を転換したのです。人は，欠陥がある脆弱な存在であり，苛酷な環境や悪い遺伝子による負傷者であるとみなされました。このような世界観は，いつのまにか一般文化にもはびこるようになりました。そうした文化のなかで，多くの人が自分を犠牲者だと思い込むようになったのです。

哲学的，理論的基盤

　ポジティブ心理学は，疾患モデルの仮説に異議を唱えます。ポジティブ心理学は，弱さにも強さにもフォーカスすることを求めます。人生の最悪の部分を改善することに関心を寄せるのと同じくらい，最善の部分を構築することにも関心を寄せ，苦悩している人たちの傷をいやすことに注意を払うのと同じくらい，健康な人たちの人生を満たすことにも注意を向けるよう求めるのです。人間の潜在的可能性を高めることに関心がある心理学者は，さまざまに異なる仮説から始め，疾患モデルだけを想定する心理学者にさまざまな疑問を提起する必要があります[77]。ポジティブ心理学の最

も基本的な仮説は，人間の徳や優秀さは，病気，障害，苦悩と同じくらい確かなものだ，ということです。これらの主題は，二次的でも，派生的でも，またうさんくさいものでもないというのが，ポジティブ心理学者の主張です。

ポジティブ心理学の歴史は非常に長く，少なくとも西洋においてはアテネの哲学者，東洋では孔子や老子にまでさかのぼります。これらの偉大な思想家の著作には，現代のポジティブ心理学者が提起するのと同じ問いかけを見出すことができます。よい人生とは何であるのか？　美徳は，それ自体が報いなのであろうか？　幸せであるとは何を意味するのか？　幸せを直接追求することは可能なのか？　それとも充実感というのは，何か他のものを追求したことの副産物なのであろうか？　他者は，そして全体としての社会は，どのような役割を担うのであろうか？

心理学の分野においてポジティブ心理学の前提となるものは，1998年よりもはるか前から展開されていました。今日あるようなポジティブ心理学に近いステージを設定しつつあったのは，Carl Rogers[96]とAbraham Maslow（Maslowは実際，自身のアプローチを説明するために「ポジティブ心理学」という言葉を用いました）[62]によって一般化された人間性心理学でした。具体的には，以下に挙げる議論や研究がこれに相当します。ポジティブなメンタルヘルスに関するMarie Jahoda[45]の議論や，Alexander Sutherland Neill[70]などによる教育のユートピア構想，George Albee[1]やEmory Cowen[12]がその草分けとなったようなウェルネスの概念に基づく早期予防プログラム，Albert Bandura[3]らによる，人間の主体性と効力感に関する研究，天才の研究[118]，多重知能という概念[32]，医学および精神医学の対象となる患者におけるクオリティ・オブ・ライフ（QOL）についての症状や病気に対する排他的な焦点を超えた研究（文献52など）。

今日のポジティブ心理学者は，幸せやウェルビーイングという概念を発明したとも，またそれらについて理論的説明を最初に企てたとも主張しません。科学的研究を自ら先導したとさえも主張していません。むしろ，今日のポジティブ心理学が貢献してきたのは次の2つの側面においてでし

た。(1)これまで別々の路線となっていた理論と研究に対して，包括的な用語を提供したということ，そして(2)人生を生きるに値するものとするなら，心理学の内部にそれについて研究する独自の分野があってしかるべきであると，少なくともすべての心理学が，悪いことに関する研究に加えて，よいことについての研究も進んで行うようになるまで，自覚をもって議論したということです[86]。

関連テーマ

ポジティブ心理学の枠組みは，よい人生について記述し，理解するための包括的なスキーマを提供します。当分野は，関連する4つのテーマに分けることができます。

- ポジティブな主観的経験（subjective experiences；幸せ〈happiness〉，喜び〈pleasure〉，満足〈gratification〉，充実感〈fulfillment〉，フロー〈flow〉）
- ポジティブな個人特性（individual traits；強みとしての徳性〈strengths of character〉，才能〈talents〉，関心〈interests〉，価値〈values〉）
- ポジティブな対人関係（interpersonal relationships；友人，恋人，家族，職場の同僚らとの関係）
- ポジティブな集団や公共施設（家族，学校，職場，コミュニティ，社会）

ここには，ある理論が暗に示されています。すなわち，ポジティブな集団や公共施設ではポジティブな人間関係の開発が可能となり，ポジティブな人間関係のなかではポジティブな特性を発揮することが可能となる。ポジティブな特性が発揮されることにより，さらには，ポジティブな主観的経験が可能となる[75]という考え方です。

可能である，という言葉を用いることによって，因果関係を示す厳密な言葉の使用を避けています。人は，性格がよくなくても，幸せになったり

満足したりすることは可能ですし,逆に,性格のよさが,対人的,制度的な面で裏目に出る可能性もあります。しかし,制度,人間関係,素質,経験がうまく調和がとれたときに,人はベストの状態になるのです。人生がうまくいっているというのは,4つの分野のすべてがうまく調和がとれていることのあらわれなのです。

疑問と批判

新しい学問分野としてのポジティブ心理学は,一般社会,および科学の世界に問題を提起しています[105]。一般の人は,ポジティブ心理学をわくわくするようなこととして,また心理学なら当然そうあるべきものとして,感じているようです。被害者意識が広まる一方で,人は,問題を除去あるいは軽減すればそれだけで人間の状態を改善できるわけではないことを知っているようです。対照的に,科学の世界は,より懐疑的です[13, 24, 43, 51, 112, 114]。懐疑論の一因となっているのは,社会科学の内部にはびこった仮説です。これは,人間の本質を脆く不安定なものととらえるもので,一般社会においてよりも,社会科学者の間でより顕著な考え方です。

ポジティブ心理学は,ポジティブであること(幸せで,元気いっぱいであること)をやみくもに強調することから,いくつかの方面で批判もされています[41, 42, 46, 100]。これはポジティブ心理学に対する公正な批判ではない,とわれわれは考えています。ポジティブ心理学は,人生についてポジティブなことは,ネガティブなことと同様に研究する価値がある,と単に提唱しているにすぎないからです。幸せは,ポジティブ心理学にとって関心のあるテーマです。しかし,感謝や寛容さ,才能,忍耐力,レジリエンスといった美徳もまた,ポジティブ心理学にとって関心のあるテーマであることに変わりはないのです[83]。

ポジティブ心理学者は,人びとが経験する問題を否定するわけではありません。ネガティブなこと(ストレスや挑戦)が人生に対して意味することをよく理解しようと試みているのであり,それらを無視しているのではありません[86]。ポジティブ心理学は,人間の状態の完全でバランスのとれ

た姿を描き出すために，正統派の研究のテーマを拡大することによって，通常の心理学の足りないところを補い，完全なものにしようと意図しているのであり，それにとって代わろうとしているわけではないのです。

実際，人生最大の苦労が，最も満足のいく成果のお膳立てとなることがあります。考えてみてください。複雑な情緒的経験というのは，多くの場合，ポジティブなこととネガティブなことが混じり合ったものであるはずです。また楽観主義というのは，人が行き詰まりや失敗に直面したときに最も明白にあらわれるものです。危機に瀕したときにこそ，性格の強さは明らかになります。たゆまず挑戦していくことが，その瞬間にフロー（活動に没入すること）を経験し，人生で重要なことを達成するための前提条件となるのです[83]。これらの方針に沿って，多くのポジティブ心理学者は，よい生き方とは何かを明らかにし，それを活用していくことが，心理学的問題に取り組み，それを解決するための効果的な方法になりうると考えています[99]。

批判に対して公平を期していうなら，ポジティブ心理学は，現在では非常に一般的なものとなり，一部にはその名称を私用に供して，「ポジティブ心理学」を，ポジティブ思考の力を簡素化し，再利用したものとして示す人もいるほどです。ここでわれわれにできることは，次のように断言することだけです。底抜けの楽天家は，ポジティブ心理学の広告塔ではないということ。人生において幸運な人たち（幸せな人たち）は，何ら特別な祝辞を受けるに値しないということ。また不運な人たち（幸せでない人たち）は，何ら非難される筋合いはないということです[97]。

精神病理学の理論とセラピー

科学的に研究する価値があるテーマに関する見方として，ポジティブ心理学は単独の理論を何ももっていません。その代わり，現代の心理学の多くと同様，特定の現象を理解するために，進化論的モデルから行動的モデル，認知的モデル，さらには社会文化的モデルにまで至る，さまざまな，より大きな見方を利用した，中規模の理論に依存します。さまざまなテー

マがさまざまな理論を用いて説明されます。結果的に生じる心理学の融合が，価値ある目標となるのかもしれません[111]が，まだそれは達成されていませんし，心理療法の融合という目標についても同様です[71]。

　ポジティブ心理学の発達におけるこのような早期の時点では，合意された，あるいは融合された理論が欠けていたとしても，ほとんど問題にはなりません。心理学的なよい人生とは，はたしてどのようなものであるのか，いまだ理解されていません。ポジティブ心理学者はいまだに，それを記述するための適切な語彙を求め格闘しているのです[93]。われわれの考えでは，現時点で単独の理論を擁護することは時期尚早であり，かえって逆効果でしょう。

　Seligman[103]は，ポジティブ心理学というのは，記述的努力であって規範的努力ではないと主張しました。ポジティブ心理学は経験科学であるべきで，複製可能な事実によって伝えられるべきであるという意味ならば，この主張は，ポジティブ心理学の特徴についての妥当な定義ということになります。もしこれが，ポジティブ心理学は，仮説をもたない，もしくは価値中立的であるという意味ならば，この主張は，はるかに弁護し難いものとなります[61]。結局のところ，ポジティブ心理学者は，「よい」人生は実際よいものである（つまり，望ましいものである，道徳的である，など）という価値判断を行い，よい人生は心理学のありきたりな方法で研究されうるという，メタ理論的な仮説を立てます[83]。いずれにしてもポジティブ心理学は，臨床心理学や精神医学と同様，規範的ではないようです。今日あるようなポジティブ心理学の理論的多様性を考慮すると，なおさらそうでないように思えます。

　Seligman[103]は，初めてポジティブ心理学について記述したとき，その目標は人びとを－5から0へと移行させること（通常の心理学が仮定する目標）ではなく，むしろ＋2から＋5へ移行することであると主張しました。このように治療に対立するものとしての増進を強調するのは，ポジティブ心理学の新奇性に人びとの注目を集めるという点では役立つでしょう。しかし，この新しい分野，そしてこの分野が人びとが何かを達成でき

るよう手助けすることを正しく評価してはいません。

　ポジティブ心理学に基盤をおく介入は，人生をうまく歩んでいる人がよりいっそううまく歩めるよう支援できるだけではありません。問題を抱える人が，満足のいく人生を送り，－5から＋2，あるいはそれ以上まで進めるようにすることをも手助けします。しかも，どんな症状を訴えるにせよ，人はその問題を解決するのに役立つ長所や強みをセラピーに持ち込んできます。したがって，どのような治療であろうと，決定的に重要な課題となるのは，単に問題を解決することだけではなく，クライエントのリソースを明らかにし，それを利用できるよう励ますことです。このようなバランスのとれたアプローチは，クライエントと信頼関係を築き，クライエントの自信を高めます。それは，クライエントにとって間違いなく意味のあることとなるでしょう。治療が効果的であったとなぜわかるのかと尋ねると，抑うつ障害のDSM診断を受けた人は，「寛解」に対する自身の見解をポジティブ心理学的な言葉で語ります。楽観的状況であり，自分はうまくやっていけそうだと，自発的に述べるのです[119]。

心理学的健康に対するポジティブ心理学の見解

　先に述べたように，ポジティブ心理学は価値観を内包するがゆえに批判される可能性があります。しかし，ポジティブ心理学に内在する固有の価値を明確に述べるという美徳によって，その批判を帳消しにしています。本当の疑問は，これらの価値が一個人に特有のものであるのか，それとも文化と結びついたものなのか，ということです。ある抽象的なレベルでは，ポジティブ心理学から生じる心理学的ウェルビーイングという観念は，普遍的ではないとしても，至るところに偏在するように思われます。

　ここまで検討してきたトピックから推定すると，ポジティブ心理学では次のような仮定が成り立つのではないでしょうか。人が元気でいるのは，ネガティブな感情よりもポジティブな感情を経験し，それまで生きてきた人生に満足し，自分が得意なことを見きわめたうえで，自分の才能や長所を持続的に使用しているときであり，また自分のすることにしっかり取り

組み，社会の一員として貢献し，自分の人生の意味と目的を理解しているときである，ということです。健康と安全が心理学的ウェルビーイングの重要な条件となることはもちろんです。よい人生を構成するこれらの要素が価値を認められない国家や社会を想像するのは困難でしょう。人間の多様性を尊重するのに，極端な文化的相対主義を持ち出すにはおよばないのです。

　最適機能というポジティブ心理学の考え方は，メンタルヘルスという考え方を提供します。これは，人が抱える心理学的問題を理解するうえで役立つ考え方です。（ポジティブ心理学の視点から）問題というとき，それは，心理学的なよい人生を構成する，1つ，もしくはそれ以上の要素の欠点のことを意味します。たとえば，人はポジティブな情動よりも，ネガティブな情動の方をより多く経験するかもしれませんし，自分の人生に満足できずに，社会的に疎遠になってしまっているということもあるでしょう。うんざりしたり，人と仲たがいしたり，また虚無的になったり，ということもあるでしょう。

　もちろん，問題をめぐるこのような考え方は，ひとまとまりの障害を症状があるかないかで定義するという，精神病学のDSM（精神疾患の診断・統計マニュアル）とは見方が異なります。ポジティブ心理学の見方は，いわゆる「症状」を問題とみなし，さらにそれらが段階的に存在していると予想します。これらの見方のいずれに軍配を上げるかということではありません。伝統的なDSM診断カテゴリーは，ポジティブ心理学の視点によって暗に示唆されるウェルビーイングの構成要素と関連がないわけではないのです。たとえば抑うつには，激しいネガティブな情動とわずかなポジティブな情動が伴うのに対し，不安は，単に激しいネガティブな情動だけです[20]。実際，ポジティブ心理学の視点に立つと，最適な個人的かつ社会的機能が，どうすれば障害やその症状と折り合いをつけられるかを明らかにすることで，なぜ所定のDSM症状と診断が人生における問題を構成するかを説明できる場合があるのです[84]。

　心理学的障害とみなされることに対して有利な視点を提供することに加

え，ポジティブ心理学は，セラピーに関するその他の重要な側面についても見解を示します[19,60,88,89,106]。たとえセラピー上の懸念が伝統的な診断カテゴリーに該当するものであったとしても，すでに議論したような心理学的健康についての見方を心に留めることにより，また，より一般的には，DSM第Ⅴ軸（機能の全体的評定）を第Ⅰ軸や第Ⅱ軸評定と同じように重要視することによって，セラピーの目標をポジティブ心理学の視点で具体的に肉づけすることは可能です。再度強調しておきますが，ポジティブ心理学には通常の心理学にとって代わろうという意図はありません。そうではなく，それを拡張し，補完しようとしているだけです。同じことは，ポジティブ心理学の目標を組み込んだセラピーにもあてはまります。

ポジティブ心理学の査定

　査定は，以前から心理学の基本的な要素となっています。そしてその多くは，当然のことながら，弱点，欠陥，問題を明らかにすることに向けられてきました。ポジティブ心理学では，通常の査定は，長所や能力の領域に関心を払うことによって（とって代わられるのではなく）拡張されるべきである，と考えます。精神病理が存在しない場合でも，人生に対する満足度が低くなる可能性はありますが，それでもその満足度の低さは何らかの心理学的，社会的問題に関連しています[36]。逆に，人生に対する高い満足度は，たとえ病的症状が存在する場合であっても，よい機能と結びついています[30,74]。

　ポジティブ心理学者は，すでにある印象的な査定方法を開発しています。それは，査定を行っている人が欠陥の尺度のゼロポイントを突破するのを認めるというものです[81]。たとえば，典型的なうつ病尺度の場合，人がもちうる最も健康的なスコアは，ゼロです。しかしこれでは無感動な人と熱意と喜びに満ちた人とをいっしょくたにまとめてしまうことになります。これを区別する価値は十分にあると思われますし，ポジティブ心理学者によって開発された自己報告式の質問紙と面接では，その区別を認めています。

表9.1 ポジティブ心理学の尺度の例

ポジティブな情動
　ポジティブ感情・ネガティブ感情評定尺度（Positive and Negative Affect Schedule：PANAS）
　気分状態尺度（Profile of Mood States：POMS）
幸せ
　全体的な幸福度に関する調査票（Authentic Happiness Inventory：AHI）
　幸せへの志向性尺度（Orientations to Happiness Scale；快楽・没頭志向性・意味の3つの志向性からなる）
人生に対する満足度
　人生満足度尺度（Satisfaction with Life Scale：SWLS）
　結婚満足度（Marital satisfaction）尺度
　職業満足度（Work satisfaction）尺度
　余暇満足度（Leisure satisfaction）尺度
ポジティブな特性
　VIA・強みに関する調査票（Value in Action Inventory of Strengths：VIA-IS）
　心理的ウェルビーイング尺度（Ryff and Singer's Psychological Well-Being Scales）
　子どもの発達を促す発達資産（Search Institute's Developmental Assets）尺度（青少年用）
価値
　価値スケール（Values inventories of Rokeach, Schwartz, Scott, and others）
興味
　職業興味検査（Strong-Campbell Vocational Interest Blank：SVIB）
能力
　多重知能検査（Multiple intelligences）
社会支援と愛着
　知覚された社会的支援についての多元的スケール（Multidimensional Scale of Perceived Social Support）
　成人の愛着スタイルに関する質問表（Adult Attachment Style Questionnaire）

　ポジティブ心理学の尺度について詳細に記すだけの紙幅はありませんが，表9.1にいくつか例を挙げます。たとえば，VIA・強みに関する調査票（Values in Action Inventory of Strengths：VIA-IS）は，われわれ自身の包括的な調査ですが，この調査は，個人の性格の強み，ポジティブな特性（好奇心など），社会的知能，希望，親切心，熱意，チームワークを測定します[77]。ポジティブ心理学的介入は，しばしば個人の強みに基づくとされます。これは，この調査の結果がセラピストやクライエントが介入

を計画し、その効果を査定するのに役立つ情報を提供することを意味します。

　VIA-ISやその他のポジティブ心理学の尺度について、さらに充実した説明はLopezとSnyder[56]、PetersonとSeligman[93]、およびPeterson[83]が参考になるでしょう。オンラインで一般向けのポジティブ自己報告式の調査の多くを無料で利用できます（www.authentichappiness.org）。調査の完了時には、個人フィードバックが提供されますが、このウェブサイトへアクセスして自分のスコアを記録するよう求められます。

　既存のポジティブ心理学尺度のほとんどは、研究目的で開発されたものであることから、集団に関する結論を導き出すために集計された場合、最も有効となります。またこれらの尺度は、個人の心理学的特徴と、それらが時間経過に伴って同じまま留まっているか、あるいは変化するかについて検討するために、個人的に用いることも可能です。しかし、治療における話し合いや新しい試みを行う際に、これらの結果を用いる場合には慎重になるべきでしょう。結果は単独で用いるべきではありません。強力な診断テストなど何もありませんし、そのようなものとして扱われるべきものもありません。このような慎重さは、すべての心理学的アセスメントにいえることでしょうが、ポジティブ心理学の尺度という特別なケースにおいては、とりわけ強調しておく必要があります。

経験的エビデンス

　まだ新しい分野であるにもかかわらず、ポジティブ心理学にはポジティブなことに対して十分な関心を払うことの重要さを例証する知見が、規範として確立しています。以下に、現在までにポジティブ心理学が導いた興味深い結果について、いくつか紹介します。

幸せとポジティブな感情

　幸せな人というのは単純である、まぬけである、現実から目をそむけて

いる，といった紋切型の考え方とは対照的に，経験的研究が示すのは，幸せとポジティブな感情が有益であるという事実です。私たちが本当に心配する相手は，不幸せな人たちであるべきです。

- 幸せは，随伴的ではなく，原因となるものである。
  人生において成功している人は，当然，幸せです。しかし，実験的な縦断的調査によるさほど明白でない所見ではありますが，幸せは実際に，学問的，職業的，対人的領域における成功を導くことがわかっています[59]。
- 幸せは，身体的ウェルビーイングを導く。
  幸せな人は，同年代の人たちよりも伝染性の病気からより迅速に回復し[11]，より長く生きます[15]。
- ポジティブな感情は，人の心理学的，行動的レパートリーを広げる。
  ネガティブな感情──恐怖，不安，怒り──は，危険に対し警戒を促します。人はネガティブな感情を体験すると，反応の選択肢が狭まります。それがどのような危険の合図であろうと，回避するか，逃れるか，あるいは危険のない状態に戻すため，人は，あわてて行動をとります。対照的に，ポジティブな感情は安全の合図を発します。ポジティブな感情に対する反応とは，本来，反応の選択肢を狭めることではなく，選択肢を広げ，それを基盤としてさらに選択肢を増やしていくことです[27]。したがって，ポジティブな感情がその後どう展開して，いかなる結果となるかは，今すぐここでわかるものではなく，将来的に明らかになってくることです。おそらく，ポジティブな感情を経験することは人にとって利益となります。なぜならポジティブな感情は人をさまざまな活動に従事させ，その活動がその人の行動的，認知的レパートリーに追加されることで，いわゆる「心理的資本」が築かれるためです。
- ゆっくり味わうことで，利益が生まれる。
  私たちは，悪い出来事に対しては，何とかそれにうまく対処して，その影響を最小限に抑えようとします。では，よい出来事に対して，私た

ちはどのように反応するでしょうか？　あまりにも多くの場合，見当違いな謙虚さから，よい出来事を簡単に片づけてしまうことがあります。対照的に，BryantとVeroff[6]は，よい出来事をゆっくりと味わうことの効果を詳しく調べました。そして，よい出来事をゆっくり味わう人は，そうでない人より満足していることを明らかにしました。Bryantらはまた，ゆっくり味わうためのシンプルな方略についても明らかにしました。すなわち，よい出来事を，その瞬間かその後か，いずれかに他者と分かち合う，よい出来事の思い出を作る（写真，日記，おみやげなど），よい出来事が起こったときに自分自身を祝福する，よい出来事を経験している最中に感覚を研ぎ澄ます，喜びにどっぷりと浸り他の問題については考えない，といったようにです。

ポジティブ思考

繰り返しになりますが，ポジティブ思考は希望的観測である，という紋切型の考え方があります。あまりにも楽天的で希望に満ちた人を批判したいとき，そのような人をポリアンナ[訳注1]（底抜けの楽天家）と呼びます。しかし，ここでもやはり，研究は，ポジティブ思考について数々の有益性を明らかにしています。

- 苦しい環境にいる人たちは，自分よりもさらに悪い環境にいる他の人たちのことを自然に考え，そうすることによって抑うつ的な気持ちに陥るのを避ける[115]。
　このような下向きの社会比較を考えると，なぜたいていの人たちは，たいていの場合に幸せであるのか，その理由を説明できるかもしれません[16]。
- 物事に対する楽観的な見方は，身体的，心理学的，社会的ウェルビーイ

訳注1）エレナ・ホグマン・ポーターの小説「少女パレアナ」の主人公パレアナ（ポリアンナ）に由来

ングと関連がある[81, 85, 116)]。

ポジティブな幻想が有益であることを示すデータは，通常の臨床心理学者によって繰り広げられる理論的議論と鋭い対照をなしています。彼らの主張は，現実主義と正確さが健康であることの証明だというものです。

- ポジティブな期待は，心理学的経路を介して，痛みを軽減させるプラセボ効果を発揮する。

とりわけ，ドーパミン（ポジティブな感情の経験に関係があるとされる）は，エンドルフィン放出のきっかけとなります[101)]。楽観主義と希望は，人の頭のなかだけでなく，人の神経系のなかにもあるのです。

ポジティブな特性

われわれが研究でフォーカスしたのは，よい性格です。親切心，チームワーク，ユーモアといった一群のポジティブな特性として，よい性格にアプローチします[77, 93)]。そして，個人の相違としてこれらのポジティブな特性を測定する尺度を考案し，問題となるさまざまな効果をそれらと関連させます。

- 強みとしての徳性（character strength）は人生に対する満足につながる。

成人において，好奇心，感謝，希望，愛情，および熱意の強さは，幸せやウェルビーイングと強い関連があります[80)]。若者においては，感謝，希望，愛情，熱意が，強力な予測因子となります[78)]。ごく幼い子どもたちの場合，両親が公開した記述を用いた研究によると，幸せな子どもに顕著にあらわれるのは，希望，愛情，熱意でした[76)]。ここには明白な発達傾向が見てとれます。子どもや若者のほとんどは，本来，好奇心旺盛なものですから，おそらくこのような強みは幸せな人と不幸せな人を識別するものとはならないでしょう。また感謝は，より複雑な個人の強みであり，認知的な成熟を必要とします。したがって，幼い子どもた

ちにそれが欠けていたとしても、驚くべきことではありません。そもそもこうした幼い子どもたちというのは、必然的に自己中心的だからです。

- 熱意は、仕事に対する満足と関連がある。

　会計士から外科医に至るまで、われわれがこれまで研究してきた50の異なる職業にわたり、その集団のすべてにおいて、熱意は仕事を天職と考える姿勢へとつながっています[90]。

- ユーダイモニア（幸福で健康で順調な満足した状態）は、快楽主義に勝る。

　自身の内的自己（悪魔）に忠実であること、という、ユーダイモニアについてのアリストテレスの考え方によれば、真に幸せであるためには、自分の美徳を明らかにし、高め、それに付き従って生きることが必要です。この考え方を、同様に立派な快楽主義の考え方（喜びを追求し、苦しみを避ける）と対照させてみてください。快楽主義は、功利主義の基盤となっている考え方ですが、同じくこの功利主義は、精神分析、および最も過激な行動主義のほとんどを支えるものにもなっているのです。研究は、人生に対する満足につながるものとして、ユーダイモニアが喜びに勝ることを明らかにしています[91]。ユーダイモニア的な目標を掲げ活動する人は、喜びを追求する人よりも（人生に）満足しています。だからといって、快楽主義が人生の満足とは無関係である、ということではありません。他の条件がすべて同じだと仮定した場合、快楽主義はユーダイモニアほどには長期の幸せに貢献しない、ということにすぎません。

- 問題なのは「頭脳」よりも「心」。

　ポジティブ心理学者は、強みとしての徳性（好奇心、創造性、親切心、チームワークといった個人的相違）を研究し始めました。評価尺度が発明され、人びとの生涯にわたって適用されてきました。研究調査は、人びとを結びつける心の強み（愛情や感謝）が、創造性、批評的思考、美的鑑賞力といった、本質的に個人的な頭脳の強みよりも、はるか

に強力にウェルビーイングと関連がある，と一貫して示しています[80]。もちろん，正式な教育では後者の強みが強調されますが，教育の1つの目標がよい人生を奨励することであるとするなら，前者の強みも注目に値することが，この研究結果からうかがえます[2]。

ポジティブな人間関係

おそらくポジティブ心理学における最も一貫した知見は，他者（友人，家族，職場の同僚など）とのよい人間関係は，心理学的なよい人生に貢献する，ただ1つの最も重要な一因だということです。

- 幸せと最も強い相関性をもつものは，本質的に社会的である（たとえば，外向性，社会的支援，友人の数，余暇活動，結婚，雇用，ただし収入ではない）[83]。
 宗教も有益です。なぜならこれらの多くは他者との親交の結果生まれるものであり，宗教の礼拝にはこうした親交が必然的に伴うからです[63, 73]。
- よい人間関係は，人生に満足するために必要な条件になることもある[18]。
 どのようなことであれ，そのために必要な条件はこれまでほとんど記録されてきませんでした。それを考えると，これは衝撃的な発見です。
- 他者に対するより，夫または妻に対して，よりポジティブなとらえ方をするということ（おそらくは理想化）は，その結婚が素晴らしく，長続きすることへとつながっている[66, 67]。
- パートナーから聞いたよい知らせに，積極的で建設的な返事をするというのは，良好な人間関係を特徴づける[31]。
 「あなたなら，その昇進も当然よ――もっと話を聞かせて」という返事と「そんな新しい責任に，どうやって対処するつもりなの？」や「よかったわね。ねえ，トム・ブレイディ[訳注2]って，かっこよくない？」を比較してみてください。

- より一般的にいうと，よい人間関係とは，ポジティブなコミュニケーションがネガティブなコミュニケーションよりも，かなりまさっているような関係である[28,34]。

ポジティブな集団と制度

ポジティブな制度は，ポジティブ心理学とは弱いつながりしかもたないとされていますが，これについてはもっと調査が必要です[87]。われわれ自身の予備的研究からは，ポジティブな集団のいくつかの特徴が立証されました。

- 自分たちは幸せな家族である，と自認する人は，平等で，寛容であり，誠実で，社会的知能やチームワークがあるといった強みが，自分たちの家族にあると説明します。着目していただきたいのは，これらは幸せな個人を特徴づける強みではないということです。
- 学校，職場，および高い士気を有するコミュニティは，同じ組織レベルの価値と美徳を力説します。それは目的の共有，安全，平等，親切心と礼儀正しさ，そして個人の尊厳です[75]。

吟味

ポジティブなことに関心を払うことで，問題に焦点をおく心理学にはそれまで知られていなかった，人間の状態に関する重要なことが見えてくる，という説があります。まだあまりよく理解されていないのは，ポジティブな感情，ポジティブな思考活動，ポジティブな人間関係，そしてポジティブな集団や制度が，よりよい方向へと人びとに影響を与えるメカニズムです。1つの可能性として考えられるのは，これらのすべてが心理学的な資本，リソース，および長所を築き，それが後に花開き，よい効果を生むのではないか，ということです[65,110]。

訳注2）米国のアメリカンフットボールの選手

実際，幸せ，強みとしての徳性，よい社会的関係は，ストレスに満ちたライフイベントの有害な影響を緩和するクッションとなっています。困難な挑戦や停滞もなく人生を生きていける人はいません。しかし，より人生に満足し，強みとしての徳性をより高め，よりよい社会的支援に恵まれるようになるほど，人は，困難にさらされたからといって心理的，あるいは身体的な問題をそれほど経験しなくなるのです（文献10, 92, 113）。

特定のテクニック

ポジティブ心理学者は，短期間の簡潔な介入で幸せ，満足，充実感を押し上げる効果があることを実証しました。ランダム化とプラセボコントロールを用いた厳密な研究から，ポジティブ心理学を基盤とした介入は抑うつを緩和させるだけでなく，ウェルビーイングを増大させるという根拠が得られています[108]。たとえば，クライエントには自分の恵まれた点を数えるよう求めてもいいでしょう。

> 「1週間，毎晩，寝る前に10分間，時間をとってください。その時間を使って，3つの出来事を書き留めていただきたいのです。その日，本当にうまくいったことと，その理由を3つです。日記帳やコンピュータを利用して書いていただいてもかまいません。重要なのは，あなたが書いたことの物理的記録を残すということです。頭のなかでこの演習をするだけでは十分ではありません。あなたが挙げた3つのことは，それほど重要でないかもしれませんし，かなり重要かもしれません。あなたのリストの各ポジティブな出来事のとなりに，『なぜこのよいことは起こったのだろうか？』という質問に対する答えを記してください」

クライエントに対し，自分の強みを新しい形で生かすよう求めることもできます。VIA–ISをオンライン測定してもらい，クライエントの最も自分らしい強みとしての徳性を明らかにします。その後，これらの強みを彼

表9.2　ポジティブ心理学のテクニックの例

ポジティブな感情を増大させるためのエクササイズ
　　親切な行動を行う
　　ゆっくりと味わう
ネガティブな感情を減少させるためのエクササイズ
　　トラウマ的な出来事について書く
人生に対する満足を増大させるためのエクササイズ
　　外向的に行動する
　　自分の恵まれている点を数え上げる
才能と強みを伸ばすためのエクササイズ
　　新たな方法で才能や自分ならではの強みとしての徳性を利用する
エンゲイジメント（没頭志向性）を増大させるためのエクササイズ
　　やりがいのある趣味を見つける
社会的つながりを増大させるエクササイズ
　　よいチームメイトになる
　　活発・建設的に反応する
意味と目的を増大させるためのエクササイズ
　　ひそかによいことをする
　　自分の遺産を書き出す（writing one's own legacy）
　　価値ある団体のため働く
健康と安全を増大させるためのエクササイズ
　　言葉巧みな脅しや危険を懸念する

らの日常生活のなかで利用するよう指導します。

　「これから7日間，毎日，あなたの上位5つの強みのうちの1つを，あなたが以前に用いたことがなかった方法で活用してください。自分の強みを新しい状況で用いても，あるいは新しい人に対して用いてもかまいません。それは，あなたが決めてください」

　表9.2にも例を挙げます。ここに紹介する介入およびその他の介入について，より詳しい情報は，LinleyとJoseph[55]，ParkとPeterson[79]，PetersonとSeligman[93]，およびPeterson[83]を参照してください。

　これらのテクニックを治療の文脈で用いる場合には，必要な技術がいくつかあります。第一に，セラピストはエクササイズで求められる特定の方

法で，変化しようとするクライエントのレディネスと，そのための能力を確認します。どのような心理療法手続きでもそうであるように，これらのテクニックも，気乗りがしない人や，その能力がない人に無理やり押しつけることはできないからです。

　第二に，これらのテクニックのなかには即効性のダイエットや抗生物質のようなものはひとつもありません。というのも，クライエントはこれらのテクニックを永続的な効果をもつようになるほどにまで，日常の行動に融合させる必要があるからです。たしかに1週間にわたって幸運の数を数えていれば，その週の間はより幸せな気持ちになれるでしょうが，その人が習慣的に物事に感謝するようにならない限り，より長続きする効果は得られないでしょう。私たちの研究のなかで（驚くほどのことではありませんが）永続的な効果があった人は，このエクササイズを持続していた人であることがわかっています。

　第三に，これらのエクササイズは一般に，すべての人に適合するとされています。しかし，すべてのクライエントに役立つと考えられる理由はありません。クライエントが提示している特定の問題や目標，あるいは年齢，性別，社会階級や民族性と，エクササイズとの相性については，何ひとつとして明らかになっていないからです。

　第四に，これらの介入のパラメーターについてはほとんど知られていません。たとえば，はたしてどれほどの数の幸運を数えたらいいのでしょうか？　また，どれほど頻繁に行うべきなのでしょうか？　大学生の場合，週に1回幸運を数える方が，より頻繁に数える場合よりも，幸せを増大させるうえでより効果的なことがあります[109]。これは一般的な現象なのでしょうか？　それとも大学に通う若年成人に特有の現象なのでしょうか？

　第五に，すべての介入が意図せず害を及ぼすリスクをもっています。ポジティブ心理学者は，自らのテクニックによって医原性の影響を回避できると信じたいと思いつつも，完全に自信をもってそう断言することはできません。たとえば楽観主義は精神的，身体的健康と関連があるとはいえ，クライエントに向かってポジティブな期待をすればあなたの問題はすべて

解消しますと言うのは，あまりにも短絡的であり，危険かもしれません。同様に，ポジティブ心理学の介入が，クライエントの選択と責任を過剰に強調したとしたらどうでしょう。虐待や迫害のケースの場合，少なからぬダメージが及ぶことになりかねません。というのも，虐待や迫害といったケースで，自己非難は撤回される必要がありますし，奨励されてはならないからです。繰り返しになりますが，ポジティブ心理学に基づいた介入を行うとき，既存の治療方略を用いる必要がある場合，それらの使用を排除すべきではありません。

ポジティブ心理学の知識を取り入れたセラピーを目指して

　ポジティブ心理学と結びついた介入があらわれ始めています。いわゆる「ポジティブセラピー」です。これらのセラピーを通常の治療と区別するのは，これらのセラピーで明言される目標が，症状の軽減や除去というよりも，幸せ，人生の満足，充実感，生産性，および他の同種のもの（よい人生に対するポジティブ心理学の見方を構成する1つ，またはそれ以上の要素）を高めることである，ということです。これらのセラピーが標的とするのは，心理的問題を抱える人と，抱えていない人の両方です。

　これらのセラピーのいくつかについては，次のセクションで紹介することにしましょう。ここでは，いくぶん限定されてはいますが，それらの有効性を裏づける根拠に着目します。この根拠は，これらのアプローチの有効性に異を唱えるものではありませんが，ただ，ジャッジが不在であるということは，取り急ぎ付け加えておきます。ただ，これらのセラピーのほとんどが研究志向の心理学者によって考案されたことは幸運でした。彼らは自らの考えを経験的に検証している途上です。

　さらに幸運なことに，何十年にもわたり，セラピー効果の文献から，評価努力の指針とするために利用可能な教訓が得られてきています[68,69]。サンプルの妥当性，適切な統制群の設定，無作為割り付け，治療マニュアル，客観的な効果の尺度，効果量の推定，長期のフォローアップ，およびプロセスの分析が必要だと認められています。いずれも将来の調査には容

易に適用可能となるでしょう。

　加えて特筆したいのは，「ポジティブ心理学」という用語から，これらのアプローチが完全に新しいものであるかのように思われるとしたら，この用語は誤解を招くおそれがある，とわれわれが考えていることです。われわれのレビューからも明らかになるでしょうが，いわゆる「ポジティブセラピー」は，確立した従来のアプローチに由来し，通常，認知行動療法から派生したものです。では，これらのセラピーについて何が新しいかというと，目標がさらに拡大され，その目標を達成するためにポジティブ心理学の介入を慎重に融合したことです。したがって，これらのアプローチをより正確に，ポジティブ心理学の知識を取り入れたセラピーとして説明していきたいと思います。

臨床実践

　すでに述べたように，ポジティブ心理学とは包括的な用語です。単独で当分野を定義する理論はありません。ポジティブ心理学に含まれる理論のいずれをとっても，セラピー全体の骨組みを組み立てる力も，視野もないことは明らかです。だからこそ，セラピーに関心があるポジティブ心理学者は，現在に至るまで，治療の全体的なモデルを既存のセラピー（および，それらのより大きな理論的視野）に求めてきたのです。

実践例

　続いて，ポジティブ心理学の知識を取り入れた（あるいは，それと調和する）セラピーの一部（および情報が入手できれば）とその有効性に関して知られていることについて，概要を紹介します。

1. 数十年前，Michael Fordyce[25, 26]は，Personal Happiness Programを開発し，それが大学生の長期的な満足を高めるうえで有効であることを明らかにしました。Fordyceは，幸せに関する文献を調査し，おそ

らく普通の人たちを短期的に管理するなかで，予測因子（たとえば，忙しくしている，他者と交際している，有意義な仕事をしている，幸せの追求を最優先にしている，など）を規定しました。この情報は，提案された行動的，認知的エクササイズとともに，個人に伝えられました。非介入統制群も含めた7つの研究で，Fordyceは，自己報告による幸せが増大し，抑うつの感情が減少することを発見しました。

2. 自分が恵まれている点を数え，新しい方法で自分ならではの強みを利用するといった，「ポジティブ心理学の特定の介入」に関するわれわれの調査については，すでに説明しました[108]。これらの研究は，ポジティブ心理学の介入を発達させ，評価するための，計画されたプログラムの一環として行われたものでした。われわれはFordyce同様，幸せの増大を意図する介入のために科学的で評判のよい文献を調べました。100以上の文献にあたり，そのうち40の文献をマニュアル化することができました。進行中の研究において，きわめて適切な統制群（個人に，それぞれの早期の記憶について書き記してくれるよう依頼する）を用いた無作為化臨床試験により，これらのマニュアル化された介入の効果を系統的にテストしているところです。先にも述べたように，これまで評価してきた介入の2つ（自分の幸運の数を数えることと，自分ならではの強みを今までにない新しい方法で活用すること）により，6カ月間のフォローアップを通じて，幸せは増大し，抑うつは低下したこと，すなわち，その効果の規模は従来の型どおりの心理療法の効果と変わらぬほど大きいことを発見しました。また，3つ目の介入（別の人間に感謝の手紙を書いて送ること）が，幸せと抑うつに非常に大きな効果を及ぼす一方で，それは1カ月間しかもたないこともわかりました。他の2つの介入（「最善の状態である自分」についてエッセイを書き，自分ならではの強みを明らかにする〈新しい方法でそれらの強みを用いるよう導くことはしない〉）は，ウェルビーイングに影響を与えませんでした。先述のとおり，研究は続いています。うまく作用することを判断するのとまさに同じくらい，うま

く作用しないことを学ぶことも重要でしょう。
3. Martin Seligmanら[107]がその見取図を示した「ポジティブ心理学」は，ここで述べた研究を一般化した概念です。ポジティブ心理学のさまざまなテクニックを総合し，抑うつ状態の患者に対する1対1のセラピーのなかで連続的に用いていきます。セッション外のホームワークは，治療における話し合いの焦点となります。パイロットデータは，この治療スタイルが抑うつを軽減し，人生に対する満足を増大することを示唆しています。
4. 「QOL療法」は，Michael Frisch[29]によって開発されました。Frischはこれを認知療法の一例とみなしました。この療法の目標は，Beckら[4]が開発した類のテクニックを，抑うつを減少させるために用いることで，QOL（幸せ）を向上させることです（Scott & Freemen, 本書の第2章参照）。ポジティブ心理学の知識を取り入れたその他のセラピーと同様，QOL療法は，よい人生に至るには複数のルートがあると仮定します。そして，これらを達成するためのテクニックとして，自分の客観的状態を変えることから，個人的成功を定義する自らの基準を修正することまで具体的に説明します。QOL療法は，個人のクライエントと集団のいずれに対しても用いることが可能です。現在に至るまで，臨床クライエントと非臨床クライエントを対象に，QOL療法のさまざまなバージョンが創造されてきました。QOL療法が人生に対する満足を高めるというQOL療法の所期する目標に適うものであることを裏づける根拠も集まりつつあります（文献35，95など）。
5. 「ポジティブな行動支援」は，行動療法の一形態であり，環境と，とりわけ「問題の文脈」に焦点を当てます。問題の文脈は，逆効果を招く不公平な状況で問題を生み出したり，あるいは悪化させたりするものと定義されます[8]。ポジティブな行動支援は，本来，障害のある人を助けるために考案されたのが始まりですが，現在ではより一般的に応用されるようになりました。ポジティブな行動支援は，スキル，コーピング方略，変化しようとする動機をクライエントに与えようと試

みます。また，ポジティブな行動支援では，家族や，当人の人生で重要な鍵となる人物にも支援を求めます。ポジティブな行動支援は，問題を生み出すものだけでなく，幸せや人生に対する満足を促すものにも関心を払います。

6．C. Rick Snyderの「ホープ・セラピー」は，明白な目標を設定しモニタリングする，というプロセスを通して希望を高めていくために，認知行動療法のテクニックを用います[9]。Lopezら[57]は，子どもや大人が希望を築き，高めるための公式および非公式の方略を数多く記述しました。個人や集団を対象に，ホープ・セラピーのさまざまなバージョンが存在します。希望を高めることによって，ホープ・セラピーがウェルビーイングを増大させ，抑うつと不安の症状を減少させることは，いくつかの研究によって実証されています[44,50]。

7．「ウェルビーイング・セラピー」は，Giovanni Fava[21]が開発したセラピーであり，Ryff[98]による心理学的ウェルビーイングのモデルを基盤としています。Ryffのモデルは，幸せに生きるためのいくつかの構成要素（環境の制御，個人的成長，人生における目標，自律性，自己受容，他者とのポジティブな関係）を区別していますが，これは心理学的健康に対するポジティブ心理学の見方とかなり重複します。ウェルビーイング・セラピーは短期の個人療法であり，徹底した認知的アプローチを用います。早期のセッションにおいてクライエントは，幸せな人生についてのエピソードと，それらが人生においてどう位置づけられるかを説明するよう求められます。その後クライエントは，そういったエピソードについて日記をつけ，それらのエピソードを中断する考えやビリーフを明らかにするよう求められます。最後には，これらの信念に異議を唱え，検証するよう教えられます。ウェルビーイングを構成する要素のうち，たびたび損なわれがちなものには特別な注意が払われます。ウェルビーイング・セラピーがここに挙がっている他のアプローチと比較してより治療的なのは，この点によります。ウェルビーイング・セラピーは，不安と抑うつを緩和するのに効果的で

あり，ウェルビーイングを高めます（文献22, 23など）。

8. 「アクセプタンス＆コミットメント・セラピー（ACT : acceptance and commitment therapy)」は，Hayesら[40]が開発したセラピーであり，明らかにポジティブな目標をもっています。クライエントの心理的苦痛を軽減し，価値ある人生を送ることができるよう手助けする，という目標です（DiGiuseppe, 本書の第4章参照）。ACTは短期の構造化されたセラピーです。さまざまな心理学的，医学的問題を抱える個人や集団に対して用いられてきました。ACTは，個人に対し，心理的苦痛を正常で本当に重要なものとして受け入れるだけでなく，それを不必要に増大させるのを避けるよう促すためのエクササイズや課題を与えます。ACTでは，問題のある思考方法を直接的にターゲットとするのが有効であるとする，典型的な認知療法の前提をもって問題を取りあげます。しかし実際のところ，ACTを支持する人は，思考にあまりにも多くの関心を注ぐのはかえって逆効果であり，問題を悪化させる可能性さえある，と主張します。ACTには仏教的な趣があり，それはACTの創始者自身認めているところですが[37]，このセラピーは本来，行動療法と，思考と言語に関する明確な心理学的理論から引き出されたものです[38]。ここで触れたセラピーのなかでは，ACTは最も頻繁に検証されてきたものの1つであり，心理的問題を軽減する効果は，従来の認知行動療法に劣りません[39]。

9. 「マインドフルネス認知療法（MBCT : Mindfulness-based cognitive therapy)」は，認知療法のテクニックを仏教徒の実践するマインドフルネス瞑想法と組み合わせたものです。マインドフルネス瞑想は，自分が考えていることへの意識を高め，今のこの瞬間を生きるとともに，自分自身の思考に関する評価的判断を控えるよう促します。典型的な認知療法では思考の内容を変えるよう試みるのに対し，MBCTは非判断的自覚を強調します（Dimidjian, Kleiber, Segal, 本書の第10章参照）。MBCTは，慢性疼痛や高血圧といった身体的な問題を抱える人を手助けするためにJon Kabat-Zinn[47]によって開発されたス

トレス解消方略から生じました。Zindel Segal, John Teasdale, Mark Williams[102]は，これらの方略を循環性うつ病を抱える個人を助けるために用いました。MBCTでは，週1回のグループセッションと宿題が課せられます。アウトカム（効果）研究は，MBCTが抑うつや不安の軽減に効果があり，再発の防止にきわめて有効であることを明らかにしています。MBCTには，医療患者のQOLを向上させる効果もあります。

10. Steven Brunwasserは「デイ・リアレンジング（day rearranging）」と呼ばれる介入を創出しました。これは，人はストレスを軽減し満足を増大させるために自分の日々の活動をアレンジし直すことが可能である，という前提に基づくものです。人は，自分を不幸にすること（ひっきりなしにEメールを確認するなど）に，自分がどれほど多くの時間を費やしているか，また逆に，自分を満足させること（散歩をするなど）には，どれほどわずかな時間しか費やしていないかを完全には認識していないことがあります。いったい何が自分を幸せにしてくれるのか予測するスキルさえもたないことがあります[33]。したがって，1日の間にいったい自分が何をするか，またそれぞれの活動をしている間にどのように感じるかを，1，2週間にわたり，絶えず注意しているよう求められます[48]。その後セラピスト（day rearrangerともいわれる）と会います。セラピストは，日誌と，そこからどんな教訓を学ぶかについて話し合います。常識の制約のなかで，楽しい活動を増やし，不快な活動は減らす，ということがはたして可能なのでしょうか[54]。不快な活動に対しては，その報いとして楽しい活動が得られるよう，活動をアレンジし直すことはできるのでしょうか[94]。長所や才能を駆使して，不快な活動を楽しい活動へと一変させることは可能なのでしょうか。——強みや才能を駆使することがおそらく充足を与えてくれることになるかもしれません。デイ・リアレンジングは，抑うつの治療で用いられる行動活性化療法によく似ています（Martell, Dimidjian, Lewinsohnm，本書の第6章参照）。ただし，デイ・リア

レンジングの場合，クライエントの活動レパートリーに新たな活動を加えることは，さほど強調しません。クライエントのレパートリーのなかにすでに存在している活動をアレンジし直すか，さもなければそれを別のものに一変させることの方に力を入れます[53]。この介入は，これまでパイロット研究のなかでのみ用いられてきました。そのためその効果については，現時点では不明です。

事例：エンゲイジメント（没頭志向性）向上のための自分ならではの強みの活用

　ジェイスンは20歳の学生。私立大学の2年生で，会計学を専攻しています。大学1年生のときにはすべてうまくいっていました。新しい友人もでき，授業を楽しんでいましたし，ディーンズ・リスト[訳注3]にも載りました。しかし，2年生になるとうまくいかなくなりました。ジェイスンは，自分の専攻の要件を満たすために，興味を感じない3つの授業をとりました。とりわけ商法の授業は長ったらしいうえに，難しいものでした。その授業では，広範囲にわたり資料を読まなくてはなりませんでした。しかしジェイスンには，それが自分の現在や将来といったい何の関係があるのか，わかりませんでした。

　勉強しよう，課題を仕上げよう，という動機を見つけることは，容易ではありませんでした。ジェイスンは，自分の勉強になかなか集中することができず，1つのくだりを数回読まなくては内容が頭に残らないこともしばしばでした。彼には珍しく，締め切りの前夜まで課題を先延ばしにしました。提出はしたものの，それは彼の能力を反映してはいませんでした。学期半ばになる頃には，授業で何とか落ちこぼれまいと必死の状態となり，中間考査のスコアは下から1割，授業の研究課題でもせいぜい並の成績しかとれませんでした。ジェイスンはだんだん不安になり，他の授業での勉強はもちろんのこと，社会生活にも影響が出てきました。もっと勉強

訳注3）Dean's List. 成績優秀者リスト（ある学期で高成績をとった学部学生名の一覧）

をするために，友だちと付き合うこともやめました。ただし，彼には，余分に勉強したからといって成果があるようには思われませんでした。

　ポジティブ心理学者は，ジェイスンのケースをどのように概念化するでしょうか？　ポジティブ心理学者がフォーカスするのは，主要な問題としてのジェイスンの不安でも，この問題の症状としての先延ばし行動でもありません。ウェルビーイングという広がりのある視点からジェイスンをとらえ，欠点だけでなく，長所や強みについて尋ねます。これらの観点から見ると，ジェイスンの問題とは，学業に身が入っていないということです。勉学に対する動機（大学1年生のときには内発的だったもの）が，2年生では外発的なものになっていました。同時に，ジェイスンには性格上の顕著な強みがありました。

　とりわけ彼は，ユーモラスで陽気でした。このポジティブな特性は，ジェイスン自身の自己報告からはもちろんのこと，VIA-ISの結果によっても確認されました。ジェイスンはスポーツやカードゲームなど，親しく競い合うようなゲームが大好きでした。彼が最も楽しく，生き生きと感じたのは，そうした活動をしている最中でした。不安を抱えながらも，この強みはまったく損なわれていませんでした。ただし，ジェイスンは，それをめったに発揮することがありませんでした。

　学業に関する問題を何とかしようと，ジェイスンはカウンセラーと面談しました。カウンセラーは，セッションのなかで早々に，ユーモアと陽気さという彼ならではの強みに注目しました。カウンセラーは，ジェイスンの強みを活かす機会として授業への取り組み方を変えることで，授業を，とりわけ商法を，もっと興味をひくものにしてはどうか，と提案しました。

　ジェイスンの友人の2人も，ジェイスンと同じ商法の授業に登録していました。彼らもまた，同様に動機の問題を抱えていました。そのため，事実上彼らは共同クライエントになったわけですが，カウンセラーが彼らに会うことは一度もありませんでした。ジェイスンとカウンセラーは，商法の授業のための学習方略を編み出しました。それは，この授業を親しい競

争に一変させるものでした．彼ら3人の学生は，それぞれ別々に，毎晩2時間この授業のための勉強をしました．週の終わりには各自が授業の教材の範囲から10項目のクイズを作ることにしました．彼らはクイズを交換し，負けた2人が勝者のためにデザートを買います．この方略は，治療上の「進歩」をたやすくモニターすることができました．ジェイスンは，はたしてどれほどの時間勉強したのでしょうか？　また，クイズでの出来はどうだったのでしょう？

　もちろん，デザートが競争のポイントではありませんでした．ある意味それはおまけのようなものでしたが，ジェイスンの進歩は週末に勝つか，負けるかとはまったく関係がありませんでした．むしろ，ポイントは勉強が社会的活動に変わったということであり，それによってジェイスンは友人と冗談を言い合い，本来の陽気な自分に戻ることができました．数週間後，勉強はジェイスンにとって興味をひくものとなりました．商法についても，他のコースについても，やるべきことを先延ばしにすることも徐々になくなっていきました．不安も消えました．2人の同級生との友情も深まりました．

まとめと結論

　ここでいま概説したセラピーについて考えてみましょう（表9.3参照）．これらのセラピーの新奇かつ明白な目標とは，明らかな心理的問題を抱えている人たちや抱えていない人たちのウェルビーイングを高め，よい人生が送れるよう後押しすることです．先にも強調しましたが，いずれも本書で説明したような確立したセラピーから引き出されました．すべて，個人，または小集団を対象とした短期の構造化された介入です．ほとんどが認知行動テクニックを採用します．いずれもセッション外のエクササイズと宿題を課し，それらの結果はセッションにおいて話し合われます．これらのセラピーの多くでは，クライエントに日誌をつけるよう求めます．クライエントの多くは，持続的な評価を頼りにしています．

表9.3 ポジティブ心理学の知識を取り入れたセラピー

	より大きなモデル	マニュアル化?	クライエント	根拠は?
1. Personal Happiness Program	認知行動的	○	平均的な人	有
2. ポジティブ心理学的介入	認知行動的	○	平均的な人	有
3. ポジティブ心理療法	認知行動的	○	抑うつ的な大人	有
4. QOL療法	認知的	○	平均的な人と抑うつ的な大人	有
5. ポジティブな行動支援	行動的	○	平均的な人	有
6. ホープ・セラピー	認知行動的	○	平均的な人と情動障害をもつ人	有
7. ウェルビーイング・セラピー	認知的	○	情動障害をもつ大人	有
8. アクセプタンス＆コミットメント・セラピー	行動的	○	情動障害をもつ大人	有
9. マインドフルネス認知療法	認知的－仏教	○	抑うつ的な大人と医療クライエント	有
10. デイ・リアレンジング	行動的	○	平均的な人	無

　医学的モデルにおいては治療を受けている人は病気であり，その人の問題はDSMの診断により個別的に実在（存在する，あるいは存在しない）として最もよく説明されると仮定しますが，ポジティブ心理学の知識を取り入れたセラピーは，この仮定に強く異議を唱えます。ポジティブ心理学によると，人の弱みと強みというのはさまざまな程度の違いがあります[93]。

　既に強調してきたように，研究による支持は集まり続けています。十分なアウトカム研究が行われてきました。それらから導かれた結論は，これらのセラピーが小規模からほどほど程度の効果をもつ，単なる心理学的介入の有望な一タイプ，というだけのものではない，ということです。通常の治療と直接的に比較した際に，これらの拡大的なセラピーが，不安や抑うつに対してはたしてうまく機能するのかどうかについては，ほとんどのケースで明らかになっていません。ポジティブ心理学の知識を取り入れた効果的なセラピーの境界条件は，まったく不明です。

多くのポジティブ心理学者は，強みに基づいた変化へのアプローチの方が，欠陥の修正に焦点をおくアプローチよりも優れていると信じたいと思っています[7]。この仮定については，今後も真剣に検証していく必要があるでしょう。公平に考え，強みと弱みの両方に関心を払っていくことが非常に重要でしょうし，これらを互いに排他的な治療目標とみなしていては，有効な目的はまったく得られないであろう，と予測しています。

以前われわれは，ポジティブ心理学の介入はほとんど抵抗にあったことがなく自立しているという意味で，本質的に手際がよいものだと考えていました[82, 93]。そもそも，人がより幸せでより満たされることを望まない，などということが，どうしてあるでしょうか？　より幸せで，より満たされるようになれば，追加的な（おそらく，そうするだけの価値がある）利益があることを考えると，なおさらではないでしょうか？

しかし今ではわれわれはポジティブな介入がクライエントとセラピストの両方に対して苦難となることもありうる，と考えています。人は必ずしも常に「正しい」ことや「よい」こと，あるいは「楽しい」ことをするわけではありません。何をする必要があるのかを完全によくわかっているときでさえそうです。自分のスキルに挑戦している最中にフローを経験する方が，テレビを観るよりもわくわくした気分になります[14]。親しい友人をもつ方が，ネットサーフィンをするよりも満ち足りた気持ちになります。ボランティア活動をする方が，タブロイド紙を読むよりも得るところが多いでしょう。はっきりとした価値に従って生きる方が，しょっちゅう妥協しているよりも，満足感が得られます。では，なぜ人は，そう生きようとしないのでしょうか？

この質問は，ポジティブ心理学者にとって答えるべき最も重要な質問の1つです。とりわけ，介入を開発し，それを展開するときには，そうです[83]。それほどよくもない人生には，かなりの惰性が見られます。幸せについて考える場合には，快楽の設定値を仮定することによって，理論家はこの惰性の意味を理解してきました[5]。この設定値は，遺伝的制約を[58]反映している可能性もありますし，対処的悲観主義といった認知スタイ

ル[72]，もしくは与えられた環境によって維持された習慣[64]を表していることもあります。最近の研究は，快楽の設定値が主要なライフイベントによって変わる可能性があることを明らかにしていますが，よりよいものへの変化が一般的である，あるいは容易である，と示唆するものは何もありません[17]。これは，ポジティブ心理学の知識を取り入れたセラピストは「7つの容易なステップ」の形式を決してとらないことを意味しています。

　それらが成功するかどうかは関連研究次第である，という以外に，これらのセラピーの将来を予測することは困難です。ポジティブな治療は，はたしてうまくいくのでしょうか？　理想化された臨床試験においてはもちろんのこと，濃霧のなかにいるような実際の臨床においても，有効なのでしょうか？　その能率についてはどうなのでしょうか？　ポジティブな治療は，まったく治療を行わない場合と比較した場合にのみ，その利益が明らかになるのでしょうか？　それとも，ポジティブなアプローチには，既存の治療以上の価値があるのでしょうか？　効果は，どれほど強力なのでしょう？　またどれほど長く続くのでしょうか？　今日までの根拠から察するに，これらのセラピーは，問題を減少させる一方で，ウェルビーイングを増大させることができるように思われます。では，これらの変化は，足並みをそろえて起こるのでしょうか？　それともそれぞれ独立して生じるのでしょうか？　ポジティブ心理学の知識を取り入れた多くのセラピーアプローチは将来有望に思われますが，今日までに厳格に検証されたものは，そのうちのほんの2, 3にすぎません。さらなる研究が必要です。

　結論として，ポジティブ心理学は，治療，予防，リハビリ，増進のための方略だけでなく，人間の状態に対する貴重な視点を提供します。ポジティブ心理学は，症状や障害の消失に留まらず，心理学的健康に対する私たちの視野をさらに広げます。そして，健康で満たされた生産的な人生がすべての人たちにとって可能であるという希望を与えてくれるのです。

第10章

マインドフルネス認知療法

Sona Dimidjian
Blair V. Kleiber
Zindel V. Segal

導入と歴史的背景

　マインドフルネス認知療法（mindfulness-based cognitive therapy：MBCT）は，大うつ病の再発と反復を予防するために開発された革新的な短期集団療法です。MBCTは，マインドフルネス瞑想の実践，大うつ病に関する心理教育，認知／行動方略を統合した治療法で，反復性うつ病の病歴がある成人に対する予防的介入として，よく計画された研究が行われています。また現在では，大うつ病への付加的治療法としても検討されてきているところです。本章では，MBCTの発展の歴史，MBCTの指針となる基礎理論モデル，当モデルと臨床アプローチの根拠となるエビデンスについて述べます。また，核となる原理，介入法，セラピストの質に焦点を当てながら，8週間のMBCTの臨床実践についても概説します。さらに，うつ病の再発予防のためにMBCTグループに参加した，あるクライエントについて記述することを通して，鍵となる構成要素についても具体的に述べていくことにします。
　MBCTの発展は通常とは異なる道をたどりました。実証的データ，患者や同僚からのフィードバック，研究者であり臨床家としての自分自身の

体験に注意深い関心を払うといった，他とは異なる道をたどるということが，予想外で新たな方向に向かわせるものであることを示しています。このストーリーは，うつ病の性質と，うつ病を防ぐための既存の方法の限界，という2つの主要な問題を認識することから始まりました。

大うつ病性障害（major depressive disorder：MDD）は，慢性的な反復性の障害です。大うつ病エピソードを1回経験した人の多くが，再発あるいは反復を経験します。このさらなるエピソードを経験するリスクは，エピソードを1回経験するごとに増大します。3回以上のエピソードを経験した場合，90％の確率でさらなるエピソードを経験することになります。MDDのある人は，平均して4回のうつ病エピソードを経験し，また1回のエピソードは約20週間持続すると予測されています[11]。急性のMDDに対してはエビデンスに基づいた治療法が利用可能であるにもかかわらず，将来のエピソードから守るものを提供する私たちの能力には，残念ながら厳しい限界が横たわり続けてきました。薬物療法が，うつ病に対して最も一般的に提供される治療法であり，現在の治療ガイドラインでは反復の病歴がある患者に対する薬物療法は無期限に維持することが提唱されています[1]。投薬の継続により，将来の再発を継続的に予防する効果があることが明らかになっていますが，いったん抗うつ薬の服薬を中断した場合には，何らかの永続的な利益があるということを裏づけるエビデンスはほとんどありません[10]。最近の二重盲検法による研究では，最初の治療反応後に，引き続き薬物療法を受けてきた患者と，薬物療法を中止した患者の間で再発率を比較しています。これらの研究の結果からは，薬物療法を中止すると，急速に，しかも高い確率で再発が生じることが示唆されています[7,9]。加えて，MDDのあるすべての人が抗うつ薬療法（antidepressant medication：ADM）を望んでいるわけではありませんし，副作用を経験する人も多くいます。うつ病の患者のうち，妊娠中，あるいは授乳中の女性といった，一部のサブグループにとって，自分や子どもに対する潜在的な悪影響と，ADMの潜在的利益を比較検討するのは，困難で込み入ったプロセスとなります[34]。最後に，エビデンスにより，

ADMを受けている患者の過少治療[18)訳注1)]と服薬不遵守[2)]の双方に深刻な問題が存在することが示唆されています。

対照的に，認知療法（cognitive therapy : CT）のような心理社会的治療には，永続的な効果があるように見えます[5, 7, 8, 9, 15, 23, 25)]。しかし，これらのアプローチの現状は，現在エピソードを経験していない患者に対する独立した再発予防のパッケージとしては，広く研究が行われてはきませんでした。うつ病の有病率の高さと，心理社会的治療が利用可能であることを考慮すると，CTのような急性期向けの治療法だけに頼っていては，うつ病を経験した人の大多数が有する再発のリスクに対応できない可能性が高いでしょう。

このような背景のなかで，1992年4月にMBCTの共同開発者であるZindel Segal，Mark Williams，John Teasdaleが，MDDが反復するという性質と，患者にとって予防の選択肢が限られていることという両問題に取り組むために結集しました。当初彼らは，単なるCTの効果の維持療法版を開発するつもりでした[4)]。そのCTの維持療法版は，標準的なCTと同じ原理と方略を活用しつつ，現在エピソードを経験していない個人に対して用いるためにデザインされたものでした。治療法の開発プロセスの早期に，Segal，Williams，Teasdaleは，マサチューセッツ大学のStress Reduction Clinicを訪れました。そこでは，Kabat-Zinn[12)]によって開発された，マインドフルネスストレス低減法（mindfulness-based stress reduction : MBSR）プログラムの初回セッションを見学するよう勧められました。MBSRは，仏教の精神的伝統を基盤とした8週間の集団療法です。明らかに宗教とは関係のないやり方で，中心となる原理と実践を提供します。マインドフルネス瞑想，ヨガ，心と身体の関係についての教育を組み合わせたもので構成され，健康とストレスに関連したさまざまな慢性疾患を抱える患者の心身の健康の向上を目的としています。

Segal，Williams，TeasdaleはMBSRについて学んだとき，興奮が高ま

訳注1） 不十分な薬で治療が行われていること

りました。特に研究チームが感銘を受けたのは，まさしくうつ病の再発の一因と考えられる認知と情動のプロセスに対するMBSRの方略が，適切なものである可能性がわかったことでした。特に，MBSRでは特別で意図的な方法で，注意の向け方を学ぶことに焦点が当てられます。これは，患者がうつ病の早期の警告サインに気づくのを援助するうえでも，非常に関連性が高いスキルです。さらには，MBCTの参加者たちに対するうつ病の再発予防にとって，研究グループが不可欠であると推測していたのとまさしく同じ方法である，思考からの脱中心化（decentering）が，MBSRでは指導されていました。とりわけ彼らが感銘を受けたのは，以下のKabat-Zinn[12]による強調点でした。「自分の思考を思考として認識するという単純な行為によって，人は思考がしばしば創造する，歪曲した現実から解放されるとともに，より明晰に物事が見えるようになり，また，自分の人生をコントロールしているという感覚をより感じるようになる」（文献22のp.41）という点です。

　MBSRの専門家たちも同様に，注意集中に関するこれらの意見の一致について興奮しました。しかし，そういった反応は，当研究チームに向けた注意書きによって鎮められました。研究者自身による瞑想実践における確固とした基盤ももたずにマインドフルネスと臨床実践に関する研究を続行することに，MBSRの専門家たちは強い懸念をあらわしました。しかし，その計画は単に伝統的なCTの枠組みにMBSRの実践の一部を付け加えるだけである，といった警告が寄せられても，彼らはあまり臆することはありませんでした。なぜならば，（この時点ではまだ）彼らはCTの枠組みをほとんど修正する必要がない，と考えていたからです。

　CTとマインドフルネス・トレーニングを組み合わせようとした最初の試みが，注意コントロール訓練（attentional control training）でした。注意コントロール訓練にはMBSRの構造的な要素が採用されました。構造的要素とは，8週間にわたり週に1度，参加者が集まることと，参加者はKabat-Zinnによって録音された20分間のマインドフルネスのガイド付きテープを毎日のホームワークとして聴くことです。注意コントロール訓

練に対する反応はさまざまでした。参加者のなかには，このアプローチを有益と感じ，グループで学んだスキルを自分の日常生活に効果的に適用した人もいました。しかし，注意コントロールスキルは，軽度のネガティブな思考や感情には役立ちますが，重篤な状態に対する価値は限られていると感じた参加者もいました。参加者は，困難で強力な感情に対する援助を望んでいたため，注意コントロール訓練で提供された方略の有効性に疑問を抱きました。このような疑問に影響を受けたことを機に，マインドフルネスの枠組みから外れて，しばしば，伝統的なCTの枠組みに入り込んでしまっていることがあることに，インストラクターは気づきました。彼らは，CTの方法で参加者の思考を直接的に扱うことによって，参加者が困難な感情を減らしたり，取り除いたりするのに役立つ，と確信していました。残念ながら同時に，インストラクターらは10名以上の参加者グループに対しては，問題のある思考を同定し，評価し，行動実験を行う，といった通常のCTの方法を効果的に活用するのは不可能であるとも感じていたのです。研究チーム内でも，自分たちが開発しているアプローチに対する疑念が生じ始めていました。さらに，この領域の他の研究者らも，注意コントロール訓練について同様に懐疑的でした。この方法は，単にCTを水増ししただけのものにすぎず効果は期待できないのか，マインドフルネス方略は本当に何か新しいものを付け加えたのか，うつ病の再発予防を望む人にマインドフルネスを教える目的とは，そもそもいったい何だったのか，といった疑問が生じてきました。

　もし研究チームが，マインドフルネスの開発初期のアプローチにおいて，マインドフルネスの構成要素を保持していくつもりであるならば，計画の振り出しに戻り，最初から練り直す必要があることが，この時点で明らかになりました。Segal, Williams, Teasdaleは，マサチューセッツ大学Stress Reduction Clinicに引き返し，いくつかのMBSRグループを観察しました。そうすると，MBSRと注意コントロール訓練の間の根本的な相違点がいくつか明らかになりました。MBSRのインストラクターは，参加者の困難な感情を減らしたり，取り除いたり，さもなければ「修正

(fix)」しようとしたりはしていませんでした。そうではなく，参加者が自分のネガティブな思考や感情に，開放的なやり方で気づくように援助していました。このアプローチは標準的なCTとはかなりの差がありました。標準的なCTでは，困難な感情を低減させるために思考を変容し，問題の解決に取り組みます。一方，MBSRのアプローチでは，望まない思考と感情に対してCTとは根本的に異なった対応をします。MBSRの参加者は，実際，このような感情と関連の思考に「歓迎する気持ちをもちながら気づく」ことが求められます。同様に，MBSRのインストラクターによる参加者グループへのスタンスは，かなり異質であるように感じられました。彼らは，自分たちが教えているそのスキル自体を，まさに自らが体現していました。自分たちが教えるマインドフルネスの実践で，参加者に好奇心を抱いてみるよう勧めると同時に，自らも参加者とともに，穏やかな好奇心を共有しながら，参加者の困難でつらい体験を歓迎していたのです。疑う余地のない不可避な点は，インストラクター自身のマインドフルネス実践が，当プログラムの中核的な要素をインストラクター自らが体現できるようにさせていた点でした。

　研究チームは，うつ病の再発予防に対する自分たち自身のアプローチの修正にとりかかりました。MBSRのより微妙なニュアンスを理解し，マインドフルネスを自分自身で実践する重要性を肝に銘じ，研究チームは，介入法の改訂に乗り出しました。その結果がMBCTです。これは，抑うつ状態をもたらし，その状態を維持する可能性のある身体感覚，認知，行動，感情の自動的なパターンを妨害するのを援助するために，認知療法とマインドフル瞑想法を新たに統合した介入法です。

哲学的，理論的基盤

うつ病の再発モデルとそのエビデンス

　MBCTは，うつ病の再発への脆弱性を高める要因と，介入によってう

つ病の反復を防ぐ方法のモデルによって導かれています。この概念化は，基礎研究および臨床研究によって支持されています。以下に両領域の研究について概説します。

　再発性のうつ病に関するMBCTモデルは，基本のうつ病に対する認知モデルを基盤としています（たとえば文献3）。このモデルでは，個人が抑うつ状態にある場合，ネガティブで偏った見方で自らの経験を解釈することが示唆されています。こういった解釈は，個人が所与の状況でどのように感じるかに影響を与え，その結果として，抑うつが維持される可能性をもたらします。たとえば，友人がすぐに折り返し電話をかけてこない場合，抑うつ状態にある人は，「私のことなど本当は気にしていないんだ。誰も私のために割く時間なんてないんだ」と考えるかもしれません。認知モデルでは，このような解釈が感情に影響を及ぼし，この場合，結果として悲しみが生じ，抑うつがしつこく続くことを示唆しています。一方，「ひょっとしたら何かあったのかもしれない。私の方から電話して確かめてみようかな」といった，別の反応が生じた場合，よりポジティブな気分状態になる可能性が高いでしょう。認知モデルによると，個人が抑うつ状態にあるとき，自己，世界，将来について，非常にネガティブで，全体的で自己批判的な考え方をする傾向があります。状況は，このような信念という基礎となるレンズを通して解釈され，その個人の思考の内容が抑うつを強めたり，抑うつの持続をもたらしたりするのです。

　ここで，うつ病に関する認知理論で仮定される思考の重要な役割を考慮したときに，うつ病の再発において認知と感情はどのような役割を果たすのか見てみましょう。もともとTeasdale[26]によって提唱された特異的活性化仮説（differential activation hypothesis）とは，うつ病の再発の現象を説明するために基本的な認知モデルを拡張したものです。Teasdaleは，悲しい気分には，それ以前に顕在化していた思考パターンを再活性化させる力があることを指摘しました。このモデルでは，時間を経るごとに抑うつ状態のときに顕在化した思考と気分が連結し，パターン化される，と考えられています。ネガティブな思考が悲しみの感情と結びつくようにな

り，そしてその悲しみとそのネガティブな思考の連結の再活性化しやすさが，うつ病エピソードが解消された後もしつこく続きます。こうして，以前に抑うつ状態に陥っていた人たちは，特に悲しんでいる最中は，それまで一度もうつ状態になったことがない人たちには見られないような，ネガティブな思考の自動的な再活性化に陥りやすくなります。残念ながら，以前抑うつ状態にあった個人においては，このようなネガティブ思考が悲しみの気分を持続させやすくなっており，その結果，思考，感情，身体感覚，行動間での悪循環がもたらされ，うつ病の再発を潜在的に先導する可能性があります。

　このモデルに関する研究においては，「認知的反応性（cognitive reactivity）」という構成概念が検証されてきました。認知的反応性とは，以前抑うつ状態にあった人が，軽度の気分の変化に反応して，思考の大きな変化が伴う反応をする傾向のことを意味します。さまざまな研究者による一連の研究や，大規模な臨床群を対象とした研究結果から，以前抑うつ状態にあった人は，一度も抑うつ状態を経験したことがない人と比べ，悲しい気分に対して異なった反応をすることが示唆されています[19]。特に，研究者が参加者に，たとえば悲しい音楽を聴いてもらって，一時的に悲しい気分を誘導すると，以前に抑うつ状態にあった人たちは，それまで一度も抑うつ状態に陥ったことがなかった人たちよりも，ネガティブな態度を受け入れやすいことを明らかにしました。一度も抑うつ状態に陥ったことがない個人の認知スタイルは，気分に対してさほど反応的ではありません。さらに，うつ病の治療が奏功した後でも，最も高い認知的反応性を示す人は，再発のリスクも最大であることが示唆されています[20, 21]。

　こういった認知の内容に関する研究に加えて，思考スタイルに関する研究が並行して行われています。思考スタイルの研究からも，MBCTにおけるうつ病の再発に関する基本モデルに対して情報が提供されています。「反すう的思考スタイル（ruminative style of thinking）」は，問題となっている事柄の原因と結果に意識が向くままになってしまう傾向と定義されますが，大規模な研究からは，このような思考スタイルがより痛烈で，長

引く抑うつ症状と関わっており，問題解決の妨げとなることが示されています[17]。

このように，たとえ一時的であったとしても，軽度の悲しみに対する認知的反応性パターンと，反すう的反応スタイルとの組み合わせが，うつ病の再発に関する脆弱性を説明する中心的要因として挙げられています。以下は，Segalらによる要約です。

　気分が落ち込むと，古くて習慣的な認知プロセスパターンのスイッチが比較的自動的に起動します。これが2つの重大な影響を及ぼします。第一に，思考は，抑うつから抜け出して前進する効果的な道を見つけることなく，使い古された「心の溝（mental grooves）」のなかでぐるぐると回り続けることになります。第二に，このような思考自体が，抑うつ的な気分を強め，それがさらなる思考をもたらします。このように，自己永続的な悪循環を通じて，そうでなければ軽度で一時的だったはずの気分が，より深刻で，人を無能にさせるような抑うつ状態へとエスカレートする可能性があります（文献22のp.36）。

治療指針のためのモデルから概念化への転換：マインドのモード

　MBCTにおいて治療の指針となる基本の概念化には，「マインドのモード（modes of mind）」というメタファーが中心に据えられています。マインドはさまざまな方法で情報を処理します。その処理は，多様な方法で世界と相互作用すると考えられます。ここで，2つのマインドのモードである，doingマインドと，beingマインドについて検討します。

　「doingマインド」は，特定のゴールに向かって努力していくことを特徴とし，矛盾している情報を処理しようとする傾向を強くもっています。言い換えると，現在の状態と理想とする状態との間のずれにマインドが気づくと，個人は，そのズレを減らし，理想の状態を達成しようと問題解決のための努力をします。マインドがこのモードに入り，ゴール達成のための行動がとられると，そのとき個人は，「doingモード」であることをや

めるでしょう。しかし，もし望みが達成されなかったり，解決策が容易には見つからなかったりすると，マインドは，問題解決へのはてしない精神的ループにはまり込んでしまう可能性があります。マインドは，望ましい状態を達成するための行動をとることができないまま，可能性のある解決策はないものかと考え続けますが，これはその甲斐なく終わります。こうして，目先の問題にとらわれずに状況を把握する能力を制限してしまう，ネガティブで自己永続的なサイクルが発動されます。認知的反応性と反すうのいずれもにおける脆弱性が増すにつれて，doingマインドの自動パターンが際立ってきます。

「beingマインド」は，doingマインドとはまったく異なった形で体験と関わります。マインドがこのモードにあるとき，個人は，過去や未来との関係から現在の瞬間を評価する（＝doingマインドに特徴的な関わり方）のではなく，現在の瞬間を体験することにフォーカスします。つまり，doingモードにある人は，出来事や問題について，考えたり処理したりする一方，beingモードにある人は，現在の瞬間を分析することなく，そこにただ参与するということです。ゴールに向かって努力する代わりに，beingモードは，現在の瞬間を，あるがままに受けとめ，それを変えようとはしません。たとえば，瞬間瞬間の気づきのなかで，一筆ひと筆，絵を描くことに没頭する芸術家はbeingモードを体験しており，同様に思考も意図的な努力を要さずに生じては行き過ぎていきます。別の例としては，他の何らかの運動競技や創造的な活動に従事している最中に「のっている感覚（groove）」を得る，ということが挙げられます。

この2種のモードは，どちらにもそれぞれ日常生活での役割があります。MBCTの概念化では，戦略を練り問題を解決するために，doingマインドを活用することが明らかに必要であることを認めています。しかし，解決不能な疑問や問題に対する解決策を見つけようと，人がたえず試みるとき，doingマインドは問題となる可能性があります。現在の瞬間に参与しているという感覚がほとんどないことに気づかないまま，doingモードのマインドで多くの時間を費やす可能性があります。さらには，うつ病の

再発にとりわけ脆弱である，反復性うつ病歴がある個人にとっては，doingマインドは，反すうと認知的反応性のパターンの多くを発動させる可能性があるのです。

　MBCTのインストラクターは，治療を導く際の枠組みとして，マインドのモードを強調します。MBCTのインストラクターは，個人がdoingマインドの自動操縦モードから抜け出し，現在の瞬間の体験に対してよりマインドフルな態度に移れるように，マインドフルネスがいかに役立つかについて，インストラクター自らが繰り返し体現して指導します。こうして，beingマインドにアクセスするための能力を涵養することは，うまく行動するための基盤になるものとして提示され，その能力は8週間のプログラム全体を通して築かれていきます。コースの全過程を通じて，MBCTのインストラクターは，参加者がセッション内でのマインドフルネスの実践，エクササイズ，ホームワークを利用しながら，現在の瞬間へと絶えず注意の焦点を戻していけるように援助します。プログラムの全体的なゴールは，参加者がdoingモードとbeingモードのマインドを区別し特定すると同時に，習慣的に，自動的に反応するのをやめて，より直接的で意図的な注意を向けることを学ぶことです。

理論に対する批判

　MBCTの基盤となる理論に対しては，これまで直接的に批判されたことはほとんどありません。介入に関するマインドフルネスの構成要素については，その特定の価値をめぐって疑問がいくつか呈されています。たとえば，Coelhoら[6]は，MBCTの根拠になっているエビデンスをレビューし，積極的心理療法（active psychotherapy）やプラセボ条件とMBCTを比較する研究が行われていない点を強調しています。これに応える形で，Williamsら[32]は，新しい介入に関する研究がたどる標準的な発達曲線を強調しました。一般的に，新たな治療法が開発される際，研究の初期の段階では，効果の有無に関する研究に焦点が当てられます。これに対しその後の段階での研究では，初期の研究を基盤とし，その介入の効果が仮定

されているメカニズムに特異的なものであるかどうかを検討することになります。CTは，患者が抑うつ的認知を脱中心視できるよう援助することによって効果が示されるとするデータ[28]が示唆されていることを考慮すると，今後の研究では，マインドフルネス方略が，標準的なCT方略に特定の利益をもたらすのか，それともほとんど何も付け加えていないのかについて検討することが必要です。同様の問いが，グループという文脈で提供されている支援法である，という点についても投げかけられる可能性があります。このような問いを直接検証するためには，要因分析研究が必要であり，今後の研究がこの領域に対して多くを提供することになるでしょう。

　患者にうつ病歴がある場合にMBCTに緩和効果が示されるという点は，MBCTに関する知見の全体的なパターンのなかで，興味をかきたてるもう1つの代表的なテーマといっていいでしょう。特に，うつ病エピソードを2回経験した個人と3回以上経験した個人の間でMBCTの効果が異なる理由を完全に説明することはこれまで困難でした。この差異は，MBCTの基盤となっている基礎理論に異議を唱えるものなのか，あるいは支持するものなのでしょうか。なぜMBCTは，以前に2回しかうつ病エピソードを経験したことがない人たちよりも，3回以上のエピソードを経験したことがある人たちに対してより効果を示すのでしょうか。これには，いくつかの可能性が示唆されてきました。先に触れたように，うつ病のエピソードの回数が増すと，認知と感情の連結強度が増す可能性が考えられます。3回以上のエピソードを経験した個人は，抑うつ的な認知と悲しい気分との連結度が高いのに対し，2回しかエピソードを経験したことがない人は，そのような連結が強固になるために必要とされる，うつ病の経験が不足しているのかもしれません。反復の経験がより少ない個人が経験した，引き金となった生活上のストレスが果たした役割について検討してみることが，このパターンに見られる差異の説明に役立つかもしれません[16,22]。その一方で，これまでのエピソード回数がより少ない患者は，8週間のプログラムで課される集中的な訓練に取り組むための動機が欠けて

いるために，両者に差が示されるという説明も考えられます。今後，さらなる研究を行っていくことにより，MBCTの効果を予測するうえで，これまでの病歴がいかなる役割を担っているのかがさらに解明されることでしょう。

経験的エビデンス

理論モデルに関する経験的支持

　MBCTプログラムの基盤となる基礎理論モデルには，確かな裏づけがあります。基本的にこのモデルでは，通常の悲しい気分が生じた際に，同時にその気分と反すう的な反応スタイルが結びつき，ネガティブな思考パターンが再活性化されることで，以前にうつ病を経験した個人の再発への脆弱性をますます増大させる，と仮定しています。先に詳しく概観したように，うつ病における反すう的プロセスと認知的反応性の双方に関する大規模な研究は，MBCTの中心的理論の裏づけとなる強力なエビデンスになっています。

治療モデルに対する経験的支持

　MBCTの治療モデルはよく計画された臨床研究によって支持されています。実際，近年になって英国のNICE（National Institute of Clinical Excellence）が，実証に基づいた厳格なレビューを実施し，MBCTはうつ病に対する再発予防として効果的な治療法であることを確認しています。過去に複数回のエピソードを経験した個人は，MBCTに参加することによって再発の危険性を実質的に減らすことが，臨床研究によって明らかにされています。
　特に2つの大規模な無作為化比較試験が実施されました。いくつかの研究施設で行われた最初の臨床試験では，反復性うつ病歴がある145名の参加者が，通常治療（TAU）か，MBCTプログラムかのいずれかに無作為

に割り付けられました[29]。参加者は，それ以前にうつ病エピソードを少なくとも2回経験していることと，試験の開始前に少なくとも3ヵ月間は寛解していたことが必要条件とされました。また，すべての参加者は，それ以前に抗うつ薬を用いた治療を受けていました。MBCT群をTAU群と比較したところ，MBCT群のうつ病エピソードをそれ以前に3回以上経験したことがある参加者において，再発率に有意な差が示されました。具体的には，MBCT群の患者の再発率（37%）は，TAU群の患者の再発率（66%）のほぼ半分でした。上述したとおり，過去にエピソードを2回経験したことがあるMBCT群の患者においては，有意な再発率の増加は見られませんでした。その後，この最初の臨床試験はMaとTeasdale[16]によって追認試験が実施されました。この研究では，75名の参加者がMBCTあるいはTAUのどちらかの条件に無作為に割り付けられました。結果は同様であり，TAUに割り付けられた患者と比較して，MBCT群に割り付けられた，過去に3回以上のエピソードの経験がある患者の危険率は，有意に低下することが示唆されました（MBCT：TAUの再発率は36%：78%）。

　最近では，急性のうつ病治療に対するMBCTの役割が研究され始めています。KennyとWilliams[13]は，MDD，双極性障害の抑うつ状態，気分変調性障害のある個人に対するMBCTについて検討しています。この研究のMDDのある全参加者の参加条件として，3回以上のエピソードの経験があるか，あるいは現在1年以上持続している反すう的思考パターンと関連した抑うつ状態にあるかのどちらかに該当することがありました。また参加者は全員，研究に参加している間も抗うつ薬治療を継続することが許可されました。研究の結果，ベック抑うつ質問票（BDI）の得点を低下させるうえでMBCTが効果的であり，また，より深刻な抑うつ状態にある人たち（BDI得点が26点以上）の方に，より高い効果が見られました。さらに，うつ病の残遺症状に対するMBCTの効果に関する研究も始められています[14]。この研究の予備試験では，急性のエピソードの後，残遺症状が見られる患者19名が，MBCTかTAUのいずれかに無作為に割り付け

られました。患者の一部には，少数ですが，双極Ⅱ型障害の病歴のある個人も含まれていました（$n=2$）。また患者の半数近くに，過去に自傷行為が見られました。患者の大多数は，並行して薬物療法を継続していました。この研究の結果は有望であり，MBCTに割り付けられた患者に対してBDIを用いて評価したところ，抑うつ症状に有意な改善が見られました。総じて，このような研究は，再発予防プログラムとしてだけでなく，うつ病の急性期に対する介入としてもMBCTを活用する，将来有望な初めての試みでしょう。

もう1つのパイロット研究は，繰り返される自殺関連行動に対するMBCTの有効性について検討しています（$n=16$）[31]。この研究では，参加者は概してプログラムに対してポジティブな反応を示し，グループで行うコースの全過程を通じて，マインドフルネスの増大が見られたという報告がされました。また，マリアという1人のクライエントの体験が詳細に記述されています。このクライエントは，治療終了後の時点で薬物とアルコールの消費が減少していました。また，自分の感情に注意を払うようにすることで，自分がどのようにして自動思考から離れ，フラストレーション体験を抑制したかについて説明しました。自殺に関する思考も含め，脱中心化の視点で思考を体験することによって，この参加者や他の参加者は，思考があるからといって行動が伴う必要がないことを理解しました。

臨床実践

実践のための原理

MBCTの指針となる最も重要な原理はおそらく，インストラクター自身のマインドフルネスの実践でしょう。MBCTの理論は，つらい感情も含め，経験に対して思いやりと好奇心の伴った気づきをもたらすことが，うつ病の再発予防にとって涵養すべき重要なスキルであることを提唱します。参加者にスキルの涵養を促すうえで，インストラクター自身がまった

く同様の気づきと思いやりのスキルを育成した経験を生かしていくことが重要になります．われわれの経験からは，インストラクターにこの個人的な実践がない場合，参加者の疑問や問題に効果的に対応することはきわめて困難になるといえます．効果的に対応するどころか，参加者がマインドフルネスの実践を開始するにつれて体験する葛藤に対して，インストラクターは不安や混乱で応じてしまうことになります．このような状態にあるインストラクターは，マインドフルネスという枠組みから外れてしまい，参加者の体験を「修正する（fixing）」もしくは「変容する（changing）」といった，よりお馴染みの治療スタイルを採用する可能性が高くなります．

　加えて，このような対応がマインドフルネスを体験するための文脈が整っていない状況で生じると，インストラクターがグループを導いていくうえで必要になるさまざまな事象に注意を払うのが困難になるおそれがあります．MBCTのインストラクターは，クラスの構造（たとえば，アジェンダと時間に注意を払う）や，グループの様子（たとえば，誰が発言し，誰が発言していないか，メンバーたちはお互いにどのように反応し合っているか），セッションのテーマ（以下で詳細に説明）の維持，特定の訓練（ヨガ，座禅など）の教授（teaching），というものを同時に行う必要があります．さらに，うつ病や認知行動方略，経験的と説明的のバランスをとりながらの教授，グループメンバーの各々の瞬間瞬間の体験にフォーカスし，これらとマインドフルネスを融合しながら導いていきます．

　最後に，MBCTを教授する際に最も重要な手段の1つとして，アプローチの中心的側面をインストラクターが体現することが挙げられます．Segalら[22]は次のように説明しています．

　　インストラクター自身の基本的な理解と姿勢が，最も強力な影響の1つとなるでしょう……インストラクターにその自覚があるかないかにかかわらず，こうした理解が，各実践がどのように提示され，各々のやりとりがいかに扱われるかに特色を与えます……インストラクタ

ーの言葉が明示的にどのようなメッセージを伝えていようとも，より強力な影響を与えるかどうかは，良かれ悪しかれ，そのインストラクターが基本的に，そして潜在的にどのような理解をしているのか，というその理解の性質によるでしょう。（文献22の p.65～66）

インストラクターは，セッション内で実践を教授する際に，インストラクター自身の瞬間瞬間の体験から指導することが必要です。インストラクターは治療マニュアルを十全に知ったうえで，たとえばマニュアルをそのまま読むのとは対照的に，クラスのなかでマニュアルに記載されている点を控えめに引用することが求められます[22]。グループ参加者とのやりとりのなかでインストラクターは，マインドフルネスの質的側面をインストラクター自身が体現することを通じて教えることもします。インストラクターは，8週間のコースの全過程にわたり，徐々に展開していく各参加者の広範な体験に，関心と寛容さ，そして慈しみの気持ちを向けることが求められます。インストラクター自身の学習と実践による，個人的なマインドフルネス実践の確固たる基盤が伴わないことには，これらの質の体現化は，きわめて困難な課題となりかねません。

関連して，体験を通じての学習を強調することは，実践のための重要な鍵となる原理です。このような体験的学習の手段には，セッション内での実践や質問，自宅での練習，詩やメタファーといったものも含め，さまざまなものがあります。インストラクターには所定のセッションにおいて伝えるべき情報がありますが，指針となる原理では，参加者が「実践（doing）」から学べるようにします。このように，鍵となる「情報」は各クラスにおける参加者の体験から自然に生じる方が望ましいのです。インストラクターが，気づきや受容，思いやり，といった質をもって参加者を実践に導いていくとき，正式な実践を導くプロセスそのものが，教授のための文脈を生起させます。これらの方法で参加者は，たとえば，自分自身を思いやる心を涵養していくよう励まされます。それは，自分を慈しむことの重要性や価値に明示的あるいは説明的な焦点を当てることにより達成

されるのではなく，訓練の標的に注意を戻し，そうしてできる限り判断を手放すよう，何度も何度も繰り返し，穏やかに，そして優しく指導されることによって達成されます。思いやりの心は，このように，インストラクターによる思いやりの経験を通じて，そして自分自身の直接的な瞬間瞬間の実践のなかで生じる，ほんの一瞬の慈しみの気持ちを介して「教授」されるものです。

加えて，質疑応答のプロセスが「教授」が生起する重要な文脈を提供します。質疑応答のプロセスをリードすること自体が，チャレンジングな実践になりえます。このプロセスは，参加者からの生き生きとした即時のフィードバックのなかに，鍵となる要点を織り込む方法を見つけることをインストラクターに要請します。この方法では，最もうまくいけば，インストラクターによるいかにも教師然としたやり方とは対照的に，教授の要点は，参加者の体験に根差したところから生起します。またこれに関連していうと，開かれた質問を用い，参加者に自分自身の体験に対して好奇心をもつよう励ますことによって，参加者からのあらゆる種類のフィードバック（ネガティブなものや，批判的なものも含め）を得ることも強調されます。

ホームワークを重視することも，体験による学習の鍵となる要素です。セッションとセッションの間，参加者はさまざまな体験を促進する訓練を行うことになっています。ホームワークの重要性は，グループの開始前に行われるインストラクターとの最初の顔合わせとなる面談で強調されます。この面談においてインストラクターは，自宅での訓練の重要性と，プログラムのコース全過程での辛抱強さや粘り強さ，といった重要な特質を強調します。MBCTの主要な「ワーク（work）」は，クラスのなかで行われるのではなく，クラスとクラスの間に自宅で行われるものであることも説明されます。クラスというのは，インストラクターのガイダンスによって新しい実践を経験する機会を提供するとともに，葛藤や困難とどううまく関わっていったらいいのか，そしてこのような実践がうつ病の再発を防ぐこととどのように関連しているのかを含め，自宅での実践に伴う体験

について話し合う機会を提供する場でもあるのです。

　体験を強調する流れは，プログラムの核心的なテーマを伝えるためにメタファーや詩を頻繁に用いるという点にも見られます。詩を利用するのは，現在に留まること，受容すること，巧みな対応策を講じること，といったプログラムの核心的なテーマを直接的に体験できるようにするためです。もし仮に，より説明的な教授法を用いていたらさほど受け入れられなかったかもしれないこれらのテーマに関し，斬新で直接的な方法でこれらのテーマに関与できるよう参加者を援助する潜在的な可能性を詩は有しています。

　したがって，MBCTにおける実践のための鍵となる原理は，特に，実践そのものを最重要視する点に関わっているといえます。それは核心的な教授を指揮し体現化するという意味で，インストラクターにとっても，またプログラムのすべての側面に関して直接的に，かつ体験的に関与するという意味で参加者にとっても，そういえるのです。

本アプローチの際立った特徴

　先述のように，インストラクターと参加者の体験による実践が強調されることに加えて，MBCTには2つの顕著な特徴があります。第一に，マインドフルネスと認知行動方略との特有の融合は，MBCTをその他の認知行動療法やその他のマインドフルネスに基づいた療法とを区別している特徴です。第二に，インストラクターの役割も特有のものです。

　MBCTのプログラムでは，マインドフルネスの実践はうつ病の再発への脆弱性を増大するような思考や感情，身体感覚にうまく関わることを学ぶために，直接的で特有な学習環境で教授されます。MBCTプログラムの前半では，必要不可欠な基盤として，参加者のマインドフルネス実践の進展に強くフォーカスします。プログラムの後半で，うつ病を予防するための巧みな行動をとることに焦点が移ります。このように，本プログラムの構造はマインドフルネスとうつ病に対する認知行動療法という両伝統を結びつけるものです。この目標に沿って，各クラスが具体的なテーマを中

心に計画されています。そしてそのテーマは，指導を受けて行う特定の実践と，各実践の後にグループメンバーから出される問いの両方を通じて伝えられます。

セッション1は，「自動操縦」というテーマを扱うことから始められます。最初のマインドフルネスの実践は，気づき（awareness）のなかでレーズンを食べるというものですが，これは参加者に食べるといった習慣的な行動に関わるための新しい方法を体験できるようにするために行われます。この訓練では，まずインストラクターは各参加者にレーズンを1粒ずつ配り，あたかもレーズンを今まで一度も見たことがないかのように，そのレーズンに注意を向けさせます。それから，各感覚（視覚，触覚，嗅覚，味覚など）を使ってそのレーズンを観察し，そのレーズンと接触したことから生じる，直接的で即座の感覚に系統的に気づく，というプロセスを導きます。この実践に続き，インストラクターはMBCTモデルの核心的な特徴である「問い」のプロセスを先導することになります。問いを通じて，インストラクターは参加者が実践を直接的にどのように体験したかを探究するとともに，セッションの鍵となるテーマに対する焦点を，この話し合いのなかに織り込んでいきます。セッション1では，質問するにあたって，食べるという日常的な活動に「ただ在ること（being）」という新たな関わり方による体験と，レーズンを食べるといった活動によく見られる「自動操縦」という体験との間の相違を，参加者が探究できるようにします。直接的な体験を探究するということを基盤にして，いかにして「自動操縦」がうつ病歴のある個人にとって特に危険となりうるかという点と，どのようにマインドフルネスが健康でいることと関係しているのかという点の両者を探るために，両体験間を継ぎ目なく移動することになります。

セッション2では，ボディスキャンなどの正式なマインドフルネスの実践に取り組むときに頻繁に生じる，「バリアを扱う」というテーマに取り組みます。このセッションは，ほとんどの参加者が経験する困難に応じる形で，マインドフルネスの特性をインストラクターが体現化する非常に重

要な機会を提供します。インストラクターは，各参加者からのフィードバックに対して，好奇心，受容，寛容な気持ちで関わることを通じて，参加者の経験を全領域にわたって歓迎することになります。加えて参加者は，楽しい出来事に着目する（次のセッション3では，不快な出来事に着目します），といった実践を用いて，自分の日々の体験にマインドフルネスをもたらし，食べる，シャワーを浴びる，車を運転するなどの日々の活動に気づくよう促されます。

セッション3では，「呼吸に対するマインドフルネス」というテーマに焦点を当て，引き続きマインドフルな気づきという基盤を築きます。このセッションでは，坐禅，ヨガストレッチ，マインドフル・ウォーキングを含めた，数々の正式なマインドフルネスの実践が教授されます。各実践は，現在の瞬間に留まるための錨（いかり）としての呼吸に関わり，身体感覚と接触する方法を提供します。自分のマインドの働きに着目し，マインドフルネス実践で注意を向ける対象（呼吸や身体感覚など）へ，自己の気づきを繰り返し戻す練習に取り組むための文脈が，それぞれの実践から得られます。

セッション4では，「現在に留まる」というテーマを探究していくことにより，セッション3で教授された正式な実践をさらに積み上げていきます。このセッションでも，参加者は思考の生起に，より直接的に気づき，そしてより広大な気づきのなかで生じては過ぎゆく心的な出来事として思考を体験する練習をするよう導かれます。参加者はセッションの最初に，正式な坐禅の実践から生起してくる問いを通じて，そして参加者にとってうつ病という領域を特徴づけている典型的な思考や体験を同定することを通じて，このテーマを探究します。加えて，このセッションにおいて参加者は，うつ病を非常に私的で，個人的で，孤立したものとして体験することが最も多いため，このような体験に存在する普遍性というテーマに，どのようにしたら移っていくことができるのかを探り始めます。参加者は，個人的な恥の原因である思考（たとえば，「私は失敗者である」）について，他の人も同様の体験をしていることに気づいたときに，体験の普遍性

を感じることがあります。参加者が気づきを得るごとに，このような普遍性を感じる体験への認識によって，このような思考を脱中心視しやすくなる可能性があります。加えて，このセッションで参加者は『内からの癒し(Healing from within)』というビデオの視聴も開始します。このビデオはMBSRプログラムについて詳細に説明したもので，マインドフルネスの実践それ自体に関する体験を共有しているという感覚を与えてくれます。

セッション5では，「みとめて，手放す」というテーマを探究します。このクラスでは，前のセッションのテーマを拡張し，困難な感情も含め，あらゆる体験をみとめ，手放すという感覚で歓迎することにフォーカスします。判断したり，コントロールしたり，変えようと努力することなく，体験をあるがままに受容することは，MBCTプログラムにおける実践の鍵となる要素です。受容というスキルは，体験による実践を通じて教授されます。正式な坐禅訓練の間に，参加者は「困難なことに対して開放的に」なり，困難な体験と，このような体験が身体における体験にどのように関係しているのかということに対して，穏やかで好奇心の伴った注意を向けるよう促されます。

セッション6〜8では，参加者が将来の再発から自分を守るのに役立つような方法を使って，巧みに自分自身をケアできるようになるにはどうしたらいいかということを，より直接的に扱っていきます。これらのセッションでは，セッション1〜5の正式な実践と問いを通して培われてきた気づきと穏やかな態度を基盤として，築いていきます。この段階で，自分自身を巧みにケアするプロセスに，マインドフルネスの特性を直接もたらす機会が与えられます。

特にセッション6では，「思考は事実ではない」というテーマが探究されます。このテーマはこれまでの多くのセッションにも織り込まれてきましたが，セッション6では解釈が状況に対する反応をいかに色づけているかを理解し，「真実」とは対照をなす心的出来事として思考を体験する練習をします。セッション7，8ではそれぞれ「自分自身を最大限にケアす

る方法」「将来の気分に対処するために，これまでの学習を生かす」というテーマを探究していきます。これらのセッションでは，うつ病の早期の警告サインを同定し，再発予防計画を明確にすることに焦点を当てます。セルフケアという課題や，優しくて穏やかな気づき，そして行動と気分の結びつきを同定することの重要性が話し合われます。参加者は，喜びと達成感をもたらす出来事を特定し，このような活動を「再発予防キット」の一部に組み込む方法を探究し，最後のセッションでは，これまでのプログラムの要素をすべて織り込んでいきます。そして，将来のうつ病の再発予防として，参加者自身のケアに影響を及ぼせるように，過去2カ月間にわたって学んできたことを改めて喚起することが強調されます。また，インストラクターは正式な実践と略式の実践の両方を含め，どのようにしてマインドフルネスを日常生活に融合し続けていったらいいかについて，参加者が探究できるように援助します。さらにこのセッションでは，初期のセッションに戻り，ボディスキャンの実践を行います。そして，体験と学んだことについての内省とフィードバックを行うことで，グループがプログラムを終えられるようにします。

インストラクターの役割

　MBCTでは，他アプローチとは異なる，インストラクターが果たす役割があります。MBCTのインストラクターは，以下に示す3点のような幅広い臨床スキルの専門知識を発展させる必要があります。(1)マインドフルネス瞑想実践，ヨガ，認知行動モデルおよび方略の指導，(2)グループ機能の円滑化，(3)MBCTの支柱となる理論モデルから情報を得ること，参加者が再発しそうなときに気づくことに備えること，必要と思われる支援に参加者がアクセスできるように援助すること，これらを達成するに足るうつ病の精神病理学の理解。より重要なのは，これら各能力がインストラクター自身によるマインドフルネス実践と，その実践を各クラスのセッションにもたらすスキルを保持するなかで発揮されなければならないということです。したがって，インストラクターの役割として最も重要な側面

は，プログラムの核心的な教授の領域を体現化することにあります。その領域とは，瞬間瞬間の気づき，脱中心化，穏やかさ，すべての経験に対する開放性を指します。これらの特性が，特定のマインドフルネス実践に関する教授と，問いやホームワークについての話し合いやホームワークの設定などの最中に生じる参加者とのやりとりの双方を特徴づけます。

事例

　レイチェルは34歳の女性で，一般開業医からMBCTに参加するよう紹介されてきました。これまでうつ病エピドードを2回経験しており，1回目は大学時代，2回目は30歳のときでした。大学時代のエピソードはおよそ6カ月間続いたため，大学に休学届を提出する必要がありました。2回目のうつ病エピソードは，結婚後まもなく別の州へ引っ越したことが引き金となりました。両エピソードの最中と，エピソードが消失してから約1年の間，ADM治療を受けました。MBCTグループを始める2年前に息子を出産し，自宅で子どもの世話をするためにソフトウェアデザイナーの仕事をやめました。最近になって，パートタイムでの仕事を再開しました。レイチェルは医師に対して，仕事と家族によるストレスをうまく対処することや，ストレスが今後自分の気分に与える影響に不安がある，と報告していました。この医師は，予防的介入としてMBCTグループへの参加について検討してみるよう提案しました。レイチェルは，6人の他のメンバーとともにMBCTグループに参加することになりました。このメンバー全員に大うつ病の病歴があり，現在は一時的な寛解期にあるか，さもなければ別の主要な併用療法で事実上改善しているかのどちらかでした。

個人面談

　8週間のグループ療法を開始するに先立ち，インストラクターはグループのメンバーとなる可能性のある人たちに対し，個人面談を実施することが推奨されています。これによりインストラクターは参加する可能性のある人たちが興味をもっているか，またその人たちの背景についてより詳細

に把握することができます。また，MBCTモデルとそのアプローチの仕方について説明し，介入の鍵となる構成要素である毎日のホームワークの重要性を強調し，話し合うこともできます。参加予定者が抱いている可能性がある，あらゆる心配についても話し合うことができます。レイチェルはこの面談において，MBCTモデルとそのモデルと自分の生活史や経験とが関連している可能性に強い興味をもちました。ホームワークに十分な時間を費やせるか懸念を示したものの，最善の努力をそれに充てようという気持ちになった，と報告したのです。一方，グループ形式という点についてはかなり懐疑的でした。同じような病歴をもつ人たちといっしょに毎週，うつ病について話をしたりしたら「気分が落ち込む」だろうし，それ自体が再発の引き金にもなるのではないか，という懸念を抱きました。

第1週

レイチェルは，第1週目のグループに積極的に参加しました。そして，食べるマインドフルネスの実践の後に，話し合いのなかで話題にあがった，「自動操縦」というメタファーに強く感じるものがあった，と報告しました。また，仕事に復帰してから，自分は自動操縦状態でいるのが唯一のあり方だと思ってきたけれど，これと同じパターンが自分の再発のリスクを高めている可能性があることがわかった，ということでした。インストラクターはMBCTプログラムにとって中核的な，以下の質問を投げかけました。「このように意図的で，現在にフォーカスした受容的な注意を向ける方法を学ぶことは，これまでとは違うやり方で自分自身をいたわり，うつ病の再発を防ぐのにどのように役立つでしょうか？」。レイチェルとその他グループメンバーたちは，自分の人生のなかで，注意を向けてこなかったために「見逃した」部分について話し合いました。レイチェルは，「それ以外の多くのことに気づくのはまるで不可能であるかのように，まさに思考パターンにはまり込み，身動きがとれなくなってしまった」と語り，その思考パターンについて話しました。これらの会話により，この新たな注意の仕方を探究する方法として，ボディスキャンによるマインド

フルネスの実践に進むための重要な基盤が提供されました。レイチェルは，このグループがもつ価値について楽観的な見通しをもち，ボディスキャンを実践するとともに，ホームワークとして毎日息子の朝食をマインドフルに準備しよう，という心持ちで，第1週目を終えました。

第2週

　第2週目はボディスキャンの実践から始まります。その後，参加者は実践から得た直接的な体験について尋ねられます。「この実践は，あなたが普段，体験に注意を向ける方法とどのように違いますか？」という問いを投げかけるとともに，このような実践とうつ病予防との関連性について振り返ります。レイチェルは，最初のセッション時と比べると，このセッションが始まった時点ではあまり打ち解けない様子でした。それは，グループメンバーの多くがこの実践をすると非常にリラックスする，と報告したからでした。しかし，別の男性メンバーがボディスキャンに対して「大嫌い」と報告したことで，彼女の気持ちは変わりました。

　インストラクターは，グループメンバーから出されたこのフィードバックを歓迎しました。さらに，ボディスキャンの実践で起こる可能性のある体験について幅広く話し合い，それが気持ちをリラックスさせてくれるものであるかどうかにかかわらず，あらゆる体験に気づくという点で，この実践の目的を明確にする機会をもたらしてくれたことに，感謝の意をあらわしました。このような応答を通じて，インストラクターは穏やかさ，好奇心，忍耐の精神を用いて困難にアプローチしていく方法をグループメンバーたちに自ら体現しました。インストラクターは，この男性グループメンバーの体験をめぐり，次のような数々の重要な質問をしました。この実践が大嫌いというのはどのような点においてか，実践のなかでいつそのような感情が生じたのか，その感情はどれほど長く続いたのか，思考や身体感覚にそのような感情の起伏が伴ったかどうか。穏やかに，興味を示す形で投げかけられたこれらの質問により，彼が体験した困難を詳しく探っていくプロセスに純粋な関心を抱いていることが示されました。ここでレ

イチェルから，ボディスキャンには自分も非常に苦労したと報告されました。自分は一度も「きちんとやれて」いないように感じた，ということでした。グループでの実践中に眠気を催すし，自宅で何とかこの実践を行おうと一生懸命やってみるのだけれど，いつも眠りに落ちてしまい，自分の「失敗」にがっかりさせられてしまう，と報告しました。

　レイチェルの経験に関する説明が契機となり，マインドフル実践の初期によくある誤解について詳しく検討する重要な文脈が生まれました。特に眠気や睡魔，退屈，集中力散漫，身体的な不快感が生じるなどで，自分の実践を「誤って」行っていると考えてしまう可能性がある点について，インストラクターはメンバーとともに検討しました。グループメンバー間でこのような体験は誰にでも生じるものであることを強調することによって，インストラクターはこのような困難を個人的な失敗としてではなく，この実践そのものに内在する性質としてこれを参加者が経験できるようにしました。レイチェルは自分以外の全員が「きちんとやって」いると思っていたため，このことを知ってとても安心した，と報告しました。

　2回目のセッションでは，インストラクターは，うつ病の認知モデルと，自動思考パターンがどのように感情的反応に影響しうるかについても説明しました。レイチェルはこの説明を即座に自分自身のボディスキャンの体験に結びつけ，「私には，こんなことはできない」という考えが自分の失望や落胆といった感覚と結びついていたことに気づきました。ホームワークが課されて第2週目は終了となりました。ホームワークには，グループメンバーが，日々ある楽しい出来事をどのように経験したかについて報告するという楽しい出来事日記が含まれていました。

第3～5週

　2回目のセッションが終わると次は，呼吸のマインドフルネスにフォーカスした坐禅を行います。3回目のセッションの最初にこの実践が行われます。さらにインストラクターは，マインドフル・ヨガとウォーキングの実践について教授します。これら両実践ともが，マインドフルな動作とは

何かを教えてくれます。レイチェルは、これらを実践するなかで、注目に値する自己評価を経験し、以下の思考内容を報告しました。「以前はもう少し痩せていました。今は、こういったシンプルなポーズをとるのもやっとの状態です」。インストラクターはレイチェルのために、受容と興味を示す姿勢を自ら体現化し、これらの実践の最中にレイチェルが自分の身体で体験したところに戻るよう促すとともに、評価的思考が生じたら、それに気づき、手放す練習に徐々に移っていけるように励ましました。インストラクターは、自己批判的、評価的な思考にマインドがさまよったときには、それに気づき、この実践の焦点に何度も繰り返し戻すことの重要性を強調しました。MBCTにおいてしばしば繰り返されることですが、インストラクターは以下のマインドフルネス実践における最も重要な原理を強調しました。「もしあなたの心が100回さまようのであれば、そのときはただ100回それを元に戻します」。レイチェルは毎朝数分間、ヨガの姿勢の練習を開始することにしました。そして、やがて、自分の身体に気を配り、より開放的で受容的な仕方で自分の体験にアプローチする方法として、この実践は重要なものであると報告するようになりました。

　第4週目でインストラクターは、マインドフルネス実践をする際に、レイチェルや他のグループメンバーが、思考するという体験自体に気づくように指揮しました。その実践をしながら、インストラクターは、グループメンバーたちが、気づきという広大な空を流れ過ぎていく雲のように、思考も心のなかで生じる出来事として経験するように導きました。これは、レイチェルにとってきわめて新しい考え方であり、興味を引き付けたようでした。この実践の最後に彼女は、「先生は、私たちの思考がやってきては去っていくのに注意を向けるようにおっしゃっているんですよね？　たとえば私が『私にはそんなことできない』と思うときでさえ、私はどのような思考にも注意を向けることができると、そうおっしゃっているのですか？」と、尋ねました。

　うつ病でよく見られる自動思考を同定し、それについて話し合うことで、レイチェルとともにこの問いを探究し続けるための重要な文脈が得ら

れました。彼女は自分が抑うつ状態に陥ったときの最も特徴的な思考として，「私は，自分が大嫌い」という思考を同定しました。インストラクターが他の人たちにもフィードバックを求めると，3名の他のメンバーも同様の思考を同定しました。レイチェルは，これが自分にとって非常に重要な理解の源となると語り，以下を皆に伝え共有しました。

「私はこれまで，私に薬を処方し，こうした思考はただの思考にすぎないのだから，抑うつ状態に陥ってもそういった思考に耳を傾けたり，重視すべきではない，とおっしゃる多くの精神科の先生と関わってきましたが，私はそんな言葉を信じたことなど一度もありませんでした。でも，他の人たちも同じような考えをもっていると聞いて，何か感じるものがあります。それは，もし他の人も皆この思考をもっているのだとしたら，それは，おそらく単に私に関係しているというのでなくて，それは単なる思考にすぎないのかもしれない，というような感じです」

インストラクターは，うつ病の自動的パターンがどのようにして孤立を生み出す可能性があり，またこの孤立が生起する思考の力や現実感をますます強めるのかという点を強調しながら，問いを先に進めました。この点は後に，必ずしも真実でも個人的なものでもないという，マインドの働き方を観察するためのマインドフルネス実践の機会がきたときに対比されました。これは，「抑うつ的な気分になる」のではないか，とレイチェルがかねてから恐れていたグループの側面でした。レイチェルはこの問いが，懸念に反して非常に有効であったことに気づきました。以前はこのような自己評価と，うつ病と闘っているのは自分だけであろうという考えを，自分がいかに確信していたか，そしてグループの多くの参加者たちも，同様のチャレンジや困難にいかに悪戦苦闘していたかを知り，大きな安心感を得たということを報告しました。

レイチェルはセッション5が始まったときに，大喜びで以下のように報

告しました。「私，やりました！　今週，訓練していて，『もし上司が今，このクッションに座っている私を見たとしたら，こんなこと馬鹿げていると上司は思うだろうな』って考えている自分に気づいたんです。でも，すごく変なんですけど，そう考えても，私，まったく気にならなかった。その思考に気づいてみたら，それは，ただ来ては行き過ぎるようでした」。インストラクターは，レイチェルがこれまでにこのような思考に「自動的に」反応していたかもしれない点について尋ねました。レイチェルは，通常はこのような思考は無視しようとするか，さもなければそんな思考は「馬鹿げている」と自分自身に言っていた，と説明しました。また「私は，ここでこのようなプログラムを受けなければならないことや，私のこれまでのすべての過去について，実際，いくぶん，恥のような感覚をもっています。だから，そんなふうに考えないよう自分自身に言うのですけど，そうするとときどき，ますますただ嫌な気分になるときがあるんです」とも報告しました。このようにしてレイチェルは，自己批判を伴ったこのような思考パターンを避けようとする自動的なパターンが，実際には結局は落ち込んだ気分にさせるサイクルを起動させている，という道筋に気づき始めました。評価といった反応を伴わない思考パターンに気づきをもたらすというのが，レイチェルが探究し始めた，別の重要な反応の仕方でした。

　このセッションで，レイチェルは3分間呼吸空間法（3-minute breathing space）の練習も開始しました。この実践は，メンバーがマインドフルネスを構造化された形で日常生活に日課として取り入れることを意図しており，ある意味ではボディスキャン，坐禅，マインドフルなストレッチやウォーキングといった正式な実践と，日常生活で行う略式の実践とを橋渡しする役割があります。レイチェルは自分の現在の瞬間の体験に注意を向けること，呼吸に注意という錨を下ろすこと，さらに1日の次の瞬間に対して，集中的で広範な気づきをもたらすことを学びました。息子を車で保育園に送った後や，車を発車させる前，職場から帰路に着くときなど，普段の日常的な行動の移り変わりのなかで3分間呼吸空間法を実践しました。その後，ストレスを感じたときに呼吸空間法を行うようにな

り，反応的な対応とは対照的に，マインドフルな態度で，このような課題にアプローチし，これを非常に有効な方法であると報告しました。「まるで私の心が反応の連鎖をとても素早く通り抜けていくようで，ある瞬間元気に感じたかと思うと，次の瞬間には不安で惨めになります。呼吸空間法によって，こうしたことが生じるのを見つめるのに役立っています。このスパイラルに飲み込まれるのではなく，代わりにそのようなスパイラルが生じるのを観察していられるような感じです」。

レイチェルはまた，セッション4と5で提示された『内からの癒し』のビデオを観たこと，そしてとりわけ，先述のように他のグループメンバーたちといっしょにうつ病の症状や共通の思考パターンを検討したことが，力強い経験になったとも感じていました。また，ビデオ視聴はレイチェルの学習と実践への意欲を高めもしました。彼女は次のように説明しています。

「これまでの私の過去に，こういった思考や症状があったとわかりました。私は，もうこのような経験はしたくありません，特に今，私にはケアすべき息子がいるのですから。それに，他の人たちもこれまでずっと本当に困難な生活を送りながらも，生活を続けてきたこともわかりました。これをしないと私や私の家族にとって，かなりよくないことがあるように思います。私たちが学んでいることが非常に重要であるということがわかりました」

第6～8週

第5回セッションまでの土台は，レイチェルのグループが次に進むためのたたき台の1つになりました。このたたき台から，うつ病の再発予防に役立てるために，これまでとは別の方法で，自分自身との関わり方にどのようにマインドフルネスをもたらすかという課題に焦点を移すことになります。レイチェルは，あるクラスのなかでこれを次のように雄弁に語りました。

「昔は，それは，ただ気分が悪いというような単なるパターンなんてものではありませんでした。とにかく，ただただ気分がよくないのです。そのとき，このようなことが起こっているとはわからないのですが，突然ベッドから出られなくなるのです。本当に何もしたくなくなるのです。私がここで学んできたことは，単に気分が悪いというだけではないという瞬間に気づくことに役立っています。それが起こりつつあることがわかり，そうすると，その過程の非常に早い段階で何か別の行動をとることができます。私は何が起こっているかに対するこのような気づきを育てているところであり，自分の反応の仕方を自分で変えることができるということがわかってきています。私にとって，これは本当に新しいことです」

このような気づきの文脈で，グループメンバーは，自分の日常的な活動を詳しく検証し，これらの活動がどのくらい，エネルギーを供給したり，枯渇させるような感覚を与えるかについて検討し始めました。加えてメンバーは達成感や楽しいという感覚を得られる活動と，これらの活動がうつ病の再発予防にいかに役立ちうるかについても検討します。

これらの実践によって，レイチェルは将来うつ病の早期警告のサインがあらわれた際に，実施すべき行動計画を立案することが可能になりました。以下のような，自分がどのような行動をとることができるのかをまとめた，自分宛ての手紙を書きました。それには以下が記されていました。夫に話す，話をしながら自宅近くの公園を散歩する，友だちに電話をかける，温かいお風呂に入る，お気に入りのCDを聴く，自分が睡眠をどの程度とれているかを観察して睡眠時間を増やすことを優先させる，3分間呼吸空間法を定期的に実施する，もし症状が続くようならば医師に連絡する。

グループにおける最後の振り返りの際に，レイチェルは,「自動操縦」パターンとそれらのパターンによって，自分がどのように再発の危険に晒

されるのかについて詳細に気づくようになったと報告しました。特に，自己評価と批判的思考で悲しみや恥の感情を根絶しようとすることで，そういった感情に反応してしまう道筋に自覚的でした。また，このようなパターンに優しくて穏やかな気づきをもたらすスキルも涵養しました。そのスキルをもって彼女は，より早い段階でそれらのサインに気づくとともに，それらが自ずと消えていくのに任せるようにもなりました。加えて彼女は，自分が知っている活動で，ポジティブな気分を維持し，今後気分が落ち込んだときに効果的に反応するために重要になるものを詳細に記載したリストを作成し，8週間のクラスを終えました。彼女は定期的に朝のマインドフルな動作の練習と3分間呼吸空間法を融合させ，これなら今後も続けていけるだろうと確信しました。また，同僚との交流や息子の子育ても含めて，自分の生活の日常的活動のなかにマインドフルな気づきをもたらしていく方法について非常に前向きになりました。レイチェルは，感謝の気持ちと楽観的な気持ちの両方を胸に抱いてグループを後にしました。

まとめと結論

　MBCTは，マインドフルネス瞑想とCBTの伝統を融合させた，短期集団療法です。うつ病歴のある個人が大うつ病の再発と反復を防ぐのに役立つ実践ができるように援助することを目的としています。本章ではMBCTの発展の歴史，その実践の指針となる基礎理論モデル，基盤となるエビデンス，MBCTの臨床実践を概観してきました。原理の特殊性，方略，構造的要素について述べるとともに，8週間のMBCTコースを完了した1人の女性の事例をとりあげて，鍵となる重要な構成要素を具体的に示しました。

　MBCTモデルの鍵となる理念と，幅広いさまざまな臨床集団への適用に取り組む研究が，急速に出現してきています。研究者により，現在うつ病の徴候が見られる人はもちろんのこと，現存の治療の選択肢が厳しく制限されているうつ病患者の下位集団（たとえば，妊娠中および産後の女

性）に対しても，当モデルの適用がいっそう検討されるようになってきています。加えて，今後の研究では，マインドフルネスを構成する注意の成分，思いやりという要素，認知行動スキル，グループという文脈から得られるサポートに関する相対的な重要性を明確にし，MBCTの有効成分をより詳細に検証することが重要となるでしょう。最後に，MBCTに対する興味が拡大するにつれて，介入の核となっている要素を提供するための新しい方法を探っていくことが重要になるかもしれません。今日に至るまで，MBCTや関連の介入が直面している普及へのチャレンジについては，ほとんど注目されてきませんでした。先述したように，MBCTのインストラクターは，一連の幅広い臨床能力を発展させるとともに，個人的にもマインドフルネスの実践にコミットしていくことが要請されます。またMBCTの参加者は，毎日のホームワークによる訓練が求められるという厳しい要求にしっかりと応じていく必要があります。これらの特徴ゆえに，こうしたアプローチの運用が制限されてしまうのか，そしてその場合MBCTを普及させるためにどのような創造的な代替手段（たとえば，電話，インターネット，ガイド付きテキスト）[33]がありうるのか，そしてMBCTに欠くことのできない特徴が，はたしてこうした形態でも保持されうるのかについて，詳しく検証することが重要かもしれません。これらの各々の領域が，MBCTの研究での革新的で，刺激的な最先端の領域を代表し，また，マインドフルネスと認知行動療法のこういった独特な統合が，うつ病に苦しむ人たちにもたらす潜在的価値をあらわしているのです。

第11章

感情焦点化／対人的認知療法

Jeremy D. Safran
Catherine Eubanks-Carter
J. Christopher Muran

導入と歴史的背景

　この20年間にわたり，Jeremy Safranら（文献41，92，96，99，101，106など）は，認知療法以外の理論的伝統の原則を融合することで，認知療法の対象範囲を広げる努力をしてきました。特に次の3つの分野にフォーカスしてきました。変化のプロセスにおける感情の役割，認知療法における対人的プロセス，治療同盟の不和，です[92]。本章では，その理論的基盤について話し合い，経験的エビデンスを示し，臨床例を挙げるとともに，将来の方向性を探ることによって，われわれの貢献を要約します。

　1980年代まで，認知療法は感情に対する見解が過度に制限されていました。感情は認知的現象に続くものでした。不良な認知的プロセスがネガティブな感情を導くのであり，ネガティブな感情を修正するためにはこれらの認知を変える必要がある，と考えられていました。一方，認知療法の文献において，ポジティブな感情の役割は，概して顧みられていませんでした。

　1980年代初期から，Leslie GreenbergとJeremy Safranは共同でプロジェクトを開始しました。それは，さまざまな形態の情動的経験が変化のプ

ロセスで担う役割を明確にすることを目的としていました[41, 42, 96〜99]。GreenbergとSafran[41]は，感情に関連した理論と研究を統合し，心理療法におけるさまざまな情動的変化のプロセスを詳細に描写することが重要だと主張しました。彼らは，感情が人間の機能において欠かすことのできない重要な役割を担っていること，また心理的問題は，潜在的に適応的な感情体験がブロックされた，あるいは回避されてしまった結果としてしばしば生じることを主張しました。GreenbergとSafranは，基盤にある情動的経験にアクセスするために，セラピーにおいて感情に対する抵抗を克服することが可能であることを明らかにしました。SafranとGreenberg[99]は，さまざまな治療のオリエンテーションにおいて，情動が変化する出来事を詳細に記述することによって，人間の機能における感情の役割に関する彼らの理解が，理論的，治療的にもつ意味を拡大しました。

　ほぼ同時期に，Safranは認知療法の対人プロセスに対する関心も探索し始めました。(なかでも特に) Harry Stack Sullivan, Donald Kiesler, John Bowlbyの研究に影響され，Safranは，認知療法における治療的関係について考えるための系統的な枠組みを開発し始めました[87〜90]。SafranとSegalはInterpersonal Process in Cognitive Therapy[106]において，「対人的スキーマ」という概念を発達させました。これは自己と他者との関係の内的表象であり，本来，愛着対象との親密さを維持するために発達するものです。対人的スキーマは，対人的情報の処理をガイドし，その個人に特徴的な他者との相互作用のパターンを形成します。SafranとSegalは，認知療法家が対人的要素をセラピーの有効成分とは切り離して——変化の本質的な部分というより，むしろ，変化の必要条件として——とらえる傾向があることに着目しました。SafranとSegalは，対人関係的要素と技術的要素が相互依存的だと主張しました。治療的介入はセラピストと患者との対人関係の文脈においてのみ理解できるということです。SafranとSegalはまた，変化のメカニズムとして患者の情動体験にアクセスすることの重要性を強調することによって，心理療法における感情に関するSafranとGreenbergの研究も統合しました。

Safranらが興味を寄せた第三の分野は，治療同盟の不和，あるいは行き詰まりの解決です[91, 95, 100~103]。この領域におけるわれわれの考えは，Edward Bordin[14]の作業同盟の概念化，母親-幼児の発達研究[8, 119]，および共感不全のテーマをめぐるKohut[62~64]の考えを含め，さまざまな影響を受けました。1980年代半ばに開始し現在に至るまで，Safranら，とりわけJ. Christopher Muranは，変化のプロセスにおいて治療関係が担う役割について研究してきました。研究では，治療同盟における行き詰まり，あるいは不和を明らかにし，それらを解決するためのモデルを発達させることにフォーカスしてきました。この研究は，アウトカムを予測するものとして同盟を確立するにとどまらず，患者とセラピストの関係悪化を明らかにし，解決するのに必要なプロセスを明らかにするためさらに前進する，同盟研究の新しい世代の到来を告げてきました[100, 103]。

　われわれは，同盟の不和に関する自らの研究に基づき，「短期関係療法（brief relational therapy：BRT）[101]と呼ばれる短期治療アプローチを発達させてきました。BRTは，人間主義的・経験主義的心理療法（humanistic and experiential psychotherapy）に由来する原則と，認知と感情に関する現代の諸理論，関係性精神分析を統合することによって，感情と対人プロセスに関するSafranの早期の研究に基づいた統合治療です。より詳しくは本章で後ほど記述しますが，BRTの有効性に関する研究からは，クラスターC群のパーソナリティ障害および特定不能のパーソナリティ障害（NOS）の診断をもつ患者を治療するにあたって，認知療法と同じくらい効果的であることが明らかになっています[79]。加えて，セラピストが治療同盟の構築に苦心している患者にとっては，認知療法よりもBRTの方が，より効果的であるという予備的エビデンスも発見しています[79]。現在，BRTの不和解決方略の使用を認知セラピストに訓練することが治療のプロセスとアウトカムの改善につながるかを研究中です。

哲学的，理論的基盤

　先述のように，初期の認知理論は，感情は認知に続く現象[7,26]である，という前提に基づいていました。この概念化は，認知心理学[24]の情報処理モデルと，その「スキーマ」，すなわち情報を組み立て，処理するための認知的枠組み[6,80,112]という概念に影響されたものでした。

　しかし，人間は静的な情報を処理しないものです。それどころか，自分の環境と相互作用し，行動を通して情報を獲得します[111]。認知と行動のこのような結びつきは，「知覚の生態学的モデル」[32]によってとらえられます。このモデルは，人間は特定の環境の文脈のなかで生き，機能する生物学的有機体であり，進化のプロセスを通して環境の生態学的ニッチに適応してきたとします。私たちは，環境への適応に関わる情報をその環境自体から積極的に知覚します。このような進化論的な視点は，現在の感情理論の発展と一致します。現在の感情理論は，感情の処理システムが進化するのは人間が機能するためにそれが適応的な役割を担うからである，と示唆するからです。とりわけ感情は，私たちがとりかかろうと準備をしている活動についてフィードバックを与えてくれます。ある特定の感情は，ある特定の自己防衛行動に対応しています。たとえば，ある状況を危険と知覚すると，恐怖の感情を体験します。その感情が私たちに，逃げる準備をせよというフィードバックを与えます。危険な状況で恐怖を感じると，食べることや眠ることといった他の目標よりも，逃げることを重視するようになります。感情は，私たちの生存に寄与するよう目標に優先順位をつけます。

　感情は種の生存において適応的な役割を担うことから，感情体験の基本構造は，生まれつき神経学的に備わっていると考えられます[53,84,118]。しかし感情反応は，学習のプロセスを通じてより精緻になる可能性があります。特に，愛着対象に関する初期の経験は，感情反応を形成します。自分のケアをしてくれる人物と愛着を形成しようとする幼児のニーズは，非常

第11章 感情焦点化／対人的認知療法 413

に重要な人間の本能的欲求です[15〜17]。保護者との接触と親密さを維持することは，幼児の生存にとって必要です。子どもは愛着対象との関係を維持するプロセスのなかで自分の感情を制御することを学びます。幼児は，保護者との関係が妨げられると不安を経験します。この不安は，その幼児に，その保護者との関係を更新するために必要ならばどのような行動でもとるよう，警告する鍵となります。たとえば，怒っている娘に対してその親も怒って反応したら，その子どもは，自分が怒ると両親との関係を混乱させてしまうと学習し，不安になります。このような不安を和らげ，両親との親しい関係を維持できるよう，子どもは自分の怒りの感情を制御するための別の方法を見つけるでしょう。

　愛着対象とのやりとりのなかで感情の表現やその他の行動を制御するという子どもの経験は，その子どもの長期記憶に組み込まれるようになります。Tulving[123]のエピソード記憶と意味記憶との区別を利用し，Stern[116]は，幼児はエピソード記憶のなかで保護者との特定のやりとりを符号化している，と提唱しました。本質的によく似たやりとりが，やがてその子どもの記憶のなかで平均化していき，意味記憶における一般化された表現へと発達していきます。このような一般化された，あるいは原型的な表現が，対人的スキーマとして概念化される可能性があります[88, 89, 106]。

　人は，発達上の文脈で適応的な対人的スキーマを作っていきます。なぜなら，そのスキーマのおかげで愛着対象とのやりとりを予測することができるからです。しかしこれらのスキーマは，新しい対人的文脈へと持ち越された場合，不適応になる可能性があります。両親に対して自分の怒りを表現することを避けることを学んだ子どもは，大人になったとき，パートナーとの関係のなかで自分の意見を主張するのに困難を覚えるようになることがあります。自分が激しく怒りを爆発させたときに相手がネガティブに反応したりすると，怒りというのは危険な感情であるという信念がいっそう強化され，将来自分の意見を表明することをますます恐れるようになります。そして自分の対人的予想と，自分の意見をはっきりと言わないという自滅的パターンを，維持することになります。このプロセスは「悪循

環」[49, 117, 124)もしくは「認知的対人サイクル」[87, 89, 90, 106)と呼ばれてきました。

現在の対人的文脈では，もはや適応的でなくなった対人的スキーマに厳格に従い続けると，自滅的な認知的対人サイクルにとらわれかねません。スキーマに矛盾する情報は割り引いて聞いたり，自分とは関係のないものとして切り離したりしてしまうことから，自分のスキーマを修正し損ねてしまうことがあります[7, 82)。保護者との接近を脅かすものに対する幼児の反応に始まり，対人関係の不和，もしくは不和を連想させる行動および体験は，危険とみなされるようになり，不安の引き金となります。この不安にうまく対応しようと努力するなか，不安な感情を引き出すような経験の側面を解離しようとすることがあります。しかし，切り離してもなお，そのような体験の側面は，非言語的な行動や行為を通して表現されます。その結果，コミュニケーションがかみ合わなくなり，結局，自己と他者の相互作用の予測を確証するような反応を，他者から受けることになってしまいます。たとえば，自分の怒りを人間関係の不和と関連づけて学習してきた人は，自分自身の怒りの感情を自分とは関係ないものとして切り離すことがあります。しかし，自分の怒りを主観的には体験していなくても，その人は，依然として攻撃的に行動し，相手の攻撃を喚起することがあります。このタイプの二枚舌（duplicitous）なコミュニケーション[55)は，精神病理学において重要な役割を担います。感情体験の諸側面を切り離すことによって，自分自身の目標とニーズに関する重要な情報を奪われてしまいます。

対人的な行動は範囲が限られていますから，頑固なスキーマを修正するのは容易ではありません[19, 20, 57, 58, 67)。他者から同じような反応を引き出していたら，自分の対人的スキーマを反証するような新しい体験を逃してしまいます。たとえば，「自分が傷つきやすかったら他人は自分のことを見捨てるだろう」と予測する人は，いかにも自信ありげで自分を信頼しているように見せようと非常に骨を折るかもしれません。このような行動は，他者を遠ざけ，自分の傷つきやすい感情は受け入れてもらえないという，当人の信念を確証することにもなりかねません。その人は，他者からの支持

を受け，結果的に自分の対人的スキーマを修正し得る，ポジティブな体験を逃してしまうことになります。

治療への示唆

　認知行動療法は，伝統的に，精神分析の「転移」という概念を批判してきました。しかし，セラピー中のクライエントの行動が，当人の問題行動の有益なサンプルを提供することもあると論じる理論家もいます[2,33,61,66,125]。Safranらは，治療関係は変化の重要なメカニズムであり，治療の行き詰まりは，そのクライエントの対人的スキーマに関するとりわけ価値ある情報源と，スキーマにチャレンジして修正する機会を提供してくれると主張してきました。セラピストも患者も，意識的に，また無意識に，相互作用に貢献しています。関係の不和は，患者とセラピストの双方が，知らず知らずのうちに不適応的な認知的-対人的サイクルに陥ったときに生じる，治療関係の悪化です。もしセラピストがその不和に気づき，抜け出し，両者の間に生じていることに患者の注意を引くことができれば，その患者の頑固なスキーマにチャレンジし，中核的な構造的変化をもたらす可能性があります。

　同盟の不和に患者の注意を引くための基本的なテクニックが，メタコミュニケーションです。この用語は，もともとKiesler[59]が治療の文脈で用いたもので，相互作用から一歩外に出てみて，患者とセラピストの間で起こっていることについて，直接話し合い，理解し合うことによって，対人的な相互作用における各自の役割に対する気づきを高める試みについて述べています。転移解釈はメタコミュニケーションの一形態ではありますが，メタコミュニケーションは患者の内的な無意識の経験を推論しようとするものではありません。メタコミュニケーションは，治療関係におけるセラピストの直近の体験に基づいており，セラピストが自己開示するものです。たとえばセラピストは「私は，あなたから閉め出されてしまったように感じます」，「あなたの気に障るようなことをつい口にしてしまいそうに感じます」などと言うことで，クライエントに対する自分自身の感情的

な反応を自己開示することがあります。セラピストがクライエントの行動についてフィードバックすることもあります（例：「今，あなたは，閉じこもってしまっているように思います」）。両者のやりとりについてセラピストが感じたことをフィードバックすることもあるでしょう（例：「私たち2人とも，大切な話題に触れず，はぐらかし合っているような印象があります」）。メタコミュニケーションの目的は，そこで起こっていることについて，セラピストの潜在的な感覚を口に出して，患者とセラピストのやりとりを，目に見える形で探索していくことです。

セラピストが同盟の不和を探索し始めたとき，2つの並行的なプロセスを介して変化が生じます。「脱中心化」と「反証」[106]です。脱中心化とは，患者の内的なプロセス，および患者がどのように他者とやりとりをしているかについて，患者の気づきを広げるものです。オープンで，興味関心をもった，偏見のない姿勢で，自身の体験を見つめることによって，患者はそれまで自分が否認したり，認めようとしなかった，自分自身の一部を受け入れることを学んでいきます。自分の不安と，その引き金となる状況についてマインドフルになり，切り離してきた感情や行動を認識できるようになります。気づきが高まるにつれ，患者は幅広い感情的体験にアクセスできるようになり，自分の目標について，および対人的環境に対する適応について，貴重なフィードバックを与えてくれます。自らの対人的スキーマに対する気づきが広がることで，患者は自分の自己破壊的パターンの脱自動化が可能になります。加えて患者は，行為者としての感覚（sense of agency）を高めることもできます。受身的な犠牲者として自分をとらえるのではなく，責任をもって自ら選択するようになります。

患者の自分自身の対人スキーマに対する気づきが高まるにつれて，治療関係からもスキーマを反証する機会が得られるようになります。セラピストが，患者が予測するような補完的な方法で患者に反応しないとき（患者の敵意に対し，セラピストが対抗するのではなく，共感的に反応するなど），対人関係における自身の役割について抱く不適応的な概念に，患者がチャレンジすることになります。この体験から，患者は，認知的対人的

サイクルを断ち切り，よりポジティブな反応を他者から引き出すような行動を導く，より適応的な信念を発達させる機会を得るでしょう。

不和の最中に，患者のつらい感情にセラピストが同調できる，また行き詰まりに対するセラピスト自身の反応に耐えることができる，といったセラピストの能力も変化を起こすものとなりえます[101]。このタイプの「封じ込め」は，Bionの用語[11～13]を用いれば，悲痛な感情，攻撃的な感情によって，自分，また自分たちの関係が，いつも破壊されるとは限らないことを，患者が学ぶうえで役立つでしょう。治療関係における感情的調和の役割は，幼少期の親子関係における感情的調和のプロセスとよく似ているかもしれません。Tronick[119]，BeebeとLachman[8]が，母親-幼児ダイアドに関する研究で明らかにしたように，母親と幼児が情動的にうまく調和している時期と，両者の組み合わせがしっくりいかない時期との間には，振動が続いています。健康なダイアドなら，このような調和がずれた瞬間を修正することができます。Tronick[119]は，このような不和と修正のプロセスが重要な目的にかなうと提唱します。つまり赤ん坊は，潜在的にいつでも求めに応じてくれる存在として母親をとらえ，何らかの相違があったとしても，自分は本物の心の触れ合い築くことができると思えるようになるのです。同様に，同盟の不和に取り組み対処することで，患者はより健康的な対人スキーマを発達させることができるかもしれません。たとえ不和のある文脈においても，相手は潜在的にいつでもこちらの求めに応じてくれる可能性があり，自分は関係をうまく切り抜ける能力がある，というスキーマを，患者は徐々に発達させていきます[91,106]。

理論に対する現在の批判

Safranらの研究の焦点であった感情と対人的プロセスの役割に対する関心は，現在，認知行動療法（cognitive behavioral therapy：CBT）に徐々に組み込まれるようになってきています。CBTは伝統的に，感情の低減，とりわけネガティブな感情の低減に努めてきました。しかし，最近発達したCBTアプローチの多くは，クライエントが自分自身の感情的経

験に対する気づきと受容を高めることを強調します。たとえば，弁証法的行動療法（dialectical behavior therapy : DBT）[68]，マインドフルネス認知療法[110]，アクセプタンス＆コミットメント・セラピー[46]は，クライエントが自らの感情反応を回避し，抑制したときに生じる問題に着目します。これらのアプローチでは，患者に，自分の感情的体験に注意を向け，それが自分の行動に情報を与え，行動を導くようにするよう励まします。CBTセラピストは，感情の覚醒は変化のプロセスにとって重要であり[18]，ポジティブな感情の育成にもっと関心を払う必要があることを認識し始めています[25]。SamoilovとGoldfried[107]は，感情の覚醒は不適応的な信念構造を最大限に活性化させて変えるために必要であろう，と提唱しています。Barlow[5]のパニック発作に対する治療では，セラピストがセッションのなかでパニックに似た症状を引き出す必要があり，クライエントが不安が活性化されている間に深呼吸とリラクゼーションテクニックを実践する練習をできるようにします。FoaとKozak[27]は，不安の存在はトラウマのある患者が不適応的な恐怖構造にアクセスし，修正するのに役立つことを明らかにしました。同様に，Castonguayら[21]は，感情の覚醒が，全般性不安障害を抱えるクライエントが自分の対人的ニーズに対する気づきを高めるために役立つことを強調してきました。

　不安を抱える患者に対するCastonguayら[21]の治療も，CBTにおいて対人的プロセスの強調が高まっていることを指摘しています。同様に，Kohlenbergら[60]は，認知療法に機能分析的心理療法[61]の要素を融合させると認知療法の効果が増すことを発見しました。機能分析的心理療法では，対人問題に対処するために強化の原則を用います。認知行動分析システム精神療法（CBASP）[73]は慢性うつ病に対する経験的に支持されたセラピーですが，この治療法でも，対人行動を理解し，変化させることにフォーカスします。対人的効果は，DBTの中心的な要素であり，境界性パーソナリティ障害を抱える患者の対人的機能を改善させることが明らかにされています[69]。

　感情と対人的プロセスの重要性に関心を高めることで，CBTはその対

象をより多くのクライエントへと広げることができるとともに，より長く持続する変化を促すようにもなりました。治療関係をより強調することによって，CBTはより有効性を増すことができるとわれわれは信じています。とりわけ，CBTアプローチには，「二者の心理学的視点（two-person psychological perspective)」[101]を組み込むと利益があります。この視点は，精神分析理論における現代の関係発達論からあらわれたものです。セラピストを，患者のファンタジーが投影される，空白のスクリーンだとみなす伝統的な一者の心理学への批判的反応の結果といってよいでしょう。このように患者を孤立させてフォーカスするのとは対照的に，二者の視点では，患者とセラピストの関係を研究対象とし，セラピストについては，臨床状況の共同創造に取り組む参加者ととらえます[3, 9, 74, 75, 101]。

　二者の視点は，臨床的に重要な示唆を含んでいます。第一に，臨床的定式化が関係において生じていることを持続的に解明することで少しずつ収集された情報によって導かれ，修正されなければならないとします。第二に，セラピストは，患者との相互作用に対する自分自身の貢献を明らかにすることが非常に重要である，ということです。そして第三に，セラピストは患者とセラピストとのやりとりが，その患者の日常生活におけるパターンと相似形であると仮定することはできない，ということです。セラピストもまたその相互作用に貢献し，形づくっていることから，そのやりとりがどこまで患者の他の人間関係に当てはまるのかについては，確定できないのです。

　二者の視点を採用することで，患者との相互作用にどのように貢献しているかに，CBTセラピストの関心が向かいます。クラスターC群のパーソナリティ障害および特定不能のパーソナリティ障害を抱える患者に対し，BRTを用いたわれわれの最近の研究では，メタコミュニケーションを用いることで，そこに二者の視点が反映され，セラピストは患者とのやりとりに関する自身の体験と，相互作用への貢献を自己開示できるだろうと考えています。しかしわれわれは，メタコミュニケーションが二者の視点を組み入れるための唯一の方法ではないこと，ある一定の患者集団に対

してそれが有効でない可能性もあることを認識しています。認知的に限界がある患者の場合，特定のメタコミュニケーションに混乱を覚えることがあります。したがって，より伝統的で，指示的で，支持的なアプローチが向いていることがあります。また，感情的，対人的にある種の限界がある患者は，相手の主観性を侵入的と体験します。そのような患者は，セラピストの内的体験に関するメタコミュニケーションに対して，うまく反応しないことがあります。たとえば，重篤な境界性パーソナリティ障害を抱える患者は，メンタライズする能力，すなわち自分自身および他者の精神状態について考え，理解することが不得手です[1, 28, 29]。そのような患者は，セラピストが自分自身の内的体験を自己開示しても，それを理解し，寛容に受けとめ難いことがあります。そのような患者に取り組むセラピストは，セッションの最中にメタコミュニケーションをほとんど用いないかもしれません。しかし，二者の視点を採用することは，それでも，患者と自らのやりとりが「患者とセラピストという両参加者の信念，希望，恐れ，ニーズ，願望」（文献36のp.1）によって形成されるというセラピストの考えを導くうえで役立つでしょう。

経験的エビデンス

心理療法における感情

感情に関する研究で，SafranとGreenbergは，対人的スキーマが認知と情動の両レベルにおいて符号化されると仮定しました。このような理由から，感情が生きた状態でクライエントに取り組むことによって，情動レベルにアクセスすることが重要です[41, 97]。Greenbergらは心理療法における感情の役割に関する研究で，これらの考えをさらに推し進めてきました。Greenbergらは，感情の覚醒は治療の進行に必要ではあるが，それだけでは十分ではないとします。感情処理には，認知と情動の統合も伴うべきです[36, 40]。感情が覚醒したら，自らの不適応的な状態を変えるため，クライ

エントは自身の感情についてじっくりと考え，理解することが必要となります。

Greenbergらは，感情焦点化療法（emotion-focused therapy：EFT）に関する研究で，感情処理の価値を裏づける経験的エビデンスを発見しました。うつ病に対するマニュアル化されたEFTについて研究したところ，セラピーで感情処理を行うことにより，症状の緩和と自己評価の向上を予測することがわかりました[35, 85]。対人的問題と子どもの頃の被虐待歴をもつクライエントを対象としたEFTの研究からは，重要な他者とのコンタクトを想像しながら感情の覚醒が高まると，アウトカムがよくなることが明らかになりました[39]。EFTにおいて感情処理が中心的役割を占めていることを考慮すると，EFTの有効性を実証する臨床試験（文献34，43，54，83など）から，セラピーにおいて患者の感情にアクセスすることの重要性を裏づけるエビデンスを得ることができます。

対人的スキーマ

Safranらは，対人スキーマ質問紙調査（ISQ〈詳細は文献109参照〉）を用いて，対人スキーマの構成概念について実証研究を実施しました。ISQはHillとSafran[47]によって開発された質問紙です。3人の異なる重要な他者（母親，父親，および友人もしくは恋人）が，一連の対人行動に対してどのように反応するか，予測を評価します。16の異なる対人行動がKiesler[58]の対人サークルから引き出され，1つの行動が16分割した円のそれぞれの区分になります。被験者は，どのタイプの反応が予測されるか，対人サークルの8分円版（支配的，疑い深い，敵対的，よそよそしい，従順な，信頼している，友好的，興味をもっている）から引き出された記述リストを用いて示します。被験者はまた，その反応がどれほど望ましいかについても評価します。

対人スキーマ理論によると，不適応的な対人スキーマは精神病理に対する脆弱性になります。HillとSafran[47]は，ISQを大学生のサンプルに実施し，この主張と一致する結果を得ました。症状がより深刻な学生は，重要

な他者から望ましくない反応を予測するのに対し，さほど深刻な心理症状のない学生は，友好的で，社交的で，信頼している反応を有意に予測しました。加えて，さほど症状が深刻でない学生は，自分自身の友好的な行動に対してより友好的な反応を予測したのに対し，より症状が重い学生は，自身の敵対的な対人的行動に対してより敵対的な反応を予測しました。症状が重篤な学生ほどより敵対的な反応を予測する，という発見は，トルコ人大学生において追認されました[115]。同様に，Huebnerら[52]は，精神保健サービスをより頻繁に利用した学生は，精神保健サービスを求めなかった学生と比べ，人間関係に敵対心と矛盾をより予測したのに対し，満足についてはさほど期待していないことを明らかにしました。Soygutら[113]は，演技性パーソナリティ障害と統合失調型パーソナリティ障害を抱える患者において，不適応的なパーソナリティスタイルを明らかにするためにISQを用いました。Mongrain[76]は，うつ病の危険がある人における依存的スタイルと自己批判的スタイルを識別するため，ISQを用いました。Cloitreら[23]は，ISQに対する反応が参加者のトラウマ歴によって異なることを明らかにしました。幼少期の虐待経験がない女性は，他者から温かい非支配的な反応を予測したのに対し，子どもの頃に性的虐待を受けたけれども大人になってからはそのような経験のない女性は，自分の両親から敵対的ではあるが非支配的な反応を予測しました。また，子どもの頃と大人になってからと両方で性的虐待の経験がある女性は，自分自身が温かく親しみのある態度をとっているときでさえ，すべての他者から敵対的で支配的な反応を予測しました。

　症状が少ない参加者は他者に対してよりポジティブな予測を抱いているという，HillとSafran[47]の知見と一致し，BaldwinとKeelan[4]は，ISQを用いた研究で，自己評価が高い人は自己評価が低い人と比べ，他者から親和的な反応を引き出す自分の能力により自信をもっていることを明らかにしました。HuebnerとThomas[51]は，障害をもつ人のためのリハビリテーションカウンセラーになるために勉強している学生は，カウンセラーでない人と比べて，親和的な反応を予測する可能性が高いことを発見しました。

ISQを用いた研究からは，患者とセラピストとのやりとりは，その患者の対人スキーマを知るための窓口となることへの支持も得られています。Multonら[77]は，自分の母親に対してよりポジティブな見方をしている患者ほど，セラピストに対してポジティブな転移をする可能性が高いことを明らかにしました。そして，その逆も明らかになりました。つまり，母親に対してネガティブな見方をしていればいるほど，ネガティブな転移へと発展する可能性が高いということです。Soygutら[114]は，他者からの服従的行動を期待する患者は，セラピーの課題や目標についてセラピストの意見に同意する可能性が比較的高いことを明らかにしました。さらに，他者からの支配的な反応を予測し，また期待する患者は，目標に関して同意する可能性がより低いことも明らかになりました。

　二者の視点を維持していくうえで，ISQは，セラピストのスキーマがセラピー関係にどのようなインパクトを与えるかを強調してきました。Nelson[81]は，ISQを24人のセラピストに実施したところ，社会的行動モデルの構造分析（SASB）[10]による評価と一致し，自身の父親から敵対的な反応を予測するセラピストは，患者に対しても敵対的な行動に取り組む傾向があることが明らかになりました。早期の愛着対象との関係についてのISQ評価を，現在の観察される行動と関連づけることにより，この研究は，以前の人間関係に基づくスキーマが対人的なやりとりを構築し続け，そのスキーマが新しい対人的文脈に合うように修正されない場合は，不適応的なものになりかねないことを裏づけています。

同盟の不和を修復する

　同盟の不和を明らかにし，それに取り組むことにフォーカスするのは，同盟の質によってアウトカムが予測されるという強いコンセンサスがあるからです[50, 71, 108, 120〜122]。いくつかの研究が，セッションにおける同盟の不和に注意深く関心を払うことが治療の成功に重要な役割を担う可能性を明らかにしています。たとえばForemanとMarmar[30]は，期間を限定した力動的精神療法では，セラピストに関連した，患者の問題となる感情に取り組

むことが，よいアウトカムと結びつくことを発見しました。Lansford[65]は，短期療法において同盟の不和に取り組み，それを修復しようとする努力が成功すれば，よいアウトカムが予測されることを明らかにしました。Rhodesら[86]は，不和の出来事をめぐる患者の回想について研究しました。患者側に，誤解されていることに関する自分のネガティブな感情を述べようとする姿勢があり，一方セラピスト側に，受容的で柔軟な姿勢を保つ能力がある場合には不和の解決へと至るのに対し，セラピストが誤解されていることをめぐる患者の主張について話し合おうとせず，患者のネガティブな感情に気づけない場合，往々にして患者は治療から脱落することが明らかとなりました。

　同盟の不和に関するわれわれの研究プログラムは，次の4つの段階の繰り返しで構成されます。モデルの開発，モデルのテスト，治療の開発，治療の評価です[78,100,103]。不和の修復プロセスのモデルを開発，改良するために，タスク解析プロシージャ[37]を用いてきました。リサーチプログラムの第1段階では，同盟の不和がすでにある程度の解決まで達しているセラピーセッションについて，一連の集中的な分析を実施しました[100]。われわれは観察に基づき，解決プロセスのステージプロセスモデルを提案しました。また，解決セッションで仮定される一連の出来事を確証し，解決セッションと非解決セッションの相違を明らかにするために，一連のlag-1シーケンス分析も実施しました[100]。この研究から，セラピストがモデルに矛盾せず同盟の不和に取り組んだときには，不和をより迅速に解決できることが確かめられました。

　ここ数年間，われわれは当モデルを改良するために，追加的な，小規模の量的，質的研究を実施してきました[100,95,102]。このプロセスモデルは，現在，次の5つのステージで構成されています。(1)不和のマーカー，(2)不和のマーカーを浮き立たせ，着目する，(3)不和に関する患者の体験を明らかにする，(4)患者の回避行動を明らかにする，(5)患者の根深い願望もしくはニーズの出現。

　当モデルを開発するなかで，われわれは，不和の2つのタイプである撤

退と対決を区別するため，セラピーにおけるチャレンジ行動に関するHarperの分類を利用することが有効であると感じました[44, 45]。「撤退タイプの不和」の場合，患者は，セラピスト，患者自身の感情，および治療プロセスのいくつかの側面から撤退するか，さもなければ部分的に離脱します。「対決タイプの不和」では，患者は，セラピストやセラピーのいくつかの側面に対する怒り，憤り，および不満足を直接表現するか，あるいはセラピストをコントロールしようとします。これらの2つのタイプの不和にはいくぶん異なる解決プロセスが必要となります。撤退タイプの不和を解消するプロセスでは，患者は通常，次第に不満をより明確に主張するようになり，やがて自己主張するようになります。その過程で，行為の主体性を求める患者のニーズがセラピストによって認識され，妥当化されます。一方，対決タイプの不和の解決プロセスでは，一般に患者は，怒りの感情から，セラピストから見捨てられたことに対する失望と傷ついた気持ちへと進み，さらには自身の傷つきやすさと，ケアされ，大切にされたいという願望に触れるようになります。いずれのタイプの不和でも，第4ステージで生じる回避行動は，あまりに攻撃的すぎること，あるいは傷つきやすいことに対する恐怖をめぐる不安と自己疑念に関係し，セラピストから報復されるのではないか，あるいは拒絶されるのではないかという予測もそれと関連があると考えられます。

　プログラムの治療開発段階では，モデルの開発段階と試験段階で得た知見から，解決を促す介入を含む治療を開発しました[93, 94, 101]。BRTモデルはこれまでに臨床試験研究を促進するため，短期治療としてマニュアル化されてきました。しかし，本質的に短期モデルではありません。

　われわれの研究プログラムの治療評価段階は，治療の効果を評価するとともに，モデルの有効性を検証する意味でも役立ちます。Muranら[79]は，クラスターC群のパーソナリティ障害および特定不能のパーソナリティ障害（NOS）の診断をもつ患者128人において，BRTをCBTと短期力動モデルと比較する臨床試験を実施しました。患者の大多数（87%）はⅠ軸診断を合併しています。本研究によりBRTは，経験主義的に支持される心

理学的セラピーを対象として確立された基準によれば[22]，おそらくクラスターC群のパーソナリティ障害および特定不能のパーソナリティ障害（NOS）の診断にも有効であることを裏づけるエビデンスが得られました。とりわけ，反復測定および残差得点に実施されたものも含め，標準的な変化の統計分析で，BRTがCBTや短期力動的精神療法と同じくらい有効であることが明らかになりました。BRTは，保持力に関して他の2つよりも良好な結果を示しました。BRTは短期力動的治療よりも有意に脱落者が少なく（BRT：短期力動的治療＝20％：46％），CBTと比較しても，その相違は有意に近いものだったのです（BRT：CBT＝20％：37％）。この結果は，同盟の不和に徹底的にフォーカスするBRTが，パーソナリティ障害を抱える患者を治療に留めるのに役立つ可能性を示唆しています。

　クラスターC群のパーソナリティ障害および特定不能のパーソナリティ障害（NOS）を抱える患者の異なるサンプルを利用し，Safranら[104]は，治療同盟の構築が困難な患者に対するBRTの効果をテストする研究デザインの実行性を評価するため，予備研究を実施しました。この研究からも，BRTが困難を伴う患者を治療に留めるのに効果があることを示すエビデンスが明らかになりました。当研究の第1段階で，60人の患者が短期力動的治療か短期CBTに無作為に割り付けられ，治療の最初の8回のセッションにおける進展がモニターされました。経験的に引き出された数々の基準に照らし合わせ，治療の失敗の可能性がある18例が明らかにされました。研究の第2段階では，これらの患者に別の治療に移る選択肢が提供されました。治療を変えることに同意した患者10名は，BRTか対照条件のいずれかに割り当てられました。CBTから移ってきた患者の場合，対照条件は短期力動的治療とされ，一方，力動的治療から転換した患者に対してはCBTが対照条件とされました。この研究からは，対照条件に指定された患者5人全員と，再割り付けを辞退した患者7人が治療から脱落したことがわかりました。対照的に，BRT条件の5人の患者のなかで，一方的に治療から脱落した患者は1人だけでした。BRTを受けていたもう

1人の患者は，別の州で仕事を見つけたために早々に治療を終了する予定でした。この患者は，予定されていた終了の時点で良好なアウトカムへ向かっているように見えました。30セッションの治療を完了したBRTの患者3名は，良好なアウトカムであると判断されました。3人全員がフォローアップで中程度の効果に到達していました。これらの結果は，同盟の不和という状況における有効な介入として，BRTの潜在的な価値を支持する予備的エビデンスを提供しています。

現在の支持の限界

われわれの解決モデルおよびBRTに関する経験的研究は，サンプルの規模が大きくなく，ヨーロッパ系アメリカ人の患者とセラピストが大半を占め，人種的／民族的多様性を欠いていること，およびクラスターC群のパーソナリティ障害および特定不能のパーソナリティ障害（NOS）の診断をもつ患者に（これらはパーソナリティ障害の診断として最も多く見られるとはいえ[72]）フォーカスしているといった限界があります。われわれの患者はうつ病や不安といったⅠ軸診断を非常に高い可能性で合併しているという事実は，当モデルと治療がこれらの障害に適応可能であることを示唆しています。とはいえ，不和解決モデルと短期関係療法がさまざまに異なる患者集団に対して効果的となるよう修正する必要が残されています。

実行可能性研究[104]には他にも限界がありました。同じ治療を処方する新たなセラピストに再割り付けされたことの非特異定的な影響を制御できていなかったという点です。現在進行中の新たな計画では，複数のベースラインデザインを用いることでこの懸念に対処します。CBTセラピストは，同盟にフォーカスした介入を加え，標準的な治療アプローチをさらに増大させるよう，教えられます。

臨床実践

　BRTは，心理療法において感情を活用するわれわれの研究，認知的対人モデル，治療同盟の不和への対処に関するわれわれの研究を統合した治療です。BRTでは，二者の心理学と弁証法的もしくは批判的構造主義的視点[48,70]をとります。つまり，セラピストと患者はどちらも，患者とセラピストとの相互作用に貢献しているとみなされ，各々の体験，および対人関係に対する理解は，先入観と偏見によって制限されたものと理解される，ということです。BRTではプロセスと内容の両方にフォーカスします。特にセッションの諸側面では，患者とセラピストの相互作用に関する双方の経験を共同的に，受容的に，批判することなく解明します。介入は，患者とセラピストの関係の文脈のなかでしか理解できないと想定します。治療関係で起こっていることについての理解の進展と，セラピストが入手可能なその他の情報によって，事例の定式化が徐々に形となっていきます。フォーカスは，多くの場合（いつもというわけではありませんが），今，ここ，の治療関係にあります。

　治療の初めにBRTセラピストは，患者が他者との関係のなかで自分の内的プロセスと行動を観察する能力を発達させることが重要だと強調し，患者にオリエンテーションします。この能力は，マインドフルネスの1つ，メンタライゼーション能力です[1]。自分自身の内的なプロセスへのマインドフルな気づきを高めるためには，患者が身体で感じた体験に注意を傾けられるよう支援する，経験的なテクニックが必要となることがあります[31]。セラピストはまた，情動に関する情報源として患者の言語的，非言語的な表現の仕方を注意深く分析します。ため息や，身ぶり手ぶり，ちらっと見るといったことを利用して，患者の注意を感情に向けさせることもできます。また，これらの感情的な反応から明らかになる，患者の目標やニーズに関する情報を利用してもいいでしょう[42]。

　治療全体を通して，BRTセラピストは，セッションのなかで起こって

いることに対する患者の気づきを高める手段としてメタコミュニケーションを幅広く活用します。メタコミュニケーションの基本的な原則を以下に挙げます（その他のものも含めて，これらの原則のより詳しい説明は文献101参照）。

1．自分が今いるところから始める。
　　メタコミュニケーションは，その瞬間に生じるセラピストの感情と直観に基づくべきです。あるセッションで真実だったことが，次のセッションでそうではなくなってしまうことがあります。セッションの始まりの時点で真実だったことが，同じセッションの後半になると真実ではなくなってしまうこともあります。セラピストは，スーパーバイザーや同僚の提案を単にそのまま用いるべきではありません。患者に関するそのセラピスト自身の体験について気づけるようにすべきです。今いるところではないどこかへ行こうとするのではなく，その瞬間における自分の感情を受け入れ，それをうまく処理しようとすべきです。

2．今，ここに集中する。
　　以前のセッションで起こったことでも，または，同じセッションでもっと前に起こったことでもなく，治療関係の今，ここに焦点を置くべきです。現在起こっていることに焦点をおくことは，患者が自分自身の経験に対してよりマインドフルになるのに役立ちます。

3．具体的で，特異的なことにフォーカスする。
　　フォーカスは，一般的なことでなく，具体的で特異的であるべきです。抽象的に頭のなかだけであれこれ憶測をめぐらすのではなく，焦点を具体的にすることで，患者の経験的な気づきを促すことができます。このようなフォーカスは，患者がセラピストのとらえる現実を受け入れ，賛成するのではなく，患者自身が発見することに役立ちます。

4．他の対人関係との相似を当然だと考えてはならない。

メタコミュニケーションは，既存のやり方から抜け出すための手段として役立ち，自己-他者の相互作用に関する不適応的なスキーマを徐々に修正していきます。しかしセラピストは，治療関係で規定されていることと患者の生活におけるその他の人間関係を，時期尚早に結びつけようとしないよう注意すべきです。

5．巧みな暫定で探っていく。

あたかもそれが議論の余地のない事実であるかのように宣言するのではなく，暫定的に探索していく感じで観察を伝えます。決めつけない姿勢は，見せかけではなく本当に心からのものであるべきで，セラピスト側の不安や自信のなさではなく，共同で取り組んでいこう，という開かれた姿勢が伝わるはずです。

6．共同と「私たち」意識を確立する。

関係が不和になっているとき，しばしば患者は孤独に感じるものです。行き詰まりに陥ったら，それを，セラピストと患者が共同で解明する，共有のジレンマとしてフレーミングします。「私たちは，一緒に行き詰まっている」と認識します。患者がもがき苦しむのを理解しない人物がはてしなく続いてきたなかで，さらにまた1人，そのような人物として列に連なるのではなく，セラピストは患者と行動をともにする盟友となることができます。

7．自分自身の主観性を強調する。

セラピストは，患者とのやりとりについて客観的な見解をもつ権威者ではありません。すべてのメタコミュニケーションは，セラピストの主観性を強調すべきです。共同的で平等主義的な環境を確立するのに役立ちます。そのような環境で，患者は，セラピストが観察したことをどのように活用するか，自由に決めることができると感じます。セラピストの知覚が主観的だと強調することで，患者の被害的な姿勢を弱め，自分自身の知覚に対しより率直に異議を唱えることができます。

8．関係性の直観的な感覚を評価する。

セラピストは，患者との感情的な近さ，あるいは結びつきの感覚を持続的にモニターしていくべきです。関係性がより強く感じられる場合，それは，患者が自分の内的体験と接触していることを示すサインです。関係性の低下は，セラピストの介入が，患者が内的体験にアクセスしようとする努力を促進するというより，むしろそれを妨げていることを示しています。
 9．介入に対する患者の反応を評価し解明する。
　　　先述のように，介入が関係性の低下を招いているとしたら，セラピストは，患者がその介入をどのように体験しているのかを解明する必要があります。介入に対する患者の反応に注意深く関心を向けることは，患者の対人的スキーマを明確にするのに役立ちます。それはまた，セラピストが患者との相互作用にどのように貢献しているのか，セラピスト自身の理解を深めるのにも役立つでしょう。
10．状況は常に変化していることを認識する。
　　　進み続けること——さらなるメタコミュニケーションへの出発点として，その瞬間に生じていることを利用すること——が重要です。行き詰まったとしても，セラピストが抗うのではなく，それを認識し受け入れたなら，利用することは可能です。
11．解決する試みがさらなる関係の不和を招くことを予期し，不和について再検討することを予期する。
　　　どれほど思慮深く，細心の注意を払ってメタコミュニケーションをはかったとしても，かえって不和を悪化させてしまったり，新たな不和を招いてしまったりするおそれがあります。メタコミュニケーションは究極的な介入ではなく，不和を解決するプロセスのステップの1つにすぎません。セラピストは，同じ行き詰まりに何度も陥ってしまうことにしばしば気づきます。セラピストは，行き詰まるたびに，これまでとどのように異なっているのかを正しく評価し，その瞬間の直感で反応するよう努めるべきです。
12．責任を受け入れる。

セラピストは，患者とセラピストとのやりとりに対する自分の貢献に対し，偏見なく，また被害的になることなく，その責任を受け入れるべきです。患者が，心のなかに抱いていながらも，セラピストの反応を恐れているという理由もあり，はっきりと表明することができない感情に対する気づきを高めてくれます。たとえば，セラピストが批判であったということを認めることで，患者は，傷つき憤っている感情をはっきりと表明しやすくなります。責任を受け入れることにより，相互作用に関する患者の体験を承認し，患者が自分自身の判断を信頼できるよう援助できます。患者が自分の判断に対する自信を高めることは，被害的にならねばというニーズを低下させるのに役立ちます。患者が相互作用に対する自分の貢献を解明し，理解することを促します。

13. 自分自身の体験を思慮深く開示して明らかにする。

　行き詰まっている，困惑している，というセラピストの感情は，自分が現在体験していることを認め，それを自分自身に向かって明確に述べることができないでいるセラピストの困難を反映しています。自分の感情を患者に対して明確に説明するプロセスを経ることで，セラピストは解放され，より効果的に介入することができるようになります。そのプロセスにより，患者とセラピストがとらわれている認知的対人的サイクルの性質を明確にすることもできます。自己開示に関連するもう1つの重要な介入は，患者を誘い，セラピストが相互作用にどう貢献しているかについて患者の考えを言ってもらうか，セラピストは内心どのような体験をしていると思うかを聞いてみることです。たとえばセラピストは，「私が今，どんなことを考え，どんな状態なのか，何か思うことはありますか？」と尋ねてみてもいいでしょう。このように誘うことは，患者がセラピストをどのように体験しているかを明らかにするでしょうし，患者の対人スキーマをさらに精緻化することもあります。また，行き詰まりに対するセラピストの貢献に，新たな洞察を投げかけることもできます。患者の知覚を偏見なく受け

入れ，その真実を主張として真剣に考慮することが，セラピストにとって非常に重要です。

事例

　この事例研究は本章で紹介した理論とテクニックの実例です。患者の診断，現病歴，定式化については，最小限の情報しか提示しません。BRTの原則，もしくは変化のプロセスを実証するという目的のために必要不可欠というわけではないからです。

　ルースという患者は，BRTの30回のセッションを受けることで合意しました。ルースは52歳の女性です。36歳のとき，12年間の結婚生活に終止符を打ちました。夫が支配的で，感情的に虐待し，概して彼女の感情的ニーズに応じられないか，応じようとしないように感じたからでした。離婚して以来，ルースはいくつかの短い付き合いはありましたが，関係に満足できず，たいてい彼女の方から別れていました。治療の初め，何としても「本当の関係」になりたいと願っているけれども，その可能性は絶望的だと感じていました。もう1つの問題は，職場で「まったく無力で自信がない」と感じること，同僚たちからないがしろにされていると感じることというものした。

　セラピストは当初，ルースと共感的な関係を構築できたように感じていました。ところが急に，あるパターンが生じ，セラピストは彼女と感情的な関係を維持するのが困難だと覚え，気づくとセッションが終わる時間をひたすら待っているように感じました。ルースには強迫的に詳細に長々と話をする傾向がありました。しかも，感情を込めずにのらりくらりと話すのです。そのような態度にセラピストは，よそよそしく，ルースとつながりをもてないように感じました。ルースは息継ぎせずに話し続けるため，セラピストからのコメントやフィードバックを歓迎していないようにも見えました。セラピストは，ルースに対して関心をもつという気持ちを新たに，いつもセッションを始めるのですが，結局，退屈しイライラした気持ちで終わるのでした。

ルース　　　：セッションは，あと何回残っていますか？
セラピスト：あと10回です，今日も含めて。
ルース　　　：そうなの……そう，あと10回。信じられない……。
セラピスト：「信じられない」というのは，どういうことですか？
ルース　　　：つまり……すべてが解決されたとはとうてい思えなくて……だから……［咳払いする］そのー……どうしたらもっとスピードアップできるのでしょうか？［笑う］つまり，ほら，私は，ただここに来て，愚痴をこぼして，涙を浮かべて……これが本当に役立つことなのかわかりません。
セラピスト：どうもあなたは，不満に感じていらっしゃるようです。そのあたりをもう少し教えてもらえますか？
ルース　　　：そうですね……先生に，評価というか……私たちはどこに向かえばいいのか，といったことをお願いしたいのかもしれません。
セラピスト：あいまいにして言い逃れをするわけではないのですが……今，この瞬間に，あなたの質問にどう答えたらいいのかわかりません。たぶん，しばらくしたら，この問いに立ち返って，何か建設的な回答ができるかと思います。ところで，今ここで，私たちの間で起こっていることについて，あなたはどう感じているでしょうか？
ルース　　　：あの……私は，つまり……どのような形にしろ，先生を責めようとは思っていません。私はただ，自分は脱線しやすいと思うのです……だから，ちょっと手綱を引いてもらう必要があるかもしれません。私は，指示ではなくて……具体的なものが必要な気がするだけで……わからないんですけど……。話を元に戻してもらう必要がある気がするんです。これまでに話し合ってきたことなんですけど，私は，他の人が何を考えているのかわからないとき，反応を得よ

うとして，話し続けて，言葉を投げかけ続ける傾向があります。

セラピスト：1つには，あなたがフォーカスしていられるよう，私に援助してほしいということなのですね……。そして，今，私に，何が起こっているか，私がもっと率直に伝えた方が，あなたは気が楽になるでしょうか？

ルース　　：ええ，たぶん。私は，話がつながっているように感じるときもあるんですけど，ただ長々と話をしているだけのように思うときもあります。だからその……先生は，脱線した私が戻ってくるのをただ待っているだけ，のように思うこともあります。

セラピスト：私たちの関係がどうなっているのか……私がどのくらい積極的にコミットしているか，どれほどあなたの役に立っているか……といったことに対するあなたの気持ちは，変わり続けているようですね。

ルース　　：ええ。私は……先生が私のことが嫌いだ，とは思っていません。でも，私にとって，セラピーは大変なものでした。先生にとっても，大変だったと思います。他の人と働くことでわかったのですが……自分がやることについて，自分で満足感や達成感をもてるよう，関わってくれる人たちが，いちばん好きになります。私は，この点でうまくいっていたかわかりませんが。

セラピスト：なるほど。

ルース　　：だから……誰か……私が誰かに安心して受け入れてもらえるように感じているとき……だから……完全に受け入れられているとき……純粋に，無条件に……私は，ある意味，もっと気が楽になります。

セラピスト：わかりました……そしてあなたは，必ずしも，そのような感覚を，私からは得られなかったのですね。

ルース　　　：そうです。ええ。
セラピスト：根本的なところでは……私が，心からあなたを受け入れ，あなたを気づかっている……とは感じなかった，ということですね。
ルース　　　：そうですね。ためらいがありますから。それで，私は，相手がどこにいるんだろうって，いつも探しているように思うんです……ある意味，誰かの鼓動を感じるのだけれど，その人がどこにいるのかわからない……。

　このセッションには，撤退タイプの不和に対する解決プロセスの特徴がたくさん含まれています。セッションの最初にルースは，相互作用から部分的に撤退しています。治療にわずかしか時間が残っていないことを不安な思いでよくよく考えたからです（撤退タイプの解決モデルの第1段階）。セラピストがルースの感情を把握しようと試みると（第2段階），ルースは，自分のネガティブな感情と懸念を表明しますが，それはあくまでためらいがちで，回避的な表明です（第3段階）。彼女は，自分自身が集中できなかった結果として問題が生じたと理解しつつも，もっと集中できるように導いてくれなかったとして，暗にセラピストを責めています。セラピストは，集中できるよう援助してほしいという彼女のリクエストをもっともだと認める一方で，セラピストがはっきりしないことに対する彼女の懸念をハイライトします。ルースが，自分の懸念をとりとめなく，もしくは自罰的に表明しているのに対し，セラピストは，自分が貢献したことを強調します（「私たちの関係がどうなっているのか……私がどのくらい積極的にコミットしているか，どれほどあなたの役に立っているか……こういったことに対するあなた気持ちは，変わり続けているようですね」）。これにより，ルースのより深い懸念があらわれてきます。その懸念とは，セラピストが自分のことを本当は気にかけていないのではないか，というものです。

セラピスト：では……今の私はどうでしょうか？
ルース　　：先生は受容的だと思います……でも，これまでの私の感じ方についても知りたいのです。私は正しいのかどうか，先生に教えてほしいんです。私の感じ方は正しいでしょうか？それとも歪んでいますか？
セラピスト：そうですね……あなたの感じ方は正しいと思います，確かに，セラピーにコミットする私の気持ちは揺れています……。以前この件について，ある程度話し合ったことがありました。しかし，ここ２，３回のセッションでは，徐々に，セラピーにコミットする気持ちが落ちてきているようにも感じます。
ルース　　：先生がそう感じるのは，私が脱線したり，まとまりがなくなっていることに関係があるのですね？
セラピスト：確信があるわけではありません……しかし，そうではないかと思います……。
ルース　　：では，残された時間で，私が脱線しないよう援助してください。どうしてまとまりがなくなってしまうのかについて，その理由も知りたいと思うのですが，いいですか？それでは，これからどうすればいいのでしょうか？
セラピスト：何ともいえませんが……しかし，私の言ったことをどう感じたでしょうか……あなたは，「これからどうすればいいか？」とおっしゃるとき，どのように感じていらっしゃるのでしょう？

　セラピストが，行き詰まりに対する自分の責任を認めることで（「あなたの感じ方は正しいと思います，確かに，セラピーにコミットする私の気持ちは揺れています」），ルースの感じ方をもっともだと認めたとき，ルースは，引き続きセラピストに決定権をゆだねることで（「では，これからどうすればいいのでしょうか？」）反応しています。セラピストは，ルースの言葉の奥に怒

りの感情があることに気づき，セラピストのフィードバックに対するルースの反応を明らかにしようと試みます。

ルース　　：まるで……私が，すべての責任をとろうとしていないようです。

セラピスト：それでは……どこか……私があなたを責めているような，そんな感じがありますか？

ルース　　：ええ……あると思います。私は，本当に，切実に，大切なことに到達しようと試みてきたような……たぶん私は，先生に助けてもらいたいんじゃないかと。

セラピスト：わかりました……では，それは大切なことのようですね。

ルース　　：はい……。

セラピスト：あなたは，「本当に私は，できることをすべてやってきたんだ」と，おっしゃっているようです。

ルース　　：そうです。私を刺激して，私がどう感じているのか，言わせようとし続ける必要はないように思うんです。先生は，そうしようとしているかもしれませんけど……でも，私はこれまで，自分の感情については，自分でそれを理解している限り，かなりオープンに話してきたと思います。

セラピスト：そのとおりですね。あなたはつまり，「私は，助けてほしい。あなたにもっとやってほしい」と，おっしゃっています。

ルース　　：そうです。

セラピスト：そのことをどのように感じますか？「もっとやってほしい」と言うことについてです。

ルース　　：ええっと，私は，すぐにでも，その意味を限定できます。つまり……私が先生からもっと多く必要としているというのは，あと10回セッションしかないからです……ですからスピードを速めて取り組む必要があります。

ルースの言葉に暗に込められた感情と願望を強調することで，

セラピストは，ルースが根底にもっている，セラピストにもっとやってほしいという願望をアサーションできるように促します（第5段階）。しかし，セラピストが，この願望をもっともだと認めることに関連した感情を把握し始めると，ルースは，自身の回避に触れ始めます（第4段階）。関係の不和の体験の把握（第3段階）と患者の回避の把握（第4段階）の間を行き来しながら進んでいくというのは，解決プロセスに共通して見られることです。

セラピスト：そうすると，あなたが私に何かを望むのは，心地よいことではないようですね。

ルース　　：ええ。

セラピスト：心地よくない気持ちにつて，もう少し教えてもらえますか？

ルース　　：ええっと……私は，不当なほどに，多くを期待しすぎているのかもしれません……それでも……人間関係でうまくいっていないとき，自分を責める傾向があります。ここではそうしたくないんです。

セラピスト：そうですね。ここでうまくいかなくなって，その責任をすべてあなたが負うとしたら，本当に，不公平ですからね……。

ルース　　：私の責任ではない，というのなら。先生に，本当に正直になってもらいたいのです。そして，もし私が脱線して，天井のひび割れとか，何にせよ，とりとめのないことを話し始めたら，私に教えていただきたいんです。実際，こう言いながら，力強い気持ちになってきています。

セラピスト：なるほど……力強い気持ちになるとおっしゃっていることのエッセンスは……あなたは，起こっていることに対して，私に責任の一端を引き受けてほしいということ……そしてあなたは，自分のせいではないことで，責められてい

るように感じたくない，ということですね。

ルース　　　：ええ……ちょうど今，「この時間は，自分のことについて話したい」と，思っていたんです。

セラピスト：なるほど。

ルース　　　：私はこの時間を，学問的な観察学習といったものにしたくないんです……先生には，どのようなことであろうと，私が抱えている問題に取り組んでほしいのです……それが，とるにたらないことであっても，同じようなことの繰り返しであっても。

セラピスト：それは大切なことのようです。今のことをおっしゃるとき，どのように感じますか？

ルース　　　：ええっと……ある意味，地団駄を踏んでいるような気分です。ほら……「うーんもう！」というような［笑］……「やれやれ！」といった感じです。

セラピスト：なるほど。

ルース　　　：でも……そんなことを言っても大丈夫だと思うのですが……実際のところ，自分がこんなことを意識的に考えているのかどうか，わからないんです……。

セラピスト：なるほど。

ルース　　　：でも，勢いがついてきているんじゃないでしょうか，そしていっそう自己中心的になってきているのかもしれません。自分のことについて話したい，そうあるべきだ，というようにです。

セラピスト：そうですね。

ルース　　　：でも，私のなかの被害的な部分が考えるんです，「この時間は，私のことについて話し合いたい……私という人間について……先生がもっと一生懸命に取り組んでくれるような，興味深い人間になろうとすることは，もうこれ以上できない」って。

セラピスト：どうしてそれが被害的なのでしょうか。あなたは「私が私であるがゆえに……受け入れてほしい」と，そうおっしゃっているのですよね。
ルース　　：ええ……そうですね……。
セラピスト：それは大切なことのようです。つまり……ある部分，あなたがおっしゃっていることというのは，私があなたに，私が集中できていないと伝えると，あなたは，「先生なんか大嫌い！　私は，私であるがゆえに，受け入れてほしいのに」と感じている，ということですね。
ルース　　：そうです。まさしくそのとおりです。

　ルースの回避を明らかにしていくことは，ルースが，根底にある気持ちを直裁的に表現するのを妨げる自己批判を明細化して認識することに役立ちます。このことで彼女は，自己批判をうまくかわし，それまで避けてきた感情と願いを表現する方向へ，再び進むことができます（第5段階）。

　本セッションでセラピストは，厳しく責められ，プレッシャーをかけられたように感じ，一時的にですが，ルースからのプレッシャーにどう反応すればいいのかわからなくなったときがありました。同時にルースが，もっと感情的な関わりを求める自分のニーズを表現できたことで，セラピストは，受け入れられている気がしない，認められている気がしないというルースの体験に，十分に共感することができました。セラピストがコミットし続けることの困難について，メタコミュニケーションを実践するプロセスは，セラピストが，すでに暗に示されていること——セラピストは，現在，ルースに寄り添い，一貫して調和することに苦心していること——を顕在化するのに役立ちました。しかし同時に，セラピストがメタコミュニケーションを実践したことで，既定された認知-対人的なサイクルから完全に脱出したわけではありませんでした。というよりも，すでに踊っていたダンスの新しいス

テップを踏むことだったのです。セラピストは、メタコミュニケーションが与えた影響について話してくれるようルースを促すとともに、彼女のフィードバックを受容的に受けとめることによって、彼女のジレンマをより共感的に理解することができました。それは、ある部分、セラピストが犠牲者-虐待者サイクルの加害者となっていった過程を、彼自身が体験的に理解した結果でもありました。セラピストにあえてチャレンジしても、自分たちの関係が終わってしまうことがないことを目にした体験から、ルースは、それ以後、自身の脆弱さや依存性はもとより、絶望感をも、より十分に関係にもち込むことができるようになりました。

まとめと結論

　過去20年間にわたりSafranらは、感情、対人的プロセス、同盟の不和の分野に、認知療法の境界線を広げてきました。心理療法における感情の役割に関するSafranとGreenbergの研究は、感情に対する、認知セラピストの過度に限定的な見解を見直す、重要な修正となりました。彼らは、人が目標とニーズを明らかにし、優先させるうえで感情が担う、適応的な役割を強調しました。また、セラピーセッションにおいて、患者の感情に取り組むことが、変化のプロセスの重要な部分であると特に言及しました。実際、患者の内的体験に全面的にアクセスするためには、感情が喚起されなくてはなりません。Greenbergらによる経験的研究からは、治療セッションのなかで感情を活性化し、患者が自分の情緒の状態をじっくりと振り返り、それを理解できるようにすることの治療的価値が裏づけられています。

　対人的スキーマという概念により、Safranらは、認知的、対人的プロセスの相互依存性を強調しました。対人スキーマは、人が自分の内的、外的世界と継続的に関係していくスタイルを形づくります。それらは、他者との関係を構成する、私たちの認知-対人的サイクルの基本をあらわして

います。融通がきかず，適応性に欠ける対人スキーマは，対人的問題を招く可能性があります。ISQに関するSafranらの研究は，不適応的なスキーマと精神病理の諸形態との結びつきを支持しています。

　治療同盟の不和は，患者（とセラピスト）のもつ不適応的な対人的スキーマへの窓口となります。被害的にならず不和に注意を向け，明らかにすることで，患者が脱中心視し，互いのやりとりを観察するとともに，自身の自滅的な対人パターンに対してもっと気づくことを，セラピストは援助できます。関係に身を置いてみるという新しい体験を通じて，治療的な出会いは，患者の対人スキーマを反証するのを助け，それが中核構造の変化へと至る可能性があります。同盟の不和に取り組み，その解決を目指す方略に関するわれわれの研究は，治療上の行き詰まりに注意深くなることの価値を裏づけています。とりわけパーソナリティ障害をもつ患者は，強力な同盟を形成することに困難が多いことから，特にそうです。

　残っている課題の1つは，同盟の不和に関する研究をより一層多岐にわたる患者集団に拡大し，不和解決が新たな対人的文脈において修正が必要かどうかを明らかにしていくことです。目下のフォーカスは，関係の不和が生じたときに解決方略を用いていくよう，効果的にCBTセラピストに教えていくという課題です。同盟の不和をうまく切り抜けるために必要な要素は，セラピストがマインドフルであることです[105]。認知的対人的サイクルから脱却し，セラピストと患者のそれぞれが，その行き詰まりの一因となっていたことを患者と一緒に解明していくためには，怒りや嫉妬といった望ましくない感情について，その存在をセラピストが認識できる必要があります。マインドフルになることで，セラピストは，自身の注意スキルに磨きをかけ，自分の感情や根底にある願いやニーズを含めて，内的体験に対してより気づくことができます。いったん自分の困難な感情に気づいたら，これらの感情を建設的な形で制御し，患者に対して情動を制御，あるいは抑制できるようになる必要があります。マインドフルは，この点においても価値のあるスキルです。マインドフルであることで，セラピストは，何であれある特定の感情に対する愛着を減らし，心の余裕を拓くこ

とができるからです。また、マインドフルネスに伴い気づきが向上することによって、セラピストは、自分自身の内的スキーマが、患者とのやりとりをいかに形成しているかをより認識できるようにもなります。

　重要な問題は、トレーニングのなかにセラピストのマインドフルネスを取り入れる方法です。精神分析は、困難な逆転移感情を管理することは、教育分析を通じて発達させる重要な治療スキルである、と長く主張してきました。同様にわれわれも、持続的にマインドフルネスの実践を積むことは、セラピストにおけるマインドフルネスの発達に役立つと信じています。加えて、メタコミュニケーションのテクニックは、実行中のマインドフルネスとみなすことができます[101]。マインドフルネスのスキルを発達させることで、セラピストは、熟達したやり方でメタコミュニケーションをはかる、自身の能力を潜在的に高めることができます——逆に、熟達したメタコミュニケーションを持続的に進めていくことで、セラピスト（と患者）は、マインドフルであるための自身の能力を潜在的に高めることができます。私たちの研究のさらなる方向性には、マインドフルネスの実践を発達させていくうえで、セラピストを励まし、支えていく方法をより明らかにすること、およびこれが治療のプロセスとそのアウトカムによい影響を及ぼすかどうかを経験的に調べることが含まれます。患者とセラピストとの相互作用においてセラピストが果たす役割に対する、セラピスト自身の気づきを広げていく方法について理解を深めようというわれわれの努力が、患者とセラピストの両者の視野を広げ、認知セラピストの有効性を高めるのに役立ってくれることを願っています。

第12章

結び

Nikolaos Kazantzis
Mark A. Reinecke
Arthur Freeman

　本書は，現在の行動モデルと認知行動モデル，および臨床実践におけるそれらの応用を提示してきました。その目的は，理論を実践に結びつける事例を通して，アプローチの多様性を紹介することです。理論モデルは，患者の問題を認知的，感情的，行動的，および生理学的要因の定式化に織り交ぜます。理論モデルは，患者が自分自身，世界，将来をどう受けとめているかを明らかにし，究極的には治療のニーズと治療目標を満たし得る，治療計画を導くことに役立ちます。各章では，当アプローチの歴史，哲学的，理論的基盤，経験的エビデンスの状況，特定の事例を用いた臨床応用の提示を含め，その理論的基盤の簡潔な概観を読者に提供しました。

適切な実践のための基本的な必要条件

　心理療法の理論的支柱を理解することは，適切な治療実践のための基礎であり，背景です。理論モデルは，患者の信念体系，感情，行動を，一連の構成要素としてではなく，ゲシュタルトとして評価するのに役立ちます。患者の問題がどう発達し維持されているかを説明する，まとまりをもった定式化が可能となるため，私たちは，その患者に合うようにセラピーを仕立てたり調整したりすることができます。患者は，自分に関連があ

り，有効と思われるようなセラピーには取り組もうとしますが，そう思えないようなセラピーからは身を引いてしまうでしょう。

　事例の概念化（または定式化）とは，実践において理論を操作可能にすることです。「ケースフォーミュレーション」は，患者の問題の原因と維持に関する仮説を表現するための枠組みであり，セラピーを計画するための地図を提供します。単独のモデルでも，複数のモデルの融合でも，ケースフォーミュレーションを用いるスキルは，臨床的文脈で理論に熟達したかどうかを判断する試金石となります。もちろん，いったん概念化を作成したら，臨床家は，理論モデルに一致した（あるいは，モデルに求められる）やり方で，作業同盟を発達させ続ける必要があります（たとえば，共同的経験主義が求められるセラピーもあります）。セラピーをさらに押し進めていくためには，個々の患者が達成可能な目標について話し合うとともに，適切でタイムリーな介入を統合させていくことが重要となります。したがって，理論の統合は，アセスメントとフォーミュレーションの時点で始まりますが，心理療法を提供するすべての過程に浸透していきます。

　本書で紹介したモデルは，問題のある行動と思考に焦点をおく，実際的で，現在志向のセラピーを強調します。人生の避けられない困難に，よりうまく対処できるよう患者が力をつけるため，スキルの確立と学習を強調するセラピーが多い一方で，洞察指向のアプローチを用いて，介入やサポートも必要としているシステムの文脈に個人を位置づけるセラピーもあります。ローマに至る道はたくさんありますし，スパゲティとミートボールの調理法もさまざまです。ある患者にとって効果的なセラピーをカスタマイズする方法も多様にあります。同じ患者が語る問題を，異なるセラピーの実践家たちが，異なる方法で，効果的に取り組む方法について明らかにしている文献もあります。治療を作っていく方法は，ただ「ひとつ」だけではないのです。しかし，どのアプローチであれ，その有効性は実践家が自分が実践しているモデルをいかに理解し，忠実に従っているかにかかっています。

　こうした性質を編集した本であれば，心理療法の統一した理論，あるい

はシステムの発展が促進されただろうに，と期待した読者もいらっしゃったかもしれません。われわれは，そうならないよう特に気をつけました。というのもわれわれは，アプローチの多様性を称賛していますし，セラピーを求める人たちの多様性に対応したいならば，アプローチの多様性は必然である，と考えるからです。情動状態，不安，衝動性，および対人関係に関する理解が進展していくにつれて，理論，科学，実践も同様に進展していくでしょう。しかし，目標は，単に，理論モデルの数を減らすことではありません。新しい考えや実践を限定するのではなく，むしろそれらを促していくことの方が有用です。

介入はセラピーを定義しない

　本書の内容をお読みになれば，介入が必ずしもセラピーを定義づけるわけではないことが具体的にわかるでしょう。思考記録を用いているというだけでBeckの認知療法を実践していると誤解されてしまうかもしれません。患者が活動スケジュールの一環としてマインドフルエクササイズか，あるいは瞑想エクササイズをしたというだけで，行動活性化を実践していないと誤解されてしまうかもしれません。いずれの例においても，患者がしていることの表面的な記述でなく，なぜそれをやっているのかが重要なのです。どのような介入であれ，いかに患者の治療目標の達成につながっていくのかを説明するのは，セラピストの責任です。有能な臨床家は，理論的知識を実践的スキルに応用することができます。有能性は，この組み合わせです。実践を理論と融合させる能力がなければ，実践は，お粗末なものとなってしまいます。

理論に基づいて実践を行う際の忠実さと柔軟性

　臨床研究者は，心理療法の有効性についての理解に，多大な貢献をしてきました。症状を改善し，患者の機能を向上させるうえでの「対話」療法

の有効性を実証するために，何十年間にもわたって研究が行われてきました。

　介入を体系化するためには，多くの場合，臨床試験のセラピストが，（誰にでも似合うような）フリーサイズの，診断特異的な治療計画を採用する必要があります。障害に基づく治療選択は，あまりに厳格すぎて，実践場面での患者の個々のニーズに応えることができません。われわれは，研究試験の参加者のなかには，クリニックにくるような患者よりも重篤な症状をもつ人がいることを示してきました。しかし，良質な臨床研究を実施するための方法論を採用すると，広く一般化しにくいデータを生むことが多くなります。

　介入をマニュアル化したら，研究試験で提供する治療は，効果が下がることになっていたかもしれません。セラピストが実践に統合できる介入には，実際には制限がある（あるいは，そう感じられる）ことから，研究によっては，セラピーの効果を弱めてしまったか，もしくは低く見積もってしまったかもしれません。たとえば，Beckの認知療法の「行動的」と「認知的」という構成要素を抽出して両者を比べようとすることには，実際，理論的限界があります。その限界とは，各条件が，Aaron T. Beckによって開発された心理療法体系とは異なるセラピーを反映してしまうことです。

　研究は，その消費者に，実践をモデルに柔軟に基礎づけるよりも，「介入パッケージ」にフォーカスするよう，はからずも促してしまうことがあります。同じ患者の，同じ治療モデルに基づく2つのケースフォーミュレーションが，異なる治療介入を導くことがあります——それでも，どちらのアプローチも有効となる可能性もあります。理論的理解にしっかりと基づく臨床活動は，柔軟性があります。実践家は個々の患者に合わせて介入を仕立て，その介入をより重要で妥当なものにすることができるからです。1つのモデル（または複数のモデルの組み合わせ）をしっかりと理解して，柔軟にかつ忠実に従うことは，認知行動療法の実践が適切であるための基本的な要件です（図12.1参照）。すべてのセラピストを，毎回アル

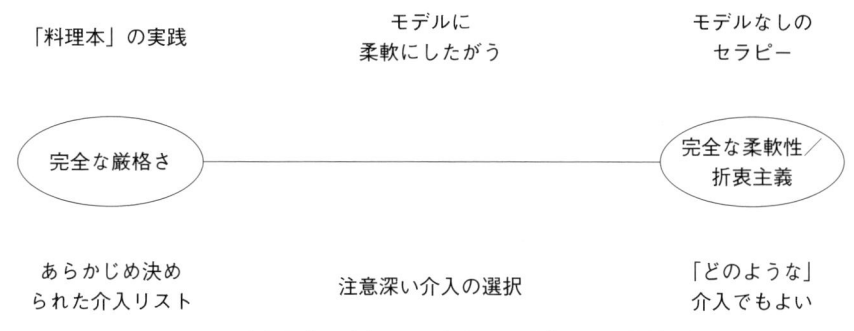

```
「料理本」の実践        モデルに              モデルなしの
                    柔軟にしたがう            セラピー

   ( 完全な厳格さ )─────────────( 完全な柔軟性/
                                    折衷主義 )

  あらかじめ決め      注意深い介入の選択      「どのような」
  られた介入リスト                          介入でもよい
```

図12.1 理論を実践に融合させるうえでの厳格さと柔軟性の側面

デンテのパスタを作り出す有能なシェフに変えてしまう「料理本」などありません。

　本書の読者の方々が認知行動療法のワザにおいて最先端で幅広い視野を得ること，それがわれわれの願いです。各章で紹介されたモデルを実践することで，さまざまなアプローチを応用することの広さと深さを発見できることでしょう。研究者は理論モデルを柔軟な介入の使用へとつなげ，特に，将来の研究において仮定された変化のメカニズムをターゲットとすることが求められています。

　現在に至るまで，心理療法研究の多くは，薬物療法と待機群に比べて効果が勝ることを実証することに専心してきました。仮定された変化のメカニズムを通して，セラピーがどの程度まで利益を達成できるかに関しては，入手可能なデータが限られています。科学の進展に伴い，患者の自己報告に依存するだけでなく，同時により客観的に治療の利益が測定されるようになるでしょう。現在，適応的なスキルがどの程度まで一般化されるのか，信念はどれほど変化するのか，対人領域，および他の領域での機能において，セラピーがどのような長期的な利益をもたらすのかを実証することが求められています。ケースフォーミュレーションにおけるセラピストの能力，および，ケースフォーミュレーションがいかにセッションに融合され，介入の方向性を導くことができるかについても，ほとんどデータがありません。本書で紹介したセラピーのなかには，まずは変化のメカニ

ズムを操作化しなければ，このような研究を実行しえないものもあります。

　単にそれが新しいから，はやっているから，あるいはセラピストのお気に入りだからという理由である技法を用いることに対して，われわれは警告を発します。理論モデル，あるいは，複数のモデルが密接に融合したモデルを，しっかりと理解したうえで，その指針に忠実に従うことを強く勧めます。われわれの意図することが達成できていれば，本書は，臨床実践における認知行動理論の役割を啓蒙するうえで価値ある貢献をするとともに，両者間のより密着した結びつきを促すことになるでしょう。

謝辞

　本章の草稿にコメントをいただきましたことに対し，Frank Dattlio, Jim Nageotte, Kevin Ronan に感謝を申し上げます。

文献

第1章

1) Addis, M. E., & Krasnow, A. (2000). A national survey of practicing psychologists' attitudes toward psychotherapy treatment manuals. *Journal of Consulting and Clinical Psychology, 68,* 331–339.
2) Barlow, D. H. (2002). *Anxiety and its disorders: The nature and treatment of anxiety and panic* (2nd ed.). New York: Guilford Press.
3) Beck, A. T. (1976). *Cognitive therapy and the emotional disorders.* New York: International Universities Press.
4) Beck, A. T., Freeman, A., & Associates. (1990). *Cognitive therapy of personality disorders.* New York: Guilford Press.
5) Beck, A. T., Rush, A. J., Shaw, B. F., & Emery, G. (1979). *Cognitive therapy of depression.* New York: Guilford Press.
6) Beck, J. S. (2000). *Finally!: Cognitive therapy enters psychiatry training*! Bala Cynwyd, PA: Beck Institute for Cognitive Therapy and Research.
7) Bisson, J. I., Ehlers, A., Matthews, R., Pilling, S., Richards, D., & Turner, S. (2007). Psychological treatments for chronic post-traumatic stress disorder: Systematic review and meta-analysis. *British Journal of Psychiatry, 190,* 97–104.
8) Boelen, P. A., de Keijzer, J., van den Hout, M. A., & van den Bout, J. (2007). Treatment of complicated grief: A comparison between cognitive behavioral therapy and supportive counseling. *Journal of Consulting and Clinical Psychology, 75,* 277–284.
9) Carroll, K. M., & Nuro, K. F. (2002). One size cannot fit all: A stage model for psychotherapy manual development. *Clinical Psychology: Science and Practice, 9,* 396–406.
10) Chambless, D. L., & Hollon, S. D. (1998). Defining empirically supported therapies. *Journal of Consulting and Clinical Psychology, 66,* 7–18.
11) Chambless, D. L., & Ollendick, T. H. (2001). Empirically supported psychological interventions: Controversies and evidence. *Annual Review of Psychology, 52,* 685–716.
12) Cho, Y., Smits, J. A., Powers, M. B., & Telch, M. J. (2007). Do changes in panic appraisal predict improvement in clinical status following cognitive-behavioral treatment of panic disorder? *Cognitive Therapy and Research, 31,* 695–707.
13) Christensen, A., & Jacobson, N. S. (2000). *Reconcilable differences.* New York: Guilford Press.
14) Clark, D. M. (1986). A cognitive approach to panic. *Behaviour Research and Therapy, 24,* 461–470.
15) Clark, D. M. (1999). Anxiety disorders: Why they persist and how to treat them. *Behaviour Research and Therapy, 37,* S5–S27.
16) Clark, D. M. (2004). Developing new treatments: On the interplay between theo-

ries, experimental science, and clinical innovation. *Behavioral Research and Therapy*, 42, 1009–1104.
17) Craske, M. G., Hermans, D., & Vansteenwegen, D. (Eds.). (2006). *Fear and learning: From basic processes to clinical implications*. Washington, DC: American Psychological Association.
18) Davey, G. C. L. (1997). A conditioning model of phobias. In *Phobias: A handbook of theory, research and treatment* (pp. 301–318). New York: Wiley.
19) David, D., & Szentagotai, A. (2006). Cognitions in cognitive-behavioral psychotherapies: Toward an integrative model. *Clinical Psychology Review*, 26(3), 284–298.
20) Dimidijian, S., Hollon, S. D., Dobson, K. S., Schmaling, K. B., Kohlenberg, R. J., Addis, M. E., et al. (2006). Randomized trial of behavioral activation, cognitive therapy, and antidepressant medication in the acute treatment of adults with major depression. *Journal of Consulting and Clinical Psychology*, 74, 658–670.
21) Dollard, J., & Miller, N. E. (1950). *Personality and psychotherapy*. New York: McGraw-Hill.
22) Eifert, G. H. (1996). More theory-driven and less diagnosis-based behavior therapy. *Journal of Behavior Therapy and Experimental Psychiatry*, 27, 75–86.
23) Ekers, D., Richards, D., & Gilbody, S. (2008). Meta-analysis of randomized trials of behavioural treatment of depression. *Psychological Medicine*, 38, 611–623.
24) Ellis, A. (1975). *Reason and emotion in psychotherapy*. Secaucus, NJ: Stuart.
25) Emmelkamp, P. M. G. (1982). *Phobic and obsessive–compulsive disorders: Theory, research and practice*. New York: Plenum Press.
26) Emmelkamp, P. M. G. (1992). Behaviour therapy in the *fin de siécle*. In J. Cottraux, P. Legeron, & E. Mollard (Eds.), *Which psychotherapies in 2000* (pp. 151–166). Lisse: Swets & Zeitlinger.
27) Emmelkamp, P. M. G. (2004). Behavior therapy with adults. In M. Lambert (Ed.), *Bergin and Garfield's handbook of psychotherapy and behavior change* (5th ed., pp. 393–446). New York: Wiley.
28) Emmelkamp, P. M. G., Bouman, T., & Blaauw, E. (1994). Individualized versus standardized therapy: A comparative evaluation with obsessive–compulsive patients. *Clinical Psychology and Psychotherapy*, 1, 95–100
29) Emmelkamp, P. M. G., & Kamphuis, J. H. (2007). *Personality disorders*. Hove: UK Psychology Press/Taylor & Francis.
30) Emmelkamp, P. M. G., Scholing, A., & Bouman, T. K. (1992). *Anxiety disorders*. Chichester, UK: Wiley.
31) Emmelkamp, P. M. G., & Vedel, E. (2006). *Evidence-based treatment of alcohol and drug abuse*. New York: Routledge/Taylor & Francis.
32) Erwin, E. (2006). Randomized clinical trials in psychotherapy outcome research. *Philosophy of Science*, 73, 135–152.
33) Eysenck, H. J. (1952). The effects of psychotherapy: An evaluation. *Journal of Consulting Psychology*, 16, 319–324.
34) Eysenck, H. J. (1970). A mish-mash of theories. *International Journal of Psychiatry*, 9, 140–146.
35) Foa, E. B., & Emmelkamp, P. M. G. (Eds.). (1983). *Failures in behavior therapy*. New York: Wiley.
36) Foa, E. B., Franklin, M. E., Perry, K. J., & Herbert, J. D. (1996). Cognitive

biases in generalized social phobia. *Journal of Abnormal Psychology, 105*, 433–439.
37) Forman, E. M., Herbert, J. D., Moitra, E., Yeomans, P. D., & Geller, P. A. (2007). A randomized controlled effectiveness trial of acceptance and commitment therapy and cognitive therapy for anxiety and depression. *Behavior Modification, 31*, 772–799.
38) Garratt, G., Ingram, R. E., Rand, K. L., & Sawalani, G. (2007). Cognitive processes in cognitive therapy: Evaluation of the mechanism of change in the treatment of depression. *Clinical Psychology: Science and Practice, 14*, 224–239.
39) Gergen, K. J. (1985). The social constructionist movement in modern psychology. *American Psychologist, 40*, 266–275.
40) Gortner, E. T., Gollan, J. K., Dobson, K. S., & Jacobson, N. S. (1998). Cognitive behavioral treatment of depression: Relapse prevention. *Journal of Consulting and Clinical Psychology, 66*, 377–384.
41) Hanley, G. P., Iwata, B. A., & McCord, B. E. (2003). Functional analysis of problem behavior: A review. *Journal of Applied Behavior Analysis, 36*(2), 147–185
42) Harvey, A. G., Watkins, E., Mansell, W., & Shafran, R. (2004). *Cognitive behavioural processes across psychological disorders*. Oxford, UK: Oxford University Press.
43) Hayes, S. C. (2004a). Acceptance and commitment therapy and the new behavior therapies: Mindfulness, acceptance and relationship. In S. C. Hayes, V. M. Follette, & M. M. Linehan (Eds.), *Mindfulness and acceptance: Expanding the cognitive-behavioral tradition* (pp. 1–29). New York: Guilford Press.
44) Hayes, S. C. (2004b). Acceptance and commitment therapy, relational frame theory, and the third wave of behavioral and cognitive therapies. *Behavior Therapy, 35*, 639–665.
45) Hayes, S. C., Brownstein, A. J., Haas, J. R., & Greenway, D. E. (1986). Instructions, multiple schedules, and extinction: Distinguishing rule-governed from schedule controlled behavior. *Journal of the Experimental Analysis of Behavior, 46*, 137–147.
46) Hayes, S. C., Luoma, J. B., Bond, F. W., Masuda, A., & Lillis, J. (2006). Acceptance and commitment therapy: Model, processes and outcomes. *Behaviour Research and Therapy, 44*, 1–25.
47) Hayes, S. C., Strosahl, K. D., & Wilson, K. G. (1999). *Acceptance and commitment therapy: An experiential approach to behavior change*. New York: Guilford Press.
48) Hayes, S. C., Wilson, K. G., Gifford, E. V., & Follette, V. M. (1996). Experiential avoidance and behavioral disorders: A functional dimensional approach to diagnosis and treatment. *Journal of Consulting and Clinical Psychology, 64*, 1152–1168.
49) Hofmann, S. G. (2004). Cognitive mediation of treatment change in social phobia. *Journal of Consulting and Clinical Psychology, 72*, 393–399.
50) Hofmann, S. G., & Asmundson, G. J. G. (2008). Acceptance and mindfulness-based therapy: New wave or old hat. *Clinical Psychology Review, 28*, 1–16.
51) Hofmann, S. G., Meuret, A. E., Rosenfield, D., Suvak, M. K., Barlow, D. H., Gorman, J. M., et al. (2007). Preliminary evidence for cognitive mediation during cognitive-behavioral therapy of panic disorder. *Journal of Consulting and*

Clinical Psychology, 75, 374–379.
52) Jones, M. C. (1924). A laboratory study of fear: The case of Peter. *Pedagogical Seminary, 31*, 308–315.
53) Kanfer, L. (1990). History of behavior modification. In A. S. Bellack, M. Hersen, & A. E. Kazdin (Eds.), *International handbook of behavior modification and therapy* (pp. 3–26). New York, Plenum Press.
54) Kelly, G. (1955). *The psychology of personal constructs.* New York: Norton.
55) Kohlenberg, R. J., & Tsai, M. (2007). *Functional analytic psychotherapy: Creating intense and curative therapeutic relationships.* New York: Springer.
56) Kuhn, T. S. (1962). *The structure of scientific revolutions.* Chicago: University of Chicago Press.
57) Lazarus, A. A. (1967). In support of technical eclecticism. *Psychological Reports, 21*, 415–416.
58) Lazarus, A. A. (2005). Is there still a need for psychotherapy integration? *Current Psychology, 24*, 149–152.
59) Leahy, R. L. (2003). *Cognitive therapy techniques: A practitioner's guide.* New York: Guilford Press.
60) Linehan, M. M. (1993). *Cognitive-behavioral treatment of borderline personality disorder.* New York: Guilford Press.
61) Litt, D., Kadden, R. M., Stephens, R. S., & The Marijuana Treatment Project Research Group. (2008). Coping and self-efficacy in marijuana treatment. *Journal of Consulting and Clinical Psychology, 73*, 1015–1025.
62) Litt, M. D., Kadden, R. M., Cooney, N. L., & Kabela, E. (2003). Coping skills and treatment outcomes in cognitive-behavioral and interactional group therapy for alcoholism. *Journal of Consulting and Clinical Psychology, 71*, 118–128.
63) London, P. (1964). *The modes and morals of psychotherapy.* New York: Holt, Rinehart, and Winston.
64) Luborsky, L., & DeRubeis, R. J. (1984). The use of psychotherapy treatment manuals: A small revolution in psychotherapy research style. *Clinical Psychology Review, 4*, 5–14.
65) Lundgren, T., Dahl, J., & Hayes, S. C. (2008). Evaluation of mediators of change in the treatment of epilepsy with acceptance and commitment therapy. *Journal of Behavioral Medicine, 31*, 225–235.
66) Mahoney, M. J. (2005). Suffering, philosophy, and psychotherapy. *Journal of Psychotherapy Integration, 15*, 337–352.
67) McCullough, J. P. (2000). *Treatment for chronic depression: Cognitive behavioral analysis system of psychotherapy.* New York: Guilford Press.
68) McNally, R. J. (2007). Mechanisms of exposure therapy: How neuroscience can improve psychological treatments for anxiety disorders. *Clinical Psychology Review, 27*, 750–759.
69) Morganstern, J., & Longabauch, R. (2000). Cognitive-behavioral treatment for alcohol dependence: A review of evidence for its hypothesized mechanisms of action. *Addiction, 95*, 1475–1490.
70) Muris, P., & Merckelbach, H. (2001). The etiology of childhood specific phobias. In M. W. Vasey & M. R. Dadds (Eds.), *The developmental psychopathology of anxiety* (pp. 355–385). New York: Oxford Press.
71) Öst, L. G. (2008). Efficacy of the third wave of behavioral therapies: A systematic review and meta-analysis. *Behaviour Research and Therapy, 46*, 296–321.

72) Persons, J. B. (2006). Case formulation-driven psychotherapy. *Clinical Psychology: Science and Practice, 13*, 167–170.
73) Popper, K. (1935). *Logik der Forschung* [The logic of scientific discovery]. Vienna: Julius Springer.
74) Powers, M. B., & Emmelkamp, P. (2009). Dissemination of research findings. In D. Richard & S. Huprich (Eds.), *Clinical psychology: Assessment, treatment, and research*. Burlington, MA: Elsevier.
75) Powers, M. B., Sigmarsson, R., & Emmelkamp, P. M. G. (2008). A meta-analytic review of psychological treatments for social anxiety disorder. *International Journal of Cognitive Psychotherapy, 1*, 94–113.
76) Powers, M. B., Zum Vörde Sive Vörding, M. B., & Emmelkamp, P. M. G. (2009). Acceptance and commitment therapy: A meta-analytic review. *Psychotherapy & Psychosomatics, 78*, 73–80.
77) Powers, M. B., Smits, J. A., & Telch, M. J. (2004). Disentangling the effects of safety-behavior utilization and safety-behavior availability during exposure-based treatment: A placebo-controlled trial. *Journal of Consulting and Clinical Psychology, 72*, 448–454.
78) Rachman, S., Radomsky, A. S., & Shafran, R. (2008). Safety behaviour: A reconsideration. *Behaviour Research and Therapy, 46*, 163–173.
79) Reiss, S., Peterson, R. A., Gursky, D. M., & McNally, R. J. (1986). Anxiety sensitivity, anxiety frequency and the prediction of fearfulness. *Behaviour Research and Therapy, 24*, 1–8.
80) Rosen, G. M., & Davison, G. C. (2003). Psychology should list empirically supported principles of change (ESPs) and not credential trademarked therapies or other treatment packages. *Behavior Modification, 27*, 300–312.
81) Salkovskis, P. M. (2002). Empirically grounded clinical interventions: Cognitive-behavioural therapy progresses through a multi-dimensional approach to clinical science. *Behavioural and Cognitive Psychotherapy, 30*, 3–9.
82) Salkovskis, P. M., Clark, D. M., Hackmann, A., Wells, A., & Gelder, M. G. (1999). An experimental investigation of the role of safety-seeking behaviours in the maintenance of panic disorder with agoraphobia. *Behaviour Research and Therapy, 37*, 559–574.
83) Schulte, D., & Eifert, G. H. (2002). What to do when manuals fail?: The dual model of psychotherapy. *Clinical Psychology: Science and Practice, 9*, 312–328.
84) Schulte, D., Kunzel, R., Pepping, G., & Schulte-Bahrenberg, T. (1992). Tailor-made versus standardized therapy of phobic patients. *Advances in Behaviour Research and Therapy, 14*, 67–92.
85) Segal, Z. V., Williams, D., & Teasdale, J. D. (2001). *Mindfulness-based cognitive therapy for depression: A new approach to preventing relapse*. New York: Guilford Press.
86) Skinner, B. F. (1953). *Science and human behavior*. New York: Macmillan.
87) Sloan, T., & Telch, M. J. (2002). The effects of safety-seeking behavior and guided threat reappraisal on fear reduction during exposure: an experimental investigation. *Behaviour Research and Therapy, 40*, 235–251.
88) Smits, J. A., Berry, A. C., Rosenfield, D., Powers, M., Behar, E., & Otto, M. W. (2008). Reducing anxiety sensitivity with exercise. *Depression and Anxiety, 25*, 689–699.
89) Smits, J. A., Powers, M. B., Cho, Y., & Telch, M. J. (2004). Mechanism of change

in cognitive-behavioral treatment of panic disorder: Evidence for the fear of fear mediational hypothesis. *Journal of Consulting and Clinical Psychology, 72,* 646–652.
90) Smits, J. A., Rosenfield, D., McDonald, R., & Telch, M. J. (2006). Cognitive mechanisms of social anxiety reduction: An examination of specificity and temporality. *Journal of Consulting and Clinical Psychology, 74,* 1203–1212.
91) Strauman, T. J., & Merrill, K. A. (2004). The basic science/clinical science interface and treatment development. *Clinical Psychology: Science and Practice, 11,* 544–554.
92) Torrey, W. C., Drake, R. E., Dixon, L., Burns, B. J., Flynn, L., Rush, A. J., et al. (2001). Implementing evidence-based practices for persons with severe mental illnesses. *Psychiatric Services, 52,* 45–50.
93) Waltz, J., Addis, M. E., Koerner, K., & Jacobson, N. S. (1993). Testing the integrity of a psychotherapy protocol: Assessment of adherence and competence. *Journal of Consulting and Clinical Psychology, 61,* 620–630.
94) Watson, J. B., & Rayner, R. (1920). Conditioned emotional reactions. *Journal of Experimental Psychology, 3,* 1–14.
95) Wells, A. (2000). *Emotional disorders and metacognition: Innovative cognitive therapy.* Chichester, UK: Wiley.
96) Wells, A., Clark, D. M., Salkovskis, P., Ludgate, J., Hackmann, A., & Gelder, M. (1995). Social phobia: The role of in-situation safety behaviors in maintaining anxiety and negative beliefs. *Behavior Therapy, 26,* 153–161.
97) Westmeyer, H. (1989). *Psychological theories from a structuralist point of view.* Berlin: Springer.
98) Westmeyer, H. (Ed.). (1992). *The structuralist program in psychology: Foundations and applications.* Toronto: Hogrefe & Huber.
99) Wolpe, J. (1958). *Psychotherapy by reciprocal inhibition.* Stanford, CA: Stanford University Press.
100) Woolfolk, R. L., & Richardson, F. C. (2008). Philosophy and Psychotherapy. *Journal of Psychotherapy Integration, 18,* 25–39.

第 2 章

1) Alloy, L., & Abrahamson, L. (1999). The Temple–Wisconsin Cognitive Vulnerability to Depression Project: Conceptual background, design, and methods. *Journal of Cognitive Psychotherapy, 13,* 227–262.
2) Bara-Carril, N., Williams, C. J., Pombo-Carril, M. G., Reid, Y., Murray, K., Aubin, S., et al. (2004). A preliminary investigation into the feasibility and efficacy of a CD-ROM-based cognitive-behavioral self-help intervention for bulimia nervosa. *International Journal of Eating Disorders, 35,* 538–548.
3) Beck, A. T. (1952). Successful outpatient psychotherapy of a chronic schizophrenic with a delusion based on borrowed guilt. *Psychiatry, 15,* 305–312.
4) Beck, A. T. (1963). Thinking and depression: Idiosyncratic content and cognitive distortions. *Archives of General Psychiatry, 9,* 324–333.
5) Beck, A. T. (1967). *Depression: Clinical, experimental, and theoretical aspects.* New York: Harper & Row.
6) Beck, A. T. (1976). *Cognitive therapy and the emotional disorders.* New York: International Universities Press.

7) Beck, A. T. (1996). Beyond belief: A theory of modes, personality, and psychopathology. In P. Salkovskis (Ed.), *Frontiers of cognitive therapy* (pp. 1–25). New York: Guilford Press.
8) Beck, A. T. (2005). The current state of cognitive therapy: A 40-year retrospective. *Archives of General Psychiatry, 62*, 953–959.
9) Beck, A. T., & Emery, G., with Greenberg, R. L. (1985). *Anxiety disorders and phobias: A cognitive perspective*. New York: Basic Books.
10) Beck, A. T., Freeman, A., Davis, D. D., Pretzer, J., Fleming, B., Arntz, A., et al. (2004). *Cognitive therapy of personality disorders* (2nd ed.). New York: Guilford Press.
11) Beck, A. T., & Rector, N. A. (2002). Delusions: A cognitive perspective. *Journal of Cognitive Psychotherapy: An International Quarterly, 16*(4), 455–468.
12) Beck, A. T., Rush, A. J., Shaw, B. F., & Emery, G. (1979). *Cognitive therapy of depression*. New York: Guilford Press.
13) Beck, J. (1995). *Cognitive therapy: Basics and beyond*. New York: Guilford Press.
14) Blatt, S. J., Zuroff, D. C., Quinlan, D. M., & Pilkonis, P. A. (1996). Interpersonal factors in brief treatment of depression: Further analyses of NIMH TDCRP. *Journal of Consulting and Clinical Psychology, 64*, 162–171.
15) Butler, A. C., Chapman, J. E., Foreman, E. M., & Beck, A. T. (2006). The empirical status of cognitive behavioural therapy: A review of meta-analyses. *Clinical Psychology Review, 26*, 17–31.
16) Chambless, D. L., & Hollon, S. D. (1998). Defining empirically supported therapies. *Journal of Consulting and Clinical Psychology, 66*, 7–18.
17) Clark, D. A., & Beck, A. T. (1999). *Scientific foundations of cognitive theory and therapy of depression*. New York: Wiley.
18) Clark, D. M., & Ehlers, A. (2004). Posttraumatic stress disorder: From cognitive theory to therapy. In R. L. Leahy (Ed.), *Contemporary cognitive therapy: Theory, research, and practice* (pp. 43–71). New York: Guilford Press.
19) Clark, D. M., Salkovskis, P. M., Öst, G. L., Westling, B., Loehler, K. A., Jeavons, A., et al. (1997). Misinterpretation of body sensations in panic disorder. *Journal of Consulting and Clinical Psychology, 65*, 203–213.
20) Clark, D. M., & Wells, A. (1995). A cognitive model of social phobia. In R. G. Heimberg, M. Liebowitz, D. A. Hope, & F. Schneier (Eds.), *Social phobia: Diagnosis, assessment, and treatment* (pp. 15–37). New York: Guilford Press.
21) Crits-Christoph, P., Baranackie, K., Kurcias, J. S., Greenberg, R., Conte, H., et al. (1991). Meta-analysis of therapist effects in psychotherapy outcome studies. *Psychotherapy Research, 1*, 81–91.
22) Davidson, K., Scott, J., Schmidt, U., Tata, P., Thornton, S., & Tyrer, P. (2004). Therapist competence and clinical outcome in the POPMACT trial. *Psychological Medicine, 34*, 855–863.
23) DeRubeis, R. J., & Feeley, M. (1990). Determinants of change in cognitive therapy for depression. *Cognitive Therapy and Research, 14*, 469–482.
24) DeRubeis, R. J., Hollon, S. D., Amsterdam, J. D., Shelton, R. C., Young, P. R., Salomon, R. M., et al. (2005). Cognitive therapy vs medications in the treatment of moderate to severe depression. *Archives of General Psychiatry, 62*(4), 409–416.
25) Ellis, A. (1962) *Reason and emotion in psychotherapy*. New York: Lyle Stuart.
26) Enright, S. J. (1997). Cognitive behaviour therapy: Clinical applications. *British*

Medical Journal, 314, 1811–1816.
27) Foa, E., & Kozak, M. (1997). Beyond the efficacy ceiling: Cognitive behavior therapy in search of theory. *Behavior Therapy, 28,* 601–611.
28) Fresco, D., Segal, Z., Buis, T., & Kennedy, S. (2007). Relationship of post-treatment decentring and cognitive reactivity to relapse in major depression. *Journal of Consulting and Clinical Psychology, 75,* 447–455.
29) Garety, P. A., Fowler, D. G., Freeman, D., Bebbington, P., Dunn, G., & Kuipers, E. (2008). Cognitive-behavioural therapy and family intervention for relapse prevention and symptom reduction in psychosis: Randomised controlled trial. *British Journal of Psychiatry, 192,* 412–423.
30) Goldapple, K., Segal, Z., Garson, C., Lau, M., Beiling, P., Kennedy, S., et al. (2005). Modulation of cortical–limbic pathways in major depression: Treatment-specific effects of cognitive behavior therapy. *Archives of General Psychiatry, 61,* 34–41.
31) Gillespie, K., Duffy, M., Hackmann, A., & Clark, D. M. (2004). Community based cognitive therapy in the treatment of posttraumatic stress disorder following the Omagh bomb. *Behaviour Research and Therapy, 40,* 345–357.
32) Grant, P., Young, P., & DeRubeis, R. (2005). Cognitive and behavioural therapies. In G. Gabbard, J. Beck, & J. Holmes (Eds.), *Oxford textbook of psychotherapy* (pp. 79–107). Oxford, UK: Oxford University Press.
33) Haaga, D. A., Dyck, M. J., & Ernst, D. (1991). Empirical status of cognitive theory of depression. *Psychological Bulletin, 110,* 215–236.
34) Hamilton, K., & Dobson, K. (2002). Cognitive therapy of depression: Pretreatment patient predictors of outcome. *Clinical Psychology Review, 22,* 875–893.
35) Harvey, A., Watkins, E., Mansell, W., & Shafran, R. (2004). *Cognitive behavioural processes across psychological disorders.* Oxford, UK: Oxford University Press.
36) Hayes, A. M., Feldman, G. C., Beevers, C. G., Laurenceau, J. P., Cardaciotto, L. A., & Lewis-Smith, K. (2007). Discontinuities and cognitive changes in an exposure-based cognitive therapy for depression. *Journal of Consulting and Clinical Psychology, 75,* 409–421.
37) Hollon, S. D., Kendall, P. C., & Lumry, A. (1986). Specificity of depressotypic cognitions in clinical depression. *Journal of Abnormal Psychology, 95,* 52–59.
38) Hollon, S. D., Shelton, R. C., & Davis, D. D. (1993). Cognitive therapy for depression: conceptual issues and clinical efficiency. *Journal of Consulting and Clinical Psychology, 62,* 270–275.
39) Hollon, S. D., Stewart, M. D., & Strunk, D. (2006). Enduring effects for cognitive behavior therapy in the treatment of depression and anxiety. *Annual Review of Psychology, 57,* 285–315.
40) Jarrett, R. B., Kraft, D., Doyle, J., Foster, B. M., Eaves, G., & Silver, P. C. (2001). Preventing recurrent depression using cognitive therapy with and without a continuation phase: A randomized clinical trial. *Archives of General Psychiatry, 58,* 381–388.
41) Jones, L., Scott, J., Haque, S., Gordon-Smith, K., Heron, J., Caesar, S., et al. (2005). Cognitive styles in bipolar disorder. *British Journal of Psychiatry, 187,* 431–437.

42) Kelly, G. (1955). *The psychology of personal constructs.* New York: Norton.
43) Kingdon, D. G., & Turkington, D. (1994). *Cognitive-behavior therapy of schizophrenia.* New York: Guilford Press.
44) Kraemer, H. C., Wilson, T., Fairburn, C. G., & Agras, W. S. (2001). Mediators and moderators of treatment effects in randomized clinical trials. *Archives of General Psychiatry, 59,* 877–883.
45) Krupnick, J. L., Sotsky, S. M., Simmens, S., Moyer, Elkin, et al. (1996). The role of the therapeutic alliance in psychotherapy and pharmacotherapy outcome: Findings in the NIMH TDCRP. *Journal of Consulting and Clinical Psychology, 64*(3), 532–539.
46) Lewinsohn, P. M., Joiner, T. E., Jr., & Rohde, P. (2001). Evaluation of cognitive diathesis–stress models in predicting major depressive disorder in adolescents. *Journal of Abnormal Psychology, 110*(2), 203–215.
47) Mathews, A. (2006). Towards an experimental cognitive science of CBT. *Behavioral Therapy, 37*(3), 314–318.
48) Meyer, B., Krupnick, J. L., Simmens, S. J., Pilkonis, P., Egan, M., & Sotsky, S. (2002). Treatment expectancies, patient alliance, and outcome: Further analyses from the NIMH TDCRP. *Journal of Consulting and Clinical Psychology, 70,* 1051–1055.
49) Meyer, B., Pilkonis, P. A., Krupnick, J. L., Egan, M. K., Simmens, S. J., & Sotsky, S. M. (2002). Treatment expectancies, patient alliance, and outcome: Further analyses from the National Institute of Mental Health Treatment of Depression Collaborative Research Program. *Journal of Consulting and Clinical Psychology, 70*(4), 1051–1055.
50) Miranda, R., & Nolen-Hoeksema, S. (2007). Brooding and reflection: rumination predicts suicidal ideation at 1-year follow-up in a community sample. *Behaviour Research and Therapy, 45*(12), 3088–3095.
51) Mitterscifhhaler, M. T., Williams, S. C., Scott, J., & Fu, C. (2008). Neural basis of the emotional Stroop interference effect in major depression. *Psychological Medicine, 38,* 247–256.
52) Morrison, A. (Ed.). (2002). *A casebook of cognitive therapy for psychosis.* Hove, UK: Brunner/Routledge.
53) Nolen-Hoeksema, S. (1991). Responses to depression and their effects on the duration of depressive episodes. *Journal of Abnormal Psychology, 100*(4), 569–582.
54) Padesky, C. (1993, September 24). *Socratic questioning: Changing minds or guiding discovery?* Keynote Address at the European Congress of Behavioural and Cognitive Therapies, London.
55) Parker, G., Roy, K., & Eyers, K. (2003). Cognitive behavior therapy for depression?: Choose horses for courses. *American Journal of Psychiatry, 160,* 825–834.
56) Paykel, E. S. (2007). Cognitive therapy in relapse prevention in depression. *International Journal of Neuropsychopharmacology, 10*(1), 131–136.
57) Paykel, E., Scott, J., Teasdale, J., Johnson, A., Garland, A., Moore, R., et al. (1999). Prevention of relapse in residual depression by cognitive therapy: A controlled trial. *Archives of General Psychiatry, 56,* 829–835.
58) Persons, J. B. (1993). The process of change in cognitive therapy: Schema change or acquisition of compensatory skills? *Cognitive Therapy and Research, 17,* 123–137.

59) Roth, A., & Fonagy, P. (1996). *What works for whom?: A critical review of psychotherapy research*. New York: Guilford Press.
60) Salkovskis, P. (1996). *Frontiers of cognitive therapy*. New York: Guilford Press.
61) Scher, C. D., Ingram, R. E., & Segal, Z. V. (2005). Cognitive reactivity and vulnerability: Empirical evaluation of construct activation and cognitive diatheses in unipolar depression. *Clinical Psychology Review, 25*(4), 487–510.
62) Scott, J. (1998). Cognitive therapy. In H. Freeman (Ed.), *Century of psychiatry* (pp. 61–72). London: Mosby Wolfe Medical Communications.
63) Scott, J. (2001). Cognitive therapy for depression. *British Medical Bulletin, 57*, 101–113.
64) Scott, J. (2008). Cognitive-behavioural therapy for severe mental disorders: Back to the future? *British Journal of Psychiatry, 192*(6), 401–403.
65) Scott, J., & Beck, A. T. (2008). Cognitive therapy. *In essentials of postgraduate psychiatry* (3rd ed.). Cambridge, UK: Cambridge University Press.
66) Scott, J., Byers, S., & Turkington, D. (1992). Cognitive therapy with chronic inpatients. In J. Wright, M. Thase, J. Ludgate, & A. T. Beck (Eds.), *Cognitive therapy with inpatients: Developing a cognitive milieu* (pp. 357–390). New York: Guilford Press.
67) Scott, J., Kingdon, D., & Turkington, D. (2004). CBT for schizophrenia. In J. Wright (Ed.), *APA review psychiatry*. Washington, DC: American Psychiatric Association Press.
68) Scott, J., Paykel, E., Morriss, R., Bentall, R., Kinderman, P., Johnson, T., et al. (2006). Cognitive-behavioural therapy for severe and recurrent bipolar disorders: Randomised controlled trial. *British Journal of Psychiatry, 188*, 313–320.
69) Segal, Z., Gemar, M., & Williams, S. (1999). Differential cognitive response to a mood challenge following successful cognitive therapy or pharmacotherapy for unipolar depression. *Journal of Abnormal Psychology, 108*, 3–10.
70) Segal, Z., & Ingram, R. (1994). Mood priming and construct activation in tests of cognitive vulnerability to unipolar depression. *Clinical Psychology Review, 14*, 663–695.
71) Shahar, G., Blatt, S. J., Zuroff, D. C., & Pilkonis, P. A. (2003). Role of perfectionism and personality disorder features in response to brief treatment for depression. *Journal of Consulting and Clinical Psychology, 71*, 629–633.
72) Siegle, G., Carter, C. S., & Thase, M. E. (2006). Use of fMRI to predict recovery from unipolar depression with cognitive behavior therapy. *American Journal of Psychiatry, 163*, 735–738.
73) Singer, A. R., & Dobson, K. S. (2007). An experimental investigation of the cognitive vulnerability to depression. *Behaviour Research and Therapy, 45*, 563–575.
74) Tang, T. Z., & DeRubeis, R. J. (1999). Sudden gains and critical sessions in cognitive-behavioural therapy for depression. *Journal of Consulting and Clinical Psychology, 67*, 894–904.
75) Task Force on Promotion and Dissemination of Psychological Procedures. (1995). Training in and dissemination of empirically validated psychological treatments: Report and recommendations. *Clinical Psychologist, 48*, 3–23.
76) Teasdale, J. (1988). Cognitive vulnerability to persistent depression. *Cognition and Emotion, 2*, 247–274.
77) Teasdale, J., & Dent, J. (1987). Cognitive vulnerability to depression: An investiga-

tion of two hypotheses. *British Journal of Clinical Psychology, 26,* 113–126.
78) Teasdale, J., Scott, J., Moore, R., Hayhurst, H., Pope, M., & Paykel, E. S. (2000). How does cognitive therapy for depression reduce relapse? *Journal of Consulting and Clinical Psychology, 69,* 347–357.
79) Thase, M. E., Greenhouse, J. B., Frank, E., Reynolds, C. F., Pilkonis P. A., et al. (1997). Treatment of major depression with psychotherapy or psychotherapy-pharmacotherapy combinations. *Archives of General Psychiatry, 54*(11), 989–991.
80) Watkins, E., Scott, J., Wingrove, J., Rimes, K., Bathurst, N., Steiner, H., et al. (2007). Rumination-focused cognitive behaviour therapy for residual depression: A case series. *Behavior Research Therapy, 45*(9), 2144–2154.
81) Weishaar, M. E. (1993). *Aaron T. Beck.* Thousand Oaks, CA: Sage.
82) Wolpe, J. (1993). Commentary: The cognitivist oversell and comments on symposium contributions. *Journal of Behavior Therapy and Experimental Psychiatry, 24*(2), 141–147.
83) Wright, J. H., Wright, A. S., Salmon, P., Beck, A. T., Kuykendall, J., Goldsmith, L. J., et al. (2002). Development and initial testing of a multimedia program for computer-assisted cognitive therapy. *American Journal of Psychotherapy, 56,* 76–86.
84) Zuroff, D. C., Blatt, S. J., Sotsky, S. M., Krupnick, J. L., Martin, D. J., Sanislow, C. A., et al. (2000). Relation of therapeutic alliance and perfectionism to outcome in brief outpatient treatment of depression. *Journal of Consulting and Clinical Psychology, 68*(1), 114–124.

第3章

1) Allen, S. M., Shah, A. C., Nezu, A. M., Nezu, C. M., Ciambrone, D., Hogan, J., et al. (2002). A problem-solving approach to stress reduction among younger women with breast carcinoma: A randomized controlled trial. *Cancer, 94,* 3089–3100.
2) Aréan, P. A., Perri, M. G., Nezu, A. M., Schein, R. L., Christopher, F., & Joseph, T. X. (1993). Comparative effectiveness of social problem-solving therapy and reminiscence therapy as treatments for depression in older adults. *Journal of Consulting and Clinical Psychology, 61,* 1003–1010.
3) Barrett, J. E., Williams, J. W., Oxman, T. E., Frank, E., Katon, W., Sullivan, M., et al. (2001). Treatment of dysthymia and minor depression in primary care: A randomized trial in patients aged 18 to 59 years. *Journal of Family Practice, 50,* 405–412.
4) Barrett, J. E., Williams, J. W., Oxman, T. E., Katon, W., Frank, E., Hegel, M. T., et al. (1999). The Treatment Effectiveness Project: A comparison of the effectiveness of paroxetine, problem-solving therapy, and placebo in the treatment of minor depression and dysthymia in primary care patients: Background and research plan. *General Hospital Psychiatry, 21,* 260–273.
5) Beck, J. S. (1995). *Cognitive therapy: Basics and beyond.* New York: Guilford Press.
6) Bell, A. C., & D'Zurilla, T. J. (2009). Problem-solving therapy for depression: A meta-analysis. *Clinical Psychology Review, 29,* 348–353.
7) Bloom, B. L. (1985). *Stressful life event theory and research: Implications for pri-*

mary prevention (DHHS Publication No. [AMD] 85-1385). Rockville, MD: National Institute of Mental Health.
8) Burks, N., & Martin, B. (1985). Everyday problems and life change events: Ongoing vs. acute sources of stress. *Journal of Human Stress, 11,* 27–35.
9) Chang, E. C., Downey, C. A., & Salata, J. L. (2004). Social problem solving and positive psychological functioning: Looking at the positive side of problem solving. In E. C. Chang, T. J. D'Zurilla, & L. J. Sanna (Eds.), *Social problem solving: Theory, research, and training* (pp. 99–116). Washington, DC: American Psychological Association.
10) Chang, E. C., & D'Zurilla, T. J. (1996). Relations between problem orientation and optimism, pessimism, and trait affectivity: A construct validation study. *Behaviour Research and Therapy, 34,* 185–195.
11) Chang, E. C., D'Zurilla, T. J., & Sanna, L. J. (Eds.). (2004). *Social problem solving: Theory, research, and training.* Washington, DC: American Psychological Association.
12) Cuijpers, P., van Straten, A., & Warmerdam, L. (2007). Problem solving therapies for depression: A meta-analysis. *European Psychiatry, 22,* 9–15.
13) DeLongis, A., Coyne, J. C., Dakof, G., Folkman, S., & Lazarus, R. S. (1982). Relationship of daily hassles, uplifts, and major life events to health status. *Health Psychology, 1,* 119–136.
14) D'Zurilla, T. J. (1986). *Problem-solving therapy: A social competence approach to clinical intervention.* New York: Springer.
15) D'Zurilla, T. J. (1990). Problem-solving training for effective stress management and prevention. *Journal of Cognitive Psychotherapy: An International Quarterly, 4,* 327–355.
16) D'Zurilla, T. J., & Goldfried, M. R. (1971). Problem solving and behavior modification. *Journal of Abnormal Psychology, 78,* 107–126.
17) D'Zurilla, T. J., & Maschka, G. (1988, November). *Outcome of a problem-solving approach to stress management: I. Comparison with social support.* Paper presented to the Association for Advancement of Behavior Therapy, New York, NY.
18) D'Zurilla, T. J., & Nezu, A. (1980). A study of the generation-of-alternatives process in social problem solving. *Cognitive Therapy and Research, 4,* 67–72.
19) D'Zurilla, T. J., & Nezu, A. (1982). Social problem solving in adults. In P. C. Kendall (Ed.), *Advances in cognitive-behavioral research and therapy* (Vol. 1, pp. 202–274). New York: Academic Press.
20) D'Zurilla, T. J., & Nezu, A. M. (1990). Development and preliminary evaluation of the Social Problem-Solving Inventory (SPSI). *Psychological Assessment: A Journal of Consulting and Clinical Psychology, 2,* 156–163.
21) D'Zurilla, T. J., & Nezu, A. M. (1999). *Problem-solving therapy: A social competence approach to clinical intervention* (2nd ed.). New York: Springer.
22) D'Zurilla, T. J., & Nezu, A. M. (2007). *Problem-solving therapy: A positive approach to clinical intervention* (3rd ed.). New York: Springer.
23) D'Zurilla, T. J., Nezu, A. M., & Maydeu-Olivares, A. (2002). *Manual for the Social Problem-Solving Inventory—Revised.* North Tonawanda, NY: Multi-Health Systems.
24) D'Zurilla, T. J., Nezu, A. M., & Maydeu-Olivares, A. (2004). Social problem solv-

ing: Theory and assessment. In E. C. Chang, T. J. D'Zurilla, & L. J. Sanna (Eds.), *Social problem solving:Theory, research, and training* (pp. 11–27). Washington, DC: American Psychological Association.
25) Folkman, S., & Lazarus, R. S. (1988). Coping as a mediator of emotion. *Journal of Personality and Social Psychology, 54*, 466–475.
26) Freedman, B. I., Rosenthal, L., Donahoe, C. P., Schlundt, D. G., & McFall, R. M. (1978). A social- behavioral analysis of skill deficits in delinquent and nondelinquent adolescent boys. *Journal of Consulting and Clinical Psychology, 46*, 1448–1462.
27) Gagné, R. M. (1966). Human problem solving: Internal and external events. In B. Kleinmuntz (Ed.), *Problem solving: Research, method and theory* (pp. 128–148). New York: Wiley.
28) García-Vera, M. P., Labrador, F. J., & Sanz, J. (1997). Stress-management training for essential hypertension: A controlled study. *Applied Psychophysiology and Biofeedback, 22*, 261–283.
29) García-Vera, M. P., Sanz, J., & Labrador, F. J. (1998). Psychological changes accompanying and mediating stress-management training for essential hypertension. *Applied Psychophysiology and Biofeedback, 23*, 159–178.
30) Gellis, Z. D., & Kenaly, B. (2008). Problem-solving therapy for depression in adults: A systematic review. *Research on Social Work Practice, 18*, 117–131.
31) Gladwin, T. (1967). Social competence and clinical practice. *Psychiatry: Journal for the Study of Interpersonal Processes, 3*, 30–43.
32) Graf, A. (2003). A psychometric test of a German version of the SPSI-R. *Zeitschrift für Differentielle und Diagnostische Psychologie, 24*, 277–291.
33) Grant, J. S., Elliott, T. R., Weaver, M., Bartolucci, A. A., & Giger, J. N. (2002). Telephone intervention with family caregivers of stroke survivors after rehabilitation. *Stroke, 33*, 2060–2065.
34) Houts, P. S., Nezu, A. M., Nezu, C. M., & Bucher, J. A. (1996). A problem-solving model of family caregiving for cancer patients. *Patient Education and Counseling, 27*, 63–73.
35) Jaffe, W. B., & D'Zurilla, T. J. (2003). Adolescent problem solving, parent problem solving, and externalizing behavior in adolescents. *Behavior Therapy, 34*, 295–311.
36) Kant, G. L., D'Zurilla, T. J., & Maydeu-Olivares, A. (1997). Social problem solving as a mediator of stress-related depression and anxiety in middle-aged and elderly community residents. *Cognitive Therapy and Research, 21*, 73–96.
37) Kendall, P. C., & Hollon, S. D. (Eds.). (1979). *Cognitive-behavioral interventions: Theory, research, and procedures.* New York: Academic Press.
38) Lazarus, R. S. (1999). *Stress and emotion: A new synthesis.* New York: Springer.
39) Lazarus, R. S., & Folkman, S. (1984). *Stress, appraisal, and coping.* New York: Springer.
40) Lochman, J. E., Wayland, K. K., & White, K. J. (1993). Social goals: Relationship to adolescent adjustment and to social problem solving. *Journal of Abnormal Child Psychology, 21*, 135–151.
41) Londahl, E. A., Tverskoy, A., & D'Zurilla, T. J. (2005). The relations of internalizing symptoms to conflict and interpersonal problem solving in close relation-

ships. *Cognitive Therapy and Research, 29*, 445–462.
42) Mahoney, M. J. (1974). *Cognition and behavior modification.* Cambridge, MA: Ballinger.
43) Malouff, J. M., Thorsteinsson, E. B., & Schutte, N. S. (2007). The efficacy of problem solving therapy in reducing mental and physical health problems: A meta-analysis. *Clinical Psychology Review, 27*, 46–57.
44) Maydeu-Olivares, A., & D'Zurilla, T. J. (1995). A factor analysis of the Social Problem-Solving Inventory using polychoric correlations. *European Journal of Psychological Assessment, 11*, 98–107.
45) Maydeu-Olivares, A., & D'Zurilla, T. J. (1996). A factor-analytic study of the Social Problem-Solving Inventory: An integration of theory and data. *Cognitive Therapy and Research, 20*, 115–133.
46) Maydeu-Olivares, A., Rodríguez-Fornells, A., Gómez-Benito, J., & D'Zurilla, T. J. (2000). Psychometric properties of the Spanish adaptation of the Social Problem-Solving Inventory-Revised (SPSI-R). *Personality and Individual Differences, 29*, 699–708.
47) Monroe, S. M., & Hadjiyannakis, K. (2002). The social environment and depression: Focusing on severe life stress. In I. H. Gotlib & C. L. Hammen (Eds.), *Handbook of depression* (pp. 314–340). New York: Guilford Press.
48) Nezu, A. M. (1986a). Cognitive appraisal of problem-solving effectiveness: Relation to depression and depressive symptoms. *Journal of Clinical Psychology, 42*, 42–48.
49) Nezu, A. M. (1986b). Effects of stress from current problems: Comparisons to major life events. *Journal of Clinical Psychology, 42*, 847–852.
50) Nezu, A. M. (1986c). Efficacy of a social problem-solving therapy approach for unipolar depression. *Journal of Consulting and Clinical Psychology, 54*, 196–202.
51) Nezu, A. M. (1986d). Negative life stress and anxiety: Problem solving as a moderator variable. *Psychological Reports, 58*, 279–283.
52) Nezu, A. M. (1987). A problem-solving formulation of depression: A literature review and proposal of a pluralistic model. *Clinical Psychology Review, 7*, 121–144.
53) Nezu, A. M. (2004). Problem solving and behavior therapy revisited. *Behavior Therapy, 35*, 1–33.
54) Nezu, A. M., & D'Zurilla, T. J. (1979). An experimental evaluation of the decision-making process in social problem solving. *Cognitive Therapy and Research, 3*, 269–277.
55) Nezu, A. M., & D'Zurilla, T. J. (1981a). Effects of problem definition and formulation on decision making in the social problem-solving process. *Behavior Therapy, 12*, 100–106.
56) Nezu, A. M., & D'Zurilla, T. J. (1981b). Effects of problem definition and formulation on the generation of alternatives in the social problem-solving process. *Cognitive Therapy and Research, 6*, 265–271.
57) Nezu, A. M., & D'Zurilla, T. J. (1989). Social problem solving and negative affective conditions. In P. C. Kendall & D. Watson (Eds.), *Anxiety and depression: Distinctive and overlapping features* (pp. 285–315). New York: Academic Press.
58) Nezu, A. M., & Nezu, C. M. (in press). Problem-solving therapy. In S. Richards &

M. G. Perri (Eds.), *Relapse prevention for depression*. Washington, DC: American Psychological Association.
59) Nezu, A. M., Nezu, C. M., & Cos, T. A. (2007). Case formulation for the behavioral and cognitive therapies: A problem-solving perspective. In T. D. Eells (Ed.), *Handbook of psychotherapy case formulation* (2nd ed., pp. 349–378). New York: Guilford Press.
60) Nezu, A. M., Nezu, C. M., Cos, T., Friedman, J., Wilkins, V. M., & Lee, M. (2006, November). *Social problem solving and depression among patients with cardiovascular disease*. Paper presented to the Association for Behavioral and Cognitive Therapies, Chicago, IL.
61) Nezu, A. M., Nezu, C. M., & D'Zurilla, T. J. (2007). *Solving life's problems: A 5-step guide to enhanced well-being*. New York: Springer.
62) Nezu, A. M., Nezu, C. M., Faddis, S., DelliCarpini, L. A., & Houts, P. S. (1995, November). *Social problem solving as a moderator of cancer-related stress*. Paper presented to the Association for Advancement of Behavior Therapy, Washington, DC.
63) Nezu, A. M., Nezu, C. M., Felgoise, S. H., McClure, K. S., & Houts, P. S. (2003). Project Genesis: Assessing the efficacy of problem-solving therapy for distressed adult cancer patients. *Journal of Consulting and Clinical Psychology, 71*, 1036–1048.
64) Nezu, A. M., Nezu, C. M., Felgoise, S. H., & Zwick, M. L. (2003). Psychosocial oncology. In A. M. Nezu, C. M. Nezu, & P. A. Geller (Eds.), *Health psychology* (pp. 267–292). New York: Wiley.
65) Nezu, A. M., Nezu, C. M., Friedman, S. H., Faddis, S., & Houts, P. S. (1998). *Helping cancer patients cope: A problem-solving approach*. Washington, DC: American Psychological Association.
66) Nezu, A. M., Nezu, C. M., Houts, P. S., Friedman, S. H., & Faddis, S. (1999). Relevance of problem-solving therapy to psychosocial oncology. *Journal of Psychosocial Oncology, 16*, 5–26.
67) Nezu, A. M., Nezu, C. M., & Jain, D. (2005). *The emotional wellness way to cardiac health: How letting go of depression, anxiety, and anger can heal your heart*. Oakland, CA: New Harbinger.
68) Nezu, A. M., Nezu, C. M., & Lombardo, E. R. (2004). *Cognitive-behavioral case formulation and treatment design: A problem-solving approach*. New York: Springer.
69) Nezu, A. M., Nezu, C. M., & Perri, M. G. (1989). *Problem-solving therapy for depression: Therapy, research, and clinical guidelines*. New York: Wiley.
70) Nezu, A. M., Nezu, C. M., & Perri, M. G. (2006). Problem solving to promote treatment adherence. In W. T. O'Donohue & E. Livens (Eds.), *Promoting treatment adherence: A practical handbook for health care providers* (pp. 135–148). New York: Sage.
71) Nezu, A. M., Nezu, C. M., Saraydarian, L., Kalmar, K., & Ronan, G. F. (1986). Social problem solving as a moderator variable between negative life stress and depressive symptoms. *Cognitive Therapy and Research, 10*, 489–498.
72) Nezu, A. M., & Perri, M. G. (1989). Social problem solving therapy for unipolar depression: An initial dismantling investigation. *Journal of Consulting and

Clinical Psychology, 57, 408–413.
73) Nezu, A. M., Perri, M. G., & Nezu, C. M. (1987, August). *Validation of a problem a problem-solving/stress model of depression.* Paper presented to the American Psychological Association, New York, NY.
74) Nezu, A. M., Perri, M. G., Nezu, C. M., & Mahoney, D. J. (1987, November). *Social problem solving as a moderator of stressful events among clinically depressed individuals.* Paper presented to the Association for Advancement of Behavior Therapy, Boston, MA.
75) Nezu, A. M., & Ronan, G. F. (1985). Life stress, current problems, problem solving, and depressive symptomatology: An integrative model. *Journal of Consulting and Clinical Psychology, 53,* 693–697.
76) Nezu, A. M., & Ronan, G. F. (1988). Stressful life events, problem solving, and depressive symptoms among university students: A prospective analysis. *Journal of Counseling Psychology, 35,* 134–138.
77) Nezu, A. M., Wilkins, V. M., & Nezu, C. M. (2004). Social problem solving, stress, and negative affective conditions. In E. C. Chang, T. J. D'Zurilla, & L. J. Sanna (Eds.), *Social problem solving: Theory, research, and training* (pp. 49–65). Washington, DC: American Psychological Association.
78) Nezu, C. M. (2003). Cognitive-behavioral treatment for sex offenders: Current status. *Japanese Journal of Behavior Therapy, 29,* 15–24.
79) Nezu, C. M., Fiore, A. A., & Nezu, A. M. (2006). Problem-solving treatment for intellectually disabled sex offenders. *International Journal of Behavioral Consultation and Therapy, 2,* 266–276.
80) Nezu, C. M., Nezu, A. M., & Aréan, P. A. (1991). Assertiveness and problem-solving training for mildly mentally retarded persons with dual diagnosis. *Research in Developmental Disabilities, 12,* 371–386.
81) Nezu, C. M., Palmatier, A., & Nezu, A. M. (2004). Social problem solving training for caregivers. In E. C. Chang, T. J. D'Zurilla, & L. J. Sanna (Eds.), *Social problem solving: Theory, research, and training* (pp. 223–238). Washington, DC: American Psychological Association.
82) Perri, M. G., Nezu, A. M., McKelvey, W. F., Schein, R. L., Renjilian, D. A., & Viegener, B. J. (2001). Relapse prevention training and problem solving therapy in the long-term management of obesity. *Journal of Consulting and Clinical Psychology, 69,* 722–726.
83) Perri, M. G., Nezu, A. M., & Viegener, B. J. (1992). *Improving the long-term management of obesity: Theory, research, and clinical guidelines.* New York: Wiley.
84) Sadowski, C., & Kelley, M. L. (1993). Social problem-solving in suicidal adolescents. *Journal of Consulting and Clinical Psychology, 61,* 121–127.
85) Sadowski, C., Moore, L. A., & Kelley, M. L. (1994). Psychometric properties of the Social Problem-Solving Inventory (SPSI) with normal and emotionally-disturbed adolescents. *Journal of Abnormal Child Psychology, 22,* 487–500.
86) Sahler, O. J. Z., Varni, J. W., Fairclough, D. L., Butler, R. W., Noll, R. B., Dolgin, M. J., et al. (2002). Problem-solving skills training for mothers of children with newly diagnosed cancer: A randomized trial. *Developmental and Behavioral Pediatrics, 23,* 77–86.
87) Sato, H., Takahashi, F., Matsuo, M., Sakai, M., Shimada, H., Chen, J., et al. (2006).

Development of the Japanese version of the Social Problem-Solving Inventory—Revised and examination of its reliability and validity. *Japanese Journal of Behavior Therapy, 32*, 15–30.
88) Shaw, W. S., Feuerstein, M., Haufler, A. J., Berkowitz, S. M., & Lopez, M. S. (2001). Working with low back pain: Problem-solving orientation and function. *Pain, 93*, 129–137.
89) Siu, A. M. H., & Shek, D. T. L. (2005). The Chinese version of the Social Problem Solving Inventory: Some initial results on reliability and validity. *Journal of Clinical Psychology, 61*, 347–360.
90) van den Hout, J. H. C., Vlaeyen, J. W. S., Heuts, P. H. T., Stillen, W. J. T., & Willen, J. E. H. L. (2001). Functional disability in non-specific low back pain: The role of pain-related fear and problem-solving skills. *International Journal of Behavioural Medicine, 8*, 134–148.
91) van den Hout, J. H. C., Vlaeyen, J. W. S., Heuts, P. H. T., Zijlema, J. H. L., & Wijen, J. A. G. (2003). Secondary prevention of work-related disability in nonspecific low back pain: Does problem-solving therapy help? A randomized clinical trial. *Clinical Journal of Pain, 19*, 87–96.
92) Wakeling, H. C. (2007). The psychometric validation of the Social Problem-Solving Inventory—Revised with UK incarcerated sexual offenders. *Sex Abuse, 19*, 217–236.
93) Weinberger, M., Hiner, S. L., & Tierney, W. M. (1987). In support of hassles as a measure of stress in predicting health outcomes. *Journal of Behavioral Medicine, 10*, 19–31.

第4章

1) Barlow, D. H. (1991). Disorders of emotion. *Psychological Inquiry, 2*(1), 58–71.
2) Bartley, W. W. (1987). In defense of self-applied critical rationalism. In G. Radnitzky & W. W. Bartley (Eds.), *Evolutionary epistemology, theory of rationality and sociology of knowledge* (pp. 279–312). LaSalle, IL: Open Court.
3) Ciarrochi, J., Robb, H., & Godsell, C. (2005). Letting a little nonverbal air into the room: Insights from acceptance and commitment therapy: Part 1: Philosophical and theoretical underpinning. *Journal of Rational-Emotive and Cognitive Behavior Therapy, 23*(2), 79–106.
4) Cook, J. M., Bryyanova, T., & Coyne, J. (2009). Influential figures, authors, and books: An Internet survey of over 2000 psychotherapists. *Psychotherapy: Theory, Research, Practice, Training, 46*(1), 42–51.
5) Corsini, R. J. (Ed.). (1994). *Encyclopedia of psychology* (2nd ed.). New York: Wiley.
6) David, D., DiLorenzo, T., & Montgomery, G. H. (in press). Relations between irrational beliefs and response expectancies in predicting anticipatory psychological distress in exam-related situations. A brief research report. *Journal of Rational-Emotive and Cognitive Behavior Therapy*.
7) David, D., Freeman, A., & DiGiuseppe, R. (2009). Rational and Irrational Beliefs: Implications for psychotherapy. In D. David, S. Lynn, & A. Ellis (Eds.), *Rational and irrational beliefs in human functioning and disturbances*. London: Oxford University Press.
8) David, D., Lupu, V., Cosman, D., & Szentagotai, A. (2008). Rebt versus cognitive

therapy versus medication in the treatment of major depressive disorder: A randomized clinical trial Post-treatment outcomes and six-months follow-up. *Journal of Clinical Psychology.*
9) David, D., Montgomery, G. H., Macavei, B., & Bovbjerg, D. H. (2005). An empirical investigation of Albert Ellis's binary model of distress. *Journal of Clinical Psychology,* 61(4), 499–516.
10) David, D., Schnur, J., & Belloiu, A. (2002). Another search for the "hot" cognitions: Appraisal, irrational beliefs, attributions, and their relation to emotions. *Journal of Rational-Emotive and Cognitive-Behavior Therapy,* 20, 94–131.
11) David, D., Schnur, J., & Birk, J. (2004). Functional and dysfunctional feelings in Ellis' cognitive theory of emotion: An empirical analysis. *Cognition and Emotion,* 18(6), 869–880.
12) DiGiuseppe, R. (1986). The implications of the philosophy of science for rational emotive theory and therapy. *Psychotherapy,* 23(4), 634–639.
13) DiGiuseppe, R. (1991a). A rational emotive model of assessment. In M. E. Bernard (Ed.), *Doing rational emotive therapy effectively* (pp. 151–172). New York: Plenum Press.
14) DiGiuseppe, R. (1991b). Comprehensive disputing in rational emotive therapy. In M. E. Bernard (Ed.), *Doing rational emotive therapy effectively* (pp. 173–195). New York: Plenum Press.
15) DiGiuseppe, R. (1996). The nature of irrational beliefs: Progress in rational-emotive behavior therapy. *Journal of Rational-Emotive and Cognitive-Behavior Therapy,* 14(1), 5–28.
16) DiGiuseppe, R., & Leaf, R. (993). The therapeutic relationship in rational-emotive therapy: Some preliminary data. *Journal of Rational-Emotive and Cognitive-Behavior Therapy,* 11(4), 223–233.
17) DiGiuseppe, R., Miller, N. J., & Trexler, L. D. (1977). A review of rational emotive psychotherapy outcome studies. *The Counseling Psychologist,* 7, 64–72.
18) Dryden, W. (2008). *Rational emotive behaviour therapy: Distinctive features.* Hove, UK: Routledge.
19) Dryden, W., DiGiuseppe, R., & Neenan, M. (2003). *A primer on rational-emotive behavioral therapy* (2nd ed.). Champaign, IL: Research Press.
20) Eckhard, C., & Jamison, T. R. (2002). Articulated thoughts of male dating violence perpetrators during anger arousal. *Cognitive Therapy and Research,* 26(3), 289–308.
21) Ellis, A. (1933). *Youth against the world: A novel.* Unpublished manuscript. New York: The Albert Ellis Institute.
22) Ellis, A. (1950). Requisites for research in psychotherapy. *Journal of Clinical Psychology,* 6, 152–156.
23) Ellis, A. (1955). New approaches to psychotherapy techniques. *Journal of Clinical Psychology,* 11, 207–260.
24) Ellis, A. (1956). The effectiveness of psychotherapy with individuals who have severe homosexual problems. *Journal of Consulting Psychology,* 20(3), 191–195.
25) Ellis, A. (1957a). Rational psychotherapy and individual psychology. *Journal of Individual Psychology,* 13, 38–44.
26) Ellis, A. (1957b). Outcome of employing three techniques of psychotherapy. *Journal of Clinical Psychology,* 13, 344–350.

27) Ellis, A. (1959). Requisite conditions for basic personality change. *Journal of Consulting Psychology,* 23(6), 538–540.
28) Ellis, A. (1994). *Reason and emotion in psychotherapy: A comprehensive method of treating human disturbance: Revised and updated.* New York: Birch Lane Press. (Original work published 1962)
29) Ellis, A. (1999). Why rational-emotive therapy to rational emotive behavior therapy? *Psychotherapy: Theory, Research, Practice and Training,* 36(2), 154–159.
30) Ellis, A. (2001). The rise of cognitive behavior therapy. In W. T. O'Donohue, D. A. Henderson, S. C. Hayes, J. E. Fisher, L. J. Hayes, & L. J. (Eds.), *A history of the behavioral therapies: Founders' personal histories* (pp. 183–194). Reno, NV: Context Press.
31) Ellis, A. (2005a). Why I (really) became a therapist. *Journal of Clinical Psychology,* 61(8), 945–948.
32) Ellis, A. (2005b). Discussion of Christine A. Padesky and Aaron T. Beck, "Science and philosophy: Comparison of cognitive therapy and rational emotive behavior therapy." *Journal of Cognitive Psychotherapy: An International Quarterly,* 19(2), 181–185.
33) Ellis, A. (2005c). *The myth of self-esteem: How rational emotive behavior therapy can change your life forever.* Amherst, NY: Prometheus Books.
34) Ellis, A., & DiGiuseppe, R. (1993). Appropriate and inappropriate emotions in rational emotive therapy: A response to Craemer and Fong. *Cognitive Therapy and Research,* 17(5), 471–477.
35) Ellis, A., & Dryden, W. (1992). *The practice of rational emotive therapy* (2nd ed.). New York: Springer.
36) Ellis, A., & Harper, R. (1961). *A guide to rational living.* Seacacus, NJ: Lyle Stuart.
37) Engels, G. I., Garnefski, N., & Diekstra, R. F. W. (1993). Efficacy of rational emotive therapy: A quantitative analysis. *Journal of Consulting and Clinical Psychology,* 61, 1083–1090.
38) Epictetus. (1996). *The Enchiridion.* Raleigh, NC: Alex Catalogue. Also available as an e-book from *classics.mit.edu/epictetus/epicanth1b.txt*.
39) Eysenck, H. J. (1952). The effects of psychotherapy: An evaluation. *Journal of Consulting Psychology,* 16(5), 319–324.
40) González, J., Nelson, J. R., Gutkin, T. B., Saunders, A., Galloway, A., & Shwery, C. S. (2004). Rational emotive therapy with children and adolescents: A meta-analysis. *Journal of Emotional and Behavioral Disorders,* 12(4), 222–235.
41) Gossette, R. L., & O'Brien, R. M. (1992). The efficacy of rational emotive therapy in adults: Clinical fact or psychometric artifact. *Journal of Behavior Therapy and Experimental Psychiatry,* 23, 9–24.
42) Gossette, R. L., & O'Brien, R. M. (1993). Efficacy of rational emotive therapy with children: A critical re-appraisal. *Journal of Behavior Therapy and Experimental Psychiatry,* 24, 15–25.
43) Haaga, D. A., & Davison, G. C. (1989). Outcome studies of rational emotive therapy. In M. E. Bernard & R. DiGiuseppe (Eds.), *Inside rational emotive therapy: A critical appraisal of the theory and therapy of Albert Ellis* (pp. 155–197). San Diego: Academic Press.
44) Hajzler, D. J., & Bernard, M. E. (1990). A review of rational emotive education outcome studies. *School Psychology Quarterly,* 6, 27–49.
45) Hayes, S. C. (2004). Acceptance and commitment therapy, relational frame theory,

and the third wave of behavioral and cognitive therapies. *Behavior Therapy,* 35(4), 639–665.
46) Hayes, S. C., Strosahl, K. D., & Wilson, K. G. (1999). *Acceptance and commitment therapy: An experiential approach to behavior change.* New York: Guilford Press.
47) Jacobson, N. (1992). Behavioral couples therapy: A new beginning. *Behavior Therapy, 23,* 491–506.
48) Jorm, A. F. (1989). Modifiability of trait anxiety and neuroticism: A meta-analysis of the literature. *Australian and New Zealand Journal of Psychiatry, 23,* 21–29.
49) Kelly, G. (1955). *The psychology of personal constructs* (Vol. 1). New York: Norton.
50) Kopec, A. M., Beal, D., & DiGiuseppe, R. (1994). Training in rational emotive therapy: Disputation strategies. *Journal of Rational-Emotive and Cognitive-Behavior Therapy, 12*(2), 47–60.
51) Kuhn, T. (1996). *The structure of scientific revolutions* (3rd ed.). Chicago: University of Chicago Press.
52) Lazarus, R. S. (1991). *Emotion and adaptation.* London: Oxford University Press.
53) Lyons, L. C., & Woods, P. J. (1991). The efficacy of rational emotive therapy: A quantitative review of the outcome research. *Clinical Psychology Review, 11,* 357–369.
54) Macavei, B. (2005). The role of irrational beliefs in the rational emotive behavior theory of depression. *Journal of Cognitive and Behavioral Psychotherapies, 5*(1), 73–81.
55) Mahoney, M. (1974). *Cognition and behavior and behavior modification.* Cambridge, MA: Ballinger.
56) Maultsby, M. C. (1975). *Help yourself to happiness through rational self-counseling.* Oxford, UK: Herman.
57) McGovern, T. E., & Silverman, M. S. (1984). A review of outcome studies of rational emotive therapy from 1977 to 1982. *Journal of Rational-Emotive Therapy, 2*(1), 7–18.
58) McMahon, J., & Viterito, J. (2007). LAMP unto our feet: The light of Albert Ellis shines in the work of John Gottman. In E. Velten (Ed.), *Under the influence: Reflections of Albert Ellis in the work of others.* Tucson, AZ: Sharp Press.
59) Montgomery, G. H., David, D., DiLorenzo, T. A., & Schnur, J. B., (2007). Response expectancies and irrational beliefs predict exam-related distress. *Journal of Rational-Emotive and Cognitive Behavior Therapy, 25*(1), 17–34.
60) Neimeyer, R. (1993). Constructivistic psychotherapies: Some concepts and strategies. *Journal of Cognitive Psychotherapies, 7*(2), 159–171.
61) Oei, T. P. S., Hansen, J., & Miller, S. (1993). The empirical status of irrational beliefs in rational-emotive therapy. *Australian Psychologist, 28,* 195–200.
62) *Oxford English Dictionary* (2nd ed.). (2008). Oxford, UK: Oxford University Press.
63) Papageorgiou, C., Panagiotakos, D. B., Pitsavos, C., Tsetsekou, E., Kontoangelos, K., Stefanadis, C., et al. (2006). Association between plasma inflammatory markers and irrational beliefs: The ATTICA epidemiological study. *Progress in Neuro-Psychopharmacology and Biological Psychiatry, 30*(8), 1496–1503.
64) Piaget, J. (1963). *The origins of intelligence in children.* New York: Norton.
65) Polder, S. K. (1986). A meta-analysis of cognitive behavior therapy. *Dissertation*

Abstracts International, B47, 1736.
66) Popper, K. (1962). *Conjecture and refutation*. New York: Harper.
67) Robins, C. J., & Chapman, A. L. (1994). Dialectical behavior therapy: Current status, recent developments, and future directions. *Journal of Personality Disorders, 18*(1), 73–89.
68) Rogers, C. R. (1957). The necessary and sufficient conditions of therapeutic personality change. *Journal of Consulting Psychology, 21*(2), 95–103.
69) Rorer, L. (1989). Rational-emotive theory: II. Explication and evaluation. *Cognitive Therapy and Research, 13*, 531–548.
70) Silverman, M. S., McCarthy, M., & McGovern, T. (1992). A review of outcome studies of rational emotive therapy from 1982–1989. *Journal of Rational-Emotive and Cognitive-Behavior Therapy, 10*, 11–175.
71) Smith, M. L., & Glass, G. V. (1977). Meta-analysis of psychotherapy outcome studies. *American Psychologist, 32*, 752–760.
72) Szentagotai, A. (2006). Irrational beliefs, thought suppression and distress—A mediation analysis. *Journal of Cognitive and Behavioral Psychotherapies, 6*(2), 119–127.
73) Szentagotai, A., & Freeman, A. (2007). An analysis of the relationship between irrational beliefs and automatic thought in predicting distress. *Journal of Cognitive and Behavioral Psychotherapies, 7*(1), 1–9.
74) Szentagotai, A., Schnur, J., DiGiuseppe, R., Macavei, B., Kallay, E., & David, D. (2005). The organization and the nature of irrational beliefs: Schemas or appraisal? *Journal of Cognitive and Behavioral Psychotherapies, 5*(2), 139–158.
75) Terjesen, M., Esposito, M., Ford, P., & DiGiuseppe, R. (2008). A meta-analytic review of REBT outcome studies. Manuscript in preparation. A list of the studies used in this review can be found at *www.albertellisinstitute.org/rebtoutcome_studies_bibliography*.
76) The top 10 most influential therapists. (2007, March/April). *Psychotherapy Networker*, pp. 24–68.
77) Tripp, S., Vernon, A., & McMahon, J. (2007). Effectiveness of rational-emotive education: A quantitative meta-analytical study. *Journal of Cognitive and Behavioral Psychotherapies, 7*(1), 81–93.
78) Walen, S., DiGiuseppe, R., & Dryden, W. (1992). *A practitioners' guide to rational-emotive therapy* (2nd ed.). New York: Oxford University Press.
79) Warren, R. (2007). Modern cognitive-behavioral treatment of anxiety disorders began in 1933. In E. Velten (Ed.), *Under the influence: Reflections of Albert Ellis in the work of others*. Tucson, AZ: Sharp Press.
80) Wolpe, J. (1961). The prognosis in unpsychoanalysed recovery from neurosis. *American Journal of Psychiatry, 118*, 35–39.
81) Wolpe, J. (1990). *The practice of behavior therapy*. Needham Heights, MA: Allyn & Bacon.
82) Yalom, I. (1986). *Love's executioner and other tales of psychotherapy*. New York: Basic Books.
83) Zettle, R., & Hayes, S. (1980). Conceptual and empirical status of rational emotive therapy. *Progress in Behavior Modification, 9*, 125–166.

第5章

1) ABCT. (2007). *About the Association for Behavioral and Cognitive Therapies: What is ABCT*. Retrieved December 8, 2007, from www.aabt.org/about.
2) Bach, P., & Hayes, S. C. (2002). The use of acceptance and commitment therapy to prevent the rehospitalization of psychotic patients: A randomized controlled trial. *Journal of Consulting and Clinical Psychology, 70*(5), 1129–1139.
3) Baer, R. A., Smith, G. T., Hopkins, J., Krietemeyer, J., & Toney, L. (2006). Using self-report assessment methods to explore facets of mindfulness. *Assessment, 13*(1), 27–45.
4) Batten, S. V., & Hayes, S. C. (2005). Acceptance and commitment therapy in the treatment of comorbid substance abuse and post-traumatic stress disorder: A case study. *Clinical Case Studies, 4*(3), 246–262.
5) Beck, A. T. (1976). *Cognitive therapy and the emotional disorders*. New York: International Universities Press.
6) Beck, A. T., Rush, A. J., Shaw, B. F., & Emery, G. (1979). *Cognitive therapy of depression*. New York: Guilford Press.
7) Beck, J. S. (1995). *Cognitive therapy: Basics and beyond*. New York: Guilford Press.
8) Biglan, A. (1993). A functional contextualist framework for community interventions. In S. C. Hayes, L. J. Hayes, H. W. Reese, & T. R. Sarbin (Eds.), *Varieties of scientific contextualism* (pp. 251–276). Reno, NV: Context Press.
9) Biglan, A., & Hayes, S. C. (1996). Should the behavioral sciences become more pragmatic?: The case for functional contextualism on human behavior. *Applied and Preventive Psychology: Current Scientific Perspectives, 5*, 47–57.
10) Blackledge, J. T. (2003). An introduction to relational frame theory: Basics and applications. *The Behavior Analyst Today, 3*(4), 421–433.
11) Blackledge, J. T., & Hayes, S. C. (2006). Using acceptance and commitment training in the support of parents of children diagnosed with autism. *Child and Family Behavior Therapy, 28*(1), 1–18.
12) Bond, F. W., & Bunce, D. (2000). Mediators of change in emotion-focused and problem-focused worksite stress management interventions. *Journal of Occupational Health Psychology, 5*(1), 159–163.
13) Branstetter, A. D., Wilson, K. G., Hildegrandt, M. J., & Mutch, D. (2004, November). *Improving psychological adjustment among cancer patients: ACT and CBT*. Paper presented at the 38th meeting of the Association for Advancement of Behavior Therapy, New Orleans, LA.
14) Bridgman, P. W. (1927). *The logic of modern physics*. New York: Macmillan.
15) Brown, R. A., Palm, K. M., Strong, D. R., Lejuez, C. W., Kahler, C. W., Zvolensky, M. J., et al. (2008). Distress tolerance treatment for early lapse smokers: Rationale, program description and preliminary findings. *Behavior Modification, 32*, 302–332.
16) Campbell-Sills, L., Barlow, D. H., Brown, T. A., & Hofmann, S. G. (2006). Effects of suppression and acceptance on emotional responses of individuals with anxiety and mood disorders. *Behaviour Research and Therapy, 44*, 1251–1263.
17) Catania, A. C., Matthews, B. A., & Shimoff, E. (1982). Instructed versus shaped human verbal behavior: Interactions with nonverbal responding. *Journal of the Experimental Analysis of Behavior, 38*, 233–248.

18) Chambless, D. L., & Hollon, S. D. (1998). Defining empirically supported therapies. *Journal of Consulting and Clinical Psychology, 66*(1), 7–18.
19) Dahl, J., Wilson, K. G., & Nilsson, A. (2004). Acceptance and commitment therapy and the treatment of persons at risk for long-term disability resulting from stress and pain symptoms: A preliminary randomized trial. *Behavior Therapy, 35*(4), 785–801.
20) Dalrymple, K. L., & Herbert, J. D. (2007). Acceptance and commitment therapy for generalized social anxiety disorder. *Behavior Modification, 31*(5), 543–568.
21) Dawes, R. M. (2000). Proper and improper linear models. In T. Connolly, H. R. Arkes, & K. R. Hammond (Eds.), *Judgment and decision making: An interdisciplinary reader* (2nd ed., pp. 378–394). New York: Cambridge University Press.
22) Drossel, C., Waltz, T. J., & Hayes, S. C. (2007). An introduction to principles of behavior. In D. W. Woods & J. W. Kantor (Eds.), *Understanding behavior disorders: A contemporary behavioral perspective* (pp. 21–46). Reno, NV: Context Press.
23) Eysenck, H. J. (1952). The effects of psychotherapy: An evaluation. *Journal of Consulting Psychology, 16*(5), 319–324.
24) Feldner, M. T., Zvolensky, M. J., Eifert, G. H., & Spira, A. P. (2003). Emotional avoidance: An experimental test of individual differences and response suppression using biological challenge. *Behaviour Research and Therapy, 41*, 403–411.
25) Flessner, C. A., Busch, A., Heidemann, P., & Woods, D. W. (2008). Acceptance-enhanced behavior therapy (AEBT) for trichotillomania and chronic skin picking: Exploring the effects of component sequencing. *Behavior Modification, 32*(5), 579–594.
26) Forman, E. M., Herbert, J. D., Moitra, E., Yeomans, P. D., & Geller, P. A. (2007). A randomized controlled effectiveness trial of acceptance and commitment therapy and cognitive therapy for anxiety and depression. *Behavior Modification, 31*(6), 772–799.
27) Forman, E. M., Hoffman, K. L., McGrath, K. B., Herbert, J. D., Brandsma, L. L., & Lowe, M. R. (2007). A comparison of acceptance- and control-based strategies for coping with food cravings: An analog study. *Behaviour Research and Therapy, 45*, 2372–2386.
28) Franks, C. M. (Ed.). (1964). *Conditioning techniques in clinical practice and research*. New York: Springer.
29) García Montes, J. M., & Perez Alvarez, M. (2001). ACT as treatment for psychotic symptoms: The case of auditory hallucinations. *Analisis y Modificacion de Conducta, 27*, 455–472.
30) Gaudiano, B. A., & Herbert, J. D. (2006). Acute treatment of inpatients with psychotic symptoms using acceptance and commitment therapy. *Behaviour Research and Therapy, 44*, 415–437.
31) Gifford, E. V. (2002). *Acceptance based treatment for nicotine dependent smokers: Altering the regulatory functions of smoking related affect, physiological symptoms, and cognition*. Doctoral dissertation, University of Nevada, Reno.
32) Gifford, E. V., Kohlenberg, B., Hayes, S. C., Pierson, H. M., Piasecki, M., et al. (in press). Applying acceptance and the therapeutic relationship to smoking cessation: A randomized controlled trial. *Journal of Consulting and Clinical*

Psychology.
33) Gifford, E. V., Kohlenberg, B. S., Hayes, S. C., Antonuccio, D. O., Piasecki, M. M., Rasmussen-Hall, M. L., et al. (2004). Acceptance-based treatment for smoking cessation. *Behavior Therapy, 35*(4), 689-705.
34) Greenberg, L. S., Lietaer, G., & Watson, J. C. (1998). Experiential therapy: Identity and challenges. In L. S. Greenberg, J. Watson, & G. Lietaer (Eds.), *Handbook of experiential psychotherapy* (pp. 451-466). New York: Guilford Press.
35) Gregg, J. A., Callaghan, G. M., Hayes, S. C., & Glenn-Lawson, J. L. (2007). Improving diabetes self-management through acceptance, mindfulness, and values: A randomized controlled trial. *Journal of Consulting and Clinical Psychology, 75*(2), 336-343.
36) Gutiérrez, O. M., Luciano, M. C. S., Rodriguez, M., & Fink, B. C. (2004). Comparison between an acceptance-based and a cognitive-control-based protocol for coping with pain. *Behavior Therapy, 35*(4), 767-783.
37) Hayes, S. C. (1984). Making sense of spirituality. *Behaviorism, 12,* 99-110.
38) Hayes, S. C. (1986). Behavioral philosophy in the late 1980's. *Theoretical and Philosophical Psychology, 6*(1), 39-43.
39) Hayes, S. C. (1987). A contextual approach to therapeutic change. In N. Jacobson (Ed.), *Cognitive and behavior therapies in clinical practice* (pp. 327-387). New York: Guilford Press.
40) Hayes, S. C. (Ed.). (1989). *Rule-governed behavior: Cognition, contingencies, and instructional control.* New York: Plenum Press.
41) Hayes, S. C. (1993). Analytic goals and the varieties of scientific contextualism. In S. C. Hayes, L. J. Hayes, H. W. Reese, & T. R. Sarbin (Eds.), *Varieties of scientific contextualism* (pp. 11-27). Reno, NV: Context Press.
42) Hayes, S. C. (1995). Knowing selves. *The Behavior Therapist, 18*(5), 94-96.
43) Hayes, S. C. (1997). Behavioral epistemology includes nonverbal knowing. In L. J. Hayes & P. M. Ghezzi (Eds.), *Investigations in behavioral epistemology* (pp. 35-43). Reno, NV: Context Press.
44) Hayes, S. C. (2004). Falsification and the protective belt surrounding entity-postulating theories. *Applied and Preventive Psychology, 11*(1), 35-37.
45) Hayes, S. C., Barnes-Holmes, D., & Roche, B. (Eds.). (2001). *Relational frame theory: A post-Skinnerian account of human language and cognition.* New York: Kluwer Academic/Plenum Press.
46) Hayes, S. C., Bissett, R., Korn, Z., Zettle, R. D., Rosenfarb, I., Cooper, L., et al. (1999). The impact of acceptance versus control rationales on pain tolerance. *Psychological Record, 49*(1), 33-47.
47) Hayes, S. C., Bissett, R., Roget, N., Padilla, M., Kohlenberg, B. S., Fisher, G., et al. (2004). The impact of acceptance and commitment training and multicultural training on the stigmatizing attitudes of professional burnout and substance abuse counselors. *Behavior Therapy, 35*(4), 821-835.
48) Hayes, S. C., & Brownstein, A. J. (1986). Mentalism, behavior–behavior relations, and a behavior–analytic view of the purposes of science. *The Behavior Analyst, 9,* 175-190.
49) Hayes, S. C., Brownstein, A. J., Haas, J. R., & Greenway, D. E. (1986). Instructions, multiple schedules, and extinction: Distinguishing rule-governed from schedule-controlled behavior. *Journal of the Experimental Analysis of Behavior, 46,* 137-147.

50) Hayes, S. C., Brownstein, A. J., Zettle, R. D., Rosenfarb, I., & Korn, Z. (1986). Rule-governed behavior and sensitivity to changing consequences of responding. *Journal of the Experimental Analysis of Behavior, 45*, 237–256.
51) Hayes, S. C., Hayes, L. J., & Reese, H. W. (1988). Finding the philosophical core: A review of Stephen C. Pepper's world hypotheses: A study in evidence. *Journal of the Experimental Analysis of Behavior, 50*(1), 97–111.
52) Hayes, S. C., Korn, Z., Zettle, R. D., Rosenfarb, I., & Cooper, L. (1982, November). *Rule-governed behavior and cognitive behavior therapy: The effects of comprehensive cognitive distancing on pain tolerance.* Paper presented at the 16th meeting of the Association for Advancement of Behavior Therapy, Los Angeles.
53) Hayes, S. C., Levin, M., Plumb, J., Boulanger, J., & Pistorello, J. (in press). Acceptance and commitment therapy and contextual behavioral science: Examining the progress of a distinctive model of behavioral and cognitive therapy. *Behavior Therapy.*
54) Hayes, S. C., Luoma, J. B., Bond, F. W., Masuda, A., & Lillis, J. (2006). Acceptance and commitment therapy: Model, processes and outcomes. *Behaviour Research and Therapy, 44*(1), 1–25.
55) Hayes, S. C., Masuda, A., Shenk, C., Yadavaia, J. E., Boulanger, J., Vilardaga, R., et al. (2007). Applied extensions of behavior principles: Applied behavioral concepts and behavioral theories. In D. W. Woods & J. W. Kantor (Eds.), *Understanding behavior disorders: A contemporary behavioral perspective* (pp. 47–80). Reno, NV: Context Press.
56) Hayes, S. C., Rosenfarb, I., Wulfert, E., Mint, E., Zettle, R. D., & Korn, Z. (1985). Self-reinforcement effects: An artifact of social standard setting? *Journal of Applied Behavior Analysis, 18*, 201–214.
57) Hayes, S. C., Strosahl, K., Bunting, K., Twohig, M., & Wilson, K. G. (2004). What is acceptance and commitment therapy? In S. C. Hayes & K. Strosahl (Eds.), *A practical guide to acceptance and commitment therapy* (pp. 1–29). New York: Springer.
58) Hayes, S. C., Strosahl, K., Wilson, K. G., Bissett, R., Pistorello, J., Toarmino, D., et al. (2004). Measuring experiential avoidance: A preliminary test of a working model. *Psychological Record, 54*, 553–578.
59) Hayes, S. C., Strosahl, K. D., & Wilson, K. G. (1999). *Acceptance and commitment therapy: An experiential approach to behavior change.* New York: Guilford Press.
60) Hayes, S. C., Wilson, K. G., Gifford, E. V., Bissett, R., Piasecki, M. M., Batten, S. V., et al. (2004). A preliminary trial of twelve-step facilitation and acceptance and commitment therapy with polysubstance-abusing methadone-maintained opiate addicts. *Behavior Therapy, 35*(4), 667–688.
61) Hayes, S. C., Wilson, K. G., Gifford, E. V., Follette, V. M., & Strosahl, K. (1996). Experiential avoidance and behavioral disorders: A functional dimensional approach to diagnosis and treatment. *Journal of Consulting and Clinical Psychology, 64*(6), 1152–1168.
62) Hayes, S. C., & Wolf, M. (1984). Cues, consequences, and therapeutic talk: Effects of social context and coping statements on pain. *Behaviour Research and Therapy, 22*, 385–392.
63) Heffner, M., Sperry, J., & Eifert, G. H. (2002). Acceptance and commitment therapy

in the treatment of an adolescent female with anorexia nervosa: A case example. *Cognitive and Behavioral Practice, 9*(3), 232–236.
64) Hineline, P. N. (1984). What then is Skinner's operationism? *Behavior and Brain Sciences, 7,* 560.
65) Hollon, S. D., & Kendall, P. C. (1980). Cognitive self-statement in depression: Development of an automatic thoughts questionnaire. *Cognitive Therapy and Research, 4,* 383–395.
66) Huerta, F. R., Gomez, S. M., Molina, A. M. M., & Luciano, M. C. S. (1998). Generalized anxiety: A case study. *Analisis y Modificacion de Conducta, 24,* 751–766.
67) John of Salisbury. (1982). *The metalogicon of John of Salisbury: A twelfth-century defense of the verbal and logical arts of the trivium* (D. D. McGarry, Trans.). Westport, CT: Greenwood Press.
68) Lappalainen, R., Lehtonen, T., Skarp, E., Taubert, E., Ojanen, M., & Hayes, S. C. (2007). The impact of CBT and ACT models using psychology trainee therapists: A preliminary controlled effectiveness trial. *Behavior Modification, 31*(4), 488–511.
69) Lazarus, A. A. (1967). In support of technical eclecticism. *Psychological Reports, 21*(2), 415–416.
70) Leahey, T. H. (2004). *A history of psychology: Main currents in psychological thought* (6th ed.). Upper Saddle River, NJ: Pearson Education.
71) Levite, J. T., Brown, T. A., Gorilla, S. M., & Barlow, D. H. (2004). The effects of acceptance versus suppression of emotion on subjective and psychophysiological response to carbon dioxide challenge in patients with panic disorder. *Behavior Therapy, 35*(4), 747–766.
72) Lillis, J., Hayes, S. C., Bunting, K., & Masuda, A. I. (2009). Teaching acceptance and mindfulness to improve the lives of the obese: A preliminary test if a theoretical model. *Annals of Behavioral Medicine, 37*(1), 58–69.
73) Lopez Ortega, S., & Arco Tirado, J. L. (2002). ACT as an alternative to patients that do not respond to traditional treatments: A case study. *Analisis y Modificacion de Conducta, 28,* 585–616.
74) Luciano, M. C. S., & Cabello, F. L. (2001). Bereavement and acceptance and commitment therapy (ACT). *Analisis y Modificacion de Conducta, 27,* 399–424.
75) Luciano, M. C. S., & Gomez, S. M. (2001). Alcoholism, experiential avoidance, and acceptance and commitment therapy (ACT). *Analisis y Modificacion de Conducta, 27,* 333–371.
76) Luciano, M. C. S., Visdomine, J. C. L., Gutiérrez, O. M., & Montesinos, F. M. (2001). ACT and chronic pain. *Analisis y Modificacion de Conducta, 27,* 473–501.
77) Lundgren, T., Dahl, J., & Hayes, S. C. (2008). Evaluation of mediators of change in the treatment of epilepsy with acceptance and commitment therapy. *Journal of Behavioral Medicine, 31*(3), 225–235.
78) Lundgren, T., Dahl, J., Melin, L., & Kies, B. (2006). Evaluation of acceptance and commitment therapy for drug refractory epilepsy: A randomized controlled trail in South Africa—A pilot study. *Epilepsia, 47*(12), 2173–2179.
79) Luoma, J. B., & Hayes, S. C. (2003). Cognitive defusion. In W. O'Donohue, J. E. Fisher, & S. C. Hayes (Eds.), *Cognitive behavior therapy: Applying empirically supported techniques in your practice* (pp. 71–78). Hoboken, NJ: Wiley.

80) Luoma, J. B., Twohig, M. P., Waltz, T. J., Hayes, S. C., Roget, N., Padilla, M., et al. (2007). An investigation of stigma in individuals receiving treatment for substance abuse. *Addictive Behaviors, 32*, 1331–1346.
81) Masuda, A. I., & Esteve, M. R. (2007). Effects of suppression, acceptance and spontaneous coping on pain tolerance, pain intensity and distress. *Behaviour Research and Therapy, 45*, 199–209.
82) Masuda, A., Hayes, S. C., Fletcher, L., Seignourel, P. J., Bunting, K., Herbst, S. A., et al. (2007). Impact of acceptance and commitment therapy versus education on stigma toward people with psychological disorders. *Behaviour Research and Therapy, 45*, 2764–2772.
83) McCracken, L. M., & Eccleston, C. (2005). A prospective study of acceptance of pain and patient functioning with chronic pain. *Pain, 118*, 164–169.
84) McCracken, L. M., & Eccleston, C. (2006). A comparison of the relative utility of coping and acceptance-based measures in a sample of chronic pain sufferers. *European Journal of Pain, 10*, 23–29.
85) McCracken, L. M., MacKichan, F., & Eccleston, C. (2007). Contextual cognitive-behavioral therapy for severely disabled chronic pain sufferers: Effectiveness and clinically meaningful change. *European Journal of Pain, 11*, 314–322.
86) McCracken, L. M., & Vowles, K. E. (2008). A prospective analysis of acceptance of pain and values-based action in patients with chronic pain. *Health Psychology, 27*(2), 215–220.
87) McCracken, L. M., Vowles, K. E., & Eccleston, C. (2004). Acceptance of chronic pain: Component analysis and a revised assessment method. *Pain, 107*, 159–166.
88) McCracken, L. M., Vowles, K. E., & Eccleston, C. (2005). Acceptance-based treatment for persons with complex, long standing chronic pain: A preliminary analysis of treatment outcome in comparison to a waiting phase. *Behaviour Research and Therapy, 43*, 1335–1246.
89) McHugh, L., Barnes-Holmes, Y., & Barnes-Holmes, D. (2004). Perspective taking as relational responding: A developmental profile. *Psychological Record, 54*(1), 115–144.
90) Moore, J. (2003). Explanation and description in traditional neobehaviorism, cognitive psychology, and behavior analysis. In K. A. Cattalo & P. N. Chase (Eds.), *Behavior theory and philosophy* (pp. 13–39). New York: Kluwer Academic/Plenum Press.
91) Ossman, W. A., Wilson, K. G., Storaasli, R. D., & McNeill, J. W. (2006). A preliminary investigation of the use of acceptance and commitment therapy in group treatment for social phobia. *International Journal of Psychology and Psychological Therapy, 6*(3), 397–416.
92) Öst, L. (2008). Efficacy of the third-wave behavioral therapies: A systematic review and meta-analysis. *Behaviour Research and Therapy, 46*, 296–321.
93) Paez, M. B., Luciano, M. C. S., & Gutiérrez, O. M. (2007). Tratamiento psicológico para el afrontamiento del cáncer de mama: Estudio comparativo entre estrategias de aceptación y de control cognitivo. [Psychological treatment for coping with breast cancer. A comparative study of acceptance and cognitive-control strategies.] *Psicooncologia, 4*, 75–95.
94) Pepper, S. C. (1942). *World hypotheses*. Berkeley: University of California Press.
95) Persons, J. B. (2003). The Association for Behavioral and Cognitive Therapies: An

idea whose time has come. *The Behavior Therapist, 26*(2), 225.
96) Petersen, C. L., & Zettle, R. D. (2008). *Impacting depression in inpatients with comorbid alcohol use disorders: A comparison of acceptance and commitment therapy versus treatment as usual.* Manuscript submitted for publication.
97) Roemer, L., Orsillo, S. M., & Salters-Pedneault, K. (2008). Efficacy of an acceptance-based behavior therapy for generalized anxiety disorder: Evaluation in a randomized controlled trial. *Journal of Consulting and Clinical Psychology, 76*(6), 1083–1089.
98) Rosenfarb, I., & Hayes, S. C. (1984). Social standard setting: the Achilles Heel of informational accounts of therapeutic change. *Behavior Therapy, 15,* 515–528.
99) Shawyer, F., Ratcliff, K., Mackinnon, A., Farhall, J., Hayes, S. C., & Copolov, S. (2007). The Voices Acceptance and Action Scale (VAAS): Pilot data. *Journal of Clinical Psychology, 63*(6), 593–606.
100) Shimoff, E., Catania, A. C., & Matthews, B. A. (1981). Uninstructed human responding: Sensitivity of low-rate performance to schedule contingencies. *Journal of the Experimental Analysis of Behavior, 36,* 207–220.
101) Skinner, B. F. (1945). The operational analysis of psychological terms. *Psychological Review, 52*(5), 270–277.
102) Skinner, B. F. (1948). *Walden two.* New York: MacMillan.
103) Smith, L. D. (1986). *Behaviorism and logical positivism: A reassessment of the alliance.* Stanford, CA: Stanford University Press.
104) Smout, M. F., Longo, M., Krasnikow, S., Minniti, R., Wickes, W., & White, J. M. (2008). *Behavior therapy for methamphetamine abuse: An empirical comparison of cognitive behavior therapy and acceptance and commitment therapy.* Manuscript submitted for publication.
105) Strosahl, K., Hayes, S. C., & Bergan, J. (1998). Assessing the field effectiveness of acceptance and commitment therapy: An example of the manipulated training research method. *Behavior Therapy, 29*(1), 35–64.
106) Strosahl, K., Hayes, S. C., Wilson, K. G., & Gifford, E. V. (2004). An ACT primer: Core therapy processes, intervention strategies, and therapist competencies. In S. C. Hayes & K. Strosahl (Eds.), *A practical guide to acceptance and commitment therapy* (pp. 31–58). New York: Springer.
107) Twohig, M. P., Hayes, S. C., & Masuda, A. (2006a). Increasing willingness to experience obsessions: Acceptance and commitment therapy as a treatment for obsessive–compulsive disorder. *Behavior Therapy, 37*(1), 3–13.
108) Twohig, M. P., Hayes, S. C., & Masuda, A. (2006b). A preliminary investigation of acceptance and commitment therapy as a treatment for chronic skin picking. *Behaviour Research and Therapy, 44*(10), 1513–1522.
109) Twohig, M. P., Shoenberger, D., & Hayes, S. C. (2007). A preliminary investigation of acceptance and commitment therapy as a treatment for marijuana dependence in adults. *Journal of Applied Behavior Analysis, 40*(4), 619–632.
110) Twohig, M. P., & Woods, D. W. (2004). A preliminary investigation of acceptance and commitment therapy and habit reversal as a treatment for trichotillomania. *Behavior Therapy, 35*(4), 803–820.
111) Vilardaga, R., Hayes, S. C., Levin, M., & Muto, T. (2009). Creating a strategy for progress: A contextual behavioral science approach. *The Behavior Analyst, 32,* 105–133.

112) Vowles, K. E., & McCracken, L. M. (2008). Acceptance and values-based action in chronic pain: A study of effectiveness and treatment process. *Journal of Consulting and Clinical Psychology, 76*(3), 397–407.
113) Vowles, K. E., McCracken, L. M., & Eccleston, C. (2007). Processes of change in treatment for chronic pain: The contributions of pain, acceptance, and catastrophizing. *European Journal of Pain, 11*, 779–787.
114) Vowles, K. E., McCracken, L. M., & Eccleston, C. (2008). Patient functioning and catastrophizing in chronic pain: The mediating effects of acceptance. *Health Psychology, 27*(Suppl. 2), S136–S143.
115) Vowles, K. E., McNeil, D. W., Gross, R. T., McDaniel, M. L., Mouse, A., Bates, M., et al. (2007). Effects of pain acceptance and pain control strategies on physical impairment in individuals with chronic low back pain. *Behavior Therapy, 38*(4), 412–425.
116) Wegner, D. (1994). Ironic processes of mental control. *Psychological Review, 1001*, 34–52.
117) Weil, T. M., Hayes, S. C., & Capurro, P. (2008). *The impact of training dietic frames on perspective taking in young children.* Manuscript submitted for publication.
118) Wicksell, R. K., Ahlqvist, J., Bring, A., Melin, L., & Olsson, G. L. (2008). Can exposure and acceptance strategies improve functioning and life satisfaction in people with chronic pain and whiplash-associated disorders (WAD)?: A randomized controlled trial. *Cognitive Behaviour Therapy, 37*(3), 1–14.
119) Wicksell, R. K., Melin, L., & Olsson, G. L. (2007). Exposure and acceptance in the rehabilitation of adolescents with idiopathic chronic pain: A pilot study. *European Journal of Pain, 11*, 267–274.
120) Woods, D. W., Wetterneck, C. T., & Flessner, C. A. (2006). A controlled evaluation of acceptance and commitment therapy plus habit reversal for trichotillomania. *Behaviour Research and Therapy, 44*, 639–656.
121) Zaldivar Basurto, F., & Hernández López, M. (2001). Acceptance and commitment therapy: Application to an experiential avoidance with agoraphobic form. *Analisis y Modificacion de Conducta, 27*, 425–454.
122) Zettle, R. D. (2003). Acceptance and commitment therapy (ACT) vs. systematic desensitization in the treatment of mathematics anxiety. *Psychological Record, 53*, 197–215.
123) Zettle, R. D., & Hayes, S. C. (1982). Rule governed behavior: A potential theoretical framework for cognitive-behavioral therapy. In P. C. Kendall (Ed.), *Advances in cognitive behavioral research and therapy* (pp. 73–118). New York: Academic Press.
124) Zettle, R. D., & Hayes, S. C. (1983). The effect of social context on the impact of coping self-statements. *Psychological Reports, 52*, 391–401.
125) Zettle, R. D., & Hayes, S. C. (1986). Dysfunctional control by client verbal behavior: The context of reason-giving. *The Analysis of Verbal Behavior, 4*, 30–38.
126) Zettle, R. D., & Hayes, S. C. (1987). Component and process analysis of cognitive therapy. *Psychological Reports, 61*, 939–953.
127) Zettle, R. D., & Rains, J. C. (1989). Group cognitive and contextual therapies in treatment of depression. *Journal of Clinical Psychology, 43*(3), 436–445.

第 6 章

1) Barlow, D. H., Allen, L. B., & Choate, M. L. (2004). Toward a unified treatment of emotional disorders. *Behavior Therapy, 35,* 205–230.
2) Beck, A. T., Rush, A. J., Shaw, B. F., & Emery, G. (1979). *Cognitive therapy of depression.* New York: Guilford Press.
3) Beck, A. T., Ward, C. H., Mendelson, M., Mock, J. E., & Erbaugh, J. K. (1961). An inventory for measuring depression. *Archives of General Psychiatry, 4,* 561–571.
4) Beck, J. S. (1995). *Cognitive therapy basics and beyond.* New York: Guilford Press.
5) Bolles, R. C. (Ed.). (1979). *Learning theory* (2nd ed.). New York: Holt, Rinehart & Winston.
6) Coffman, S., Martell, C. R., Dimidjian, S., Gallop, R., & Hollon, S. (2007). Extreme non-response in cognitive therapy: Can behavioral activation aucceed where cognitive therapy fails? *Journal of Consulting and Clinical Psychology, 75,* 531–541.
7) Cutrona, C. E., Wallace, G., & Wesner, K. (2006). Neighborhood characteristics and depression: An examination of stress processes. *Current Directions in Psychological Science, 15*(4), 188–192.
8) Dimidjian, S., Hollon, S. D., Dobson, K. S., Schmaling, K. B., Kohlenberg, R. J., Addis, M. E., et al. (2006). Randomized trial of behavioral activation, cognitive therapy, and antidepressant medication in the acute treatment of adults with major depression. *Journal of Consulting and Clinical Psychology, 74*(4), 658–670.
9) Dollard, J., & Miller, N. E. (1950). *Personality and psychotherapy: An analysis in terms of learning, thinking, and culture.* New York: McGraw-Hill.
10) Elkin, I., Shea, T., Watkins, J. T., Imber, S. C., Sotsky, S. M., Collins, J. F., et al. (1989). NIMH Treatment of Depression Collaborative Research Program. *Archives of General Psychiatry, 46,* 971–982.
11) Ferster, C. B. (1973). A functional analysis of depression. *American Psychologist, 28,* 857–870.
12) Follette, W. C., & Jacobson, N. S. (1988). Behavioral marital therapy in the treatment of depressive disorders. In I. H. R. Falloon (Ed.), *Handbook of behavioral family therapy* (pp. 257–284). New York: Guilford Press.
13) Fuchs, C. Z., & Rehm, L. P. (1977). A self-control behavior therapy program for depression. *Journal of Consulting and Clinical Psychology, 45,* 206–215.
14) Gable, S. L., Reis, H. T., & Elliot, A. J. (2000). Behavioral activation and inhibition in everyday life. *Journal of Personality and Social Psychology, 78*(6), 1135–1149.
15) Gortner, E. T., Gollan, J. K., Dobson, K. S., & Jacobson, N. S. (1998). Cognitive-behavioral treatment for depression: Relapse prevention. *Journal of Consulting and Clinical Psychology, 66*(2), 377–384.
16) Gray, J. A. (1982). *The neuropsychology of anxiety: An enquiry into the functions of the septo-hippocampal system.* Oxford, UK: Oxford University Press.
17) Hayes, S. C., Hayes, L. J., & Reese, H. W. (1988). Finding the philosophical core: A review of Stephen C. Pepper's world hypotheses. *Journal of the Experimental Analysis of Behavior, 50,* 97–111.
18) Hickman, L. A., & Alexander, T. M. (Eds.). (1998). *The essential Dewey: Vol. 1.*

Pragmatism, education, democracy. Bloomington and Indianapolis: Indiana University Press.
19) Hollon, S. D. (2001). Behavioral activation treatment for depression: A commentary. *Clinical Psychology: Science and Practice, 8,* 271-274.
20) Hopko, D. R., Bell, J. L., Armento, M. E. A., Lejuez, C. W., & Hunt, M. K. (2005). Behavior therapy for depressed cancer patients in primary care. *Psychotherapy: Research, Practice and Training, 42*(2), 236-243.
21) Hopko, D. R., Lejuez, C. W., LePage, J. P., Hopko, S. D., & McNeil, D. W. (2003). A brief behavioral activation treatment for depression: A randomized pilot trial within an inpatient psychiatric hospital. *Behavior Modification, 27*(4), 458-469.
22) Hopko, D. R., Sanchez, L., Hopko, S. D., Dvir, S., & Lejuez, C. W. (2003). Behavioral activation and the prevention of suicidal behaviors in patients with borderline personality disorder. *Journal of Personality Disorders, 17*(5), 460-478.
23) Jacobson, N. S. (1994). Contextualism is dead: Long live contextualism. *Family Process, 33,* 97-100.
24) Jacobson, N. S., Dobson, K., Fruzzetti, A. E., Schmaling, K. B., & Salusky, S. (1991). Marital therapy as a treatment for depression. *Journal of Consulting and Clinical Psychology, 59*(4), 547-557.
25) Jacobson, N. S., Dobson, K. S., Truax, P. A., Addis, M. E., Koerner, K., Gollan, J. K., et al.. (1996). A component analysis of cognitive-behavioral therapy for depression. *Journal of Consulting and Clinical Psychology, 64*(2), 295-304.
26) Jacobson, N. S., Fruzzetti, A. E., Dobson, K., Whisman, M., & Hops, H. (1993). Couple therapy as a treatment for depression: II. The effects of relationship quality and therapy on depressive relapse. *Journal of Consulting and Clinical Psychology, 61*(3), 516-519.
27) Jacobson, N. S., Holtzworth-Munroe, A., & Schmaling, K. B. (1989). Marital therapy and spouse involvement in the treatment of depression, agoraphobia, and alcoholism. *Journal of Consulting and Clinical Psychology, 57*(1), 5-10.
28) Jacobson, N. S., & Margolin, G. (1979). *Marital therapy: Strategies based on social learning and behavior exchange principles.* New York: Brunner/Mazel.
29) Jakupcak, M., Roberts, L., Martell, C., Mulick, P., Michael, S., Reed, R., et al. (2006). A pilot study of behavioral activation for veterans with post-traumatic stress disorder. *Journal of Traumatic Stress, 19,* 387-391.
30) Lewinsohn, P. M. (1974). A behavioral approach to depression. In R. J. Friedman & M. M. Katz (Eds.), *The psychology of depression: Contemporary theory and research* (pp. 157-178). Washington, DC: Hemisphere.
31) Lewinsohn, P. M. (2004). Lewinsohn's model of depression. In W. E. Craighead & C. B. Nemeroff (Eds.), *The Corsini encyclopedia of psychology and behavioral science* (3rd ed., pp. 525-527). New York: Wiley.
32) Lewinsohn, P. M., Hoberman, H., Teri, L., & Hautzinger, M. (1985). An integrative theory of depression. In S. Reiss & R. Bootzin (Eds.), *Theoretical issues in behavior therapy* (pp. 331-359). New York: Academic Press.
33) Lewinsohn, P. M., Weinstein, M., & Shaw, D. (1969). Depression: A clinical research approach. In R. D. Rubin & C. M. Frank (Eds.), *Advances in behavior therapy* (pp. 231-240). New York: Academic Press.
34) Martell, C. R., Addis, M. E., & Jacobson, N. S. (2001). *Depression in context: Strategies for guided action.* New York: Norton.

35) Mather, A. S., Rodriguez, C., Guthrie, M. F., McHarg, A. M., Reid, I. C., & McMurdo, M. T. (2002). Effects of exercise on depressive symptoms in older adults with poor responsive depressive disorder: Randomized controlled trial. *British Journal of Psychiatry, 180*, 411–415.

36) Neidig, J. L., Smith, B. A., & Brashers, D. E. (2003). Aerobic exercise training for depressive symptom management in adults living with HIV infection. *Journal of the Association of Nurses in AIDS Care, 14*(2), 30–40.

37) Nolen-Hoeksema, S., Morrow, J., & Frederickson, G. L. (1993). Response styles and the duration of episodes of depressed mood. *Journal of Abnormal Psychology, 102*(1), 20–28.

38) O'Donohue, W. (1998). Conditioning and third-generation behavior therapy. In *Learning and behavior therapy* (pp. 1–14). Needham Heights, MA: Allyn & Bacon.

39) Pepper, S. C. (1942). *World hypothesis*. Berkeley: University of California Press.

40) Rehm, L. P. (1977). A self-control model of depression. *Behavior Therapy, 8*, 787–804.

41) Rutter, V. (2000). Accomplishments and innovations in couple and family therapy: In memory of Neil Jacobson. *Newsletter of the American Family Therapy Academy, 79*, 11–14.

42) Schulz, D., Huston, J. P., Buddenberg, T., & Topic, B. (2007). "Despair" induced by extinction trials in the water maze: Relationship with measures of anxiety in aged and adult rats. *Neurobiology of Learning and Memory, 87*, 309–323.

43) Skinner, B. F. (1974). *About behaviorism*. New York: Random House.

44) Treynor, W., González, R., & Nolen-Hoeksema, S. (2003). Rumination reconsidered: A psychometric analysis. *Cognitive Therapy and Research, 27*(3), 247–259.

45) Vollman, M. W., LaMontagne, L. L., & Hepworth, J. T. (2007). Coping and depressive symptoms in adults living with heart failure. *Journal of Cardiovascular Nursing, 22*(2), 125–135.

46) Wolpe, J. (1958). *Psychotherapy by reciprocal inhibition*. Stanford, CA: Stanford University Press.

47) Zeiss, A. M., Lewinsohn, P. M., & Muñoz, R. F. (1979). Nonspecific improvement effects in depression using interpersonal skills training, pleasant activities schedules, or cognitive training. *Journal of Consulting and Clinical Psychology, 47*(3), 427–439.

第7章

1) Anderson, C. S., Hackett, M. L., & House, A. O. (2004). Interventions for preventing depression after stroke. *Cochrane Database Syst. Rev.*, CD003689

2) Biglan, A., Rothlind, J., Hops, H., & Sherman, L. (1989). Impact of distressed and aggressive behavior. *Journal of Abnormal Psychology, 98*(3), 218–228.

3) Bopp, M. J., & Weeks, G. R. (1984). Dialectical metatheory in family therapy. *Family Process, 23*(1), 49–61.

4) Brendel, D. H., Reynolds, C. F., & Jennings, J. R. (1990). Sleep stage physiology, mood, and vigilance responses to total sleep deprivation in healthy 80-year-olds and 20-year-olds. *Psychophysiology, 27*(6), 677–685.

5) Cook, E., & Turpin, G. (1997). Differentiating orienting, startle, and defense responses: The role of affect and its implications for psychopathology. In P.

J. Lang, R. F. Simons, & M. T. Balaban, *Attention and orienting: Sensory and motivational processes* (pp. 137–164). Mahwah, NJ: Erlbaum.
6) Cox, R. H., Thomas, T. R., Hinton, P. S., & Donahue, O. M. (2006). Effects of acute bouts of aerobic exercise of varied intensity on subjective mood experiences in women of different age groups across time. *Journal of Sport Behavior, 29*(1), 40–59.
7) Dimeff, L., & Linehan, M. M. (2001). Dialectical behavior therapy in a nutshell. *California Psychologist, 34,* 10–13.
8) Dolan, R. J. (2002). Emotion, cognition, and behavior. *Science, 298*(5596), 1191–1194.
9) Dougher, M., Perkins, D. R., Greenway, D., Koons, A., & Chiasson, C. (2002). Contextual control of equivalence-based transformation of functions. *Journal of the Experimental Analysis of Behavior, 78*(1), 63–93.
10) Gellatly, I. R., & Meyer, J. P. (1992). The effects of goal difficulty on physiological arousal, cognition, and task performance. *Journal of Applied Psychology, 77*(5), 694–704.
11) Giesler, R. B., Josephs, R. A., & Swann, W. B. (1996). Self-verification in clinical depression: The desire for negative evaluation. *Journal of Abnormal Psychology, 105*(3), 358–368.
12) Graham, S. E. (1979). The role of advance modality information in selective attention. *Dissertation Abstracts International, 39*(9-B), 4615.
13) Green, M. W., Rogers, P. J., & Elliman, N. A. (1994). Impairment of cognitive performance associated with dieting and high levels of dietary restraint. *Physiology and Behavior, 55*(3), 447–452.
14) Haines, J., Williams, C. L., Brain, K. L., & Wilson, G. V. (1995). The psychophysiology of self-mutilation. *Journal of Abnormal Psychology, 104*(3), 471–489.
15) Hayes, S. C., Follette, W. C., & Follette, V. M. (1995). Behavior therapy: A contextual approach. In A. S. Gurman & S. B. Messer (Eds.), *Essential psychotherapies: Theory and practice* (pp. 128–181). New York: Guilford Press.
16) Hiss, H., Foa, E. B., & Kozak, M. J. (1994). Relapse prevention program for treatment of obsessive–compulsive disorder. *Journal of Consulting and Clinical Psychology, 62*(4), 801–808.
17) Hurwitz, B. E., & Furedy, J. J. (1986). The human dive reflex—An experimental, topographical and physiological analysis. *Physiology and Behavior, 36,* 287–294.
18) Izard, C. E., Libero, D. Z., Putnam, P., & Haynes, O. M. (1993). Stability of emotion experiences and their relations to traits of personality. *Journal of Personality and Social Psychology, 64*(5), 847–860.
19) Kaminstein, D. S. (1987). Toward a dialectical metatheory for psychotherapy. *Journal of Contemporary Psychotherapy, 17*(2), 87–101.
20) Keltner, D., & Anderson, C. (2000). Saving face for Darwin: The functions and uses of embarrassment. *Current Directions in Psychological Science, 9*(6), 187–192.
21) Koons, C. R., Robins, C. J., Tweed, J. L., Lynch, T. R., Gonzalez, A. M., Morse, J. Q., et al. (2001). Efficacy of dialectical behavior therapy in women veterans with borderline personality disorder. *Behavior Therapy, 32,* 371–390.
22) Linehan, M. M. (1993). *Cognitive-behavioral treatment of borderline personality disorder.* New York: Guilford Press.

23) Linehan, M. M. (2000). Marsha Linehan. In G. Hellinga, B. van Luyn, & H.-J. Dalewijk (Eds.), *Personalities: Master clinicians confront the treatment of borderline personality disorder* (pp. 179–202). Amsterdam: Boom.
24) Linehan, M. M., Armstrong, H. E., Suarez, A., Allmon, D., & Heard, H. L. (1991). Cognitive-behavioral treatment of chronically parasuicidal borderline patients. *Archives of General Psychiatry, 48,* 1060–1064.
25) Linehan, M. M., Bohus, M., & Lynch, T. R. (2007). Dialectical behavior therapy for pervasive emotion dysregulation: Theoretical and practical underpinnings. In J. Gross (Ed.), *Handbook of emotion regulation* (pp. 581–605). New York: Guilford Press.
26) Linehan, M. M., Comtois, K. A., Murray, A. M., Brown, M. Z., Gallop, R. J., Heard, H. L., et al. (2006). Two-year randomized controlled trial and follow-up of dialectical behavior therapy vs. therapy by experts for suicidal behaviors and borderline personality disorder. *Archives of General Psychiatry, 63,* 757–766.
27) Linehan, M. M., Dimeff, L. A., Reynolds, S. K., Comtois, K. A., Shaw-Welch, S., Heagerty, P., et al. (2002). Dialectical behavior therapy versus comprehensive validation plus 12–step for the treatment of opioid dependent women meeting criteria for borderline personality disorder. *Drug and Alcohol Dependence, 67,* 13–26.
28) Linehan, M. M., Schmidt, H., Dimeff, L. A., Craft, J. C., Kanter, J., & Comtois, K. A. (1999). Dialectical behavior therapy for patients with borderline personality disorder and drug-dependence. *American Journal on Addictions, 8,* 279–292.
29) Lynch, T. R., Chapman, A. L., Rosenthal, M. Z., Kuo, J. R., & Linehan, M. M. (2006). Mechanisms of change in dialectical behavior therapy: Theoretical and empirical observations. *Journal of Clinical Psychology, 62*(4), 459–480.
30) Lynch, T. R., Cheavens, J. S. (2008). Dialectical Behavior Therapy for Comorbid Personality Disorders. *Journal of Clinical Psychology, 64,* 1–14.
31) Lynch, T. R., Cheavens, J. S., Cukrowicz, K. C., Thorp, S. R., Bronner, L., & Beyer, J. (2007). Treatment of older adults with co-morbid personality disorder and depression: A dialectical behavior therapy approach. *International Journal of Geriatric Psychiatry, 22,* 131–143.
32) Lynch, T. R., Morse, J. Q., Mendelson, T., & Robins, C. J. (2003). Dialectical behavior therapy for depressed older adults: A randomized pilot study. *American Journal of Geriatric Psychiatry, 11,* 33–45.
33) Lynch, T. R., Robins, C. J., Morse, J. Q., & Krause, E. D. (2001). A mediational model relating affect intensity, emotion inhibition, and psychological distress. *Behavior Therapy, 32*(3), 519–536.
34) Lynch, T. R., Trost, W. T., Salsman, N., & Linehan, M. M. (2007). Dialectical Behavior Therapy for borderline personality disorder. *Annual Review of Clinical Psychology, 3,* 181–205.
35) Martell, C. R., Addis, M. E., & Jacobson, N. S. (2001). *Depression in context: Strategies for guided action.* New York: Norton.
36) Michel, K., Valach, L., & Waeber, V. (1994). Understanding deliberate self-harm: The patients' views. *Crisis: The Journal of Crisis Intervention and Suicide Prevention, 15*(4), 172–178, 186.
37) Öhman, A., & Mineka, S. (2001). Fears, phobias, and preparedness: Toward an evolved

module of fear and fear learning. *Psychological Review, 108*(3), 483–522.
38) Pelham, B. W., & Swann, W. B. (1994). The juncture of intrapersonal and interpersonal knowledge: Self-certainty and interpersonal congruence. *Personality and Social Psychology Bulletin, 20*(4), 349–357.
39) Philippot, P., Baeyens, C., Douilliez, C., & Francart, B. (2004). Cognitive regulation of emotion: Application to clinical disorders. In P. Philippot & R. S. Feldman (Eds.), *The regulation of emotion* (pp. 71–97). Mahwah, NJ: Erlbaum.
40) Robbins, S. J. (1990). Spontaneous recovery of Pavlovian conditioned responding. *Dissertation Abstracts International, 50*(9-B), 425.
41) Rosenthal, M. Z., Gratz, K. L., Kosson, D. S., Cheavens, J. S., Lejuez, C. W., & Lynch, T. R. (2008). Borderline personality disorder and emotional responding: A review of the research literature. *Annual Review of Clinical Psychology, 3*, 181–205.
42) Safer, D. L., Telch, C. F., & Agras, W. S. (2001). Dialectical behavior therapy for bulimia nervosa. *American Journal of Psychiatry, 158*, 632–634.
43) Siddle, D. A., & Packer, J. S. (1987). Stimulus omission and dishabituation of the electrodermal orienting response: The allocation of processing resources. *Psychophysiology, 24*(2), 181–190.
44) Smith, C. F., Williamson, D. A., Bray, G. A., & Ryan, D. H. (1999). Flexible vs. rigid dieting strategies: Relationship with adverse behavioral outcomes. *Appetite, 32*(3), 295–305.
45) Sokolov, E. N. (1963). Orientirovochnyi refleks kak kiberneticheskaia sistema [Orienting reflex as a cybernetic system]. *Zhurnal Vysshei Nervnoi Deyatel'nosti, 13*(5), 816–830.
46) Soussignan, R. (2002). Duchenne smile, emotional experience, and autonomic reactivity: A test of the facial feedback hypothesis. *Emotion, 2*(1), 52–74.
47) Stella, S. G., Vilar, A. P., Lacroix, C., Fisberg, M., Santos, R. F., Mello, M. T., et al. (2005). Effects of type of physical exercise and leisure activities on the depression scores of obese Brazilian adolescent girls. *Brazilian Journal of Medical and Biological Research, 38*(11), 1683–1689.
48) Swann, W. B. (1997). The trouble with change: Self-verification and allegiance to the self. *Psychological Science, 8*, 177–180.
49) Swann, W. B., de la Ronde, C., & Hixon, J. G. (1994). Authenticity and positivity strivings in marriage and courtship. *Journal of Personality and Social Psychology, 66*(5), 857–869.
50) Telch, C. F., Agras, W. S., & Linehan, M. M. (2001). Dialectical behavior therapy for binge eating disorder. *Journal of Consulting and Clinical Psychology, 69*, 1061–1065.
51) Tulving, E., Markowitsch, H. J., & Kapur, S. (1994). Novelty encoding networks in the human brain: Positron emission tomography data. *NeuroReport, 5*(18), 2525–2528.
52) Verheul, R., van den Bosch, L. M. C., Koeter, M. W. J., de Ridder, M. A. J., Stijnen, T., & van den Brink, W. (2003). Dialectical behaviour therapy for women with borderline personality disorder: 12-month, randomised clinical trial in The Netherlands. *British Journal of Psychiatry, 182*, 135–140.
53) Wagner, A. W., & Linehan, M. M. (1997). Biosocial perspective on the relationship of childhood sexual abuse, suicidal behavior, and borderline personality disorder. In M. C. Zanarini (Ed.), *Role of sexual abuse in the etiology of borderline*

personality disorder (pp. 203–223). Washington, DC: American Psychiatric Association.
54) Watson, J. B. (1924). Behaviourism: The modern note in psychology. *Psyche*, 5, 3–12.
55) Williams, J. M. G., Stiles, W. B., & Shapiro, D. A. (1999). Cognitive mechanisms in the avoidance of painful and dangerous thoughts: Elaborating the assimilation model. *Cognitive Therapy and Research*, 23(3), 285–306.

第8章

1) Bartlett, F. C. (1954). *Remembering: A study in experimental and social psychology.* Cambridge, UK: Cambridge University Press.
2) Bateman, A. W., & Fonagy, P. (1999). The effectiveness of partial hospitalisation in the treatment of borderline personality disorder: A randomized controlled trial. *American Journal of Psychiatry*, 156, 1563–1569.
3) Bateman, A. W., & Fonagy, P. (2004). *Psychotherapy for borderline personality disorder: Mentalisation-based treatment.* Oxford, UK: Oxford University Press.
4) Bateman, A. W., Ryle, A., Fonagy, P., & Kerr, I. B. (2007). Mentalization based therapy and cognitive analytic therapy compared. *International Review of Psychiatry*, 19(1), 51–62.
5) Beard, H., Marlowe, M., & Ryle, A. (1990). The management and treatment of personality disordered patients: The use of sequential diagrammatic reformulation. *British Journal of Psychiatry*, 156, 541–545.
6) Beck, A. T. (1967). *Cognitive therapy and the emotional disorders.* New York: International Universities Press.
7) Bell, L. (1999). The spectrum of psychological problems in people with eating disorders, an analysis of 30 eating disordered patients treated with cognitive analytic therapy. *Clinical Psychology and Psychotherapy*, 6, 38–39.
8) Bennett, D., & Parry, G. (1998). The accuracy of reformulation in cognitive analytic therapy: A validation study. *Psychotherapy Research*, 8, 405–422.
9) Bennett, D., & Parry, P. (2004). A measure of psychotherapeutic competence derived from cognitive analytic therapy. *Psychotherapy Research*, 14(2), 176–192.
10) Bennett, D., Parry, G., & Ryle, A. (2006). Resolving threats to the therapeutic alliance in cognitive analytic therapy of borderline personality disorder: A task analysis. *Psychology and Psychotherapy: Theory, Research and Practice*, 79, 395–418.
11) Bennett, D., Pollock, P., & Ryle, A. (2005). The States Description Procedure: The use of guided self-reflection in the case formulation of patients with borderline personality disorder. *Clinical Psychology and Psychotherapy*, 12, 50–56.
12) Bennett, D., & Ryle, A. (2005). The characteristic features of common borderline states: A pilot study using the States Description Procedure. *Clinical Psychology and Psychotherapy*, 12, 58–66.
13) Brittain, V. (1933). *Testament of youth.* London: Penguin Twentieth Century Classics.
14) Brockman, B., Poynton, A., Ryle, A., & Watson, J. P. (1987). Effectiveness of time-limited therapy carried out by trainees: comparison of two methods. *British Journal of Psychiatry*, 151, 602–610.
15) Bruner, J. (1986). *Actual minds, possible worlds.* Cambridge, MA: Harvard Univer-

sity Press.
16) Chanen, A. W., Jackson, H. J., McCutcheon, L. K., Jovev, M., Dudgeon, P., et al. (2008). Early intervention for adolescents with borderline personality disorder using cognitive analytic therapy: Randomised controlled trial. *British Journal of Psychiatry, 193*, 477–484.
17) Clarke, S., & Pearson, C. (2000). Personal constructs of male survivors of childhood sexual abuse receiving cognitive analytic therapy. *British Journal of Medical Psychology, 73*, 169–177.
18) Compton Dickinson, S. (2006). Beyond body, beyond words: Cognitive analytic music therapy in forensic psychiatry—New approaches in the treatment of personality disordered offenders. *Music Therapy Today, 11*(4), 839–875.
19) Donald, M. (1991). *Origins of the modern mind : Three Stages in the Evolution of Culture and Cognition.* Cambridge, MA: Harvard University Press.
20) Donald, M. (2001). *A mind so rare: The evolution of human consciousness.* New York: Norton
21) Dunn, M., & Parry, G. (1997). A formulated care plan approach to caring for borderline personality disorder in a community mental health setting. *Clinical Psychology Forum, 104*, 19–22.
22) Fosbury, J. A., Bosley, C. M., Ryle, A., Sonksen, P. H., & Judd, J. L. (1997). A trial of cognitive analytic therapy in poorly controlled type 1 patients. *Diabetes Care, 20*, 959–964.
23) Frank, I. D. (1961). *Persuasion and healing.* Baltimore: Johns Hopkins University Press.
24) Golynkina, K., & Ryle, A. (1999). The identification and characteristics of the partially dissociated states of patients with borderline personality disorder. *British Journal of Medical Psychology, 72*, 429–445.
25) Hepple, J., & Sutton, L. (Eds.). (2004). *Cognitive analytic therapy and later life.* Hove, UK: Brunner/Routledge.
26) Hermans, H. J. M., & Dimaggio, G. (2004). *The dialogical self.* Hove, UK: Brunner and Routledge.
27) Horowitz, M. J. (1979). *States of mind: Analysis of change in psychotherapy.* New York: Plenum Press.
28) Howell, E. F. (2005). *The dissociative mind.* London: Analytic Press.
29) Hughes, R. (2007). An enquiry into an integration of cognitive analytic therapy with art therapy. *International Journal of Art Therapy, 12*(1), 28–38.
30) Jellema, A. (2000). Insecure attachment states: Their relationship to borderline and narcissistic personality disorders and treatment process in cognitive analytic therapy. *Clinical Psychology and Psychotherapy, 7*, 138–154.
31) Jellema, A. (2002). Dismissing and preoccupied insecure attachment and procedures in CAT: Some implications for CAT practice. *Clinical Psychology and Psychotherapy, 9*, 225–241.
32) Jensen, P. S., Weersing, R., Hoagwood, K. E., & Goldman, E. (2005). What is the evidence for evidence-based treatments?: A hard look at our soft underbelly. *Mental Health Services Research, 7*(1), 53–74.
33) Kellett, S. (2005). The treatment of dissociative identity disorder with cognitive analytic therapy; experimental evidence of sudden gains. *Trauma and Dissociation, 6*, 55–81.
34) Kellett, S. (2007). A time series evaluation of the treatment of histrionic personal-

ity disorder with cognitive analytic therapy. *Psychology and Psychotherapy: Theory, Research and Practice, 80*, 389–405.
35) Kelly, G. A. (1955). *The psychology of personal constructs.* New York: Norton.
36) Kerr, I. B. (2001a). Brief cognitive analytic therapy for post-acute manic psychosis on a psychiatric intensive care unit. *Clinical Psychology and Psychotherapy, 8*, 117–129.
37) Kerr, I. B. (2001b). Cognitive analytic therapy for borderline personality disorder in the context of a community mental health team: Individual and organisational psychodynamic implications. *British Journal of Psychotherapy, 15*, 425–438.
38) Kerr, I. B. (2002). Vygotsky, activity theory and the therapeutic community: A further paradigm? *Therapeutic Communities, 21*(3), 151–163.
39) Kerr, I. B., Dent-Brown, K., & Parry, G. D. (2007). Psychotherapy and mental health teams. *International Review of Psychiatry, 19*, 63–80.
40) Leighton, T. (1997). Borderline personality and substance abuse problems. In A. Ryle (Ed.), *Cognitive analytic therapy and borderline personality disorder* (pp. 128–145). Chichester, UK: Wiley.
41) Leiman, M. (1992). The concept of sign in the work of Vygotsky, Winnicott and Bakhtin: Further integration of object relations theory and activity theory. *British Journal of Medical Psychology, 65*, 209–221.
42) Leiman, M. (1997). Procedures as dialogical sequences: A revised version of the fundamental concept in cognitive analytic therapy. *British Journal of Medical Psychology, 70*, 193–207.
43) Luborsky, L. (1990). Theory and technique in dynamic psychotherapy: Curative factors and training therapists to maximise them. *Psychotherapy and Psychosomatics, 53*, 50–57.
44) Luborsky, L., & Crits-Christoph, P. (1990). A relationship pattern measure: The CCRT. *Psychiatry, 52*, 250–259.
45) Miller, G. A., Galanter, E., & Pribram, F. H. (1960). *Plans and the structure of behaviour.* New York: Holt.
46) Neisser, U. (1967). *Cognitive psychology.* New York: Appleton.
47) Pollock, P. H. (1996). Clinical issues in the cognitive analytic therapy of sexually abused women who commit violent offences against their partners. *British Journal of Medical Psychology, 69*, 117–127.
48) Pollock, P. H. (Ed.). (2001). *Cognitive analytic therapy for adult survivors of childhood abuse.* Chichester, UK: Wiley.
49) Pollock, P., Broadbent, M., & Clarke, S. (Ed.). (2000). The Personality Structure Questionnaire (PSQ): A measure of the multiple self states model of identity disturbance in cognitive analytic therapy. *Clinical Psychology and Psychotherapy, 8*, 59–72.
50) Pollock, P. H., Stowell-Smith, M., & Gopfert, M. (Eds.). (2006). *Cognitive analytic therapy for offenders.* London: Routledge.
51) Pollock, P. H., & Kear-Colwell, J. J. (1994). Women who stab: A personal construct analysis of sexual victimisation and offending behaviour. *British Journal of Medical Psychology, 67*, 13–22.
52) Richards, D. (2007). "Arrogant, inflexible, remote and imperious": Is this what's wrong with CBT? *BABCP Magazine, 35*, 12–13.
53) Ryle, A. (1959). *A general practice study of neurosis.* Dissertation submitted for the

degree of Doctor of Medicine (Oxford).
54) Ryle, A. (1967). *Neurosis in the ordinary family.* London: Tavistock.
55) Ryle, A. (1975). *Frames and cages.* London: Chatto & Windus/Sussex University Press.
56) Ryle, A. (1979). The focus in brief interpretative psychotherapy: Dilemmas, traps and snags as target problems. *British Journal of Psychiatry, 135,* 46–64.
57) Ryle, A. (1980). Some measures of goal attainment in focused integrated active psychotherapy: A study of fifteen cases. *British Journal of Psychiatry, 137,* 475–486.
58) Ryle, A. (1982). *Psychotherapy: A cognitive integration of theory and practice.* London: Academic Press.
59) Ryle, A. (1985). Cognitive theory, object relations and the self. *British Journal of Medical Psychology, 58,* 1–7.
60) Ryle, A. (1990). *Cognitive analytic therapy: Active participation in change.* Chichester, UK: Wiley.
61) Ryle, A. (1991). Object relations theory and activity theory: A proposed link by way of the procedural sequence model. *British Journal of Medical Psychology, 64,* 307–316.
62) Ryle, A. (1992). Critique of a Kleinian case presentation. *British Journal of Medical Psychology, 65,* 309–317.
63) Ryle, A. (1993) Addiction to the death instinct?: A critical review of Joseph's paper "Addiction to near death." *British Journal of Psychotherapy, 10,* 88–92.
64) Ryle, A. (1995). Defensive organisations or collusive interpretations?: A further critique of Kleinian theory and practice. *British Journal of Psychotherapy, 12*(1), 60–68.
65) Ryle, A. (1996). Ogden's autistic-contiguous position and the role of interpretation in psychoanalytic theory building. *British Journal of Medical Psychology, 69*(2), 129–138.
66) Ryle, A. (1997). *Cognitive analytic therapy and borderline personality disorder: The model and the method.* Chichester, UK: Wiley.
67) Ryle, A. (2001). Constructivism and cognitive analytic therapy. *Constructivism in the Human Sciences, 6*(1–2), 51–58.
68) Ryle, A. (2003). Something more than "Something more than interpretation" is needed: A comment on the paper by the Process of Change Study Group. *International Journal of Psychoanalysis, 84,* 109–111.
69) Ryle, A. (2005). The relevance of evolutionary psychology for psychotherapy. *British Journal of Psychotherapy, 21*(3), 375–388.
70) Ryle, A. (2007). Investigating the phenomenology of borderline personality disorder with the States Description Procedure: Clinical implications. *Clinical Psychology and Psychotherapy, 14*(5), 329–341.
71) Ryle, A., & Beard, H. (1993). The integrative effect of reformulation: Cognitive analytic therapy with a patient with borderline personality disorder. *British Journal of Medical Psychology, 66,* 249–258.
72) Ryle, A., Boa, C., & Fosbury, J. (1993). Identifying the causes of poor self-management in insulin-dependent diabetics: The use of cognitive analytic therapy techniques. In M. Hodes & S. Moorey (Eds.), *Psychological treatment of disease and illness.* London: Gaskell.
73) Ryle, A., & Fawkes, L. (2007). Multiplicity of selves and others: Cognitive analytic therapy. *Journal of Clinical Psychology, 63*(2), 165–174.

74) Ryle, A., & Golynkina, K. (2000). Effectiveness of time-limited cognitive analytic therapy of borderline personality disorder: Factors associated with outcome. *British Journal of Medical Psychology, 73*, 197–210.
75) Ryle, A., & Kerr, I. B. (2002). *Introducing cognitive analytic therapy: Principles and practice*. Chichester, UK: Wiley.
76) Ryle, A., & Lunghi, M. (1970). The dyad grid: A modification of repertory grid technique. *British Journal of Psychiatry, 117*, 223–227.
77) Schacht, T. E., & Henry, W. P. (1994). Modelling recurrent relationship patterns with structural analysis of social behavior: The SASB-CMP. *Psychotherapy Research, 4*, 208–221.
78) Stern, D. N. (1985). *The interpersonal world of the infant: A view from psychoanalysis and developmental psychology*. New York: Basic Books.
79) Stern, D. N., Sander, L. S., Nahum, J. P., Harrison, A. M., Lyons-Ruth, K., Bruschweiler-Stern, N., et al. (1998). Non-interpretive mechanisms in psychoanalytic psychotherapy: The "something more" than interpretation. *International Journal of Psychoanalysis, 79*, 903–921.
80) Thompson, A. R., Donnison, J., Warnock-Parkes, E., Turner, J., & Kerr, I. B. (in press). Staff experience of a "skills level" training course in cognitive analytic therapy. *International Journal of Mental Health Nursing*.
81) Tomasello, M. (1999). *The cultural origins of human cognition*. Cambridge, MA: Harvard University Press.
82) Trevarthen, C., & Aitken, K. J. (2000). Intersubjective foundations in human psychological development [Annual Research Review]. *Journal of Child Psychology and Psychiatry and Allied Disciplines, 42*(1), 3–48.
83) Walsh, S., Hagan, T., & Gamsu, D. (2000). Rescuer and rescued: Applying a cognitive analytic perspective to explore the "mis-management" of asthma. *British Journal of Medical Psychology, 73*, 151–168.
84) Wildgoose, A., Clarke, S., & Waller, G. (2001). Treating personality fragmentation and dissociation in borderline personality disorder: A pilot study of the impact of cognitive analytic therapy. *British Journal of Medical Psychology, 74*, 47–55.
85) Wolpe, J. (1958). *Psychotherapy by reciprocal inhibition*. Stanford, CA: University of Stanford Press.

第9章

1) Albee, G. W. (1982). Preventing psychopathology and promoting human potential. *American Psychologist, 37*, 1043–1050.
2) Bacon, S. F. (2005). Positive psychology's two cultures. *Review of General Psychology, 9*, 181–192.
3) Bandura, A. (1989). Human agency in social cognitive theory. *American Psychologist, 14*, 175–184.
4) Beck, A. T., Rush, A. J., Shaw, B. F., & Emery, G. (1979). *Cognitive therapy of depression*. New York: Guilford Press.
5) Brickman, P., & Campbell, D. T. (1971). Hedonic relativism and planning the good society. In M. H. Appley (Ed.), *Adaptation-level theory* (pp. 287–305). New York: Academic Press.
6) Bryant, F. B., & Veroff, J. (2006). *The process of savoring: A new model of positive

experience. Mahwah, NJ: Erlbaum.
7) Buckingham, M., & Clifton, D. O. (2001). *Now, discover your strengths.* New York: Free Press.
8) Carr, E. G. (2007). The expanding vision of positive behavior support: Research perspectives on happiness, helpfulness, hopefulness. *Journal of Positive Behavior Interventions, 9,* 3–14.
9) Cheavens, J. S., Feldman, D. B., Gum, A., Michael, S. T., & Snyder, C. R. (2006). Hope therapy in a community sample: A pilot investigation. *Social Indicators Research, 77,* 61–78.
10) Cobb, S. (1976). Social support as a moderator of life stress. *Psychosomatic Medicine, 38,* 300–314.
11) Cohen, S., Doyle, W. J., Turner, R. B., Aker, C. M., & Skoner, D. P. (2003). Emotional style and susceptibility to the common cold. *Psychosomatic Medicine, 65,* 652–657.
12) Cowen, E. L. (1994). The enhancement of psychological wellness: Challenges and opportunities. *American Journal of Community Psychology, 22,* 149–179.
13) Cowen, E. L., & Kilmer, R. P. (2002). "Positive psychology": Some plusses and some open issues. *Journal of Community Psychology, 30,* 440–460.
14) Csikszentmihalyi, M. (1990). *Flow: The psychology of optimal experience.* New York: Harper & Row.
15) Danner, D. D., Snowdon, D., & Friesen, W. V. (2001). Positive emotions in early life and longevity: Findings from the nun study. *Journal of Personality and Social Psychology, 80,* 804–813.
16) Diener, E., & Diener, C. (1996). Most people are happy. *Psychological Science, 7,* 181–185.
17) Diener, E., Lucas, R. E., & Scallon, C. N. (2006). Beyond the hedonic treadmill: Revising the adaptation theory of well-being. *American Psychologist, 61*(4), 305–314.
18) Diener, E., & Seligman, M. E. P. (2002). Very happy people. *Psychological Science, 13,* 80–83.
19) Duckworth, A. L., Steen, T. A., & Seligman, M. E. P. (2005). Positive psychology in clinical practice. *Annual Review of Clinical Psychology, 1,* 629–651.
20) Dyck, M. J., Jolly, J. B., & Kramer, T. (1994). An evaluation of positive affectivity, negative affectivity, and hyperarousal as markers for assessing between syndrome relationships. *Personality and Individual Differences, 17,* 637–646.
21) Fava, G. A. (1997). Well-being therapy. *Psychotherapy and Psychosomatics, 68,* 171–178.
22) Fava, G. A., Rafanelli, C., & Cazzaro, M. (1998). Well-being therapy: A novel psychotherapeutic approach for residual symptoms of affective disorders. *Psychological Medicine, 28,* 475–480.
23) Fava, G. A., Ruini, C., & Rafanelli, C. (2005). Well-being therapy of generalized anxiety disorder. *Psychotherapy and Psychosomatics, 74,* 26–30.
24) Fineman, S. (2006). On being positive: Concerns and counterpoints. *Academy of Management Review, 31,* 270–291.
25) Fordyce, M. W. (1977). Development of a program to increase personal happiness. *Journal of Counseling Psychology, 24,* 511–520.
26) Fordyce, M. W. (1983). A program to increase happiness: Further studies. *Journal of*

Counseling Psychology, 30, 483–498.
27) Fredrickson, B. L. (2001). The role of positive emotions in positive psychology: The broaden-and-build theory of positive emotions. *American Psychologist, 56,* 218–226.
28) Fredrickson, B. L., & Losada, M. (2005). Positive affect and the complex dynamics of human flourishing. *American Psychologist, 60,* 678–686.
29) Frisch, M. B. (2006). *Quality of life therapy.* New York: Wiley.
30) Furr, R. M., & Funder, D. C. (1998). A multimodal analysis of personal negativity. *Journal of Personality and Social Psychology, 74,* 1580–1591.
31) Gable, S. L., Reis, H. T., Impett, E. A., & Asher, E. R. (2004). What do you do when things go right?: The intrapersonal and interpersonal benefits of sharing good events. *Journal of Personality and Social Psychology, 87,* 228–245.
32) Gardner, H. (1983). *Frames of mind: The theory of multiple intelligences.* New York: Basic Books.
33) Gilbert, D. (2006). *Stumbling on happiness.* New York: Knopf.
34) Gottman, J. M., Coan, J., Carrere, S., & Swanson, C. (1998). Predicting marital happiness and stability from newlywed interactions. *Journal of Marriage and the Family, 60,* 5–22.
35) Grant, G. M., Salcedo, V., Hynan, L. S., Frisch, M. B., & Puster, K. (1995). Effectiveness of quality of life therapy for depression. *Psychological Reports, 76,* 1203–1208.
36) Greenspoon, P. J., & Saklofske, D. H. (2001). Toward an integration of subjective well-being and psychopathology. *Social Indicators Research, 54,* 81–108.
37) Hayes, S. C. (2002). Buddhism and acceptance and commitment therapy. *Cognitive and Behavioral Practice, 9,* 58–66.
38) Hayes, S. C., Barnes-Hohnes, D., & Roche, B. (Eds.). (2001). *Relational frame theory: A post-Skinnerian account of human language and cognition.* New York: Academic Press.
39) Hayes, S. C., Luoma, J., Bond, F., Masuda, A., & Lillis, J. (2006). Acceptance and commitment therapy: Model, processes, and outcomes. *Behaviour Research and Therapy, 44,* 1–25.
40) Hayes, S. C., Strosahl, K. D., & Wilson, K. G. (1999). *Acceptance and commitment therapy: An experiential approach to behavior change.* New York: Guilford Press.
41) Held, B. S. (2002). The tyranny of the positive attitude in America: Observation and speculation. *Journal of Clinical Psychology, 58,* 965–992.
42) Held, B. S. (2004). The negative side of positive psychology. *Journal of Humanistic Psychology, 44,* 9–46.
43) Hyten, C. (2004). Disconnecting positive psychology and OBM. *Journal of Organizational Behavior Management, 24,* 67–73.
44) Irving, L. M., Snyder, C. R., Cheavens, J., Gravel, L., Hanke, J., Hilberg, P., et al. (2004). The relationships between hope and outcomes at the pre-treatment, beginning, and later phases of psychotherapy. *Journal of Psychotherapy Integration, 14,* 419–443.
45) Jahoda, M. (1958). *Current concepts of positive mental health.* New York: Basic Books.
46) Judge, T. A., & Ilies, R. (2004). Is positiveness in organizations always desirable? *Academy of Management Executive, 18,* 151–155.

47) Kabat-Zinn, J. (1982). An out-patient program in behavioral medicine for chronic pain patients based on the practice of mindfulness meditation: Theoretical considerations and preliminary results. *General Hospital Psychiatry,* 4, 33–47.
48) Kahneman, D., Krueger, A. B., Schkade, D. A., Schwarz, N., & Stone, A. A. (2004). A survey method for characterizing daily life experience: The day reconstruction method. *Science,* 306, 1176–1180.
49) Kenny, M. A., & Williams, J. M. G. (2007). Treatment-resistant depressed patients show a good response to mindfulness-based cognitive therapy. *Behaviour Research and Therapy,* 45, 617–625.
50) Klausner, E. J., Clarkin, J. F., Spielman, L., Pupo, C., Abrams, R., & Alexopoulos, G. S. (1998). Late-life depression and functional disability: The role of goal-focused group psychotherapy. *International Journal of Geriatric Psychiatry,* 13, 707–716.
51) Lazarus, R. S. (2003). Does the positive psychology movement have legs? *Psychological Inquiry,* 14, 93–109.
52) Levitt, A. J., Hogan, T. P., & Bucosky, C. M. (1990). Quality of life in chronically mentally ill patients in day treatment. *Psychological Medicine,* 20, 703–710.
53) Lewinsohn, P. M., Biglan, A., & Zeiss, A. M. (1976). Behavioral treatment of depression. In P. O. Davidson (Ed.), *The behavioral management of anxiety, depression and pain* (pp. 91–146). New York: Brunner/Mazel.
54) Lewinsohn, P. M., & Libet, J. (1972). Pleasant events, activity schedules, and depressions. *Journal of Abnormal Psychology,* 79, 291–295.
55) Linley, P. A., & Joseph, S. (Eds.). (2004). *Positive psychology in practice.* New York: Wiley.
56) Lopez, S. J., & Snyder, C. R. (Eds.). (2003). *Positive psychological assessment: A handbook of models and measures.* Washington, DC: American Psychological Association.
57) Lopez, S. J., Snyder, C. R., Edwards, L., Pedrotti, J., Janowski, K., Turner, J., et al. (2004). Hope interventions. In P. A. Linley & S. Joseph (Eds.), *Positive psychology in practice* (pp. 388–404). New York: Wiley.
58) Lykken, D., & Tellegen, A. (1996). Happiness is a stochastic phenomenon. *Psychological Science,* 7, 186–189.
59) Lyubomirsky, S., King, L. A., & Diener, E. (2005). The benefits of frequent positive affect: Does happiness lead to success? *Psychological Bulletin,* 131, 803–855.
60) Maddux, J. E., Snyder, C. R., & Lopez, S. J. (2004). Toward a positive clinical psychology: Deconstructing the illness ideology and constructing an ideology of human strengths and potential. In P. A. Linley & S. Joseph (Eds.), *Positive psychology in practice* (pp. 320–334). New York: Wiley.
61) Martin, M. W. (2007). Happiness and virtue in positive psychology. *Journal for the Theory of Social Behaviour,* 37, 89–103.
62) Maslow, A. H. (1954). *Motivation and personality.* New York: Harper & Row.
63) McCullough, M. E., Hoyt, W. T., Larson, D. B., Koenig, H. G., & Thoreson, C. (2000). Religious involvement and mortality: A meta-analytic review. *Health Psychology,* 19, 211–222.
64) Mischel, W. (1968). *Personality and assessment.* New York: Wiley.
65) Moneta, G. B., & Csikszentmihalyi, M. (1996). The effect of perceived challenges and skills on the quality of subjective experience. *Journal of Personality,* 64,

275–310.
66) Murray, S. L., Holmes, J. G., Dolderman, D., & Griffin, D. W. (2000). What the motivated mind sees: Comparing friends' perspectives to married partners' views of each other. *Journal of Experimental Social Psychology, 36,* 600–620.
67) Murray, S. L., Holmes, J. G., & Griffin, D. W. (1996). The benefits of positive illusions: Idealization and the construction of satisfaction in close relationships. *Journal of Personality and Social Psychology, 70,* 79–98.
68) Nathan, P. E., & Gorman, J. M. (1998). *A guide to treatments that work.* New York: Oxford University Press.
69) Nathan, P. E., & Gorman, J. M. (2002). *A guide to treatments that work* (2nd ed.). New York: Oxford University Press.
70) Neill, A. S. (1960). *Summerhill: A radical approach to child rearing.* New York: Hart.
71) Norcross, J. C., & Goldfried, M. R. (Eds.). (2005). *A handbook of psychotherapy integration.* New York: Oxford University Press.
72) Norem, J. K., & Cantor, N. (1986). Defensive pessimism: "Harnessing" anxiety as motivation. *Journal of Personality and Social Psychology, 51,* 1208–1217.
73) Pargament, K. (2002). The bitter and the sweet: An evaluation of the costs and benefits of religiousness. *Psychological Inquiry, 13,* 168–181.
74) Park, N. (2004). The role of subjective well-being in positive youth development. *The Annals of the American Academy of Political and Social Science, 591,* 25–39.
75) Park, N., & Peterson, C. (2003). Virtues and organizations. In K. S. Cameron, J. E. Dutton, & R. E. Quinn (Eds.), *Positive organizational scholarship: Foundations of a new discipline* (pp. 33–47). San Francisco: Berrett-Koehler.
76) Park, N., & Peterson, C. (2006a). Character strengths and happiness among young children: Content analysis of parental descriptions. *Journal of Happiness Studies, 7,* 323–341.
77) Park, N., & Peterson, C. (2006b). Methodological issues in positive psychology and the assessment of character strengths. In A. D. Ong & M. van Dulmen (Eds.), *Handbook of methods in positive psychology* (pp. 292–305). New York: Oxford University Press.
78) Park, N., & Peterson, C. (2006c). Moral competence and character strengths among adolescents: The development and validation of the Values in Action Inventory of Strengths for Youth. *Journal of Adolescence, 29,* 891–905.
79) Park, N., & Peterson, C. (2006d, November/December). Strengths of character and the family. *Family Therapy Magazine,* pp. 28–33.
80) Park, N., Peterson, C., & Seligman, M. E. P. (2004). Strengths of character and well-being. *Journal of Social and Clinical Psychology, 23,* 603–619.
81) Peterson, C. (2000). The future of optimism. *American Psychologist, 55,* 44–55.
82) Peterson, C. (2004). Preface. *The Annals of the American Academy of Political and Social Science, 591,* 6–12.
83) Peterson, C. (2006a). *A primer in positive psychology.* New York: Oxford University Press.
84) Peterson, C. (2006b). The Values in Action (VIA) Classification of Strengths: The un-DSM and the real DSM. In M. Csikszentmihalyi & I. Csikszentmihalyi (Eds.), *A life worth living: Contributions to positive psychology* (pp. 29–48). New York: Oxford University Press.

85) Peterson, C., & Bossio, L. M. (1991). *Health and optimism*. New York: Free Press.
86) Peterson, C., & Park, N. (2003). Positive psychology as the evenhanded positive psychologist views it. *Psychological Inquiry, 14,* 141–146.
87) Peterson, C., Park, N., & Sweeney, P. J. (2008). Group well-being: Morale from a positive psychology perspective. *Applied Psychology: An International Review, 57,* 19–36.
88) Peterson, C., & Park, N. (in press-a). Positive psychology. In B. J. Sadock, V. A. Sadock, & P. Ruiz (Eds.), *Comprehensive textbook of psychiatry* (9th ed.). Baltimore: Lippincott, Williams, & Wilkins.
89) Peterson, C., & Park, N. (in press-b). Positive psychology. In M. A. Strebnicki & I. Marini (Eds.), *Professional counselors' desk reference*. New York: Springer.
90) Peterson, C., Park, N., Hall, N., & Seligman, M. E. P. (2009). Zest and work. *Journal of Organizational Psychology, 30,* 161–172.
91) Peterson, C., Park, N., & Seligman, M. E. P. (2005). Orientations to happiness and life satisfaction: The full life versus the empty life. *Journal of Happiness Studies, 6,* 25–41.
92) Peterson, C., Park., N., & Seligman, M. E. P. (2006). Greater strengths of character and recovery from illness. *Journal of Positive Psychology, 1,* 17–26.
93) Peterson, C., & Seligman, M. E. P. (2004). *Character strengths and virtues: A classification and handbook*. New York: Oxford University Press.
94) Premack, D. (1959). Toward empirical behavioral laws: I. Positive reinforcement. *Psychological Review, 66,* 219–233.
95) Rodrigues, J. R., Baz, M. A., Widows, M. R., & Ehlers, S. L. (2005). A randomized evaluation of quality-of-life therapy with patients awaiting lung transplantation. *American Journal of Transplantation, 5,* 2425–2432.
96) Rogers, C. R. (1951). *Client-centered therapy: Its current practice, implications, and theory*. Boston: Houghton Mifflin.
97) Ryan, W. (1978). *Blaming the victim* (rev. ed.). New York: Random House.
98) Ryff, C. D. (1989). Happiness is everything, or is it?: Explorations of the meaning of psychological well-being. *Journal of Personality and Social Psychology, 57,* 1069–1081.
99) Saleebey, D. (Ed.). (1992). *The strengths perspective in social work practice*. New York: Longman.
100) Schumaker, J. F. (2007). *In search of happiness: Understanding an endangered state of mind*. Westport, CT: Praeger.
101) Scott, D. J., Stohler, C. S., Egnatuk, C. M., Wang, H., Koeppe, R. A., & Zubieta, J. (2007). Individual differences in reward responding explain placebo-induced expectations and effects. *Neuron, 55,* 325–336.
102) Segal, Z., Teasdale, J., & Williams, M. (2002). *Mindfulness-based cognitive therapy for depression*. New York: Guilford Press.
103) Seligman, M. E. P. (2002). *Authentic happiness*. New York: Free Press.
104) Seligman, M. E. P., & Csikszentmihalyi, M. (2000). Positive psychology: An introduction. *American Psychologist, 55,* 5–14.
105) Seligman. M. E. P., & Pawelski, J. O. (2003). Positive psychology: FAQs. *Psychological Inquiry, 14,* 159–163.
106) Seligman, M. E. P., & Peterson, C. (2003). Positive clinical psychology. In L. G. Aspinwall & U. M. Staudinger (Eds.), *A psychology of human strengths: Fundamental questions and future directions for a positive* (pp. 305–317). Wash-

ington, DC: American Psychological Association.
107) Seligman, M. E. P., Rashid, T., & Parks, A. C. (2006). Positive psychotherapy. *American Psychologist, 61*, 774–788.
108) Seligman, M. E. P., Steen, T. A., Park, N., & Peterson, C. (2005). Positive psychology progress: Empirical validation of interventions. *American Psychologist, 60*, 410–421.
109) Sheldon, K. M., & Lyubomirsky, S. (2004). Achieving sustainable new happiness: Prospects, practices, and prescriptions. In P. A. Linley & S. Joseph (Eds.), *Positive psychology in practice* (pp. 127–145). Hoboken, NJ: Wiley.
110) Shernoff, D. J., Csikszentmihalyi, M., Shneider, B., & Shernoff, E. S. (2003). Student engagement in high school classrooms from the perspective of flow theory. *School Psychology Quarterly, 18*, 158–176.
111) Sternberg, R. J. (Ed.). (2005). *Unity in psychology: Possibility or pipedream?* Washington, DC: American Psychological Association.
112) Sugarman, J. (2007). Practical rationality and the questionable promise of positive psychology. *Journal of Humanistic Psychology, 47*, 175–197.
113) Suldo, S. M., & Huebner, E. S. (2004). Does life satisfaction moderate the effects of stressful life events on psychopathological behavior during adolescence? *School Psychology Quarterly, 19*, 93–105.
114) Taylor, E. I. (2001). Positive psychology versus humanistic psychology: A reply to Prof. Seligman. *Journal of Humanistic Psychology, 41*, 13–29.
115) Taylor, S. E. (1985). Adjustments to threatening events: A theory of cognitive adaptation. *American Psychologist, 38*, 1161–1173.
116) Taylor, S. E., & Brown, J. D. (1988). Illusion and well-being: A social psychological perspective on mental health. *Psychological Bulletin, 103*, 193–210.
117) Toneatta, T., & Nguyen, L. (2007). Does mindfulness meditation improve anxiety and mood symptoms?: A review of the controlled research. *Canadian Journal of Psychiatry, 52*, 260–266.
118) Winner, E. (2000). The origins and ends of giftedness. *American Psychologist, 55*, 159–169.
119) Zimmerman, M., Clincher, J. B., Pasternak, M. A., Friedman, M., Attila, N., & Codrescu, D. (2006). How should remission from depression be defined?: The depressed patient's perspective. *American Journal of Psychiatry, 163*, 148–150.

第10章

1) American Psychiatric Association. (2000). Practice guideline for the treatment of patients with major depressive disorder (revision). *American Journal of Psychiatry, 157*(Suppl. 4).
2) Basco, M. R., & Rush, A. J. (1995). Compliance with pharmacology in mood disorders. *Psychiatric Annals, 25*, 269–275.
3) Beck, A. T. (1967). *Cognitive therapy and the emotional disorders*. New York: Meridian.
4) Beck, A. T., Rush, A. J., Shaw, B. F., & Emery, G. (1979). *Cognitive therapy of depression*. New York: Guilford Press.
5) Blackburn, I. M., Eunson, K. M., & Bishop, S. (1986). A two-year naturalistic follow-up of depressed patients treated with cognitive therapy, pharmaco-

therapy and a combination of both. *Journal of Affective Disorders, 10*(1), 67–75.
6) Coelho, H. F., Canter, P. H., & Ernst, E. (2007). Mindfulness-based cognitive therapy: Evaluating current evidence and informing future research. *Journal of Consulting and Clinical Psychology, 75*(6), 1000–1005.
7) Dobson, K. S., Hollon, S. D., Dimidjian, S., Schmaling, K. B., Kohlenberg, R. J., et al. (2008). Randomized trial of behavioral activation, cognitive therapy, and antidepressant medication in the prevention of relapse and recurrence in major depression. *Journal of Consulting and Clinical Psychology, 76*(3), 468–477.
8) Evans, M. D., Hollon, S. D., DeRubeis, R. J., Piasecki, J. M., Groe, W. M., Garvey, M. J., et al. (1992). Differential relapse following cognitive therapy and pharmacotherapy for depression. *Archives of General Psychiatry, 49*, 802–808.
9) Hollon, S. D., DeRubeis, R. J., Shelton, R. C., Amsterdam, J. D., Salomon, R. M., O'Reardon, J. P., et al. (2005). Prevention of relapse following cognitive therapy versus medications in moderate to severe depression. *Archives of General Psychiatry, 62*, 417–422.
10) Hollon, S. D., Thase, M. E., & Markowitz, J. C. (2002). Treatment and prevention of depression. *Psychological Science in the Public Interest, 3*, 39–77.
11) Judd, L. J. (1997). The clinical course of unipolar major depressive disorders. *Archives of General Psychiatry, 54*, 989–991.
12) Kabat-Zinn, J. (1990). *Full catastrophe living: Using the wisdom of your body and mind to face stress, pain, and illness.* New York: Dell.
13) Kenny, M. A., & Williams, J. M. G. (2007). Treatment-resistant depressed patients show a good response to mindfulness-based cognitive therapy. *Behaviour Research and Therapy, 45*(3), 617–625.
14) Kingston, T., Dooley, B., Bates, A., Lawlor, E., & Malone, K. (2007). Mindfulness-based cognitive therapy for residual depressive symptoms. *Psychology and Psychotherapy: Theory, Research and Practice, 80*, 193–203.
15) Kovacs, M., Rush, A., Beck, A. T., & Hollon, S. D. (1981). Depressed outpatients treated with cognitive therapy or pharmacotherapy: A one-year follow-up. *Archives of General Psychiatry, 38*(1), 33–39.
16) Ma, S. H., & Teasdale, J. D. (2004). Mindfulness-based cognitive therapy for depression: Replication and exploration of differential relapse prevention effects. *Journal of Consulting and Clinical Psychology, 72*(1), 31–40.
17) Nolen-Hoeksema, S. (1991). Responses to depression and their effects on the duration of depressive episodes. *Journal of Abnormal Psychology, 100*, 569–582.
18) Olfson, M., Marcus, S. C., Druss, B., Elinson, L., Tanielian, T., & Pincus, H. A. (2002). National trends in the outpatient treatment of depression. *Journal of the American Medical Association, 287*, 203–209.
19) Scher, C. D., Ingram, R. E., & Segal, Z. V. (2005). Cognitive reactivity and vulnerability: Empirical evaluation of construct activation and cognitive diatheses in unipolar depression. *Clinical Psychology Review, 25*, 487–510.
20) Segal, Z. V., Gemar, M. C., & Williams, S. (1999). Differential cognitive response to a mood challenge following successful cognitive therapy or pharmacotherapy for unipolar depression. *Journal of Abnormal Psychology, 108*, 3–10.
21) Segal, Z. V., Kennedy, S., Gemar, M., Hood, K., Pedersen, R., & Buis, T. (2006).

Cognitive reactivity to sad mood provocation and the prediction of depressive relapse. *Archives of General Psychiatry, 63,* 750–755.
22) Segal, Z. V., Williams, J. M. G., & Teasdale, J. D. (2002). *Mindfulness-based cognitive therapy for depression.* New York: Guilford Press.
23) Shea, M. T., Elkin, I., Imber, S. D., Sotsky, F. M., Watkins, J. T., Collins, J. F., et al. (1992). Course of depressive symptoms over follow-up: Findings from the NIMH Treatment of Depression Collaborative Research Program. *Archives of General Psychiatry, 49,* 782–787.
24) Simons, A., Garfield, S. L., & Murphy, G. E. (1984). The process of change in cognitive therapy and pharmacotherapy for depression. *Archives of General Psychiatry, 41,* 45–51.
25) Simons, A. D., Murphy, G. E., Levine, J. L., & Wetzel, R. D. (1986). Cognitive therapy and pharmacotherapy for depression: Sustained improvement over one year. *Archives of General Psychiatry, 43*(1), 43–48.
26) Teasdale, J. D. (1988). Cognitive vulnerability to persistent depression. *Cognition and Emotion, 2,* 247–274.
27) Teasdale, J. D. (1999). Emotional processing, three modes of mind and the prevention of relapse in depression. *Behaviour Research and Therapy, 37,* S53–S77.
28) Teasdale, J. D., Moore, R. G., Hayhurst, H., Pope, M., Williams, S., & Segal, Z. V. (2002). Metacognitive awareness and prevention of relapse in depression: Empirical evidence. *Journal of Consulting and Clinical Psychology, 70,* 275–287.
29) Teasdale, J. D., Segal, Z. V., Williams, J. M. G., Ridgeway, V., Soulsby, J., & Lau, M. (2000). Prevention of relapse/recurrence in major depression by mindfulness-based cognitive therapy. *Journal of Consulting and Clinical Psychology, 68,* 615–623.
30) Teasdale, J. D., Taylor, M. J., Cooper, Z., Hayhurst, H., & Paykel, E. S. (1995). Depressive thinking: Shifts in construct accessibility or in schematic mental models? *Journal of Abnormal Psychology, 104*(3), 500–507.
31) Williams, J. M. G., Duggan, D., Taylor. S., Crane, C., & Fennell, M. J. (2006). Mindfulness-based cognitive therapy for prevention of recurrence of suicidal behavior. *Journal of Clinical Psychology, 62,* 201–210.
32) Williams, J. M. G., Russell, I., & Russell, D. (2008). Mindfulness-based cognitive therapy: Further issues in current evidence and future research. *Journal of Consulting and Clinical Psychology, 76*(3), 524–529.
33) Williams, M., Teasdale, J., Segal, Z., & Kabat-Zinn, J. (2007). *The mindful way through depression: Freeing yourself from chronic unhappiness.* New York: Guilford Press.
34) Wisner, K., Zarin, D. A., Holmboe, E. S., Applebaum, P. S., Gelenberg, A. J., Leonard, H. L., et al. (2000). Risk–benefit decision making for treatment of depression during pregnancy. *American Journal of Psychiatry, 157,* 1933–1940.

第11章

1) Allen, J. G., Fonagy, P., & Bateman, A. (2008). *Mentalizing in clinical process.* Arlington, VA: American Psychiatric Publishing.
2) Arnkoff, D. (1983). Common and specific factors in cognitive therapy. In M. J. Lambert (Ed.), *Psychotherapy and patient relationships* (pp. 85–125). Belmont, CA:

Dorsey Press.
3) Aron, L. (1996). *A meeting of minds: Mutuality in psychoanalysis.* Hillsdale, NJ: Analytic Press.
4) Baldwin, M. W., & Keelan, J. P. R. (1999). Interpersonal expectations as a function of self-esteem and sex. *Journal of Social and Personal Relationships, 16,* 822–833.
5) Barlow, D. H. (2002). *Anxiety and its disorders: The nature and treatment of anxiety and panic* (2nd ed.). New York: Guilford Press.
6) Bartlett, F. C. (1932). *Remembering.* Cambridge, UK: Cambridge University Press.
7) Beck, A. T. (1976). *Cognitive therapy and the emotional disorders.* New York: International Universities Press.
8) Beebe, B., & Lachman, F. M. (2002). *Infant research and adult treatment.* Hillsdale, NJ: Analytic Press.
9) Benjamin, J. (1988). *The bonds of love.* New York: Pantheon Books.
10) Benjamin, L. S. (1974). Structural analysis of social behavior. *Psychological Review, 81,* 392–425.
11) Bion, W. R. (1962). *Learning from experience.* New York: Basic Books.
12) Bion, W. R. (1967). Notes on memory and desire. In E. B. Spillius (Ed.), *Melanie Klein today* (Vol. 2, pp. 17–21). London: Routledge.
13) Bion, W. R. (1970). *Attention and interpretation.* London: Heinemann.
14) Bordin, E. (1979). The generalizability of the psychoanalytic concept of the working alliance. *Psychotherapy: Theory, Research, and Practice, 16,* 252–260.
15) Bowlby, J. (1969). *Attachment and loss: Vol. 1. Attachment.* New York: Basic Books.
16) Bowlby, J. (1973). *Attachment and loss: Vol. 2. Separation, anxiety, and anger.* New York: Basic Books.
17) Bowlby, J. (1980). *Attachment and loss: Vol. 3. Loss: Sadness and depression.* New York: Basic Books.
18) Burum, B. A., & Goldfried, M. R. (2007). The centrality of emotion to psychological change. *Clinical Psychology: Science and Practice, 14,* 407–413.
19) Carson, R. C. (1969). *Interaction concepts of personality.* Hawthorne, NY: Aldine.
20) Carson, R. C. (1982). Self-fulfilling prophecy, maladaptive behavior, and psychotherapy. In J. C. Anchin & D. J. Kiesler (Eds.), *Handbook of interpersonal psychotherapy* (pp. 64–77). New York: Pergamon Press.
21) Castonguay, L. G., Newman, M. G., Borkovec, T. D., Holtforth, M. G., & Maramba, G. G. (2005). Cognitive-behavioral assimilative integration. In J. C. Norcross & M. R. Goldfried (Eds.), *Handbook of psychotherapy integration* (2nd ed., pp. 241–260). New York: Oxford University Press.
22) Chambless, D. L., & Hollon, S. D. (1998). Defining empirically supported therapies. *Journal of Consulting and Clinical Psychology, 66,* 7–18.
23) Cloitre, M., Cohen, L., & Scarvalone, P. (2002). Understanding revictimization among childhood sexual abuse survivors: An interpersonal schema approach. *Journal of Cognitive Psychotherapy, 16,* 91–111.
24) Dobson, K. S., & Block, L. (1988). Historical and philosophical bases of the cognitive-behavioral therapies. In K. S. Dobson (Ed.), *Handbook of cognitive-behavioral therapies* (pp. 3–38). New York: Guilford Press.
25) Ehrenreich, J. T., Fairholme, C. P., Buzzella, B. A., Ellard, K. K., & Barlow, D. H. (2007). The role of emotion in psychological therapy. *Clinical Psychology: Sci-*

ence and Practice, 14, 422–428.
26) Ellis, A. (1962). *Reason and emotion in psychotherapy*. New York: Stuart.
27) Foa, E. B., & Kozak, M. J. (1986). Emotional processing of fear: Exposure to corrective information. *Psychological Bulletin, 99*, 20–35.
28) Fonagy, P. (1991). Thinking about thinking: Some clinical and theoretical considerations in the treatment of a borderline patient. *International Journal of Psycho-Analysis, 72*, 1–18.
29) Fonagy, P. (2000). Attachment and borderline personality disorder. *Journal of the American Psychoanalytic Association, 48*, 1129–1146.
30) Foreman, S. A., & Marmar, C. R. (1985). Therapist actions that address initially poor therapeutic alliances in psychotherapy. *American Journal of Psychiatry, 142*, 922–926.
31) Gendlin, E. T. (1981). *Focusing*. New York: Bantam Books.
32) Gibson, J. J. (1979). *The ecological approach to visual perception*. Boston: Houghton Mifflin.
33) Goldfried, M. R., & Davison, G. C. (1976). *Clinical behavior therapy*. New York: Holt, Rinehart & Winston.
34) Goldman, R. N., Greenberg, L. S., & Angus, L. (2006). The effects of adding emotion-focused interventions to the client-centered relationship conditions in the treatment of depression. *Psychotherapy Research, 16*, 536–546.
35) Goldman, R. N., Greenberg, L. S., & Pos, A. E. (2005). Depth of emotional experience and outcome. *Psychotherapy Research, 15*, 248–260.
36) Greenberg, J. (1995). Psychoanalytic technique and the interactive matrix. *Psychoanalytic Quarterly, 64*, 1–22.
37) Greenberg, L. S. (1986). Change process research. *Journal of Consulting and Clinical Psychology, 54*, 4–11.
38) Greenberg, L. S. (2002). *Emotion-focused therapy: Coaching clients to work through their feelings*. Washington, DC: American Psychological Association.
39) Greenberg, L. S., & Malcolm, W. (2002). Resolving unfinished business: Relating process to outcome. *Journal of Consulting and Clinical Psychology, 70*, 406–416.
40) Greenberg, L. S., & Pascual-Leone, J. (1995). A dialectical constructivist approach to experiential change. In R. A. Neimeyer & M. J. Mahoney (Eds.), *Constructivism in psychotherapy* (pp. 169–191). Washington, DC: American Psychological Association.
41) Greenberg, L. S., & Safran, J. D. (1987). *Emotion in psychotherapy*. New York: Guilford Press.
42) Greenberg, L. S., & Safran, J. D. (1989). Emotion in psychotherapy. *American Psychologist, 44*, 19–29.
43) Greenberg, L. S., & Watson, J. (1998). Experiential therapy of depression: Differential effects of client-centered relationship conditions and process experiential interventions. *Psychotherapy Research, 8*, 210–224.
44) Harper, H. (1989a). *Coding Guide I: Identification of confrontation challenges in exploratory therapy*. Sheffield, UK: University of Sheffield.
45) Harper, H. (1989b). *Coding Guide II: Identification of withdrawal challenges in exploratory therapy*. Sheffield, UK: University of Sheffield.
46) Hayes, S. C., Strosahl, K. D., & Wilson, K. G. (1999). *Acceptance and commitment therapy: An experiential approach to behavior change*. New York: Guilford

Press.
47) Hill, C., & Safran, J. D. (1994). Assessing interpersonal schemas: Anticipated responses of significant others. *Journal of Social and Clinical Psychology, 13,* 366–379.
48) Hoffman, I. Z. (1998). *Ritual and spontaneity in the psychoanalytic process: A dialectical–constructivist view.* Hillsdale, NJ: Analytic Press.
49) Horney, K. (1950). *Neurosis and human growth.* New York: Norton.
50) Horvath, A. O., & Symonds, B. D. (1991). Relation between working alliance and outcome in psychotherapy: A meta-analysis. *Journal of Counseling Psychology, 38,* 139–149.
51) Huebner, R. A., & Thomas, K. R. (1996). The relationship between attachment, psychopathology, and childhood disability. *Rehabilitation Psychology, 40,* 111–124.
52) Huebner, R. A., Thomas, K. R., & Berven, N. L. (1999). Attachment and interpersonal characteristics of college students with and without disabilities. *Rehabilitation Psychology, 44,* 85–103.
53) Izard, C. E. (1977). *Human emotions.* New York: Plenum Press.
54) Johnson, S. M., Hunsley, J., Greenberg, L., & Schindler, D. (1999). Emotionally focused couples therapy: Status and challenges. *Clinical Psychology: Science and Practice, 6,* 67–79.
55) Kaiser, H. (1965). The problem of responsibility in psychotherapy. In L. B. Fierman (Ed.), *Effective psychotherapy: The contribution of Hellmuth Kaiser* (pp. 1–13). New York: Free Press.
56) Keller, M. B., McCullough, J. P., Klein, D. N., Arnow, B., Duner, D. L., Gelenberg, A. J., et al. (2000). A comparison of nefazodone, the cognitive behavioral analysis system of psychotherapy, and their combination for the treatment of chronic depression. *New England Journal of Medicine, 342,* 1462–1470.
57) Kiesler, D. J. (1982a). Interpersonal theory for personality and psychotherapy. In J. C. Anchin & D. J. Kiesler (Eds.), *Handbook of interpersonal psychotherapy* (pp. 3–24). New York: Pergamon.
58) Kiesler, D. J. (1982b). Confronting the client–therapist relationship in psychotherapy. In J. C. Anchin & D. J. Kiesler (Eds.), *Handbook of interpersonal psychotherapy* (pp. 274–295). New York: Pergamon.
59) Kiesler, D. J. (1996). *Contemporary interpersonal theory and research: Personality, psychopathology, and psychotherapy.* New York: Wiley.
60) Kohlenberg, R. H., Kanter, J. W., & Bolling, M. Y. (2002). Enhancing cognitive therapy for depression with functional analytic psychotherapy: Treatment guidelines and empirical findings. *Cognitive and Behavioral Practice, 9,* 213–229.
61) Kohlenberg, R. H., & Tsai, M. (1991). *Functional analytic psychotherapy: Creating intense and curative therapeutic relationships.* New York: Plenum Press.
62) Kohut, H. (1971). *The analysis of the self.* New York: International Universities Press.
63) Kohut, H. (1977). *The restoration of the self.* New York: International Universities Press.
64) Kohut, H. (1984). *How does analysis cure?* Chicago: University of Chicago Press.
65) Lansford, E. (1986). Weakenings and repairs of the working alliance in short-term psychotherapy. *Professional Psychology: Research and Practice, 17,* 364–

366.
66) Leahy, R. L. (2003). *Overcoming resistance in cognitive therapy.* New York: Guilford Press.
67) Leary, T. (1957). *Interpersonal diagnosis of personality.* New York: Ronald.
68) Linehan, M. (1993). *Cognitive behavioral treatment of borderline personality disorder: The dialectics of effective treatment.* New York: Guilford Press.
69) Linehan, M., Tutek, D., Heard, H. J. L., & Armstrong, H. E. (1994). Interpersonal outcome of cognitive behavioral therapy for chronically suicidal borderline patients. *American Journal of Psychiatry, 151,* 1771–1775.
70) Mahoney, M. J. (1991). *Human change processes.* New York: Basic Books.
71) Martin, D. J., Garske, J. P., & Davis, M. K. (2000). Relation of the therapeutic alliance with outcome and other variables: A meta-analytic review. *Journal of Consulting and Clinical Psychology, 68,* 438–450.
72) Mattia, J. I., & Zimmerman, M. (2001). Epidemiology. In J. W. Livesley (Ed.), *Handbook of personality disorders: Theory, research, and treatment* (pp. 107–123). New York:Guilford Press.
73) McCullough, J. P. (2000). *Treatment for chronic depression: Cognitive Behavioral Analysis System of Psychotherapy (CBASP).* New York: Guilford Press.
74) Mitchell, S. A. (1988). *Relational concepts in psychoanalysis.* Cambridge, MA: Harvard University Press.
75) Mitchell, S. A. (2000). *Relationality: From attachment to intersubjectivity.* Hillsdale, NJ: Analytic Press.
76) Mongrain, M. (1998). Parental representations and support-seeking behavior related to dependency and self-criticism. *Journal of Personality, 66,* 151–173.
77) Multon, K. D., Patton, M. J., & Kivlighan, D. M. (1996). Development of the Missouri Identifying Transference Scale. *Journal of Counseling Psychology, 43,* 243–252.
78) Muran, J. C. (2002). A relational approach to understanding change: Plurality and contextualismin a psychotherapy research program. *Psychotherapy Research, 12,* 113–138.
79) Muran, J. C., Safran, J. D., Samstag, L. W., & Winston, A. (2005). Evaluating an alliance-focused treatment for personality disorders. *Psychotherapy: Theory, Research, Practice, Training, 42,* 532–545.
80) Neisser, U. (1967). *Cognitive psychology.* East Norwalk, CT: Appleton & Lange.
81) Nelson, L. (2002). *Predicting therapist hostility.* Unpublished doctoral dissertation, New School University, New York.
82) Nisbett, R., & Ross, L. (1980). *Human inference: Strategies and shortcomings of social judgement.* Englewood Cliffs, NJ: Prentice-Hall.
83) Paivio, S. C., & Greenberg, L. S. (1995). Resolving "unfinished business": Efficacy of experiential therapy using empty-chair dialogue. *Journal of Clinical and Consulting Psychology, 63,* 419–425.
84) Plutchik, R. (1980). *Emotion: A psychoevolutionary synthesis.* New York: HarperCollins.
85) Pos, A. E., Greenberg, L. S., Goldman, R. N., & Korman, L. M. (2003). Emotional processing during experiential treatment of depression. *Journal of Consulting and Clinical Psychology, 71,* 1007–1016.
86) Rhodes, R., Hill, C., Thompson, B., & Elliott, R. (1994). Client retrospective recall of resolved and unresolved misunderstanding events. *Counseling Psychology,*

41, 473–483.
87) Safran, J. D. (1984). Some implications of Sullivan's interpersonal theory for cognitive therapy. In M. A. Reda & M. J. Mahoney (Eds.), *Cognitive psychotherapies: Recent developments in theory, research, and practice* (pp. 251–272). Cambridge, MA: Ballinger.
88) Safran, J. D. (1986, June). *A critical evaluation of the schema construct in psychotherapy research*. Paper presented at the annual meeting of the Society for Psychotherapy Research Conference, Boston, MA.
89) Safran, J. D. (1990a). Towards a refinement of cognitive therapy in light of interpersonal theory: I. Theory. *Clinical Psychology Review, 10,* 87–105.
90) Safran, J. D. (1990b). Towards a refinement of cognitive therapy in light of interpersonal theory: II. Practice. *Clinical Psychology Review, 10,* 107–121.
91) Safran, J. D. (1993). Breaches in the therapeutic alliance: An arena for negotiating authentic relatedness. *Psychotherapy: Theory, Research, Practice, Training, 30,* 11–24.
92) Safran, J. D. (1998). *Widening the scope of cognitive therapy: The therapeutic relationship, emotion, and the process of change.* Northvale, NJ: Aronson.
93) Safran, J. D. (2002a). Brief relational psychoanalytic treatment. *Psychoanalytic Dialogues, 12,* 171–195.
94) Safran, J. D. (2002b). Reply to commentaries by Warren, Wachtel, and Rosica. *Psychoanalytic Dialogues, 12,* 235–258.
95) Safran, J. D., Crocker, P., McMain, S., & Murray, P. (1990). Therapeutic alliance rupture as a therapy event for empirical investigation. *Psychotherapy: Theory, Research, and Practice, 27,* 154–165.
96) Safran, J. D., & Greenberg, L. S. (1986). Hot cognition and psychotherapy process: An information processing/ecological approach. In P. C. Kendall (Ed.), *Advances in cognitive-behavioral research and therapy* (Vol. 5, pp. 143–177). San Diego, CA: Academic Press.
97) Safran, J. D., & Greenberg, L. S. (1987). Affect and the unconscious: A cognitive perspective. In R. Stern (Ed.), *Theories of the unconscious and theories of the self* (pp. 191–212). Hillsdale, NJ: Analytic Press.
98) Safran, J. D., & Greenberg, L. S. (1988). Feeling, thinking, and acting: A cognitive framework for psychotherapy integration. *Journal of Cognitive Psychotherapy: An International Quarterly, 2,* 109–131.
99) Safran, J. D., & Greenberg, L. S. (Eds.). (1991). *Emotion, psychotherapy, and change.* New York: Guilford Press.
100) Safran, J. D., & Muran, J. C. (1996). The resolution of ruptures in the therapeutic alliance. *Journal of Consulting and Clinical Psychology, 64,* 447–458.
101) Safran, J. D., & Muran, J. C. (2000). *Negotiating the therapeutic alliance: A relational treatment guide.* New York: Guilford Press.
102) Safran, J. D., Muran, J. C., & Samstag, L. W. (1994). Resolving therapeutic alliance ruptures: A task analytic investigation. In A. O. Horvath & L. S. Greenberg (Eds.), *The working alliance: Theory, research, and practice* (pp. 225–255). New York: Wiley.
103) Safran, J. D., Muran, J. C., Samstag, L. W., & Stevens, C. (2001). Repairing alliance ruptures. *Psychotherapy: Theory, Research, Practice, Training, 38,* 406–412.
104) Safran, J. D., Muran, J. C., Samstag, L. W., & Winston, A. (2005). Evaluating alli-

ance-focused intervention for potential treatment failures: A feasibility study and descriptive analysis. *Psychotherapy: Theory, Research, Practice, Training, 42,* 512–531.
105) Safran, J. D., & Reading, R. (2008). Mindfulness, metacommunication, and affect regulation in psychoanalytic treatment. In S. Hick & T. Bien (Eds.), *Mindfulness and the therapeutic relationship* (pp. 122–140). New York: Guilford Press.
106) Safran, J. D., & Segal, Z. V. (1990/1996). *Interpersonal process in cognitive therapy.* New York: Basic Books. (Original work published 1990)
107) Samoilov, A., & Goldfried, M. R. (2000). Role of emotion in cognitive-behavior therapy. *Clinical Psychology: Science and Practice, 7,* 373–385.
108) Samstag, L. W., Batchelder, S. T., Muran, J. C., Safran, J. D., & Winston, A. (1998). Early identification of treatment failures in short-term psychotherapy: An assessment of therapeutic alliance and interpersonal behavior. *Journal of Psychotherapy Practice and Research, 7,* 126–143.
109) Scarvalone, P., Fox, M., & Safran, J. D. (2005). Interpersonal schemas: Clinical theory, research, and implications. In M. W. Baldwin (Ed.), *Interpersonal cognition* (pp. 359–387). New York: Guilford Press.
110) Segal, Z. V., Williams, J. M. G., & Teasdale, J. D. (2002). *Mindfulness-based cognitive therapy for depression: A new approach to preventing relapse.* New York: Guilford Press.
111) Shaw, R., & Bransford, J. (Eds.). (1977). *Perceiving, acting, and knowing: Toward an ecological psychology.* Hillsdale, NJ: Erlbaum.
112) Singer, J. L., & Salovey, P. (1991). Organized knowledge structures and personality. In M. Horowitz (Ed.), *Person schemas and maladaptive interpersonal patterns* (pp. 33–80). Chicago: University of Chicago Press.
113) Soygut, G,. Nelson, L., & Safran, J. D. (2001a). The relationship between interpersonal schemas and personality characteristics. *Journal of Cognitive Psychotherapy, 15,* 99–108.
114) Soygut, G., Nelson, L., & Safran, J. D. (2001b). The relationship between pretreatment interpersonal schemas and therapeutic alliance in short-term cognitive therapy. *Journal of Cognitive Psychotherapy, 15,* 59–66.
115) Soygut, G., & Savasir, I. (2001). The relationship between interpersonal schemas and depressive symptomatology. *Journal of Counseling Psychology, 48,* 359–364.
116) Stern, D. N. (1985). *The interpersonal world of the infant.* New York: Basic Books.
117) Strachey, J. (1934). The nature of the therapeutic action of psychoanalysis. *International Journal of Psycho-Analysis, 15,* 127–159.
118) Tomkins, S. S. (1980). Affect as amplification: Some modifications in theory. In R. Plutchik & H. Kellerman (Eds.), *Emotion: Theory, research, and experience* (Vol. 1, pp. 141–164). San Diego: Academic Press.
119) Tronick, E. (1989). Emotions and emotional communications in infants. *American Psychologist, 44,* 112–119.
120) Tryon, G. S., & Kane, A. S. (1990). The helping alliance and premature termination. *Counselling Psychology Quarterly, 3,* 233–238.
121) Tryon, G. S., & Kane, A. S. (1993). Relationship of working alliance to mutual and unilateral termination. *Journal of Counseling Psychology, 40,* 33–36.
122) Tryon, G. S., & Kane, A. S. (1995). Client involvement, working alliance, and type

of therapy termination. *Psychotherapy Research, 5,* 189–198.
123) Tulving, E. (1983). *Elements of episodic memory.* Oxford, UK: Oxford University Press.
124) Wachtel, P. L. (1997). *Psychoanalysis, behavior therapy, and the relational world.* Washington, DC: American Psychological Association.
125) Young, J. E., Klosko, J. S., & Weishaar, M. E. (2006). *Schema therapy: A practitioner's guide.* New York: Guilford Press.

訳者あとがき

　すぐれた心理療法はいずれも，すぐれた理論的基盤をもっています。理論をもたない実践は，ポジションや戦術なく試合をするように，窮屈で，場当たり的で，疲労と不満が蓄積しやすくなります。また，立ち返る理論があるからこそ，「勘」や「出たとこ勝負」の出る幕があるというものです。同じように，すぐれた治療者も，すぐれたいくつもの理論的基盤を身につけていると，私は信じています（e.g., 中井久夫先生）。目の前のクライエントに合わせて，自由に立ち振る舞っているように見える名人芸も，数多くの理論に支えられているのでしょう。

　本書では，認知行動療法の10の理論モデルを，第一人者たちが解説しています。各章はすべて，実践例で締めくくられており，治療者とクライエントのやりとりが，逐語録を交えてありありと描写されており，各理論の臨床応用を学ぶことができます。発言や対応に疑問が残るやりとりもあり，読み手の批判的思考，スーパーバイズする力も刺激されます。編集して取り繕うことなく，ありのままのセッションを供覧しようとする，著者たちの誠実さが伝わってきます。

　少なくとも10以上の理論があることは，CBTの多様性を指摘しています。それにもかかわらず，CBTに対する誤解や偏見も存在します。CBTを専門としない人から（ときにCBTを専門とする人からも）「CBTは手軽に学べる」という声を聞くことがあります。正式な訓練を受けていない同僚が行った（小手先の）CBTを指して，CBTの限界を（得意そうに）指摘する心理療法家もいます。しかし「精神分析」がひと括りにできないように，CBTもひと括りにできない現象であり，今この瞬間も進化を続けています。

　理論の多様性に加えて，他の心理療法に比べて適用範囲が広く，かつ施

術形態も複数ある（e.g., 個人，集団，インターネット）ことが，CBTの全体像を見えにくくし，どこからどのように学んでいいのか混乱させます。しかし，安易に「やりかた」や「技法」だけを学んでしまうと，以下のような，中途半端なCBTになってしまうことがあります。

1）Beckの認知療法は認知の変容が重要であるとコラム法を実施するが，自動思考に何も書かれていないと，「言語化する力がないから認知療法に向かない」と思ってしまう。
2）患者の気力や体力に応じた予定を立て，予定どおりできたこと，できなかったことを記録し，フィードバックするだけの行動活性化。
3）問題を明確にし，解決方法をブレインストーミングし，解決方法を吟味して実施し，効果を検証するだけの問題解決療法。
4）避けていることに直面しながら，繰り返しやっている行為を制止し，不安階層表の項目を次々と克服していくだけの曝露反応妨害法。

このようなCBTに思い当たる場合は（4は本書の範疇を超えますが），本書がきっと役に立つはずです。本書の副題には「ベックの認知療法からACT・マインドフルネスまで」とあり，表紙を開いて目次を眺めると，おなじみのCBTから初めて目にするCBTまで，多種多様なCBTがずらりと並んでいます。各章では，そのCBTがどのように発達したのか，歴史的な物語から始まり，理論の解説，理論を検証する研究のレビュー，理論の応用へと進んでいきます。複数のCBTを横に並べ，時間的な経緯を踏まえ，理論から応用への翻訳作業を体験できる本書は，断片的になりがちな，CBTに関する知識を整理・統合してくれるでしょう。私たちの実践を精緻化し，足りないところを補いながらも，前に踏み出すための基軸となり，柔軟性と創造性を高めてくれるでしょう。

　本書を翻訳するにあたり，心強い仲間に恵まれました。内山喜久夫先生を通じて知り合った，立正大学の沢宮容子先生は，論理情動行動療法のエ

キスパートでもあります。原田メンタルクリニックの勝倉りえこさんは，原田誠一先生に師事した同志であり，マインドフルネスのエキスパートでもあります。おふたりの専門的な知識と技術が，翻訳のクオリティを何段も高めてくれました。

　本書を翻訳するよう勧めてくださった，星和書店の石澤社長，編集作業を担当してくださった佐々木さんに，心よりお礼を申し上げます。

2012年10月
小堀修

■ 編　者 ■

ニコラオス・カザンツィス（Nikolaos Kazantzis, PhD）
　近年，オーストラリアのLa Trobe University in Victoriaの教授に就任し，現在はそこで，臨床心理学と認知行動療法を教えたり，スーパービジョンを行ったりしています。2000～2008年にはニュージーランドのMassey Universityに勤務しました。その臨床と研究の焦点は，認知行動療法における治療的な宿題の利用を促すことです。これまでに70を超える学術論文と書籍のチャプターを執筆し，さまざまな国で，専門家のためのワークショップを開催してきました。実践家を対象とした書籍には，Using Homework Assignments in Cognitive Behavior TherapyやHandbook of Homework Assignments in Psychotherapyなどがあります。

マーク・A・ライナック（Mark A. Reinecke, PhD）
　Northwestern University's Feinberg School of MedicineのPsychiatry and Behavioral Sciencesの教授であり，Division of Psychologyの部長でもあります。またNorthwestern Memorial Hospital and Children's Memorial Hospital in Chicagoのスタッフを務めています。Academy of Cognitive TherapyのDistinguished Fellowであるとともに，前会長です。また，American Board of Professional Psychology（ABPP）の認定も受けています。その研究と臨床の焦点は，子どもと青年期の若者におけるうつ病と自殺を理解し，治療することです。また，Treatment of Adolescents with Depression Study（TADS）の主任研究員でした。これまでにCognitive Therapy across the Lifespan, Comparative Treatments of Depression, Cognitive Therapy with Children and Adolescents, Personality Disorders in Childhood and Adolescenceなど，7冊の書籍を執筆，編集しています。

アーサー・フリーマン（Arthur Freeman, EdD, ScD）
　Department of Psychology at Governors State University, University Park, Illinoisの客員教授です。また，Sheridan Shores Care and Rehabilitation Center in Chicagoの訓練部長，Philadelphia College of Osteopathic Medicineの臨床教授も務めています。Academy of Cognitive Therapyの著名な創立メンバー（Distinguished Founding Fellow）であり，American Board of Professional Psychology（ABPP）の臨床心理学，行動心理学，家族心理学の認定を受けています。その研究と臨床の関心は，慢性的で複雑な心理的障害，特にパーソナリティ障害を理解，治療することです。これまでに150を超える書籍のチャプター，論文，レビュー，および70冊の書籍を執筆しています。そのなかには，Cognitive Therapy of Personality Disorders, Cognitive-Behavioral Strategies in Crisis Intervention, Personality Disorders in Childhood and Adolescence，およびCognitive and Behavioral Theories in Clinical Practice（Nilolaos KazantzisとMark Reineckeと共著）などがあります。また，学術会議，および世界40カ国と米国中の学会で講義を行ってきました。その著作は，英語から15の言語に翻訳されています。

■ 著 者 ■

Steven M. Brunwasser, BA, Department of Psychology, University of Michigan, Ann Arbor, Michigan

Prudence Cuper, BA, Department of Psychology and Neurosciences, Duke University, Durham, North Carolina

Raymond A. DiGiuseppe, PhD, ABPP, Department of Psychology, St. John's University, Queens, New York

Sona Dimidjian, PhD, Department of Psychology, University of Colorado at Boulder, Boulder, Colorado

Thomas J. D'Zurilla, PhD, Department of Psychology, Stony Brook University, Stony Brook, New York

Thomas Ehring, PhD, Department of Clinical Psychology, University of Amsterdam, Amsterdam, The Netherlands

Paul M. G. Emmelkamp, PhD, Department of Clinical Psychology, University of Amsterdam, Amsterdam, The Netherlands

Catherine Eubanks-Carter, PhD, Psychotherapy Research Program, Beth Israel Medical Center, New York, New York

Arthur Freeman, EdD, ScD, ABPP, Department of Psychology, Governors State University, University Park, Illinois

Steven C. Hayes, PhD, Department of Psychology, University of Nevada, Reno, Reno, Nevada

Nikolaos Kazantzis, PhD, School of Psychological Science, La Trobe University, Melbourne, Victoria, Australia

Blair V. Kleiber, BS, Department of Psychology, University of Colorado at Boulder, Boulder, Colorado

Peter M. Lewinsohn, PhD, Oregon Research Institute, Eugene, Oregon

Thomas R. Lynch, PhD, School of Psychology, University of Exeter, Exeter, United Kingdom

Christopher R. Martell, PhD, ABPP, private practice and Department of Psychology, University of Washington, Seattle, Washington

J. Christopher Muran, PhD, Derner Institute for Advanced Psychological Studies, Adelphi University, Garden City, New York, and Psychotherapy Research Program, Beth Israel Medical Center, New York, New York

Arthur M. Nezu, PhD, ABPP, Department of Psychology, Drexel University, Philadelphia, Pennsylvania

Christine Maguth Nezu, PhD, ABPP, Department of Psychology, Drexel University, Philadelphia, Pennsylvania

Nansook Park, PhD, Department of Psychology, University of Michigan, Ann Arbor, Michigan

Christopher Peterson, PhD, Department of Psychology, University of Michigan, Ann Arbor, Michigan

Mark B. Powers, PhD, Department of Clinical Psychology, University of Amsterdam, Amsterdam, The Netherlands

Mark A. Reinecke, PhD, ABPP, Division of Psychology, Feinberg School of Medicine, Northwestern University, Chicago, Illinois

Anthony Ryle, DM (Oxford), Fellow, Royal College of Psychiatrists, retired; formerly Consultant Psychotherapist, St. Thomas's Hospital, London, United Kingdom

Jeremy D. Safran, PhD, Department of Psychology, New School for Social Research, New York, New York

Jan Scott, MB, BS, PhD, FRCPsych, Institute of Neuroscience, Newcastle University, Newcastle Upon Tyne, United Kingdom, and Psychological Treatments Research, Institute of Psychiatry, London, United Kingdom

Zindel V. Segal, PhD, University of Toronto, Center for Addiction and Mental Health—Clarke Division, Toronto, Ontario, Canada

Thomas J. Waltz, PhD, Department of Psychology, University of Nevada, Reno, Reno, Nevada

■訳　者■

小堀　修（こぼりおさむ）
千葉大学社会精神保健教育研究センター，爽風会佐々木病院。PhD，臨床心理士。
2001年東京大学卒業，2006年東京大学大学院卒業，日本学術振興会・海外等別研究員（King's College London）を経て，現職に至る。
専門分野は，不安障害の認知行動療法，スポーツ心理学。
主な著書・翻訳書
　『強迫性障害への認知行動療法：講義とワークショップで身につけるアートとサイエンス』星和書店，2011（監訳）
　『こころの科学セレクション　適応障害』日本評論社，2011（分担執筆）
　『事例に学ぶ心理学者のための研究倫理』ナカニシヤ出版，2011（分担執筆）

沢宮容子（さわみやようこ）
立正大学心理学部臨床心理学科教授。臨床心理士，REBT心理士。
お茶の水女子大学卒業，筑波大学大学院修了，博士（心理学）。
専門分野は，認知行動療法，REBT（論理情動行動療法），ポジティブ心理学。
主な著書，翻訳書
　『楽観的帰属様式の臨床心理学的研究』風間書房，2012（単著）
　『認知行動療法事典』日本評論社，2010（監訳）

勝倉りえこ（かつくらりえこ）
原田メンタルクリニック・東京認知行動療法研究所，神田東クリニック。人間科学修士，臨床心理士。
2002年早稲田大学卒業，2004年早稲田大学大学院卒業。
専門分野は，認知行動療法，マインドフルネス訓練法，構成主義心理療法。
主な著書，翻訳書
　『認知行動療法　理論から実践的活用まで』金剛出版，2007（分担執筆）
　『認知行動療法と構成主義心理療法：理論・研究そして実践』金剛出版，2008（監訳）

佐藤美奈子（さとうみなこ）
翻訳家。英語の学習参考書，問題集を執筆。
1992年名古屋大学文学部文学科卒業。
主な翻訳書
　『わかれからの再出発』（増補改訂第2版）『いやな気分よ，さようなら』『私は病気ではない』『みんなで学ぶアスペルガー症候群と高機能自閉症』『虹の架け橋』『食も心もマインドフルに』『家族のための摂食障害ガイドブック』『認知療法全技法ガイド』『境界性パーソナリティ障害最新ガイド』『BPD（＝境界性パーソナリティ障害）をもつ子どもの親へのアドバイス』（いずれも共訳，星和書店）

臨床実践を導く認知行動療法の10の理論

2012年11月21日　初版第1刷発行

著　者　ニコラオス・カザンツィス　マーク・A・ライナック
　　　　アーサー・フリーマン
訳　者　小堀修　沢宮容子　勝倉りえこ　佐藤美奈子
発行者　石澤雄司
発行所　㈱星和書店
　　　　〒168-0074　東京都杉並区上高井戸1-2-5
　　　　電話　03（3329）0031（営業部）／03（3329）0033（編集部）
　　　　FAX　03（5374）7186
　　　　http://www.seiwa-pb.co.jp

Ⓒ 2012　星和書店　　　Printed in Japan　　　ISBN978-4-7911-0829-9

・本書に掲載する著作物の複製権・翻訳権・上映権・譲渡権・公衆送信権（送信可能化権を含む）は（株）星和書店が保有します。
・ JCOPY 〈（社）出版者著作権管理機構 委託出版物〉
　本書の無断複写は著作権法上での例外を除き禁じられています。複写される場合は，そのつど事前に（社）出版者著作権管理機構（電話03-3513-6969，FAX 03-3513-6979，e-mail：info@jcopy.or.jp）の許諾を得てください。

認知療法・認知行動療法カウンセリング初級ワークショップ

[著] 伊藤絵美
A5判　212頁　本体価格 2,400円

大好評の認知行動療法ワークショップを完全テキスト化。基本モデルの説明、実際のセッションの進め方、実践的ロールプレイなど、これから認知行動療法を学ぶ人たちに最適。

認知療法全技法ガイド
―対話とツールによる臨床実践のために―

[著] ロバート・L・リーヒイ
[訳] 伊藤絵美、佐藤美奈子
A5判　616頁　本体価格 4,400円

伝統的なものから最新のものまで、認知療法の数多くの技法を一挙紹介。わかりやすく解説、例示される技法とツールは、日常の治療場面ですぐに役に立つ。待望の認知療法のアイディア集。

発行：星和書店　http://www.seiwa-pb.co.jp　価格は本体(税別)です

成人アスペルガー症候群の認知行動療法

［著］ヴァレリー・L・ガウス
［監訳］伊藤絵美　［訳］吉村由未、荒井まゆみ
A5判　456頁　本体価格 3,800円

アスペルガー症候群が知られる以前に成長し成人となり、アスペルガー症候群やそれによる二次障害で苦しんでいる当事者に、認知行動療法を中心とする援助を提供するための包括的なガイド。

認知行動療法におけるレジリエンスと症例の概念化

［著］ウィレム・クイケン、クリスティーン・A・パデスキー、ロバート・ダッドリー
［監訳］大野 裕　［訳］荒井まゆみ、佐藤美奈子
A5判　516頁　本体価格 4,500円

症例の概念化は、認知行動療法において中心的な位置をしめている。症例の概念化がきちんとできれば治療は半分以上進んだとさえいえる。その症例の概念化を体系的にまとめたのが本書である。

発行：星和書店　http://www.seiwa-pb.co.jp　価格は本体(税別)です

自分でできる認知行動療法

うつと不安の克服法

［著］清水栄司
A5判　224頁　本体価格 1,900円

本書は、うつや不安に悩む人のために、うつや不安障害の治療に極めて効果的な認知行動療法を、自分一人で行うことができるように、全く新しく作成されたセルフヘルプのためのワークブックである。

集団認知行動療法実践マニュアル

［編］中島美鈴、奥村泰之
［著］関東集団認知行動療法研究会
A5判　212頁　本体価格 2,400円

集団認知行動療法（集団CBT）の定義、エビデンス、今後の課題から、集団CBTのプログラムを立ち上げるまでのノウハウ、具体例、困難例とその解決策まで、集団CBTのAからZを知ることができる。

発行：星和書店　http://www.seiwa-pb.co.jp　価格は本体(税別)です

弁証法的行動療法
実践トレーニングブック

自分の感情とよりうまくつきあってゆくために

[著] M・マッケイ、J・C・ウッド、J・ブラントリー
[訳] 遊佐安一郎、荒井まゆみ
A5判　436頁　本体価格 3,300円

弁証法的行動療法（DBT）は、自分でうまく制御できない、激しくつらい感情を抱えて苦悩する人々を援助するために開発された治療法である。本書は、耐え難い感情に苦しんでいるすべての人にとって、感情をうまくコントロールするための実践ワークブックである。

〔季刊〕こころのりんしょう à・la・carte
第26巻4号
〈特集〉
DBT＝
弁証法的行動療法を学ぶ

[編] 遊佐安一郎　　A5判　160頁　本体価格 1,600円

弁証法的行動療法（DBT）は、認知行動療法をベースに受容と変化のバランスを重視したセラピーである。共感的な治療関係の中で患者さんが問題解決技法を身につけ現実に応用できるよう、禅の思想も取り入れながら弁証法的過程に焦点を当てて援助する。

発行：星和書店　http://www.seiwa-pb.co.jp　価格は本体（税別）です

ACTをはじめる
（アクト）
（アクセプタンス＆コミットメント・セラピー）

セルフヘルプのためのワークブック

［著］S・C・ヘイズ、S・スミス
［訳］武藤 崇、原井宏明、吉岡昌子、岡嶋美代
B5判　344頁　本体価格 2,400円

ACTは、新次元の認知行動療法といわれる最新の科学的な心理療法。本書により、うつや不安など否定的思考をスルリとかわし、よりよく生きる方法を身につけることができる。楽しい練習課題満載。

よくわかるACT
（アクト）
（アクセプタンス＆コミットメント・セラピー）

明日からつかえるACT入門

［著］ラス・ハリス　　［訳・監訳］武藤 崇
［訳］岩渕デボラ、本多 篤、寺田久美子、川島寛子
A5判　464頁　本体価格 2,900円

ACTの入門書。クライエントとの対話例やメタファー、臨床に使えるワークシートが豊富で、明日からでもACTを臨床場面で使いこなすことができる。

発行：星和書店　　http://www.seiwa-pb.co.jp　　価格は本体（税別）です

マインドフルネス そしてACT(アクト)へ
（アクセプタンス＆コミットメント・セラピー）

二十一世紀の自分探しプロジェクト

［著］熊野宏昭

四六判　164頁　本体価格 1,600円

「ACT＝アクセプタンス＆コミットメント・セラピー」と、マインドフルネスという2600年前にブッダが提唱した心の持ち方を結びつけながら、今を生きるためのヒントを探る。

季刊 こころのりんしょう à・la・carte
第28巻1号

〈特集〉ACT(アクト)（アクセプタンス＆コミットメント・セラピー）
＝ことばの力をスルリとかわす
新次元の認知行動療法

［編集］熊野宏昭／武藤 崇　B5判　204頁　本体価格 1,600円

ACTは、認知行動療法の第3の波といわれる最新の心理療法。おもに言葉へのとらわれという面から、症状、生きにくさをとらえ、さまざまなメタファーやエクササイズにより、症状をときほぐす。驚きの治療効果！！

発行：星和書店　http://www.seiwa-pb.co.jp　価格は本体(税別)です

マインドフルネスを始めたいあなたへ
Wherever You Go, There You Are

［著］ジョン・カバットジン（マサチューセッツ大学医学部名誉教授）
［監訳］田中麻里　［訳］松丸さとみ
四六判　320頁　本体価格 2,300円

毎日の生活でできる瞑想

75万部以上売れ、20以上の言語に翻訳されている書の日本語訳。マインドフルネス実践の論拠と背景を学び、瞑想の基本的な要素、それを日常生活に応用する方法まで、簡潔かつ簡単に理解できる。

うつのためのマインドフルネス実践
慢性的な不幸感からの解放

［著］マーク・ウィリアムズ、ジョン・ティーズデール、ジンデル・シーガル、ジョン・カバットジン
［訳］越川房子、黒澤麻美
A5判　384頁　CD付き　本体価格 3,700円

マインドフルネスはうつや慢性的な不幸感と戦う人々にとって革命的な治療アプローチである。本書は、エクササイズと瞑想を効果的に学べるよう構成されたマインドフルネス実践書。ガイドCD付属。

発行：星和書店　http://www.seiwa-pb.co.jp　価格は本体(税別)です